民国年度出版时评史料辑编 第六卷

吴永贵 张学科 编

华中师范大学出版社

新出图证(鄂)字10号
图书在版编目(CIP)数据

民国年度出版时评史料辑编　第六卷/吴永贵,张学科编.—武汉:华中师范大学出版社,2020.8
ISBN 978-7-5622-8493-2

Ⅰ.①民…　Ⅱ.①吴…　②张…　Ⅲ.①出版工作—史料—汇编—中国—民国　Ⅳ.①G239.296

中国版本图书馆CIP数据核字(2018)第299649号

民国年度出版时评史料辑编　第六卷
©吴永贵　张学科　编

责任编辑:郭志刚
责任校对:王　胜　　封面设计:罗明波
编辑室:学术出版中心　　电话:027-67867792
出版发行:华中师范大学出版社
社址:湖北省武汉市洪山区珞喻路152号　　邮编:430079
电话:027-67863426(发行部)　027-67861321(邮购)
传真:027-67863291
网址:http://press.ccnu.edu.cn　　电子信箱:press@mail.ccnu.edu.cn
印刷:武汉中科兴业印务有限公司　　督印:刘　敏
开本:710mm×1000mm　1/16　　印张:35
版次:2020年8月第1版　　印次:2020年8月第1次印刷
字数:520千字　　定价:158.00元
欢迎上网查询、购书

目　　录

1938 年

1939 年

1940 年

1938 年

书店与地方文化事业

洪铭声

京沪规模较大的新书业，差不多各家都在重庆开设了他们的分支店。这种不避艰难在抗战期间为文化事业而奋斗的精神，最值得我们的钦佩。这些新书业中，有的确是具有远大的眼光，在不影响他本身维持存在的条件下，已经抛弃了一部分所谓“生意调”的行为。对于这种不以纯粹的牟利，而以“服务文化”为主要出发点的书店，尤其值得我们的称道。

然而记者以为书店除了尽力于一般书报的出版、传递、流通之外，还要特别注重便利于地方文化事业的发展。对于所在地方的出版物，必须尽量帮忙的推销、宣传，使地方文化者的文化工作易于树立基础，直接间接帮助了抗战的文化动员，也帮助了书店自身的发展。

可惜，这一点还为很多新书业者所忽视。我们一走进书店，所看到的几乎全是外地的出版物。本地出版的即使内容很好，可能争取很多买者的杂志，也被放在最不易引人看到的地方。或者偏僻的书架上放一二本，或者角落里，或者被深深堆埋在外地杂志的下面。有的率性拒绝代售，或者是收而不售，如《春蚕》、《炮火》、《生力军》和本刊，拿内容来说，并非毫无前途的，都遭着如上的歧视。这现象在生活书店分店也不例外，实在是我们应最最引为遗憾的。

诚然，近来出版物——尤其是杂志之多，常常使书店的陈设上发生困难。然而记者以为这种困难的解决，不必专门偏于排抑地方出版物的一点，因为这是有意无意地给予了地方文化事业以打击，甚至因此而受了摧残。在文化的观点上说，在书业的使命上说，谨希望眼光远大的书业经营者，对于这一件关系不小的“小事”能够注意一下。我想，这不仅是本刊之幸的！

附记：本刊创刊后，许多朋友说买不着，生活书店也没有。但据本刊发行部说，生活书店是送请代售了的。然而生活书店却“收而不售”。记者亲去看了几次均不见《进展》影子，感而写此，甚望以后不再有这样的情形存在！

（载《进展》1938 年第 2 期）

战时武汉书肆写影

隋树森

自从八一三战事起来以后，所谓文化人渐渐地向内地移动，武汉的文化界便渐呈活跃之象。及至上海危急，武汉便已准备代上海而为中国的文化中心了。沪宁沦陷之后，北战场和东战场的文化人大半都来到武汉，上海各书店原来在这里的分店有的竟因沪局无法营业，而升为总店的地位。同时这里又成了军事政治的中心，于是武汉文化界毫无疑问的因而形成了空前的灿烂的时期。

胡林翼路可以说武昌的书店街。汉口的书肆则大半在交通路、江汉路、湖北街、中山路一带。上海的大书店、中书店，在武汉都有分店或支店，同时这里又因文化界活跃的关系，成立了许多小书局，出版界很是热闹。如果把汉口与武昌的书肆加以比较，那也像其他商业情况一样，昌盛的还是汉口。有些书在武昌买不着，在汉口却可以找得到。

受了战事的影响，战区内有许多的机关解散，有许多学校停课，因之公务员被疏散，教员失业，学生失学了。这些人都是所谓知识阶级，是书店最大的顾主，他们流亡到内地来，立时就要发生生活问题，当然没有多余的闲钱去买精神的食粮。同时内地的机关和学校，或裁汰冗员，或减发薪水，一般的商业受到战事影响又都大见萧条，因之一般读者的购买力降落到最低点，这更予书业一种严重的打击。在这种情形之下，参考书一类的东西如非十分必要，自然没有人买，所以像商务、中华这两家专卖“本版书”的书店，生意也就比较冷落。虽然，在本学期开始的时候，还有不少买教科书的顾主，但那不过是片时的繁荣而已。卖标点书的书店，生意也大为减色，不像前两年那样的“利市三倍”了。不过书业虽如此受到许多影响，但他们的生意并不萧条，这便是因为“战时读物”大行畅销的缘故。书店里热热闹闹来往着的人，他们百分之九十九都是战时读物的顾主。有些中小书店，因为普通书及本版书滞销，都在代售战时读物维持门面。

这些战时新书，大体可分为期刊和小册两大类。

武汉的期刊，真像雨后春笋一般，在很短的时间内，竟从原有的一二十种增为六七十种（这些刊物中有少数是从战区移来的）。虽然也有夭折的，但据目前的情形看来，似乎还有陆续增添之势。里面的文章虽也有从外埠寄来的，但因抗战以来有些文化人没有逃出沦陷区域，现在各地交通又较平时迟滞，所以支持这些刊物的，十分之九还是依赖武汉原有的或新来的作者。既是这样，这六七十种刊物的内容，便难免贫弱了。

如果把武汉的刊物名称一一列举出来，要费相当的篇幅，现在只把笔者认为内容较好而实际上也拥有大量的读者的，列举若干种以见一斑吧：

《文摘旬刊》、《创导》、《民意》、《全民周刊》、《前途》、《群众》、《中国的空军》、《抗战》、《七月》、《科学的中国》、《政论》、《大时代》、《少年先锋》、《抗到底》、《抗战画报》、《中山周刊》、《中苏文化》、《战斗旬刊》、《文艺月刊》、《半月文摘》、《青年月刊》（次序前后无意义）。

至于小册子，笔者还没有作详密的调查，约计起来，总有三百余种。这些书，初期出版者多半成于“剪刀编辑”之手，从报纸及杂志上剪下文章来，依其性质略加分类排列，前面加上一篇序或者后面写几行后记，印出来便是一部书，如《陷落后的平津》、《上海抗战记》、《平汉前线》……都是这样编成的。后来读者似乎不大欢迎这类货色，于是才慢慢的增多了作者自撰的新书。

发行战时新书的多半是中小书店，上海杂志公司、华中图书公司、生活书店、战时读物编译社、大众出版社、全民出版社、星星出版社、黎明书局、扬子江出版社、战时文化出版社、群力书店、民族解放社、战争丛刊社等十余家出得较多，因此也较为有名。出版战时新书的这些书店，既然都不是大书局，所以出版物不能不找人代卖，在许多小书店中我们也就可以买到各家的书了。

这些战时新书，我们可以依其性质粗略的分为七类：

（一）战时常识：如《空袭与防空》、《怎样救护》、《防空与救护》……

（二）抗战言论：如《中国必胜论》、《抗战言论集》、《怎样战胜敌人》……

（三）游击战术：如《游击战术与游击队》、《抗日游击战术问答》、《论抗日游击战运动》……

（四）朱毛传记言论及其他：如《朱德传》、《毛泽东自传》、《周恩来论抗战诸问题》、《第八路军将领印象记》……

（五）各线情况：如《东战场上》、《西战场上》、《沦陷后的上海》……

（六）抗战文艺：如《抗战独幕剧选》、《抗战诗选》、《抗战曲选》……

（七）其他：如《宣传、组织、武装》、《民众动员论》、《战时乡村工作》……

如果走到书肆，把这五光十色的战时新书仔细的翻阅一遍，恐怕难免对于目前全国文化中心的武汉出版界喟然兴叹吧。这些书籍有的是投机出版家以极廉的编费请人编成或剪成的；有的是宣传家乘此言论比较自由的时候写成的宣传品；或真正有价值的著作虽然不是绝对没有，但却十不一见的。在武汉书肆巡礼，看了这纷纷上市的新书，总要发生点感想：第一，在应当厉行节约的今日，武汉的出版界实在太欠统制，太浪费了。如果是一篇真实的战地特写，或是一篇正确的名论，在报章杂志上刊登出来，读者看不到这刊物自然无法，只要是还找得到，当然无不以先睹为快。书店的编辑把它剪下来编为单行本，对于读者也许有便利的地方，但是有时候我们买到一本书，里面的文章却有许多都已看过，实在也有点不经济。从报章杂志剪文章印单行本这还算好的，还有些编者竟能从书中剪出书来，这未免太无聊了。第二，有些编者过于投机，如果某一种书销路略好，于是自己也要改头换面的来一本。例如关于游击战术和第八路军及其领袖的书，有许多便是这样编成的。编游击战术的人，不但没有实地过过游击生活，而且连普通军事常识也没有，他可以买几部这类的书看看，然后洋洋数万言地完成他的大著，这叫做取各书之精华荟萃成册。更奇怪的是写关于某方面的书籍的作者，有的也不知是故作宣传还是中了旧小说的毒，常常写得出“出乎意表之外”，某刊物上说过这些书成了《江湖奇侠传》一类的作品，信然。第三，我们的出版界一向就有粗制滥造的缺点，而在战时这种现象更为显著。编者十之八九是潦草将事，真正透辟的议论，翔实的报告并不多睹。所以在这许多种读物之中，并没有真能风行全国的名著。建国要埋头苦干，从事文化事业者也要埋头苦干，否则如何能有精深翔实的著作？

武汉出版界的情形大体如上，笔者觉得今后文化人应当自己检讨一番，努力使目前的出版界能在短期内改观。刊物方面除去如《中国的空军》、《科学的中国》等特种杂志外，能够合并的可以尽量的合并，尤其是两种或三种四种刊物都是同一部分人支持的，更应当合为一种。抗战开始时，《国民周刊》、《妇女生活》、《世界知识》几种刊物合并为《联合旬刊》，“中流社”、“文季社”、“文学社”、“译文社”合出《烽火》，最近“宇宙风社”和“逸经社”合出《大风》，我觉得这种办法极对。现在全国的作者实在应当捐弃成见不论流派的来一个大团结，合力出几种性质不同的刊物，给各部门的读者阅读，以收宣传之效，虽然这是一种理想。武汉的刊物如能加以合并，至少有三种好处：第一，作者力量集中，刊物内容当然因之充实。第二，一般人购买力有限，买甲种刊物的往往不再买乙种，买乙种者往往不再买甲种，如能把甲乙两种合并起来，同时内容也充实了，销路自可大增，定价因之也可以逐渐减少。现在一本二十面上下的刊物要卖五六分钱，未免有点贵。第三，支持一种刊物的作者既然多了，那么充篇幅的文章便可不取，这样可以节省许多纸张。

至于小册子方面，编者或著者应当尽力避免笔者在前两段所举出的三种缺点。现在很明显的已闹着新闻纸荒，各地出版的报纸，自抗战开始便已缩减篇幅。开封的《民国日报》从早就改用国产纸印刷，西安的报纸每令卖到二十二三元，汉口的《抗战晚报》也有几天试用棉纸，如果不是十分必要，我们绝不应该从期刊或书中剪书来印刷了。其次，现在出版的书，有许多都是“叠床架屋”，实在重复。在国难期间我们一切都应节约，出版界也不应例外。坊间出版的关于游击战和八路军的书雷同的太多了。复次，目前我们读者所渴望的著作，是要有正确的言论，翔实的记载，客观的分析或精密的计画，但出版界却要以量胜，合于我们理想的著作太少了。

题目是书肆写影，关于旧书铺及街头书摊的情形也应当写一点。武汉的旧书店不多，大部分在武昌的胡林翼路和横街。旧书店中的木版书，比起北平玻璃厂的书来，真是小巫见大巫了。现在武汉的文化人，或自战区流亡来此，或虽未流亡亦惴惴不安，谁还有钱来买木版书？此地的旧书店多半兼售标点书，这些书虽然都还是战前存货，但是书商看到目前纸价飞涨，交通不便，于是把这些书看做可居的奇货，不但不再卖一折八扣，而且还要在一折以外再行加价几成。旧书店中的旧教科书最近因为学期开始还有许多学生去买。新教科书现在教育部已经准许照定价增加三成，旧书店的老板因之也把旧教科书提高价钱，照定价八扣或九扣了。至于街头书摊原来是以卖小说、标点书及其他真正的大众读物为主，而在这全面抗战的今日，也都代售所谓战时读物，《民意》、《文摘》、《抗战》以及什么关于游击战的小册子，在马路两旁也都可以买得到了。

（载《创导半月刊》1938 年第 2 卷第 12 期）

武汉消息一束——出版情形

荃　三

自上海沦陷后，所有文化人，除一部分留在香港外，大多都到武汉，因此出版物就几如雨后春笋，差不多每一天有一种新的。关于日报，原有《武汉日报》、《扫荡报》两种，前者党政消息多，后者军事消息多。后起的《大公报》通信材料较多。其他尚有《党军日报》、《汉报》、《壮报》、《汉口新闻》、《新民报》等等。一月一日继出胡秋原主编的《时代日报》，一月十一日又出潘梓年主编的《新华日报》，到一月十六日，俞颂华主编的《申报》，也在汉口出版了。听说不久还有一个各党各派联合办的日报要出版，所以卖报的声浪一天到晚都可以听见。晚报本来有《电讯报》、《救国晚报》，后来两种合并仍称《救国晚报》，到一月一日有张常人主编的《抗战晚报》出版。所有各报，编辑的方式精神和印刷，大都后来居上。为了篇幅，大都省去副刊，只有《大公》、《新华》、《时代》三报仍旧有副刊，而且都很精彩，很少有浮浅的文章。期刊到十二日底才特别发展，韬奋主编的《抗战三日刊》亦由沪移汉，延安出版的《解放周刊》也在汉普遍发卖。其他陆续出版的有潘梓年编的《群众周刊》、柳湜编的《全民周刊》、胡绳编的《救中国》、徐步编的《新学识》、薛暮桥编的《中国农村》，其他像《民意》、《战斗》、《战时教育》、《妇女前哨》、《妇女生活》、《店员生活》、《世界智识》、《七月》、《文艺月刊》、《良友》、《抗战漫画》、《抗战画报》、《时代与戏剧》、《戏剧生活》等刊物都在陆续出版，统计起来，恐怕有六七十种。其中有一种不伦不类的捣乱刊物，刊名《游击战》，各方面无的放矢的乱骂人，后来被取缔了。

单行本方面，大本子的很少，所处的都是几十页以至百数页的小本子，其中以黎明书局出版的《毛泽东自传》（史诺录）、生活书店的《游击战术讲话》（张佐华著）、抗敌社的《二万五千里长征记》（朱笠夫编著）、大公报馆的《西线风云》（范长江著）最为盛行，前二书二十天内就重版了。其他“真理小丛书”（解放出版社）的《十年来中国共产党》、《游击队基本动作教程》、《抗日游击战争中各种基本政策问题》、《游击队政治工作教程》、《中共对于抗日民族统一战线的主张》等书，销路也很多。此外还有“实践文库”（扬子出版社）、“新军事学丛书”、“大时代丛书”（上海杂志公司），《抗战文辑》和生活书店出版的《初高级战时读本教科书》等等。

因为几家前进的书店，像生活、开明、上海杂志公司都开在交通路，那儿就像上海的福州路，成了文化街了。在店里一天到晚是挤着人，有时朋友找不到，反而可以在那里碰到。生活书店因为业务的繁忙，还招了许多仅仅供给伙食的临时伙计，帮忙招呼。

（载《动员周刊》1938 年第 1 卷第 5 期）

桂林出版界现状的分析

明 天

抗战后桂林的出版界，突然地活跃了，书、杂志，雨后春笋般地成长起来，使一向较形落后的桂林文化界，显现了进步、飞跃的姿态！

外来的刊物，《抗战》等，在这儿，大有不胫而走姿态。过去的一个时期，在地方当局书刊审查委员会未恢复前，《毛泽东自传》、《为独立自由的新中国而奋斗》……一类小册子，畅销一时，引起了投机的出版家翻印《八路军战斗经验》、《毛泽东自传》动机。最近地方当局成立了书检会，上列两书，都遭禁止，好多的小册子之类，八路军将领的历史、战斗经验、言论等书籍，也大都查禁了。可是，这儿的政治，相当开明，检查得并没有像衡阳……那些地方的严厉蛮横。《马恩论中国》、《什么是马克思主义》、《什么是列宁主义》……一类纯理论的书，依旧合法地可以发卖。杂志，几几乎很少被查禁的。《解放》、《群众》、《抗战三日刊》、《全民》、《世界知识》、《战时青年》、《时事类编》、《战地》、《七月》、《文艺阵地》等，在这儿都有广大的读者层，尤其是一般读物中的《抗战》、《解放》、《文艺》、《世界知识》，文艺刊物《七月》、《战地》、《文艺阵地》等，销路最好，几乎青年的学生、公务员、知识分子“人手一篇”的，新出版的本刊，在桂林，也有相当好的销路！

桂林的出版界状况怎样呢？

虽然说，出版界，较战前活跃了许多，可是，因了财力（广西比了过去的江浙，现在的湘鄂，是要穷困许多）、人力上的限制，即使是今天吧，出版界情形，还很落后，不论从质和量方面来说：

（一）书籍——抗战后，桂林出版的抗战读物，依笔者所知，恐怕还不满十种，如《政治的修养和技术》、《怎样做总动员宣传工作》、《战时的学生工作》、《如何认识抗战》、《日本目击记》、《无阵线战略研究》等，除《日本目击记》一书，因作者夏孟辉是个留东数年的学生，对抗战五月后的日本内部社会、经济情形各方面搜罗材料较为宏富有很好销路外，其他几本书，因内容没多大精彩处，思想也不见怎样进步，所以，不怎样畅销了！

所以桂林抗战读物的出版，很稀少的！

（二）杂志——在桂林较为有生气的，算是杂志了。可惜，过去西大学生办的《火炬》、桂高中学生会办的《歼敌》、部分进步文化人主办的《生路》半月刊、西大教授粟寄沧编的《大众文化》及丁作韶编的《前导》半月刊等，都先后因经济、环境的关系，“寿终正寝”了，使寂寞的桂林出版界，只存以下的几种刊物了：

1.《全面战》——第五路军政训处编，隐隐地“军部”的机关杂志，实际的负责人像是曾育群。是一般性的周刊，有评论、国际问题谈话、战地通信等栏。偶尔也有几篇关于救亡工作的论著，立论态度等，相当地公正，在广西区，有较好销路。每期封面，还刊载木刻，对木刻的推进，有相当力量。最近，该刊正举行“每月征文”，第一次征文题是“我的救亡工作经验谈”。以外，该刊正发起组织举行文化人集体座谈会，预备进行集体研究、写作……诸事。那倒是对桂林整个文化界的推动很有力量的一件措施！

刊物本身，因了注重“一般性”缘故，文章大都“一般”了些，欠精悍！由该刊的努力发起举行集体座谈会等，在表示，它是时时刻刻地在求进步的！

2.《克敌周刊》——广西各界抗敌后援会编辑，实际的负责人，像是龙振济、周振纲两个人，也是一般性的读物，是代表着桂林党部的意见的机关刊物。内容，也分战局、短评、时论等几栏，编排比《全面战》灵活、精悍，它的读者，也仅限广西区。第七、第八两期，曾因且娜的《驳丁作韶谬论》、沙龙的《关于书报查禁问题》两篇文章（该两文都载《前导》半月刊第一期，现《前导》半月刊已遭查禁），轰动一时，引起各方面的批评、口诽！

3.《文化》半月刊——创刊未久，还只出到第三期，是乐群社文化部编辑的，实际的负责人是谢中天，可说是代表着"政"方面意见的一个刊物，执笔的还是几个杂志、报纸的编辑人，一般性的刊物中有着她，论评文章较多是特色！

最近，该刊也正在征文，征求战时青年组训、学生运动……一类的稿子，也显示了该刊的力求推进，因了《文化》半月刊编辑人的虚心征求各方意见，力图求内容编排格式上的精彩、活泼，该刊有可能成为当地救运推动力量的一种！

一般的缺点，也是嫌文章的冗长，编排的欠活泼！

4.《战时艺术》半月刊，《战时艺术》半月刊社编辑实际的负责人是国防艺术社的熊某，也还只出到第五期，是桂林刊物中，最见进步、有特色的一个刊物。内容着重在艺术各部的理论的检讨，作品的登载，文艺作品多于理论。执笔的都是有名的艺术工作者，如司徒华、凤子、白克等！

内容、编排都很活泼、合适，微微的缺点是：切合实践的艺术各部门——诗歌、小说、木刻、音乐、漫画等——论文，还嫌少些！

5.《五月》半月刊——五月文社编辑，是新近创刊的，在桂林可说是唯一的小型文艺刊物了！实际上的编辑，像是文艺作家朱等八个人。创刊号由郭沫若题词，加上《五月》动人的刊名，很受一般的爱好文学者的中学生们的欢迎。内容分论文、诗、散文、小说、报告、木刻……各项，第一期执笔有司徒华、钱君匋、朱雯等几人，只是内容未见怎样充实。《五月》的在林创刊可是尽了份开垦"文艺处女地"力量。以后，《五月》的将为桂林唯一文艺刊物，是可预期的！

（三）报纸——武汉、港、粤的报纸，著名的可说是应有尽有，在书局报摊，都能买到。当地的报纸，且仅《广西日报》一种。过去传说，停刊中的港报，有迁桂出版议，后因故未实现！

《广西日报》社长是五路军政训处长韦永成，报分日刊、晚刊两种。日刊，日出一大张，第一版广告，第二版载战闻、国内要闻等消息，第三版载国际新闻，第四版载本省、地方新闻，编排标题等都很醒目、灵活，唯一的缺点是消息的迟钝、材料的缺丰富了！

作为报纸的灵魂社论，也因时才刊登，每星期日附刊《血花》一小张，内容形式都很可以！

晚刊的纸张很差，晚刊的副刊《视界》倒是天天出版的，可惜的是内容太差，多旧诗，有时“转载”文章太多，因此，曾引起读者责难而编者有“无能为力”的启事，可说是“幽默”！

倒是桂高中生编的星期晚刊《星火》比《视界》编得有声色！

综括起上面简陋的分析来，桂林的出版界，一般地有着如下缺点：

（一）一般性刊物太“一般”了，几种刊物读了有差不多感；

（二）较偏重某方面的刊物，所谈也嫌不够深入、专门化；

（三）刊物内容不充实，材料不充分；

（四）刊物都有些“机关杂志”、“同人杂志”的色彩和倾向。

不过，根据了不多久前，《广西日报》附刊《火花》哈庸凡的提出“大众化运动”，最近《全面战》周刊的征求“救亡工作经验谈”文章、发起集体座谈会，《文化》半月刊的征求战时青年组训、学生运动文，可以看出，进步的觉醒的文化人，已开始在注意文化的应该播及于一般人民大众，文化的应该和实践发生联系，文化人本身力量的应该团结，未来的桂林的出版界将有如下的倾向：

（一）文化大众化、通俗化运动的理论到实践；

（二）文化人的理论渐渐和实践起了有机的配合；

（三）文化人集体力量的发挥，文化人统一战线的形成。

努力吧，桂林的文化人！

三八，五，十六，桂林。

（载《新闻记者》1938 年第 1 卷第 4 期）

云南的出版界

伙　计

云南的出版界，一向是很稀薄的。这理由很容易明白，就是云南的文化，比较其他的地方要落后的原故。云南人，又是自称为山国，由此更可想而知。但是文化的进步是靠人力的推动的，如像我们应当强调社会的进步是靠人力推动的一样。

云南的文化人是不是在负此重任，推动着云南的文化界吗？“没有”这当然不能说，但是我们说，还是很薄弱的。

自从抗战以来，云南人在外边从事于各方面的文化和政治的工作者，几乎大半回滇来了，我们是可以说云南的文化人已经是大大的增多了。再加上外省的各名，应当是薄弱的文化的云南，会有着猛烈的进步。但是表现出来的依然是很薄弱。这不得不令人发生一种悲感了。

固然，悲感是无用。我们应当来一次自我的清算和检讨，把这原因检讨出来，努力这个缺陷，把每一个人的精神鼓舞起来，向前猛进，才对。

粗枝大叶地说，我认为过去云南文化不振的原因有三种：

第一是云南的气候比较的温和，生活也很单纯，一般的文化界人就没有受到一种极热和极冷的夏冬的刺激，因之，使人的精神随时是懒散的，只想享受到这种温和的生活便可以了。所谓得过且过的一种苟且心理特别浓重，就即使有一点感慨或刺激，也表现得非常淡薄，没有力量，现在是全民族革命的军队抗日战的时候，我们忠实的云南文化界的同人应不应作一次深刻的省悟，把这懒散的心情紧张？

第二缺乏互相的鼓励的精神。文化的前进固然是要自动或不受摧残，然而我想互相的鼓励也是非常重要的。因为互相鼓励，可以增加自动的勇气，可以使文化结成一块巨大的势力。文化之花，在这中间才有开放的希望，互励可以说是有结果的原动力。

第三点，我认为是从事文化活动的人，大半都是一般读书的青年或中小学教师，刊物的出版所费都要自己掏腰包，这笔经济收入，都相当来得困难，因此每每出一期或两期后便告无力而终止了。这样的结果从读者那里建立不起一种信仰，读者不肯订阅，一方面影响收入和销路，致使云南的文化界终不会发达起来，形成了一种半死不活的现状。

由这三种原因，我们可以得一种结论，就是我们文化的忠实运动者，第一必须深深的来理解目前我们所担负的责任之重大，把懒散的精神集中，替我们民族的抗日战争作一个宣传和组织的强力。

第二，我们的党政机关，当尽力的扶助各种刊物的出版滋长，不好的指正，好的鼓励它。刊物和报纸可以说就是代表一地方的精神和言论，在这个当中，我们可以理解一地人民的文化高低，也就可以从这个当中使我们的社会，在抗战中推进步。

我们之中，固然有的见解和写作的技术都很优秀，有的又很幼稚拙劣，但是优秀的不应当以此自骄以至懒惰，幼稚拙劣的应积极的奋发，在努力之中锻锻自己。若果如是，则我山国的将文化可猛进。我们虽然没有希望它勉强它成为全国文化的中心，在文化工作者增多的现在，在文化的中心向后方推移的现在，我们可不希望吾滇依然如平时一样的稚气。

（载《歼倭》1938 年第 3 期）

昆明出版界景象

吴　稚

从正月到六月半年中，昆明各书店如雨后春笋地发达起来，华山南路几乎可以说是“书店街”，每日下午拥挤着翻阅书报杂志的各色人等，会给你一个可喜的印象。表面的繁荣到了家，实际呢，可大有出进了。

在华山西路短短不到三十家门面的一条街上，排着四五家文具店，三四家印刷店，再除了几家洗染店和糕饼店之外，最惹人留连的就是书店。从东到西算过来：北新书局、正中书局、儿童书局和生活书店都兼售本版书和外版书，再有两家比较小的本地书店也挂满了杂志和地图。

各种各色抗战报告的小册子排成了长蛇阵，千百只眼睛在其间穿花般刷过去。一本本整整齐齐的装订物拿起来又给凌乱地投下去。画报从光泽的封面变成了卷边，半月以前出版的杂志都坦着肚皮静卧在那里。店里小伙计们的眼睛从密密层层的肘缝里死命的盯着，几乎忙得透不过气来，管账员却悠闲地坐着抽烟。这是什么现象呢？

访问了两个书店，得着两段谈话："从汉口来的书走公路，要等车，有时一两月不定。从粤汉路走也停停歇歇，最早的是二十天以前的书了。香港、广州的来得比较快，也在半个月左右。

门市看起来闹热，其实骨子里并不行，一本书最好的销数是五六十份。图书馆不是不买书，付款时总是牵丝扳藤的欠账。本版书的销路是这样，杂志更不行了，往往这期卖完了是幸事，要补前几期的，不可能。"

"我们那里是愿意卖杂志，不要看翻翻的人这样多，真正掏钱的有几个？我们添这杂志部不过是图门市的热闹好看而已。真正希望的是本版教科书的销路，然而他们多半是用二十五年版，不愿换新的，于是整捆的书只好搁在楼上。为了文化使命，我们赔钱是不辞的。不看见吗，《时事类编》和《民意》都在卖半价，连工料都不够。"

但是也有可喜的事：《众生》只有正中书局一家卖，每期到一百册，据说都销完的。这一百册的数目在上海人听了要笑脱牙齿，然而实在他已高出诸老前辈之上了。这两三岁的孩子，看起来是讨人喜欢的，努力培植吧！（《众生》别的几家也都卖了——最后消息）

商务和中华两个伟人开的书店，一个独据光华街，一个雄立三牌坊。他们很少卖外版书。最近商务用一折到七折的大减价来维持不景气，倒也招引了一般人。但五六折以下的实在没有什么可买的书。窗外是层层的挤满了挑担背包的短衣人，这是《东方画刊》在施行着文化宣传了。

正义路一条街上还有世界、大东几家。诚如李长之君在《宇宙风》上所说，常常堆着热心的抗战画的观众，一度再度的减价赓续着，仍难把他们请到门限里来。开明书店躲在大东门的角落头，灰色而无生气，他的书却在世界书局的特价堆里躺着，没落了吗？

出版事业在这里冷得异常。没有发现过一种昆明人自己的刊物在广告上登过（机关的刊物在外）。印刷局很多，但是你想找铅印十之九会被碰出来。只有两家比较大的书店有铅印，如果印起书来，恐怕还是有点吃不消。

报馆一共八家，除《云南日报》和《民国日报》两个机关报外，其余的都是小报。把隔夜的新闻剪贴来充篇幅。前两月南京《朝报》曾到此想插一脚，房子租好了，到今还未出场。先行交易不知何日，择吉开张恐也无期。环境恶劣欤？

纸业也不少，因出版界的消沉，大宗的销路多半是包东西的牛皮鸡皮纸，糊顶棚的粗俗印花纸。装订更不多，即有也是做做账簿生意。印刷材料生意比较大的有公盛一家，附设正中书局内。听说为了上海交通的迟滞，也无货可销。

制版业因而更幼稚，只有一家能做网目版，漫画的刊出都以木刻代替。照相胶纸没有地方去做，于是石印业对原稿的摹写既不精又费事。一张漂亮的封面或招贴既没有锌版，又没有照相石印，休想弄得好。如果想办印刷业而不办制版，恐怕有许多不便。

昆明市政府为了繁荣市面，公告鼓励外来人投资举办各种公用事业，如戏院、电影院、浴室等等，甚至自来水厂都有，而新闻出版事业不列入。大概这种事业是官办的吧？

提起出版，有关的照相业不可不附带说一下。照相馆在今年差不多比去年加了一倍，有几家都是“下江人”来投资的，成绩自然不会太坏，可惜材料贵得出奇。冲晒业只有两家专门的，成绩也难令人满意。

许多“文化人”流到武汉，流到重庆，也有一小部分人流到昆明（如果联大的人们也列入文化人，就是大部分了）。要是印刷事业不健全，他们很难负起这种使命的。虽然联大的人们来了以后，报上顿然添许多有价值的论文，但是散漫的、断续的篇幅究竟难给这沙漠地以多大的影响。

（载《众生》1938年第5期）

论出版自由

浦乃钧

本来，人民之“出版自由”，各国均明订于宪法，我国训政时期约法第十五条曾规定：“人民有发表言论及刊行著作之自由。非依法律，不得停止或限制之。”在宪法草案第十三条，亦有类似条文之规定：“人民有言论著作及出版之自由，非依法律不得限止之。”此次国民党临时全国代表大会制定之抗战建国纲领第二十六条亦明订：在抗战期间，于不违反三民主义最高原则及法令范围内，对于言论出版集会结社，当与以合法之充分保障。仔细说，所谓言论自由与著作自由，大部分可以包括于出版自由中。考出版自由的目的，固在促进人民道德知识之发展，与夫社会之进化。惟此种自由，即在平时，法律亦订有一定之范围，即人民在法律允许之范围内，始可享受出版自由，而一旦值战争或其他非常变乱之发生，各国对于此项自由，自亦与人民其他自由一样，当加以严格之限制。

兹先论述各国在平时关于出版自由范围之规定，次说明各国在欧战时对于出版自由之限制，最后再扼要说述去年七月间我国修正公布之出版法，并阐明其对于现行出版物之态度。

一、各国平时关于出版自由范围之规定。本项可分为（一）出版之手续与（二）各国平时为保障社会利益而对出版品登载事项之限制二种申论之。

（一）出版之手续。列国于过去与现在关于出版手续之规定，普遍有两种制度：一、预防制，出版物不特于出版后须受法律制裁，即在出版前亦须受警察机关之干涉。现欧洲大陆诸国采用此制者较多。二、追惩制，出版物仅于出版后受法律制裁，在出版前，不受任何机关之干预。此制较前者为宽，英、美采用之。

惟须注意者，预防制亦有多种：一、最严格者为检查制，凡出版物须于出版前预经政府检察机关检查核可，始得出版。现意国原则上采行此制。我国现行之出版法对于发行通讯稿之新闻纸，亦采此制。二、核准制（特许制），出版物虽不受检查，但其开办，须得警察机关核准，俄国现已采用之。三、保押金制，凡开办报纸者，须得警察机关之特许，并须预缴若干保押金，日本新闻纸法采之。四、呈报制，此为预防制中之最轻者，即出版者于出版前虽有报告警察机关之义务，警察机关却无拒绝之权。现法国对于报纸之开办采用此制。

现在苏联采行一种特殊之制度，曰国营制。因苏联人民缺少自由之素养，且苏联当局为使全国人民之信仰集于同一目标起见，绝不容许人民享有出版之权。因此，国内之出版物，几乎全为政府办理，其采取之方法为：

一、纸业及印刷事业全归政府经营。

二、许多城市中，书籍发卖业亦多由政府经营。

在此种制度之下，人民绝无出版之自由可言。惟我国后因环境关系，自一九二一年秋季以来，出版方面，亦生重大之变化，如允许私人经营出版业，但须得政府之核准（核准制）。

（二）各国平时为保障社会利益而对出版品登载事项之限制。各国法律，大半认为出版物载有下列情事者为犯罪：淆乱政体者，妨害治安者，败坏风俗者，鼓煽人民暗杀强劫者，揭示军事外交之秘密文件及未经法院公判而应秘密之案件等等。

二、各国在欧战时对于出版自由之限制：本项以英、法、美三国为代表，说明如下：

（一）英国于欧战发生后，全国各地即设立出版检查机关。检查之对象，以国内外之邮电与发布政府之消息为限。至关于书籍及报纸之消息与论说，当事人虽于出版前自愿请求检查机关检查，但此乃出版当事人之自愿，并非当事人之义务，故英国在欧战时系采有限之检查制。

（二）法国。法国于欧战发生后，各省亦设出版检察机关，其检查之范围甚广，举凡报章杂志书籍等，均须受检查。且其检查之文字与消息，亦不仅以与军事外交有关者为限，其采检查制之严厉可知。

（三）美国。依照美国联邦宪法，议会不得制定任何法律以减少人民之言论出版自由。故在欧战时，美政府仅以特种间接手段，以防止军事外交消息之散布，如限制密电码等。至对于出版物，政府仅劝告各报纸自行检查各种消息，故甚为宽松。

三、我国现行出版法之原则及对于现行出版物之态度。我国于去年七月间修正公布之出版法，因国内情势紧张，其中规定较二十四年七月之旧出版法为严。现行法关于出版手续之规定，为对于出版品以采用追惩制为原则，如该法第八条规定，出版品于发行时，应由发行人分别呈缴左列机关各一份：

（一）内政部

（二）中央宣传部

（三）地方主管官署

（四）国立图书馆及立法院图书馆

改订增删原有之出版品而发行者，亦同。

党政军机关之出版品，应依前二项规定分别寄送。

该法对于新闻纸与杂志之出版，则采核准制，如该法第九条规定："为新闻纸或杂志之发行者，应由发行人于首次发行前，填具登记声请书，呈由发行所所在地之地方主管官署，于十五日内转呈省政府或直隶于行政院之市政府核准后始得发行……"

而对于专门发行通讯稿之新闻纸，因其发表之消息有关国家之利益甚大，故特采检查制，如该法第十二条："新闻纸中专以发行通讯稿为业者，地方主管官署，于必要时得派员检查其社务组织及发行状况。"

此种检查制与核准制，现今自由国家在平时虽少采用之，但在欧战时，国家利益高于一切，有时实有不得不采取此种制度之理由。如英法于欧战时，即采取极严格之检查制。而苏联则因采取国营制，人民根本没有出版之自由，近来于平时亦采取特许制。

至我国现行出版法，对于出版品登载事项之限制，规定有不得为下列之记载：一、意图破坏中国国民党，或违反三民主义者；二、意图颠覆国民政府或损害中华民国利益者；三、意图破坏公共秩序者；四、妨害善良风俗者；五、禁止公开诉讼至辩论等。此外若遇战时或变乱及其他特殊必要时，得依国民政府命令之所定，禁止或限制出版品关于政治，军事，外交，或地方治安事项之登载。

故依据现行出版法，若新闻纸或杂志之发行者，于首次发行前，不为声请登记，或就应登记之事项，为不实之陈述者，政府得停止该新闻纸或杂志之发行。

同时，现行出版品中，如刊有一、意图破坏中国国民党或违反三民主义，二、意图颠覆国民政府或损害中华民国利益，三、意图破坏公共秩序，四、妨害善良风俗以及其他法律禁止之记载时，内政部及其他有权机关，得禁止此种出版品之出售及散布，并得扣押之，必要时且得扣押其底版。

又在此次抗战时期，国民政府依法可明令禁止或限止出版品关于某种事项之登载，若有反此种限止者，亦必受严格之取缔。

我国在过去数月中，出版物方面亦有因违反法律上之限制，有害于社会之利益，因而被政府查禁者，其中各方面之刊物均有。我们固希望政府要依照出版法及其他法令以管理国内之出版界。而在出版物本身，自亦应切实遵现行出版法及其他法令之规定，使其活动之范围，不超出法律所定之限度。

（载《民意》1938 年第 23 期）

保障抗战言论出版的自由

允　一

最近内地有些地方的读者，因为收不到本刊，常有信来质问。也有报告我们一些关于查禁书报的消息，或离奇古怪不能想象出的，有违政府的政策和法令等事实。我们对于本刊不能寄到给读者，自然表示万分遗憾，我们总是吩咐发行部勤于考察工作人员的工作，不使再有疏忽误失，寄落之处，一面向邮局，分销处查询，总想追究出这不能寄到的真原因来，对于查禁书报和离奇消息，始终是抱怀疑的态度，不敢轻于相信。不料事实一天天证明这些消息并不是完全没有根据，我们的刊物有时不能达到读者之手至少可以说也已经找到其中的一个原因了。

这两天来，从各地方来的朋友也都说了许多查禁书报的“笑话”，甚至连目前党政上负有重要职责的领袖，国内名人的著作也有被某些个人违法禁止的。有一个地方甚至有凡抗战的书报都有不准书店出卖之势，并且所谓查禁，无法令、无公文，书目亦不公布，一个人随便跑到书店即可为所欲为，书店弄得无可如何。这真是非常离奇的现象，如果此等事实所传非虚，那不仅违反抗战建国纲领中保障正当言论、出版自由之明文，并且有意妨害抗战宣传、教育与商人营业自由，这是何等严重的现象啊！

我们在抗战期中，不反对有碍抗战的言论、出版的限制与制裁，如不久前常发现之《游击战》、《前卫》、《观察》之类的汉奸杂志，宜加禁止，并究办其发行者、主持人。对于正当之言论与出版之自由，我们希望政府通令各地方当局应加意扶植与保障，并希望今后不要再发生以上所传中之不幸事件。

（载《全民周刊》1938 年第 1 卷第 21 期）

保障言论出版自由与争取抗战胜利

华西园

自《战时图书杂志原稿审查办法》及《抗战期间图书杂志审查标准》于本年七月底公布以后，因所规定办法“非特增加出版事业之困难，而于抗战文化动员，尤多窒碍”与“统一国民思想，以加强抗战力量”的原意不符，大大引起全国出版界编著人之注意，即全国各界、海外侨胞亦多对它抱着十分的关心与焦虑。出版界因为与营业有直接的影响，故于八月下旬，有商务、中华、开明、世界、生活、黎明、光明、上海杂志公司等十余家书店联名具呈吁请政府及有关当局，要求撤销该项决定。他们依据他们本身的利害与见解曾提出许多理由，其中最重要的几点，就是：审查办法及标准与中央广开言路、发展出版事业之本旨不符；统一国民思想应该从教育、训练、宣传、说服入手，而不宜仅是消极之钳制；审查手续繁重，消耗人力、物力、时间甚大，战时出版事业，已感材料昂贵、运输寄递之苦，不堪再受审查影响；依据过去经验，地方审查机关，不免过事苛刻，不能体会中央意旨，更不免有滥用权力，压迫正当言论之事；战区及沦陷区域，因势难设立审查机关，这些区域的民众，势将无合法出版之可能，结果我方正当宣传刊物，不能获得合法保障，而敌方及汉奸宣传品，反将得到流行；审查标准颇多含混，无由遵循等，可以说都很切要中肯，而且在顾全他们本身利益之中，仍能以国家民族利益为前提。

同时在刊物编辑人、著作人方面，虽然深切了解政府之意旨，但对审查原稿的办法，亦觉难于施行；且纵使勉强施行，亦殊与精神动员、增强抗战力量不利。因为我伟大的中华民族在危亡的极重要关头，由于国民党国民政府对日实行民族抗战政策的结果，由于共产党为实现抗日民族统一战线的长期的坚决的奋斗，由于全国军民奋起抗战，已经掀起了伟大的英勇的民族自卫战争，造成了我中华民族空前未有的团结和进步。大家既然精诚团结，有了三民主义及抗战建国纲领作准绳，则在不违反三民主义及民族统一战线之原则下，言论出版之自由不仅需要，而且更为必要。因为“今日没有人主张言论出版漫无条件之自由，今日所谓言论出版之自由，不过希望有智力者多出智力，使人民对抗战建国多有说话的机会，以便政府多多了解人民的意见，听取人民的意见”，经过这种广泛的精神动员，能够更密切政府与人民的联系，以发挥抗日政权的最大效能。

上述各点，一经出版界、编辑人、著作人连续提出，立刻得到健全舆论与全国人民的赞成和拥护。于是国民参政会第二届大会上，韬奋先生一方面以编著人的身份，一方面受全国最大出版家之嘱托，就正式提出了要求撤销《图书杂志原稿审查办法》案。其所举理由亦不外上述各点，并特别指明：“（一）政府既有明确规定的原则，以供出版界的遵循，又有《出版法》及其它关于言论出版之现行法规，于出版后加以审查禁止或惩罚，对于不正当的言论出版已有制裁的办法。（二）按《抗战建国纲领》第二十六条规定，于不违反三民主义最高原则，及法令范围内，对言论出版自由，当予以合法之保障，则在出版后如有违反原则及法令之处，始得依法惩办，不应在出版之前即加以束缚或增加困难，犹之乎法律对一般合法之行为皆予以合法之充分保障，只应在行为已有之后，对违反者予以惩罚，不应在行为未有之前，即使其行动受束缚或增加困难。（三）政府对于广开言路听取公意，原已注重，但为更增效率起见，有使舆论得到充分反映之必要。”在申述理由之后，邹参政员又提出三个具体办法，即：（一）实行出版后审查；（二）对出版界加以指导；（三）加强思想领导。

可见邹参政员的提案不但综合了出版家与编著人两方面的意见，反映了全国人民的呼声，而且还提出了具体的办法，足证他对于政府实有高度热诚的拥护和了解。无怪议案一经提出，连署者竟达七十四人之多，其中包括各党派及各界有识人士。故十一月四日，国民参政会第七次大会即以七十五权对五十五权，通过吁请政府撤销。这一提案的通过，足可表示国民参政会诸公对于民主政治的推进与民权自由的保障，是在尽着很大的努力。可是，这一《撤销〈图书杂志原稿审查办法〉以充分反映舆论及保障出版自由案》的通过，虽自有其不可磨灭的重要意义，然而要真正达到彻底实行，还需要有最高国防会议的批准，因而也就需要出版家、编著人及全国人民的继续努力。因为我们知道《图书杂志原稿审查办法》有撤销的必要，虽然已经得到健全舆论与极大多数人民的赞同与拥护，然而也还有些人不能了解，甚至有些人还提出一些似是而非的理由来反对。我们站在推进民主与健全舆论的立场，对于这些反对的意见，自应加以恳切的讨论。

反对撤销《图书杂志原稿审查办法》的第一个理由是说：“现在是战时，不是平时。平时的时候，我们要争自由；战时的时候，我们反而要牺牲自由。”他们不了解在“战时的时候”，政府所要人民牺牲的自由，是那些不利抗战，不利国家民族的自由；恰恰相反，一个贤明的政府对于能够增加抗战力量，帮助动员的民权自由，只应加以积极的培植和扶持，决不应加以消极的限制和束缚。因为我们当前的所谓战时，完全与敌国或欧战时各国的战时不同。我们现在是全国人民一致拥护国民政府领导抗战到底，除了汉奸走狗，决没有人不信任政府。而且我们的抗战是神圣的民族解放战争，抗战的利益与民权自由不仅不相抵触，反而是相因相成，所以对于人民的出版言论，我们要求政府的是积极领导，而不是消极的限制。

反对理由的第二点是说："今日出版之书报，自无重大谬误，但极少数之失检者，仍未能免。"因此主张原稿审查办法仍应予以维持。这是因噎废食，而且既称"极少数之失检"，却要使大多数人的出版言论自由遭受不必要之束缚，又岂得称为公平?！事实上，据我们见闻所及，言论界所发生的一些"失检者"，例如企图动摇基本国策的"不拒绝调停"论与散布悲观失望的"日本困难少而有法克服，中国困难多而难以克服"论，倒是出现在那些"免除原稿审查手续"的出版物中，而不是出现在要受审查手续的言论界。试问实行原稿审查其理何居？况政府原有既存法令，就使人民偶尔亦难免失检，则依据原有法令已可纠正制裁，何必要实行此种烦难的原稿审查办法，以增加出版界的困难？

于是反对者又马上提出第三个理由："普通法的制裁，效力是很轻微的。要保障人民的言论出版的正当自由，行政机关的合法干涉是比较有效的办法！审查原稿办法就是行政干涉的一种。"那末对于人民权利的这种行政干涉，亦早已被抗战十七个月来的教训证明完全失败。因为要取得抗战胜利，非广泛动员民众参战不为功，而要广泛动员起民众力量（智力亦是其中之一种）则首先必须尊敬人民与相信人民，激发人民的自觉性与积极性。消极的行政干涉只有消耗抗战力量，十七个月的抗战事实，难道还不足以证明吗？

最后，反对者还有一种理由，也是颠倒事实的理由，那就是说："撤销原稿审查办法，改为事后审查，会有损书店的营业。"果然如此，那末全国最大同时也是生意经最好的商务、中华、世界、生活等三十六家书店一再请求撤销审查，而且国民参政会通过该案之前夕，商务总经理王云五先生还特从香港打电报来"坚持撤销"，岂不是自己来找损失？出版界想不至愚蠢到这样程度罢？

总之，撤销《图书杂志原稿审查办法》，不仅有便于出版家与编著人，而且有益于抗战之动员，因而也就有益于国家民族。在今日抗战情形之下，一切困难的克服，新的抗战力量的生长，都离不开民众动员，因而也就离不开民主政治的推进。所以政府对于人民言论亟应减少消极的限制，加强积极的领导。我们希望最高国防会议本着广开言路、加强抗战力量的本旨，对于国民参政会这样有重大意义的议案能够予以批准；而且我们相信坚决抗战、公忠体国的最高领袖与最高国防会议一定能够满足人民的要求以克服当前的困难，而推动抗战之前进。

（载《新华日报》1938年11月24日）

论审查原稿及图书杂志

战时言论自由的重要，以及其范围，在本刊第四期已有长篇论文讨论。今观中央通过《战时图书杂志原稿审查办法》及《修正抗战期间图书杂志审查标准》，我们虽有重述战时言论自由的重要及其合理之范围的必要，及战时言论界重要的责任，然为节省文字，还请读者翻阅《战时言论自由的重要及言论界的责任》，现在我们只简略的从审查原稿及图书杂志问题入手。

关于审查办法，组织方面，中央部分由中央执行委员会宣传部、军事委员会政治部、行政院内政部教育部会同组织中央图书杂志审查委员会，各大都市由党政军警机关在中央审查委员会指导之下，组织地方审查委员会。中央审查机关为关于审查图书杂志最高机关，而在中央审查机关中，“如遇审查意见有不同者，应以中宣部代表之意见为主”。被审查者“除本党（国民党）及各级党政机关之出版物，得免除原稿手续，但出版后须检二分送中央审查机关备查”外，余者其他个人及团体所出之图书杂志原稿均须按其所在地分送中央或地方审查机关，再有处罚“反动”及“谬误”者（当然是党政机关以外者），分停印、停售及惩罚编辑人、印刷人、发行人等等方法。

这是简而易明的，除了国民党党政机关之出版物外，余者均受审查，同时只证明国民党机关的出版物是不会“反动”与“谬误”，余者都有“反动”与“谬误”的危险。这里先不必论审查问题本身是该与不该，而分别待遇先犯了不平等待遇的毛病。这样言论界必难免责言。为什么国民党的言论就是天经地义而无错误的见解？言谈笔述，同是人类表现思想的方法，国民党的见解为什么是真理的所在地，不会错误，而只有别人容易“反动谬误”？爱护国家民族难道除国民党的想法外，别人再无有好的想法？这些问题，在国人心中都会寻思再三再四！

关于审查标准，谬误部分，其重要者不外避免“曲解误解国民党主义及历来宣言政纲政策与决议案者”，“或立论态度完全以派系私利为立场”，足以妨害民族利益，或“主张不合抗战要求”，或“作悲观消极论调”，或“夸大敌人”，或“妨害善良风俗及其他之颓废言论”，或“言论偏激狭窄”，这些言论虽在政府眼中是在禁止之例，而在执行方面除了禁一妨百，任意摧毁言论，毫无顾忌之恶果外，欲善自执行实有种种困难。除关于曲解国民党主义及政纲部分比较容易侦知外，余者多不易解释。如“立论态度完全以派系私利为立场”足以妨碍民族利益，此事有时固然可能，然而派系私利既不容易分清，而以派系立场也有时对于民族前途有利，这是除了以另一个立场来武断之外，很不容易公允的确定某派系真的违了民族的利益。若是真有的话，也非审查机关所能周知，而必赖社会言论界为之揭发打击。再有“不合抗战要求”、“悲观消极论调”、“夸大敌人”，此三点都很难划清线界。事实是显明的，譬如正确的言论警告国人须怎样作法，也许被认为不合抗战要求；分析敌人实在的力量，以促我们加倍努力，也许认为是“夸大敌人”；指出国内各方抗战时期作的不够，也许被指为“消极论调”或“颓废言论”，凡是此处都不易分清，若任凭审查机关自己选择处理，善意的容易犯了事广难周之弊，而多方面的是易入于审查人员随便处理，去留“悉听君便”之害，喜怒之间封闭了国人之言论。严格去说，若审查人员有些偏见，除了国民党一鼻孔出气的人外，国内就没有了言论，更提不到抗战建国纲领中的保障言论自由。

关于审查标准，反动部分共八款，除三、四、五、六、七、八等款不须讨论外，如“恶意诋毁及违反三民主义暨中央历来宣言政纲政策者”或“恶意攻击本党，诋毁政府与中央现行设施者”，此中有些部分值得讨论，就如第一款诋毁政府部分，我们若拿春秋大义责备贤者的态度，政府的政策有什么不可以批评，可是批评有时就许被认为诋毁。我们以为欲求社会进步，政府欲知错改进，国人的批评实是宝贵重要。欧美之文明国家，政府的进步与其说是由自己改进，还不如说是反对党及社会舆论的赐与。再有攻击国民党尤其是“中央现行设施者”一部分，若是国民党作的全对，而中央设施全应乎国人的要求，大家自然也就无话可说。若国民党有错误之时，中央设施有不当之处，不许国人批判，简直是封闭了阻碍了国民党及政府之进步，同时是掩耳盗铃，自欺误国。国民党是人组织的，中央的政策是人定的，为什么不能有不当的地方？有不当的地方而为国人所要求改正，为什么不许批评？批评二字若是表面许可了，而批评很容易解释为“恶意的诋毁”。

总上所论，我们以为审查组织的设立对于抗战是害多利少。组织的办法不公允，审查的标准不易弄清，易于独断，而实在容易惹起各方之纷扰。我们主张言论自由不须审查，让言论自己找它的自规的限制，让言论界自己批评自己，让它自己维护正确的言论，攻击不合时要及有碍抗战的言论。国民党最好也用言论自由的途径攻击它认为不正确的言论，让国人从争辩中认识自己，寻找友好。为了抗战及思想正确的前途，我们愿意看见不正确的言论摧毁于自由言论界的阵前，而不愿看威力的制止。威力不但不能实际的制止不正确的言论，反而倒是容易抑止了正确的言论，而实在是有碍国家的进步及人类光明的前途。至于那些与战局有关的言论，还是让言论者自己负责，审慎的发表，政府从旁监督一下即可。我们希望言论界力争保护言论自由，审慎的、忠诚的、公正的发表言论。我们希望政府最好把不必要的审查手续取消。抗战经年，我们还未发现言论界因有自由而发出弱点，我们只觉得言论界表现得还不够，还须加强，更能有利于抗战。退一万步想，若政府固执成见，不能取消审查手续，我们也是为言论界请命，为中国前途着想，还希望政府于审查时，至少也应从大处着眼，从宽处着手，而十分审慎的执行这个任务。

（载《时代批评》1938 年第 5 期）

审查原稿及图书杂志的反响

《战时图书杂志原稿审查办法》及《审查标准》公布后，除了一部分国民党刊物对此表示绝对拥护外，各方甚多发生反响。如商务、中华、开明等二十余出版业者，为此举出了八不可的理由具呈蒋总裁，兹将所举理由列下：（一）此项审查标准与中央广开言路、发展出版业之本旨不符。（二）为战事需要起见，检查报纸新闻，各国虽有通例，然图书杂志与新闻消息无关，纵使内容偶有失检，足妨抗战，尽可依照《出版法》及其他关于言论出版之现行法规，于出版后加以审查禁止或惩罚。若图书杂志亦须以原稿付审，此在各民主国家，战时亦无此成例。（三）齐一国民思想，当从教育、训练、宣传、说服入手，而不宜仅事消极之箝制。苛刻之审查办法，反足使不逞之徒有所借口以离间党政军民之关系。结果所届，反使思想愈趋于庞杂紊乱。（四）我国图书杂志原稿审查办法，曾于民国二十三四年前，一度在上海试办，嗣因办理结果，徒使依法送审之图书杂志，遭受种种障碍，而各种非法出版物仍充斥市上，事实上难予一一查禁，故中央旋即命令撤销。今值抗战时期，中央本团结御侮之旨，尤当发扬民气，不应将早已废弃之图书杂志原稿审查办法，重加实施。（五）审查办法条文苛细，对于各种出版物如文学、哲学、宗教学、美术、经学、史学，均须以原稿付审查。其他本办法未施行前所出版之图书杂志，亦须补请审查。违者概予查禁。此在审查机关将为一极繁重之工作，而一般出版界将因送审送核而耗费无穷之人力物力与时间。战时出版事业，因纸张材料之昂贵，运输寄递之困难，本已日见衰退，因此更将受致命之打击。（六）审查办法规定除中央审查机关外，各大都市省会均得设地方图书杂志审查委员会。查若干地方党政机关过去审查新闻言论，往往过于苛刻，不能体会中央意旨。此后若按照该办法任令各地方负责审查，而处理失当时，按照该项办法，仍须请地方审查机关转呈中央核办。如是则各地方审查机关滥用权力压迫正当言论之事，更将层出不穷。（七）战时行政机构常有变动，在战区及沦陷区域势难建设审查机关。若按照审查办法，则在战区、沦陷区域之民众势将无合法出版图书杂志之可能。结果所届，我方正当宣传刊物，不能获政府之合法保障，而战方及汉奸宣传品反得到处流行。（八）查《审查标准》所谓谬误言论及反动言论，颇多含混，无由遵循。例如“曲解误解割裂本党主义及历来宣言政纲政策与决议案”一项，并无确定标准，悉凭审查机关之主观判断。一旦实施，流弊恐多，主管者可任意比附条文，滥施职权，而操觚者，有动辄得咎之虞。

《时代批评》第五期《论审查原稿及图书杂志》一文中说：言论笔述，同是人类表现思想的方法，国民党的见解为什么是真理的所在地，不会错误，而只有别人容易“反动谬误”？爱护国家民族难道除国民党的想法外，别人再无有好的想法？我们以为审查组织的设立对于抗战是害多利少，组织的办法不公允，审查的标准不易弄清，易于独断，而实在容易惹起各方之纷扰。我们主张言论自由不须审查，让言论自己找它的自规的限制，让言论界自己批评自己，让它自己维护正确的言论，攻击不合时要及有碍抗战的言论。国民党最好也用言论自由的途径攻击它认为不正确的言论，让国人从争辩中认识自己，寻找友好。为了抗战及思想正确的前途，我们愿意看见不正确的言论摧毁于自由言论界的阵前，而不愿看威力的制止。威力不但不能实际的制止正确的言论，反而倒是容易抑止了正确的言论。抗战经年，我们还未发现言论界因有自由而发出弱点，我们只觉得言论界表现得还不够，还须加强，更能有利于抗战。退一万步想，若政府固执成见，不能取消审查手续，我们也是为言论界请命，为中国前途着想，还希望政府于审查时，至少也应从大处着眼，从宽处着手，而十分审慎的执行这个任务。

《中苏》（中苏文化协会长沙分会出版，时有徐特立等之文字）第十一期，洛如民《克服抗战文化动员的障碍》一文中认为审查图书杂志是妨害抗战中的文化动员的，万分希望政府收回审查成命。万一政府坚持审查是适应战时需要这个意见，应特别注意下列各点：

第一，要清查汉奸理论及破坏统一、破坏团结、有宗派性的言论，免致在抗战团结上发生坏影响。其它有神话如《封神传》一类的东西，有颓废性的如《沉沦》一类的东西，对于抗战也有毒害，也应在清查之列。本来，印刷材料与工具，在这长期抗战的过程中，来源非常艰苦，也应力求节省。而节省的标准，即是以有无积极姿态或消极姿态的毒素为尺度。

第二，凡是不违背三民主义及《抗战建国纲领》的著作，应无条件的予以通过。其次带有创造性的著作，为发扬其民族文化起见，也应予以出版的便利。关于精深学术的超卓著作，往往在初发明时，因为站在时代的最前线，有非寻常见识所尽能领会的，经过相当时期的争论与辩驳，真理因论辩而愈渐成为众所悦服的主张。中华民族解放运动的伟大领导者孙中山先生，他所手创的博大精深的救国主义，就经过这样的历程。因而对于有创造性的东西，不应随便加以禁止。

第三，在审查的时间上，应当绝对迅速。杂志宜当天退稿，书籍也不能超过五天，尤其应避免许多公事上的麻烦。

第四，在负审查责任的人选上，应多聘请在思想上、学术上有权威的学者，协助党政军机关代表共同负责审查。

在《时代批评》的第四期，周鲸文氏《战时言论自由的重要及言论界的责任》一文，更力主战时言论界有充分的自由，要勇敢的说话，指出优点尤其是揭发弱点。

（载《时论分析》1938 年第 5、6 期合刊）

贡献一个审查出版物的标准

马乘风

一

最近中宣部集会讨论，要审查出版物，我以为这是十分必要的。

你看市面上的小册子，简直是雪片乱飞。有的在高调无产阶级的领导权，有的在广播一分钟也不放弃对共产主义的信仰，有的在狂叫各党各派合作，有的在提倡改善农工生活，有的在力争民主政治与救国自由，有的在痛诋新生活运动为骗人，有的在肆毁孝弟忠信礼义廉耻为落后学说与陈腐思想，有的诬征兵制度为殃民，有的以保甲制度为祸国，甚而至于以三民主义为含有不正确性，以国民党为投靠资产阶级与封建势力，议论百出，主张互异。当此抗战高于一切之时，思想界之纷乱如此，若不急速加以统制，则贻害国家民族，决非小可，所以中宣会的审查是绝对正确的。

那么，什么是中宣会审查的标准呢？我愿意顺便贡献一点意见。

我以为审查的标准，就是遵照最高领袖的教训。领袖的教训包罗万有，我只摘出与审查出版物一事有重要关系者言之。

二

最高领袖说：“试看现在社会上所出版的小册子，真多似过江之鲫。里面所说者，光明正大的虽然不少，但是一大半均是些诱惑青年走入歧途的恶化或腐化的言论。此种不良的言论，青年们如果中了它底毒，社会焉望其安定？长此以往，国家因之而灭亡，也未可知。我们要使青年思想统一，彻底了解我们的主义是为民族国家谋真正幸福的主义，我们的革命是为民众解除一切痛苦的革命。我们更要使青年们知道三民主义是救中国于水深火热之中的宝贝，除了三民主义以外，是没有旁的东西可以为我们的国家民族争得自由、平等和光荣的。”（十九年四月十七日在第二次全国教育会议讲演）

又说：“如果报纸有意反动，那是当然要制裁的，报纸离开了三民主义，离开了国民革命的观点，就是反革命的言论。”（二十年一月十九日在国府纪念周讲）

又说：“以后无论何种运动，必以三民主义为根据，为中心。诸君一定明白，若一国将乱时，思想必极复杂。思想能统一，国家必健全。故必有思想统一，而后有健全之国家。现在要完成革命，必以三民主义来统一四万万人的思想，除此无第二法道可行。”（十七年七月十七日在北大欢迎会讲）

又说："我相信中国只能有一个主义，不能有第二个主义存在。有第二个主义存在，就是我们的敌人。如果我们的主义给敌人破坏，我们便应党存与存，党亡与亡，不应该偷生怕死，贻羞党。"（二十年七月在江西省党部讲）

领袖对于三民主义的信仰，是何等的坚决与纯洁！话虽然是以前说的，但是，又仿佛是准对今日之言论界而言，仿佛是在"审查出版物"会议席上讲的。

三

最高领袖说："在现在这个时代，革命还没有成功，一般反动派还没有肃清，一切不平等条约还没有取销，我们只有用一个党、一个主义号召，来领导，才能挽救我们全国和全民族的危亡，所以我们现在决不容许再有第二个党出来。"

"在现在国家没有稳固，三民主义没有实现以前，如果允许各种主义、各个党派在中国活动，我们真正的革命党——国民党就一定要失败！国民党失败，不仅是一党的失败，而且就是国家的失败、民族的失败。所以现在决不能够再许第二个党来攻击国民党，使得国民党失败。现在要革命真正的成功，我们只有承认中国国民党为领导中国革命唯一的革命党。"（十八年七月四日在北平视察党务时讲演）

领袖对于我们的党是如何的赤心耿耿精忠拥戴！不料在国民党已经统一了全国的现在，还有人口口声声"各党各派"。何物"各党各派"？那里来的"各党各派"？

四

最高领袖说"单一阶级的革命，在产业十分发达、阶级对立十分明显的帝国主义的国家或者可以实行，但是，无论如何，决不能实行于中国。第一，中国近代产业并没有发达，阶级的对立既不明显，阶级的利害自然没有甚么冲突。阶级的利害既没有多大的冲突，就没有为某一阶级的利益打倒别阶级的必要，而且更没有为单一阶级的利益打倒许多阶级的可能。所以我们应该以社会全体的利益为前提而消灭阶级的区别，不应该以阶级的利益为前提促成社会的分化。这是从中国的社会状况说明阶级斗争的方法不适于中国。第二，在军阀已经打倒的现在，国内实在没有某一阶级十分压迫某一阶级的现象，只有整个民族受帝国主义压迫的事实。所以现在应该只有民族的利益，没有阶级的利益。如果以阶级为本位去革命，不仅民族的利益不能实现，阶级的利益也不能实现。因为整个的民族都不能生存，栖息于民族内部的某一阶级，那里能够得到利益？印度朝鲜的无产阶级状况，就是明证。但是，如果以民族为本位去革命，不仅民族的利益可以达到，民族中各阶级的利益，也可以实现。因为整个民族，能够发荣滋长，民族内部的各阶级的生活，当然可以增长。这是从中国民族的国际地位，说明阶级斗争的方法，不适于中国。”（十八年四月二十五日在长沙市民大会讲）

领袖对于中国社会之认识，对于中国革命之判断，是如何的远大而明晰！可是，在民族生死不保的现在，还有人在大门里边高唱什么资产阶级的动摇啦，无产阶级政党的领导权啦一些煽乱破坏的口号。

五

基于领袖的教训，我贡献意见于中宣会确定如下之审查标准：

甲：三民主义是中国惟一之中心思想，凡离开三民主义而以他种主义为号召之刊物，应该断然制裁。

乙：中国国民党是中国革命惟一之领导机关，凡离开国民党而企图发展他种组织、他种系统之刊物，应该断然制裁。

丙：民族利益高于一切，凡离开民族斗争的伟大使命而挑煽国内阶级斗争之刊物，应该断然制裁。

为了统一御侮，势不能不剪除此种播酿祸乱之因素。这不是剥夺他们的正当的言论自由，而是顾全国家民族的自由。如果他们的“放僻邪侈”的言论自由不被剥夺，那么，国家民族的自由，就被他们所剥夺了。

（载《内外杂志》1938 年第 4 卷第 1 期）

战时出版物的预防和追惩

为了保障国家的安全，维持社会的秩序，增进公众的利益，国家有时——尤其在战时——不能不限制人民的自由和权利，而出版的自由和权利，当然也不是例外。这是近代公法学家所公认的。

国家限制出版自由和权利的制度，普通分为预防制和追惩制。在预防制之下，行政机关得先审查出版物的原稿，如发现有违法的文字，行政机关得令著作人或出版人加以修正或删节。在追惩制之下，行政机关不审查原稿而审查出版物，如发现有违法的文字，行政机关和司法机关应依法予出版人和著作人以惩罚。从前我国对于报纸本采预防制，对于图书杂志则采追惩制，但自本年七月中央颁布《战时图书杂志原稿审查办法》以后，图书杂志也采行了预防制。施行以来，对于报纸的预防制，舆论界多表示赞同，而于图书杂志的预防制，则意见颇不一致。

反对预防制而主张仍采追惩制的理由，可以归纳成三点：第一，预防制足以箝制舆论。假使审查人过于小心或拘泥，则难免在审查标准之外，更事苛求，使舆论不易宣达。第二，原稿审查，手续繁重，耗费人力物力和时间，增加出版人的困难。第三，我国出版界拥护抗战，拥护政府，人同此心；而且政府已颁布了《抗战建国纲领》，出版界尽可依此标准，自行检束，毋劳政府事前干预。纵有一二例外，也不该累及全体。至于汉奸和不良份子，他们决不会把稿件送请政府审查，所以即行预防制也预防不了他们。

赞成预防制的理由，也可顺着上面的次序，归纳成三点：

第一，预防制并不箝制舆论。因为在抗战期间，一切舆论，应该绝对拥护抗战建国的利益，应该绝对以三民主义和《抗战建国纲领》为依据。而对于这种舆论，政府在审查标准中定有奖励的原则，审查机关决无在审查时加以箝制之理！至于那些妨害抗战建国利益和违反三民主义或《抗战建国纲领》的记载，根本违反人民的公意，根本不成为舆论，国家自不能任其传播。即使在追惩制之下，也没有传播的可能。至说审查人会更事苛求云云，那完全是人的问题，与制度根本没有关系。因为审查人若过于小心或拘泥，则在预防制之下固然会更事苛求，而在追惩制之下何尝不会更事苛求！而且事后追惩，依法须销毁其出版物并惩罚其负责人，这样岂非更加苛刻！且照原稿审查办法，当事人可以请求复审，审查人如果过于小心或拘泥因而更事苛求，则其主管机关不难立予纠正。

第二，照原稿审查办法的规定，出版人只须送三份小样（即所谓原稿）给当地的审查机关。审查机关审查这种小样："图书在十万字以内者不得过五日，十万字以上者不得过十日，季刊不得过五日，半月刊及月刊不得过二日，三日刊、周刊、旬刊不得过一日。"照这个规定，手续并不繁重，也不怎样耗费人力物力和时间。而且出版人因而可以得到政府的指示，从而知道错误之所在而酌量加以修改，出版之后且可得到政府的保障。这种办法，对于出版人只有便利，何来困难？反之，若在追惩制之下，出版物若被发现有违法的记载，不独该项出版物须完全缴销，而著作人和出版人且须受国家的惩罚，那才是耗费人力物力和时间，增加出版人的困难呢！

第三，出版界纵多拥护政府和抗战，纵有《抗战建国纲领》作准绳，然以政治问题的错综复杂，抗战军事的瞬息万变，外交形势的微妙深奥，著作人难免有认不清或见不到的地方，若能把他们的原稿送请政府审查一下，一定可以得到很多指示，避免若干错误，而使国家蒙其利益。而且审查所注意的，不完全是政治思想问题，同时也注意于军事秘密、外交政策、善良风俗和公共利益。据主管机关的报告，过去所取缔的出版物，漏泄军事秘密、诲淫诲盗的图书，多于政治思想问题的图书，足见审查制度不是专在对付政治思想问题。至于汉奸或不良份子，他们诚不会送稿件给政府审查，所以有时诚预防不了他们，但我们不能因为有些病人不请医生而就主张根本不要医药制度。预防制施行的结果，至少可以在普通的图书杂志中杜绝汉奸或不良份子以及类似的言论和报道。

在此抗战建国紧要阶段中，国家的需要，为我们判断上述两方理由的最大标准。我们知道中央根据国民参政会的建议，现正深切考虑这个问题。我们深信中央必能斟酌于个人自由和民族自由之间、人民权利和抗战利益之间、审查原则和审查方法之间，下一个公平妥善的判断。（党报社论十二，六。）

（载《中央周刊》1938年第1卷第19期）

从温州生活书店被抄说起

石　础

千万张嘴巴在高喊着“动员民众”、“组织民众”。自然，要完成这一任务，并不是空喊就能解决，而必须拿出具体的办法来，即是在经济上必须减轻民众的负担，改善民众的生活；而在政治上则一定要做到本省战时政治纲领第二条中的规定：“培养民主精神，领导民众运动。”

办法的本身是简单明了，并无什么神秘，但是，当实际运用时，往往被许多人所歪曲和误解。而对动员民众的工作，发生重大的阻碍作用。

从读者的来信中知道最近温州生活书店又被检查，携去大批书报杂志。如生活书店所出版的《青年自学丛书》，抗战后所出版的各种小册子，杂志如《解放》等均被抄走，而本省抗日自卫委员会同人所主编的《新力》亦在被抄之列。

此外，据说拥有二千以上团员的永嘉青年战时服务团也有被解散的消息，这将给予永嘉的救亡工作以极大的打击。

这两件事体无疑的是违反“培养民主精神”这一原则的。在抗战过程中，舆论的动员是非常重要的。在政府的领导下，应该给与民众以出版自由。这次被抄的书籍，都是对抗战国策加以宣扬的，而且如《解放》之类的杂志，中央已有明令准予发行，而《新力》为本省抗日自卫之最高组织所举办，亦竟被抄走，真令人百思莫解，难道《新力》也是反动刊物吗？据说以前丽水商务印书馆也曾被搜查，金华战时书报社曾受恐吓。我们真不明白，为什么国难到了这样严重的阶段居然还有人有余力来做这种摧残抗日救国言论出版的工作。

我们天天在喊组织民众，而永嘉战时青年服务团正是一个有工作有历史有群众的组织，应该积极扶掖领导，现在据说因“合法”与否的问题要被解散。我想别的且不管他，拥有二千多热血青年的抗日救国集团，该不是汉奸团体吧，然而只要不是汉奸组织，我们便没有解散他的理由。

我们竭诚地希望为了真真能把民众动员起来，打退当前的死敌，应该让民众有抗日救国言论集会的自由。“培养民主精神”正是要做到这一点，我们希望纲领不要成为具文，不要剥夺已经在革命的纲领上给与我们的权利，我们竭诚地希望当局来领导和指示。然而，解散查抄我们以为是不必要的，而且也违反了战时政治纲领上“培养民主精神”这一原则。

（载《动员周刊》1938 年第 1 卷第 10 期）

闲话上海旧书肆

忆　玢

在这孤岛上，成为特别畸形发展的营业要算是摆旧书摊了。租界街头巷尾，不论店门前或屋檐下，凡有空隙之处均摆满旧的中西文书籍。旧的《良友》、《人间世》、《论语》各项杂志，吸引着堆堆的路人在那里翻阅，讨价还价地购买。据说在百乐凋疲之下，旧书摊的每日收入倒也还不差，因此就使我联想到那上海资本雄厚的旧书肆，其中奥妙也很多，今容我在此为之一叙。

上海的旧书肆大约均集中于汉口路一带，著名的店家有来青阁、中国书店、树仁书店等数家，而其中规模最大、资本雄厚的首推来青阁。在外表看来，只是一开间狭小的店面而不足为奇，但当你进去一瞧，真是到处是经史子集与宋元明清的古版“珍籍”，而感觉到的是琳琅满目、书香扑鼻了。

旧书肆与新书出版的店家，其生意眼完全迥异。譬如书的出版与来源，新书出版的店家是在拉些著名的作家，撰稿出版。而旧书肆的旧书来源，都在每天派人至本埠的旧书摊轮回巡阅，遇有可买，则即收下。同时还要时时派人至各省各县去收买——其主要的收买地则在北平的琉璃厂一带的旧书肆。因为北平为古代文化的中心，流散在那里的古书较南方的为多，同时更因北平的旧书肆规模资本更较南方的雄厚，故收藏的古书也较多。不过他们也有时派人南下收买北方罕有的书籍，其性质犹如古董商般，有时一无所得，有时都因一转手而获利无算。

书肆主人卖书手腕，亦甚高明而圆滑。他们对于主顾，甚为“奉承”——主顾一到拿烟倒茶，忙个不了，揖入躬出，一味周施，甚至主顾与他讨论研究个全天半日，他们也不露一些厌倦。而他们最高明的手段，是记忆力特别的强——对于主顾的谁有何书，谁欲觅何书。谁喜何书，谁不收何书，都弄得清楚不乱，故当他们老主顾一入书肆，则不必“多挟找破帙驱车而归”。

书贾有时也攀交名流，因为这些名流——文人、闻人、绅士都与社会一般的图书馆、收藏家、中外学术机关有往来（有时为主持人，有时与主持人认识），故每凭他一言，书既可售出，而售价又可多得。处于各各名流呢，他们因为也可借此与书肆往来，可阅些好书，以长些见识，真是又何乐而不为呢?!

此外船书肆还有一种图利的最巧妙手段，那就是传钞作侮［伪］。凡是遇到罕见的书籍，不管刻本与版本，他们都能用染制好的旧样丝栏币，描绘誊写上几部，以当“传钞未刻本”的书籍卖巨价。有时，一捆烂卷残稿，他们也能描改挽补，装帧什袭，杜撰个书名，而充“稿本”去骗买。

书价中，要算“善本”是最昂贵的了，同时“善本”的书籍也不大多见。不过近年来刻板书（不论原刻与精刻）其价也飞涨，宋元版不谈，即小说戏曲之类，一部清晖阁《牡丹亭还魂记》非百元不问。“禁书”（不论淫书与因政治关系被禁之书），近来也被人视为“珍籍”，如哄传一时之《金瓶梅词话》目前是非八九百元莫办。此外县志近年因中外人士考索风土地理的关系，也为之大涨不已。总之，书价的涨落是根据经济学原理“物以稀为贵”与夫“社会之需要”或文人雅士的寻觅推举而转移——如林语堂先生表袁中郎，则《中郎集》就立刻涨价；赵景深先生研究元曲，谈到《十二律昆腔谱》及《京腔谱》，则该书的价值也就大涨而特涨。

每日往来于旧书肆的，大半差不多是那些考究版本的鉴赏家、爱往旧书堆里钻的大学教授、附庸风雅的收藏家、任人研究的图书馆馆主、侨居我邦研究所谓“汉学”的洋人等等。但是最为书肆的主人欢迎的主顾都是一般私人收藏家，因为他们私人的财产不定，可随心所欲。同时他们子弟的优劣也无定，碰到败坏的子弟时，则该项“珍籍”又可“流出”——卖出，重复辗转市场，再度收买获利。而那些研究汉学的洋人呢？则书一到手，即漂洋远遁，从此国粹外溢，不复再回祖国。图书馆都是“一入侯门深似海”，永远不得再与“市”见，因此所谓“珍籍”，能经过书肆主人者日稀，而生意也就日稀了，故后两种主顾不为书肆主人所欢迎。

旧书肆的生意，十年前可说是它的黄金时代。可是近年因为营此业者日多，私人收藏家则又因经济不富裕，故搜罗也就没有十年前来得勇。而其最使旧书肆营业致命伤者，则因最近各大书局出版新版的影印旧书——为商务印书馆印了《各省通志》，中华书馆印了铜活字本《古今图书集成》，开明书局出版《廿五史》，试问有了这种影印精版的古书，谁还愿意出巨价去购买那些两层纸的匾字本呢？

目前炮火毁灭了各省、各城、各镇、各乡，当然著闻全国的收藏家聚集地南浔与苏州也免不了要遭受同样的厄运。可是那些藏之已久的版本古书，又要重复辗转市场了，因此这时也就是一般旧书肆最易活跃——收买的时机啊！

（载《上海人》1938年第1卷第13期）

买旧书

张家兴

刚吃过饭，同学程君欣喜地走进来。他额上蒸出了一颗颗的汗珠，身上的那件衬衫也稍微有些湿了。我替他倒了杯茶，他便在一只圆凳上坐了。

“热吗?”我随口问了一句。

“热!”他喝了口茶说，左手不时把汗巾向脸上揩拭，但态度依旧很镇静。

“唉！太阳虽躲在云端里，天气却这般闷热！这里地方小，更累你了。”我说。

“不！我家也这样，现在那里去过舒适的生活?”

“真是！前线的壮士，不知比我们要热上几十倍呢!”我不甘示弱地说。

“对啊！只要想到前线，什么艰苦都可以忍受，何况区区的‘暴日’怕什么?”程君兴奋地笑了，接着又喝了口茶，汗珠仍在他的额上前仆后继地蒸出来。

… …

大家静默了片刻。

“我想今天和你一同去买旧书呢!”程君这才说明来意。

“好呀！此刻就去吧!”我表示赞同。

于是我们带着满脸的笑容走了出去。事前我们曾说过，预备把买旧书所节省下来的钱，作为献金。所以很希望多省些钱，使我们多献些金。

“秋老虎真厉害!”程君说着，又把汗巾往脸一抹。

“秋老虎虽热，但不过暂时的，一过重阳，看他还发什么威?”我们嘴里一边说，一边四只脚只管加足速力，向目的地前进。不一会，已走近那儿了。

今年的旧书摊却比战前好多了，尤其在这开学前后几天，四马路中市的那一段文化之街上，旧书摊犹如林立，真是三步一摊、五步一店，其盛况几乎驾各大书店而上之。像我们这样的同志，也络绎于途，源源不绝。每一处总挤上几个人，和那个管理的人讨价还价。因此，这几天的文化街头，倒也不甚冷落，但实际上，这不免是一种畸形的繁荣罢了。

这时，我们走上了一个旧书摊，摊上的“经理”只对我们笑了笑，并不殷勤地招待我们。我们也不去睬他，索性在木箱装成的书柜里寻书了。虽然在路旁伛偻着寻书，是多么不雅观，而书柜这样低，寻起来多么不便，我们都不管。

“这几本书有吗？”我寻了一会，有些不耐，指着书目单上的英文书名，问那位“经理”。程君听见我问，也立了起来，静候答复。

那位“经理”像煞有介事地，向纸上的蝌蚪瞧了遍说：“没有！”语气是何等的直爽！

“什么？”我追问。

“阿拉英文……不懂，你自己去寻吧！”那位“经理”含糊地说着，他的视线又转向别处去。我们两人带着惊奇的眼光，相视无语，程君禁不住“嗤”地笑了出来。

后来，我们只得自己去寻，好容易才寻着了一本，又去问“经理”，

“这本书几个钱？”

“一元半。”那位“经理”翻了翻书说。我没有回答。

“旧书也这么贵吗？”程君有些不信。

“这是原版呀！定价要三元多呢！”

“不要！”

“喂！那末你说几个钱？”

“我说吗？……我说一元钱。”我这样还价。

“哼！一元钱到那里去买？阿拉卖你已经贱多了！”“经理”慢吞吞地说，像在踌躇着什么，“你要末加一些。”

我们装出预备走的样子，一面坚决地说：“一元一，你卖末卖，不

卖拉倒!”

“一元三角要吗?”我们不等他说完，就走了。于是“经理”连忙喊:“喂! 拿去! 拿去!”我们一听，就回了过去。我摸出一张大花纸，一张小花纸给那人，那本书就变成我的了，接着就离开那里。

此后，我们又光临了几个旧书摊，把上面的一套把戏，重演了几遍。除了几本实在找不到的书以外，我们所需要的书，差不多全有了。

然而当我们跨出最后一家旧书店时，正看见一个和我们差不多的学生，将手里的二本英文书卖给店里。我心里想，那人至少可换得一元钱吧，我的一本不也要化一元多钱吗?但是出乎意外的:

“四角。”旧书商板着脸孔说。经过一番争论，那人取了五角钱去了。

这时我的心里，真是愤怒极了! 我想为那人打抱不平，但没有这勇气。我又想把手里的书还了旧书商，然而这明明是不可能的。我只能忍气吞声，暗自懊悔。“不应把汗血的金钱，给那种毫无理性，专事盘剥的人们啊!”我的良心在谴责了，我是说不出的难过。

我最后又对那旧书店望了一眼，旧书商还狡猾地狞笑着，忙着与其余的人讨价还价。那种神气，真像据有珍宝一般，傲慢无比。他的眼光，更像一对锐利的魔爪，要抓破雇客的钱袋似地。可恶，无耻，狡猾，旧书商的一切，都使我对他生了无法泯灭的恶感。

“重价收买西书”，我对那店门旁的这几个字，起了疑问。

(载《红茶文艺半月刊》1938年第8期)

整理古书的希望

陈达哉

河山残破，国将不国，更遑问古书、遑论整理。虽然国家之兴亡在己不在人，一德一心，必不至于亡。此番浩劫，古书之毁灭又不知其若干，则如何整理保存，正是文化界重大之责任。用抒愚见，以贡出版界之参考。

(一) 保存名贵之古书

名贵之古书，有日减无日增。宋元精椠稀如麟凤，非有力者不克致，致之而什袭珍藏之。此是保存第一义。

赖摄影术印刷术之进步，宋元佳刊，往昔文人毕世不得一见者，今则得以影印普及矣。虽非原本，却是原本真面目，可以谓为原本之化身。原本纵不幸而毁灭，赖此影印，亦得以长存天壤。此是保存第二义。

前者之保存为重要，后者之保存更为重要。盖人力有所不及，物质必有变灭，故原本之可保存而终不可保存。既为势所必至，则后者之保存，宁非更为重要。故深望珍藏佳刊者，藏之惟恐不密，其分也。而有影印流传之价值，有相互参校之必要时，则勿吝公之同好，流传校正。岂惟不损原本之价值，实更增原本之价值。

比岁以来，影印之名籍已不为少，然而犹为未尽也，犹缺乏系统也。商务之《四部丛刊》宜若为系统之流传矣。然务以古为贵，而不问其精粗，则又不无疵病。盖最古者，未必最精，故愚以为如《四部丛刊》之有系统者，当以最精为标准。至于最古者，别存可也。（即如其中之《玉台新咏》，以无锡孙氏小绿天藏五云溪馆活字本影印，诚最古矣。而错字甚多，殊非精本。）

是以希望于藏书家者当知学术为公，我之有珍本，我之宝也，而不能不负流传之责。有影印流传之机会，勿加拒却。藏书人未必即读书人，有参互考订之读书人，亦勿加拒却。第注意监督之，使勿有所毁伤耳。若夫欣赏之流，则无关学术，深闭固拒，随意可矣。

希望于出版界者：（甲）希望商务之《四部丛刊》改易其最古之标准而为最精，随时抽换，勿惮烦。一续再续乃至于三续四续，益益努力勿懈。用费虽昂，而为学术计，不可吝也。且以意度之，未必无利。此等有系统大规模之保存古书，非资本雄厚组织广大如商务者不可。且适有精于版本之学之张菊生先生主持之，千秋万世，厥功伟矣。（乙）前已言之，最古未必即最精。最古者当然可以别存，即最精之解释，亦甚难确定。或互有短长，亦当然可以别存，希望各书业努力为之，多多益善。（丙）古书往往长大，如式影印，固可保存真面目。而就社会情形言之，则以《四部丛刊》之三十二开为适中，以六十四开之袖珍本为最适用。二者不妨分别为之。

惟愚有苦不解者，科学日在进步之中，印刷术初不例外。顾清末之石印清晰可爱，而今日之石印乃远逊之，何也？此为门外汉语，甚望书业中人有以晓之。至于甲肆已有影印，而乙肆丛刊所需，乃不得不别寻版本，致舍最精而弗用，此诚营业上之冲突，或竟无法可解。然就学术而言，非至善之道也。

（二）整理古书之我见

保存非即整理，而为整理之一助。古书浩如烟海，如何着手，自是为难。虽然复出者多，经史子三部，亦复有限。所感棘手者，集部耳。

与商务之《四部丛刊》对垒者，为中华之《四部备要》，此亦整理古书较有系统之工作。《丛刊》自是精美，而《备要》之选择，则似较恰当。二者之宗旨不同，此其间固无所谓优劣也。在保存古书与整理古书二大工作中，得商务、中华两大书肆分任之，此其有功学术，深足欣慰。且中华之丁氏仿宋字体尽善尽美，愈增《备要》之价值。所惜者错字仍多，为可憾耳。校书如扫落叶，自非个中深尝其苦者弗克知之。改善复改善，增益复增益，与商务之《丛刊》分道扬镳发扬而光大之，此希望于中华者也。

顾《备要》之整理，系就我国传统的分部方法入手，可认为真理之一种，而犹有必需之纵横两个整理方法。曷言乎纵？以文、诗、词、曲分类而集其大成。（所谓分类，非仅为文、诗、词、曲而已，特举以为例。）庶爱好某一类者，得其所需。曷言乎横？以人为单位，搜集其所著，汇为最完全之全集。

譬如以宋词言。汲古阁之《六十家词》，其滥觞也。而朱氏之《疆村丛书》则益精益美矣，然含整理之意，而以所得前人未得之精本为出发点，故有《疆村丛书》而于宋词仍未备，非兼有六十家词。王氏四印斋所刻词，乃至其他属于宋词之集刻不可。我友胡山源，尝为世界书局辑《全宋词集》，即聚种种宋词丛刊而整理之。此诚嘉惠学术界之大工作，惜乎稿甫成而八一三之难作。稿之尚存与否，不可知矣。又如我友赵叔雍集刻《全明词》，亦尚未杀青，今经浩劫，正未知其无恙否也。

《全唐诗》之对于唐诗整理，可谓备矣，虽犹有未尽、犹有伪误，而基础既立，功不可没也。第愚以为其方式不妨改进，譬如李杜两家为集甚夥，然李杜之诗仍此若干首，特诠释有所异耳。废注之说为上乘说法，究竟有注胜于无注。聚种种李杜之集，择善而从，兼采众长，汇成集注，则李杜之集定矣。各家之集皆定，其不能成专集者，又合而为一集。如此则分之为各家专集，合之即《全唐诗》也。唐诗如此，宋词如此，一切纵的整理，皆如此如此，宁非便利学子？愚此意曾为山源言之，倘山源再辑《全宋词》，愚当请其一试。闭门造车，未必出而合辙，能实行与否，未可知也。

请再言横的整理。譬如《曝书亭集》（手头适有此书，举以如例），朱竹垞之全集也。其文可为专集，诗可为专集，词可为专集（本有专集），曲虽少亦可为专集。则在纵的清文、清诗、清词、清曲中各有其集，而汇此四集，又成《朱竹垞全集》，只需版式相同。在纵的方面，可以合售，可以分售；在横的方面，亦可以合售，亦可以分售。此其便利于学子者为何如？而逐步整理，陆续出版，于书肆亦感其便。纵横之整理，相助相成者也，艰巨之工作不必成于一旦。此甚希望出版界有心人，为学术计而尝试之。

（三）版式装订之商榷

第一言字体。自仿宋体出，而洪武体乃为落伍。汉文楷字虽有成功者，然笔画之粗细不均，犹有待于进步也。技术与时间俱进，覃思精研，异日必有极美观之楷字出现。以目前言之，则仿宋为独尊矣。

第二言大小。因社会组织之变化，庞大之书籍必归淘汰；袖珍虽适用，而字体过小，亦非所宜；稍大，则又增篇幅，折衷而论，以三十二开为宜。今之为减轻售价、企求普及，而分排上下层之十六开式。用意未可厚非，愚则期期未敢赞同也。

第三言装订。自是以旧式线装为易于垂久，西装虽便插架，而极易损坏，巨大者更不便于阅读。一坏之后，绝难收拾。不若线装之损坏一二页，抄配重装，犹易致力也。且西装书籍旧则奇丑，不若线装之愈旧愈古。因此，内容亦当以中国纸一面印为本，而以报纸两面印为别出普及之道。纵作西装，亦以软面为宜。

第四言句读。古书大抵无句读。何也？无必要也。文义甚明了者，不复需句读；句读不甚可分者，无从句读；且句读苟不当，则贻误甚深。近人好言标点，即句读之进一步者。然我甚疑之。所谓标点之种种符号，无他，悉欧美人文字之所有。欧美人文字之结构，是否可同于中国文字，此问题非愚所能解答。而其句读符号之是否可移用于中国文字，窃未敢十分承认也。（关于标点问题，当另为专文论之。）亦尝读近人标点之书矣，亦尝读以标点著名之东亚①书局诸书矣，有若干部分，未尝不承认有标点胜于无标点；但在若干部分上，则殊怀疑其标点之果否适用也。至于标点错误之处，无论其是否标点人之错误，姑概以失校论。而能知其错误，固属无妨；若不知其错误，则认此标点而寻文义，宁不引入歧途？故以无句读为较善。（最近所谓一折八扣之出版物，莫不有标点，其书错字之多无论矣。标点之谬误，更不可胜计，对之令人大不快。）

最后我所以希望出版界之对于古书下一番整理工夫者，求使读书人欲读某一种书，或某一人书，便能得其最精最备者，不致为种种类似之书名所扰乱而无所适从也；求使读书人易得可读之书、可藏之书也。忆我童年，好阅小说，向戚友处借贷来者，往往质貌均佳。今则儿女辈欲阅旧小说，舍巨大之商务、世界西装本而外，大抵皆类于一折八扣之

---

① 东亚应为亚东。

流。欲觅旧石印、旧铅印佳本，几同明清精椠，既难且贵。此出版界之进步欤，退步欤？不可得而知之矣。

（载《红茶文艺半月刊》1938 年第 4、5 期）

关于文化粮食的我见

方国强

主笔先生：

这次读《抗战》第五七号“战地随笔”的《我带了一篮书上前线》，知道在抗战前线的一切人民、士兵、工作人员都感到文化粮食的缺乏。虽然我们的战士、救亡人员，早就有坚决的自信心，已准备好愿为民族作光荣的牺牲，但我想文化粮食能源源接济，非但加增个人的效能，且可借这些粮食，培养出无限量新的功效，因此觉得前线的文化粮食是应当急速解决的。我想文化的中心既集中在武汉、长沙、广州这几个地方，在这些地方的人民享受到无量的精神粮食，能知道全国胜利局势的开展、国际变化的动态，是何等的幸运！但是大多数的读者于书报杂志刊物等，看过了以后随手弃掉，这是很可惜的。最好请先生发起一个团体，指定二个适中的地点，专收读过的书报杂志等一切文化粮食，每日或隔日，邮寄前方指定的负责人员，再行分散。其办法，譬如武汉担任北战线，指定汉口、武昌、汉阳等某一抗敌办公处，派人员数名专司整理、收发等一切事务，并请先生通知各报，尽义务的广登启事，同征收洋铁罐、麻袋等办法一样，我想他的数量，不会差的。倘能这样，可算是废物利用，亦可算间接的加入救亡工作了。但是这个办法算是提供的意见，详细办法，同前后方的能如何持久不断的连续下去，如何的发挥运用，还得请先生详细的计划一下。总之，械弹是前方物质的供给，文化是前方精神的供给。我想精神的供给，其需要并不下于物质的供给，先生以为对否？这次战争，敌人物质的供给，可算不差了，但是所得到的，完全是表面的胜利。我们除武器外还有一种宝贵的武器，就是民族精神。这样看来，可知培养精神的文化粮食是如何重要了！

读者方国强，三，廿九，汉阳。

编者按：在这次全面抗战的开展中，我们不但应执行人力物力财力的动员，同时还要执行精神的动员，而精神动员的有效方法，莫过于抗战文化之普遍地深入于内地及前线。这种需要是无待多所解释而即易了然的。但在事实上，一方面前线将士及内地民众都迫切地感到“文化食粮”的恐慌；在另一方面，书报却大量囤积于都市，大有过剩之虞。这种现象非常严重，非迅速力谋解决不可。最近有好几位朋友有鉴于此，已在筹办“战时书报供应社”，不久即可正式公告开始工作，完全尽义务性质，重要任务有二：（一）根据专家意见，选定有关抗战及救亡工作理论与实践的各种书籍杂志报章等；（二）与交通机关及军事机关接洽运输办法。前方将士，后方救亡团体及个人都得用书面请求供应书报，但需确实证明文件或有专函介绍。书本来源则请求各书店、各出版家捐赠及以最低的折扣发卖。现在方先生又提出这个很有价值的建议，我们已经把这个建议转达给正在筹办中的该所，希望他们定有具体的办法，公开宣布，使社会热心人士对于这件文化事业多得一个赞助的机会。同时我们要谢谢方先生告诉我们他的这个好建议。

（载《抗战》1938年第59期）

请给大众以文化食粮

谭达之

一

这一次对日本帝国主义的抗战是联合的、全民的，不分阶级，不论贫富，有钱的出钱，有力的出力，这已经是无可否认的地义天经了。

“民众总动员”这口号也已经喊了很久了。

那末，民众就已经全都动员起来了吗？

事实给我们的答案，也还是不大肯定的。

纵然有许多地方的民众已经或多或少地动员了起来，但那不过是军事的动员，其地域也只限于作战的前线的附近；在后方当然也有一部分的民众已经动员起来，这也是不可抹煞的事实，然而所动员起来的大多数只是知识青年、学生群众而已——尤其是在广东。

在后方，救亡队伍里面，我们很少看见劳苦大众的踪迹！

这不能不说是应该值得各方面所严重注意的一回事。

从人口的比率上看来，我们不能否认劳苦大众占着很高的百分比，从经济的观点上看来，我们就知道劳苦大众应该有热烈的抗敌要求，因而从革命性的蕴藏上说来，我们更不能不承认劳苦大众是抗敌力量中的重要之一环。

让这占人口的大多数、有热烈的抗敌要求、有热烈的抗敌情绪而为抗敌力量最主要的一环的劳苦大众，在这民族已濒于危急存亡之秋，全民应该总动员之际而尚处于睡眠的状态下，无组织的散漫中，这并非中华民族之福利，并非贤明的领导者之所乐，同时也是每个救亡工作者的失责！

二

为什么后方的知识份子能够相当地动员起来呢？

我们想，应该是：

1. 知识青年富于正义感。

2. 这正义感的养成是因为知识青年有灵敏的感觉，因而在时代中认清楚了自己的使命。

3. 他们的感觉之所以灵敏，是因为受了知识的洗礼。

4. 而他们之所以受到知识的洗礼，是因为社会比较优待他们。社会给他们优待了，所以他们受到教育了；又因为他们受到教育了，社会对他们期望就更高了，因而他们就更受到优待了。

这是显而易见的。

那末，我们就可以约略知道劳苦大众之所以动员不起来的原因了，把他们和知识分子比较起来，从上面的四点之充分与否上看来。固然，我们不会那末胡涂说：

1. 劳苦大众是乏于正义感的。

2. 但这正义感不是凭空而来的，纵然具有，有时候也很模糊，甚而至于不正确，而必得加以启发开导的工作。

3. 那末，我们就应该刻不容缓地给他们以知识的洗礼了。

4. 不过，知识的获得一半当然要他们自觉地、自动地去追求，一半也得由先知先觉者肯去给他们帮助、指导。好不好让我们说呢：我们请求社会更给他们以优待。

自然，请不要误会，反转过来说社会是已经给了他们苛待。不，绝不。我们绝不是说他们是已经被苛待了的。

因为现在已经不复是封建专制时代，也不是军阀横行的时代，我们这时代绝不会让愚民政策出现于政治的议程中。

三

不过，在过去，不容讳言的是：

1. 政治不曾上轨道，由于财力人力的种种困难，政府当局的教育之光，还只是在有产者群中兜圈子，没有普及到劳苦大众群中去。

2. 过去政治上曾一度误解过，大家互相隔膜、误解，彼此提防着，不肯真诚团结，和衷共济。

3. 封建残余，还是笼罩着一部分文化人的头脑中；“尊儒”思想，还是多多少少地在作祟；社会轻视劳工，而读书人也自视甚高，不肯减低一切文化活动的水准。

于是劳苦大众便很少得到受教育的机会了！

也还是社会不曾给他们以优待的缘故。

我们现在决不是来算旧账，我们之所以提出来谈谈者是因为要明了过去的缺点，然后有所根据，而决定了我们的对策。我们以为：

1. 现在是有钱的出钱，有力的出力，我们要在政府的领导之下，把我们所贡献于国家民族的力量，更充分地、更敏捷地拿出一部分来协助政府以推行三民主义的抗战教育于抗敌的劳苦大众。

2. 这个政策的推行必然会提高战时劳动力的效率。在政治上，可以使得从前误会冰释，更能够彼此了解，上下一心，精诚团结于民族统一战线中。

3. 这个使命是落在文化人身上，现在觉悟了的文化人已经很多，只要有人肯登高一呼，埋头苦干，便可以在事实上消灭了封建的余毒。

那就好了，让我们亲爱的抗敌劳苦大众得到充分的知识的洗礼吧。

四

要给劳苦大众以知识的洗礼，方式是很多的。例如：办民众学校，经常地开演讲会、读书会，办小型的流动的图书馆等。

或者以为只要得到经济的帮助、人事上的联络、工作人员的合作，便可以不成问题了么？

却还有一个主要的困难就是：缺乏了现成的读物。

这是根据许多工作者在实践中得来的教训。譬如想办个流通图书馆吧，钱已经有了，就跑到书店里去选购图书，那你就会感到：

书铺里没有书。

红红绿绿、五花八门，自从抗战以来书店里已经出版了很多的救亡书籍了。厚的、薄的、定期的、单行的，真是多如山积。但那只是知识分子自己看的书，对于劳苦大众，那些都不对胃口，不是分量太厚，就是内容太深，定价又太高，真是“风马牛不相及”。纵然有勇气有决心跑进去书店里，劳苦大众也只得望“书”兴嗟！

原来劳苦大众要找到他们自己读得懂、读得够味儿的书，才会去读。

为适应他们这个特殊的要求，我们想劳苦大众的书应该是：

1. 通俗易懂；

2. 同他们的生活有关连；

3. 趣味化；

4. 经济化。

在这四个原则之下，也不是空喊了几个口号就成了的，光喊“打日本仔”不够，再喊“日本仔必然崩溃”、“我国必得最后胜利”也不够。而必得说明日本之所以必败，中国之所以必胜的科学的解释，然后才可以坚固他们的信念。

否则也还是感情的，倘受了不良的影响，就依然会波动——不大靠得住！

那就要介绍出基本的理论出来才行。

现在我们的工作不只限于宣传，却应该进而教育了。

把基本理论介绍给劳苦大众而要顾到上述的四个原则，我们想：唯一的方法就是要把抽象的理论象形化，这就是说，要把理论溶解于实生活中，用苦劳大众日常所熟习的小说或诗歌等形式表现出来。

好不好就这样的原则下，编辑一个小型刊物出来，然后在那刊物下结集几本丛书出来呢？

我们代表抗敌的劳苦大众，谨向救亡的文化界请求。

（载《狂潮》1938年第1卷第4期）

每日“精神食粮”在“孤岛”

宜 生

所谓“孤岛”的上海，现在天天在增加人口。“东南文物之邦”的孑遗，大都逃到上海去了。既然还有能力逃到上海而且作寓公，那当然起码是小康之家，而且自然不是“文盲”。他们需要报章——每日的精神食粮。

本来住在上海的人当然也有同样的要求。

受敌人检查的《新闻报》和《时报》，不能满足他们的需要。“洋商”牌子的华文报于是就相继出版了。因为是用洋人出名发行和编辑的，敌人的检查老爷也奈何不得它，抗日的言论尽量可以登，销路就异常的好。

这样的报纸，现在有《文汇报》、《每日译报》、《大美报》、《导报》、《大美晚报》等五家，每种都有四五万份的销路。听说尚有一二种在筹备出版。

现在我们要谈的，是这些报纸的副刊。

《文汇报》的副刊叫做《世纪风》，半版地位，内容：杂文、诗、短篇小说、论文都有，差不多全是抗日的言论；《大美晚报》的副刊叫做《夜光》，除了抗日言论外，有时也登载些和抗日有关的“掌故”。《夜光》篇幅略小，每天约占全版三分之一；《大美报》的副刊《早茶》，三分之二版（《大美》是小型报），内容注重杂文；《导报》的副刊《晨钟》，也是半版地位，抗日的态度尤为尖锐。多谈实际问题，一看题目就知道，如五月十一日的《晨钟》就有那样的文章：《援助华籍关员》、《华籍关员税警的斗争应更深入坚持和扩大》、《割断敌人的血管》。《导报》每周有《少年先锋》周刊，是把国际情形、国内抗战现状等等给少年们解释的；《每日译报》的副刊《爝火》，亦三分之二版（《译报》亦为小型报），内容以杂文为主，颇觉精悍。

“五九”那天，上述各报副刊都一致动员，出了纪念专号。议论的尖锐、观点之正确，并不下于内地的权威的日报。

总括地看起来，上述各副刊中，《夜光》和《世纪风》在抗日的立场而外，所注重者，似乎是多方面的读者的“趣味”。自然，这里所谓“趣味”，并不是脱离现实、回避现实的从前“苦雨斋老人”所称道的那种“趣味”，而是谈“掌故”、忆“旧事”（《胡沙随笔》的《苏州书市》之类）等等也和抗战有关，但可是软性的文字。为使副刊不至于太公式化，这类“软性”文字原亦不妨有之，但亦有弊，即对于读者思想上不能起多大积极的作用。

《导报》的《晨钟》则以多谈时事问题为特色。在提高抗日情绪这一点上说来，《晨钟》是很实际的。但一张副刊而以讨论实际政治问题为重心，便会失掉“副刊”的作用；并且讨论实际政治问题的大文章每天要这么三四篇，结果会流于“滥”，成为抗战八股。

《早茶》和《爝火》都是地盘不大，但内容则精悍充实，《爝火》

比《早茶》更胜一筹。这两种副刊都以杂感为主，没有长文；有社会政治问题的短评，但亦有思想批判的随笔。《早茶》上常有短短的影评，亦颇可一读。《爝火》似乎颇注意于思想问题，颇富于文艺色彩，这是尤其值得称道的。

（载《文艺阵地》1938 年第 1 卷第 4 期）

关于士兵读物

中华全国文艺界抗敌协会在成立的那天，就有动员全国文艺作家编一百种士兵读物的决议，现在这计划尚未见全部实现，但关于写作士兵读物的意见，却也有过不少了。

最近，第四战区政治部第三组要出版一种专给士兵读的刊物，定名为《小战报》，拟定的内容如抗战故事、特写（或报告）、漫画、歌谣、连载的中篇小说，都是文艺的项目——听说《小战报》就打算“以大众化、文艺化为主”。全文协成立大会时“文章入伍”的口号，于是成为事实。

我觉得《小战报》这计划比一百种士兵读物更切要、更合于实际的要求。第一，因为这是定期刊，经常的讲述“每周大势”，报导敌情（两者都是《小战报》预定的项目），在加强士兵政治认识这一点上，自然更能奏效。第二，《小战报》内文艺的一部分实在也是百种士兵读物的“零拆”活用。第三，《小战报》内有“部队通讯”及“士兵俱乐部”（或“救亡室”）二栏，又鼓励了士兵写作，实实在在的把文艺从知识分子手上解放了出去。

全文协的会报《抗战文艺》第五期有《怎样编制士兵读物》的座谈会。出席者都发表了很好的意见，但尤其使我注意的，是方振武将军的话：“军队的精神教育多事是注意尚武精神，在目下就是注意怎样求民族解放的问题。我们应该要注意整齐、迅速，这是行军的要点。我们要形容枪声，形容一个英雄的武功、智谋。像赵子龙、武松之类的故事，是最足以使士兵们感觉兴趣的。要形容却敌的策略、进攻的锐气，描写山地战、夜袭，都可以提高他们的战斗情绪，并且还能给予用智谋却敌的启示，使士兵智勇双全。”

这里，“要形容却敌的策略”、“描写山地战、夜袭……给予用智谋却敌的启示”等等提示，我以为是非常重要的。或者有人会觉得“智谋却敌”是属于指挥作战的干部之所事，然而我们知道，在火线上一个士兵如能用计，常能给敌人以更多的损害。南口战役中，一个智勇双全的士兵曾独据山头，阻滞了敌人的进攻；剧本《八百壮士》中描写了三个士兵中有一个能用计，居然夺得了敌人一架机关枪。（用计部分是借用了沪战那时报上的纪事，夺机关枪是作家的虚构，但想来不是不可能的。）士兵读物加进了这样的材料，于“教育”意义而外，也能提起阅读的兴味。

其次，我以为士兵读物也应该多描写“打游击”。可以虚构一个故事：当我军在某处转移阵地时，有少数士兵（假定是五六十到一百）被隔离在敌人的后方了，于是他们如何觅取掩蔽，又如何联络及发动民众运用智谋打起游击来。在故事里，可以尽量把少数部队打游击的成功的经验很生动地描写进去。这样的故事，士兵们熟悉了以后，一旦身临其境，是会不知不觉来模仿、来运用的；这样的士兵读物，所起的作用就很大了。

七月二十九日。

（载《文艺阵地》1938 年第 1 卷第 8 期）

编写民众读物的困难

老 舍

一想到民众精神食粮的饥荒，我就一点也不敢自傲了。用自己心血写成的东西，能够卖，能被人采用，能被视为不错的宣传品，还不应当欣喜骄傲么？据闻，我写的鼓词与旧戏，在河南、陕西、甘肃、四川，都得到了演唱的机会。在听到这消息之后，我就是因兴奋而自傲一些，似乎也没什么罪过。可是，我不敢。想想看吧，假若民众精神食粮不十分缺乏，而是随时随地的可以找到，干嘛大家单单选取我的作品呢？我所写过的那些并不高明呀！没有朱砂，所以红土子就贵重。自傲么？稍有心肝的人应当冒汗啊！

真的，我那些作品并不高明。检讨自己是必要的，因着检讨自己，或者也就能切实的道出一点意见与办法来。所以，这篇小文不是“指南”，而是“自状”。自状不是往往含有批评的意味么？那么，我就希望在这自我批判的精神中，说出自己的缺点与应努力改进的地方，作大家的参考吧。

为民众写作，第一个我所不能克服的困难就是写不通俗。毛病在哪里？是不是字句太文呢？

不，不完全是文字关系。十几年来，无论我写什么我都力求文字清浅。我的野心（恐怕生平只有这么一点野心）就是想从日用的俗语中创造出文艺作品来：不教雅语丽词压住我，我要从俗话中掏出来珍珠。所以，以文字而论，我以前写的那几本小说，比《三国志演义》还容易读一些。我的哥哥是个文理不深的人，他说我的作品比“三国”还浅——自然这含有轻看的意思，可是他明白我的“字面”，而莫名其妙那几本书到底讲的是什么，正如老太太看电影，只见人动，而不知是干啥事体。新文艺如此，通俗文艺也如此。文字俗还比较的容易，意思俗才是真正的困难。

有人说，通俗文艺根本应是文俗意不俗的东西，文俗所为好懂，意不俗所为教育民众。

我不敢十分相信这个话，因为假若这话完全正确，我的哥哥为什么不能明白我的小说，而能明白“三国”，虽然我的文字比“三国”还浅？

知识是渐渐积起的，为了解“帝国主义”一词，就须有许许多多的准备知识。准备知识越多，对这一词就越明白的透澈；反之，对于一个不识字的老百姓猛孤仃的提出这一词，他若能马上领悟，就是件奇迹了。

思想是生命的支持者，思想越简单，便越有力量。民众的思想简单，可是相信一事或一理，就坚定不移；唯其坚定不移，故能支持生命。视女子当贞为天经地义，大家便真去守节；寡妇再嫁，便损失了人格。假若民众都受了相当的教育，知识多了，脑亦活动，有人说寡妇可以再嫁，大家便会去想上一想，而且想出一些道理来。可是，我们的民众教育太差事，他们所信的那一套，虽有许多矛盾，但由他们自己看，却是清清楚楚，头头是道。有人打算把这有力的生命支持者一脚踹开，必碰钉子。

再说，他们所信的那一套，并不都是要不得的。虽然许多知识分子以为中华民族事事落后，急当改造，可是自抗战以来，烈女杀敌，义士捐躯，倒都出自民间，而知识分子中反有去作大汉奸的。义烈之风尚在民间，虽无教育却有文化。谁也不能否认这文化深厚的力量，而一脚把它踢开；谁也不应当把这些美德与恶德一齐铲除，毫无选择。该保留的东西并不能因为它陈旧了一些就扔掉。

还有呢，民众的思想是与他们的生活方式有不可切断的关系。他们对于某些道德律条是坚定不移的遵守着，以求精神生活的安定与凭借；在另一方面，他们也有许多因生活方式而决定的实利观念与办法，以求物质生活的不吃亏。因此，他们有时候能见义勇为，不畏牺牲；有时候又极客观的、冷酷的，去保护自己的利益，因私而害公。这两个不同的倾向，使他们既爱路见不平、拔刀相助的好汉，又爱那能设法获得实际利益的小丑。

总起上边所说的，我们便看到：（一）新知识的输入，必不能太急，太急就使民众措手不及，而干脆拒绝。（二）文人的思想，因为多见多闻，所以能随时前进，前进是变化不息；民众的思想，因为缺欠教育而为停滞的，所以不易变动。我们只能就他们固有的长处，引导使之向上，不能全盘抹掉而另起炉灶。（三）我们必须详察民情，注意到他们的利害；不能仅事鼓舞，而忽视他们的利益。

明白了这三点，我们的作品才能俗，文字俗，意思也俗。这就是说，我们必须利用民众知识限度内的事实、利用民众思想所能及的道理、利用与民众利害攸关的假想作为故事，才能收到宣传的效果。这实在不大容易，可是唯有如此，我们的俗文字才能传达出俗意思，不至只有“字面”，而无含蕴。我们不可太急，越着急便越容易灰心。我们须以真诚支持着我们的耐心，须以敬爱民众的态度去扶着民众往前进。一个专要为自己造名誉的作家顶好不用做这项工作。

从思想上着眼，设法使民众读物真达到了通俗，然后我们才能欣赏通俗文艺，才能知道通俗文艺不仅是通俗，而且是文艺。我们最大的错误就是以为通俗文艺只是言语俗俚一些，别无好处。其实呢，通俗文艺必须成为文艺。通俗而不文艺，正如典雅而不文艺，都必失败。一部新小说是想象的，一本鼓词也是想象的。一部《红楼梦》能使大家闺秀害病，一部《武松》（乡间有专唱武松者，不提《水浒》中其他的人，而专表武松。武松打虎能唱三天，挑帘杀嫂能唱半个月！）也能使乡民入迷。《红楼》与《武松》的魔力都是文艺的魔力。《武松》虽俗，到底也还是文艺，否则不能使乡民入迷。

我们所写的民众读物，因为不了解民间的思想，所以就无法施展我们的想象，也就无法成为文艺。小至一个比喻，大至一人一物的描写，我们都没办法。我们不晓得民众的想象，民众并非野人，他们有聪明，有幽默与讽刺，有想入非非的能力，可惜我们不晓得！听听乡人口中的笑话有多么可笑，听听乡人的形容武松与张飞有多么大的力量，听听乡民的歇后语有多么恰当与俏皮！我们呢，我们只知道《儒林外史》是文艺作品，而不晓得民间那一大堆好东西。我们以为把“打倒帝国主义”和“赶驴的王二”拉在一处，成为“赶驴的王二打倒帝国主义”便是通俗文艺了。哎，哪知道这既不俗，又不艺呀！我们根本不晓得赶驴的王二怎么思想和他怎样想象！

学习吧，同志们，我们的“心”还离民众远得很呢！我写过一些民众读物，知道写的不成功和不成功的原因。实说实说的道出自己的困难，我正是要告诉同志们：向民众学习是必要的，是无可耻的。先明白了同胞们，然后才能去指导同胞们，这个次序是万不能颠倒过来的。

（载《教育通讯》1938年第39期）

充实民众读物的内容

闻亦博

“扫除文盲”、“识字运动”这一类的事情，固然是抗战建国中重要工作之一。可是，在扫除文盲和推行识字运动的过程当中，拿什么文化粮食来供给一般民众的需要？这个问题恐怕更要重要。一般的民众，不仅仅都应该认识字，并且要更彻底的前进一步，在思想、情操、生活习惯等方面，都应该养成现代国家公民的精神。因为认识字的人，固然可以读圣贤书，读三民主义，但是也可以读怪诞、顽固、迷信、因袭、淫亵一类的书，更可以读充满了反动思想的书。若是不在思想、情操、生活习惯等方面予以正当的指导与认识，那末这一般民众在社会上，也许成为革命分子，也许成为盗贼，也许成为反革命分子和汉奸。所以我觉得“扫除文盲”、“识字运动”只是普及教育的一种工具，还不彻底，彻底的工作是使民众在思想、情操、生活习惯等方面得着正确的指导与认识，这就是目前应该注意充实民众读物的问题。

所谓民众读物，不论是弹词、唱本、小调、短篇故事与章回小说，我认为倒是民族文学的正统，三百篇和唐宋的佛曲变文，何尝不是那时的民间诗歌弹词呢？顾恺之《女史箴图》，何尝又不是那时的连环图画呢？不过后来士大夫高贵了，文艺因之水涨船高，而这种民间文艺只好流落街头，辗转乡里，为士大夫所不齿。虽然文化被少数人所独占，但是民间文艺的结晶——民众读物，依然是有极普遍的读者。除了受过中等教育以上的人，其余的工人、店员、仆役以及粗通文字的大多数民众，还是以民众读物为文化粮食；至于不识字的人，就是看图画、听演唱，也都感觉兴趣。所以他们的思想、情操、生活习惯，直接间接都接受了读物的指导。

在全国人数比例中，粗通文字和不识字的人，自然是占绝对多数，那末他们的生活习惯与思想等，既受读物的指导，所以发生的影响很大。在旧的民众读物中，除了极少数的勉强装入忠孝节义故事以外，大半是充满了怪诞、顽固、迷信、因袭、淫亵的思想，可以说是反动读物。况且那些忠孝节义故事的对象，大半也不适合于现时代。看了尽忠于皇帝的故事，一定是希望出来一位真命天子。可是我们现在不需要忠于皇帝，而是要忠于国家、忠于民族，所以现阶段，非另产生合理的民众读物不可，非彻底的充实读物内容不可。爱国志士是教养出来的，汉奸也是教养出来的。思想没有主宰的人们，可以教他信科学，也可以教他信咒符，如果不从指导其思想、情操、生活习惯等方面着手，尽管在通都大邑宣传演讲，在无线电台广播，民众们永远没有印象。

西洋流行的《五十轶事》、《三十轶事》等类的民间读物，都是包含着深厚的教训，对于国家民族观念、团体合作精神、私人道德训练、独立思想习惯、科学智能的导启非常注意；反观我国的民间读物，除了怪诞、顽固、迷信、因袭、淫亵的思想以外，还有什么？在这全民抗战的当儿，大量的产生民众读物，实在是刻不容缓的工作，下面是我对于充实读物内容的几点意见：

一、具体适合民众的生活。一般民众的智识程度很低，对于社会和自然现象的认识还不够，往往受传统见解的影响与支配，不能得着正确的了解；又因为缺乏教育的训练，没有抽象的思索，更不能了解广泛的抽象问题。在他们的生活环境中，耳闻目见的事实比较的熟悉，所以关于这一方面的解释与说明，容易了解，而且适合需要。再由耳闻目见之事实，引述到其他的问题，也能了解，可收事半功倍之效。譬如写一篇保卫领土、抵抗敌人的故事给无智识的老百姓看，也许不能彻底了解；若是写一段有一群狼要向某村进发，想吃村中的鸡犬，后来村人鸣锣集合，把狼打死，再说到日本侵略中国的正文，则老百姓的心目中，一定把日本比作狼，而且明白了中国的抗战，正是像打狼一样。否则平淡的叙述保卫领土、抵抗敌人，老百姓始终没有正确的认识与了解。

二、文字要简单浅显，用唱歌图画来帮助更好。我国民众的文化水准太低，自然不能了解较深奥的文字。虽然是通俗的白话文，但是作者表现的技巧不同，有的用新八股，有的用些特别术语，一般民众还不能了解。真正的大众化，造句要简单而浅显，如果有唱歌和图画帮助，就是不识字的人，看图画，听唱歌，也是一样可以了解。不过歌和画的内容，也是要适合民众的需要与脾胃，否则，内容太艺术化了，民众还是不能消化。

三、使用文字表现民众的语言。一般民众的生活与社会的上层生活不同，因之表现意识的工具——言语也不同。如果没有受过初级教育的人，自然是连极浅显的文字也不懂；纵以文字表现，但是和他们日常使用的言语不同，听起来还是不能了解。所以最好是以文字来表现他们的言语，反映他们的实际生活，如此，则读物的内容是生动的、是写实的，民众也就容易了解。不过，比较有困难的，就是中国各地的方言，差异很大，如果用文字来表现言语，颇不容易，而甲省之民众读物，在乙省中反不通俗，这一点值得我们研究。前面所说的以文字来表现言语，是广义的解释，只求文字似类言语，达到通俗的目的而已。

四、迎合民众兴趣。这一点占充实读物内容的重要部分，如果忽略了注意民众的兴趣，便失去了读物的推广性。前面说过，民众的生活环境不同，其感觉兴趣的对象也自然不同，读物如果具体的适合民众生活，兴趣就会包含在内。文字的生动固然是要紧，而内容的结构占主要成分。在启发民众的兴趣之中，寓以指导思想、情操、生活习惯之暗示，那末这读物是有价值的。在旧的读物中，十之八九含有男女爱情之描写，当然也是注意实际生活的反映而引起读者的兴趣，但失之淫亵，读者所接受的结果是堕落，这种含有危险性的兴趣，非根本铲除不可。在创作新的读物中，一方面要注意兴趣的激发，一方面要予以正当的暗示，譬如描写爱情，在本事中插入爱国家、爱民族，或别离、出征、杀敌等情节，只要文字生动，读者的兴趣仍是很高。

作者提出的四点意见，当然不能全包括充实民众读物的内容，或有偏见，容有遗漏，在所不免。不过我写此文的动机，是觉得“扫除文盲”、“识字运动”的工作还不够彻底，应该大量的产生现代民众读物，予民众以思想的正当指导。

（载《教育通讯》1938 年第 39 期）

大众理想的读物

伯　乐

主笔先生：今天晓得你们正预备出版一种周刊。在这孤岛上，确实有此需要，我也不必多加恭维，说上许多善颂善祷的肉麻话。我知道你们很竭尽智能去干，大约一定会使读者满意的。

在这个时候，不谈政治和军事也好，其实谈也无益。而社会上可谈之事正多，何必一定要讨论这些事呢！

我感觉到上海一般的 Periodical Publication，不是过分幽默，就是过分正经，这两种均有过与不及之弊。最无意思的，是些贩西洋货的文贾，把欧美各国的报章杂志，一字不改的特译，好像外国人所说的话，一定有意思的。其实外国报章上，有许多东西也不尽可信。以有用之精力，不图创造，而专事模仿，岂得谓为尽善？

你们应该认清楚，西洋定期刊物，除有专门性质的杂志，譬如说医药、工程等之外，其他普通读物，多认定所刊登的稿件，必须具有新闻性质为主要条件。因为是新闻，才会引起读者的注意。普通人的见解，以为日报上登载的是新闻，周刊上的是日报的精华，不过把它整理得有条理有系统而已。这个见解是错的，但是不能苛责读者，应该归咎于主笔先生，因为他不能脱离报章的范围而自己另外探访些有趣味的新闻，以满足大众的欲望。周刊所有的，和报章大同小异，善于读报的人，当然感到索然无味了。

以美国最通行的周刊 *TIME* 来说，他们就是认清楚这一点，为新闻而刊布新闻，绝对与报纸走不同的路，所以能够把握住几千万的读者。

我希望于贵周报者，是成为“大众理想的读物”。

（载《上海人》1938 年第 1 卷第 1 期）

战时大众读物

白 鸥

“发动民众、组织民众、训练民众”这一口号随着抗战的炮声喊响以来，我们还看不到指示抗战路线、适合当前需要、给文化水准较低的大众看的读物出现。不消说，大众的精神食粮是多么贫乏呵！因此，我以为我们在现阶段的抗战中，依然不能忽略战时大众文化的重要性，希望主持战时教育文化者，能注意及之。

第一，本县的定期刊物《战斗》，讨论战时各方面的文章固然很多精彩，但因为水准较高，大众——包括小商人、小学生、识字的工农、曾入民众学校的妇女——实在是不能了解的。自然，为了客观的需要，像《战斗》这一种战时刊物，无论如何也不能缺少。而在大众需要的应趋向于含义深长，字理浅近，易于了解感动的读物。我们平日尝考察含有浓重的民间文艺的戏剧，如绍兴文戏之类，能够紧紧抓住大众，并不是取材的佳——绍兴文戏应有积极改革的地方，但非本文范围所及，故不论——是因为言语浅近土俗的缘故，又如村童樵子都能朗朗吟诵的时调等，能这样地普遍，也是因为浅近的缘故。所以要满足大众战时的知识，我们应赶紧朝这目标努力。

第二，大众读物的取材问题。在战前，关于通俗的大众文艺如《民间文艺》、《民俗》等曾有人致力过，原因是民间文艺的范围广极了。材料不愁贫乏，而矫正在民间流行的错误观念和灌输新时代的知识实在是最大的任务。而现在，材料的取给更多，诸如前线将士英勇血战的叙述、沦陷区域民众的反抗、义勇军的斗争、中央领袖的抗战言论的阐释绎述、民族英雄坚苦卓绝的言行、指示民众兵役法的遵行、暴露敌人屠杀我军民妇孺的惨剧，凡足以激发民众的爱国心和敌忾心的，我们都要以浅显的文字来表白它。文体的形式上，我们可以编成歌谣，可以表演的话剧和文戏调子，甚至说书腔、故事体等等。这一件工作，在现阶段的抗战中，我想很有意义吧！

（载《战斗》1938年第6期）

关于农民读物问题

一 青

在乡村工作的实践过程，大家都感觉到在主观力量上缺乏了一种很重要的东西——农民读物。农民读物是鼓动农民情绪，武装农民思想，启发和充实农民抗战力量所迫切需要的工具。过去许多前进的青年学子，当他们到农村去教育农民的时候，马上就碰着一个困难——用什么东西去教育农民呢？虽然他们每个人都会懂得农民需要知道些什么，但他们能够告诉农民的，大都是一些零碎的、简单的、凌乱的、不完备的、不充实的、没有系统的。有时还不免会犯了些错误。尤其是当他们要办一所农民学校之类，更不知道用什么做课本好。旧的太旧了，新的又太少，而且未必适用，自己编写更不一定有这能力与时间，结果常常因工具不好而大大减低了农民的兴趣。一个很难得的教育农民的机会，没有充分利用就放过了。农民一向是站在文化生活的圈外的，自然没有机会接近甚么读物，及而吸进了无数传统的、狭隘的、封建的毒素。现在要把他们从迷信、因袭、愚昧中解放出来，无疑的，这需要更多消毒和营养的读物。

关于农民读物，可以分为两种：一是基本的，一是补充的。理由是在目前我们迫切地需要动员千百万农民武装起来参加抗战的时候，同样的也迫切地需要有千百万个武装了的头脑，使每个已经和未曾武装起来的农民对于目前中国抗战都有最低限度的，一般的，主要的，基本的认识，比方关于抗战性质、民众武装、抗日民族统一战线、游击战术……之类。这种读物对于农民短期训练、战时民众学校都十分需要。农民和其他职业者有点不同，他们的时间是用农忙和农闲来划分得很清楚的。

两个月左右的短期训练，恰好适合农闲这个机会，可以使他们得到一个正确的政治认识。至于补充读物，范围就广泛得多了。大至世界大势，小至个人生活问题，他们都需要有个正确的理解。不过，这也得要有个条件，因为在这民族存亡绝续的关头，我们是没有宽裕的时间和他们把地球怎样从太阳那里分出来谈起。我们时时刻刻都不要忘记，农民读物就是农民抗战的武器，武器越锐利，战斗力就越大。故此，编写农民读物，应该注意三个原则：第一，要配合着目前抗战形势与任务——发挥农民力量。比方：号召农民武装、动员新兵上前线、推动军民合作等等，使农民马上起来执行自己的任务。第二，要配合着抗日民族统一战线——集中农民力量。比方畛域之见、门户之见、械斗，这种传统的封建的弱点，在抗战中结成是一个大大的阻力，这是需要我们努力去冲破的。第三，要和农民生活联系起来——指导农民解决和改善生活问题，充实农民力量。我们首先要把握着这三个原则，然后编写出来的读物才是有战斗性的。有战斗性的读物，才能加强农民的战斗力。这种有战斗性的读物，我们希望它能发生两种作用。消极的，预防作用，预防他们一不小心被汉奸亲日派、托匪的威迫利诱挑拨离间迷惑了，预防他们有意无意的中了敌人“以华制华”的毒计；积极的，使他们参加抗战，把自己一切献给国家，为民族生存而斗争，这些都是在读物的内容方面应该注意的。关于适合这种内容的取材，最好是着重到具体的事实方面。具体的事实反映出来的道理，最易使人明白、相信、学习，例如抗战的经验与教训、战迹、民族英雄故事、战地工作描写，这都是一般农民愿意知道而不容易知道的。故此，取材一定要适合农民的心理，如乡土观念、祖先崇拜、保守性等等。从保卫田园庐墓谈到保卫家乡，从保卫家乡谈到保卫祖国，用事实克服怀疑，用经验鼓起勇气，用故事引起兴趣。因为农民读物的对众是农民，首先就要使农民愿意看、喜欢看，换言之，就是要适合农民本身的要求，生活上、心理上；其次就要农民看得懂。这就是通俗化问题。

说到通俗化问题，这不单是形式问题，同时也是内容问题。从用字、造句、体裁，以至整个作风，它都涉及的。故此，首先用字就要浅白，多用土语、简体字（以习用者为适当），在新文字普遍的地方，用新文字更好。但这不是说像翻译一样把白话翻译为土语或新文字。有些人就犯了这个毛病，用字是浅白的，句子都是长长的，依旧是采用了复杂的文法。这在没阅读习惯的农民看起来会觉得煞费气力。体裁呢？有人主张一面利用旧的形式，一面创造新的形式，这是对的。比方在城市流行的独幕白话剧，拿到乡村上演，有时会觉得不大适合。农民喜欢看长剧，这也许受了旧剧的影响。要从怎样开始一直到怎样结局，他们才觉得有味。突然而来的，他们会莫明其妙。其他如连环图、说书、讲故事……这都适合农民的口味。还有一种是书信，因为农民是很注重实用的，办乡村学校，农民常常会提出要学写信。假如有新的内容的书信拿去教他们，这也是很好的机会。我们一定要把握着农民的心理、习惯、理解力、生活经验而写出来的读物才能使农民看得懂，也才能通俗。在内容方面也是如此，俗语所谓“三句不离本行”，这就是说普通人最喜欢谈的、喜欢听的而又最易理解的，还是本行的事情。和乡下人谈都市，和都市人谈农村，等于和小孩谈大人的事情一样没有兴味。这就是和年龄也有很大关系，同样是不懂一个字的成人和小孩，用同样的读物去教他们是没有效果的。虽然大家都不认识字，但生活经验、理解力、兴趣是大大不同了。所以通俗不通俗的分别，一定要以农民的耳朵和眼睛为测验的标准，他们听得懂、看得懂的就是通俗，否则就不通俗。我们要把一切正确的救亡的道理，通过种种形式渗入农民的心里。单从一个民族英雄的故事中，就可以指示出许多革命的理论，给人许多学习的榜样。故此，通俗化问题就成了农民读物问题的中心；农民读物的编写，在乡村抗敌工作中将成为一个新生的动力。

（载《抗战农村》1938年第1卷第2期）

编辑儿童读物应有的认识（上）

李廉方

本文共分四章：第一读物体裁；第二读物进程；第三常识要目；第

四编辑要则。

第一　读物体裁

儿童读物，以易读、乐读为目的。其一必取适合体裁，其二必循一定进程。由体裁言之，明儒吕新吾有言："小儿皆有语，语皆成章。"又曰："言各有体，为诸生言则患其不文，为儿曹言则患其不俗。"所以儿童文学，端重童话。童话要素有三：一儿童言语；二儿童生活；三儿童思想。此与通俗文学，异流而同趣。通俗文学有三：便于唱诵曰歌谣；由谈笑中取得教训曰滑稽；增进人事经验曰小说。三者皆古代文学所由起，歌谣勿论矣，《史记》所载《滑稽列传》，皆善讽谏者也，《齐谐》专记新奇事实，其余绪耳。《汉书·艺文志》小说者流如淳注："王者欲知闾巷风俗，故立稗官使称说之。"自文章专成为文人学士欣赏之物，书籍惟取其藏诸名山传之其人，于是世说野乘，为政府与士流所不屑道，所以牖民与启蒙者日远于人事，读书几为初学最苦之役。一任取悦俗好之本，不入士大夫之目者，流传民间，与公家所讲习者背道相驰，盖数千年于兹矣。间有好学深思者，鉴于经文之不便蒙读，别寻途径。自唐以来，如《蒙求》一类，不少作者，然补救亦已微矣。迨西式学校代起，所编小学课本，专袭形式。语其体要，近似古之类书，为通人所羞称。论其功用，则儿童亦不喜读。所以致此之由，其一产生于授课式束缚之下，任何作者无以沟通前后，抒其妙腕。其二文字数量问题，学者不知求之汉字本身，而乞灵西药，每以编辑字典之手续，作为识字根据。尤其混合课程，纯属学习问题，非可于课本求混合，亦非国语包含常识之谓也。明乎以上之症结，欲使读物为儿童易读、乐读，不外三种特点：

一、音调谐和，即古代文学歌谣一类；

二、事实能引起兴趣，即古代文学小说一类；

三、意味能引起娱快，即古代文学滑稽一类。

三者各有特征，皆须原本童话，盖言语不接近儿童，虽叶韵而不易成诵。生活与思想不接近儿童，事实虽真，不能引起兴趣，意味虽善不能引起娱快。童话所以成为儿童唯一文学，意在斯乎！试分析体式如左：

一、由传说组成的童话——以质朴之语，表出不可思议之信念，或以真挚之情，表出爱恋畏惧之内心，实为产生文学之源。不仅情节与意味，易为知识幼稚者所接受也。凡二类：

1. 神话——系初民信仰及生活之反映，与神怪小说骇人听闻者有别。

2. 世说——代表初民习俗之传说，以其专谈人事，故别于神语。

二、由故事组成的童话——由自然情节构成具体事实，真实性之成分较大。即非实有其事，亦必归宿于人事，为其可有的事实。凡五类：

1. 神秘故事——目的在由想象而有所感动与安慰，非以说鬼怪耸听。间或涉及神幻，必系引人入胜，取得教训，与《封神榜》、《西游记》、《子不语》之造意不同。

2. 滑稽故事——以供娱乐为主，大抵分愚骇、刺谬、巧妙三类，可以引人发噱。有用事实演成者，亦有专用言语表出者。惟语不嫌俗而忌粗鄙，或者言之过谑者，亦不宜用。

3. 儿童故事——专取儿童行为有趣者，可分二类：其一采记述之名人幼年故事可以动人者，不专重示范也。其一从儿童生活出发，搀入激引心灵之情节，不限于采之记述也。

4. 勇敢故事——包括爱国、武侠、冒险、侦探等事实，与儿童好奇好胜之心理相应。虽事不出于儿童，亦儿童所喜者也。初步取其稍含神秘意味者，年龄稍长，则以切近实际人生为要。

5. 科学故事——分二类：其一摘取发明家在发明过程中特殊事实，足以使人兴奋，与传记表出全人格不同。其二事物人格化，将无情变为生命，静的呈现活跃，为物语变相的故事。虽取日常事物，然重在表出物理之现象与功用，非为物语以假托而表现人生也。

（载《教育通讯》1938年第17期）

编辑儿童读物应有的认识（中）

李廉方

三、造作的童话——此不取固有传说之故事，其实故事组成之童话，亦有不尽取固有材料者也。

1. 物语寓言附——系一种自然物拟人谈话，专从普通生活现象，表现其习性动作。或将人事经验，藉物之谈话而表现其意义；或仿效对物戏语态度，而发抒其情感，总之含有幼儿之神情与口吻，结构多与故事相近，或即附见于具体故事中者也。寓言为物语进一步的文学，固有记载，不少与笑话同其趣味。惟目的不在引人发噱，而在诱起想象与联想。其情节或意旨浅显者，颇为儿童所喜，亦滑稽之支流也。兹以寓言附于物语下者，以简单寓言，虽有趣而不成一篇。如为长篇，属人者可并入滑稽故事，属物者则附于物语，因寓言多托物而发也。国人近多反对小学物用物语，几成为一般人口头禅。诚然书坊读出版物，多不了解儿童文学，专务形式而失旨趣，有以致之。然物语在低级读物中，占主要部分，且便于使读者有自觉即得到常识与教训，实为文学上最大价值。反对者如反对内容，有怪诞太过，迷信太深，或危险性太甚，则不属于物语文体之本身，不专独对物语而发。若以物之拟人为妄，或所语者非物之本身应有的事实，则旧文学家诗文寄托，往往如此，群经诸子，亦多此例。如《诗经·鸱鸮》篇全托鸟语，《硕鼠》篇全托于对鼠说话，《箨兮》篇全托于对树说话，孔子且不删之。其实寓言即物语变相之文学，不反对寓言而反对物语者，大率以儿童读物，辄为犹狗之语。不知此正儿童生活习见之状，试一观八九岁以下儿女嬉戏，可以恍然。

2. 反复故事——分平叠演进循环递加四类，段落虽变化而词语多反复，其体例盖由诗歌重言与申言连珠之例蜕化而出，初无义旨可言，而儿童甚好之，为初步阅读唯一读物。式有十三，参考本部实验教育训练班讲义及开封教育实验区改造国语课程方案第二卷。

本以上旨趣，求进一步的读物，体要如左：

（一）短篇小说——此为纯文艺读物，系故事扩充体，稍有结构假想之迹，即童话进一步的读物，而进于艺术品质，视普通小说取材于广泛人生者有别。其不曰小说曰短篇小说者非以篇幅长短为限也，盖其结构在产生单纯感想，以确定目的，提炼复杂事物，凡与目的无直接或间接关系之材料，悉予摈斥。每一段落，皆表现其动机。各句各语，皆互为发明，同以中枢思想为归宿。至文之长短，惟视以想象而连贯之事实，能表出其目的与否，故短篇小说，有止于十余行者，亦有长至数十页者，《安徒生童话》之《幸运的木屐》、《丑小鸭》，即其例也。

（二）实话——系切近实际之谈话，目的在传给常识，而体式与物语为近。主要关键，在用如何结构，与如何方法，成为谈语。非谓止于用问答体记述，即易使读者体会已也。如安徒生之《孩子们的闲话》、《一个母亲的故事》，即开此例。此在开始阅读常识记载，最适用之。由实谈体演进，读杂记体读物，自无困难。杂记不拘体格，或叙一种事物，或叙多种事物，分合可以从便。叙法有抽叙综叙之别，抽叙者叙事物某部分或某方面，综叙者叙事物全体，皆以提炼事实适合理解为要。姚鼐以杂记之体，大小事殊，取义各异，游记亦属杂记一类。

（三）史谈——故事体由形式方面演进为小说，由内容方面演进则为史谈。其异乎故事者，故事纯以儿童兴趣为出发点，将兴趣析为多方面，某一类教材，即适应某一方面的兴趣。史谈所取教材，其出发点必与现时代所共感觉之情事发生联属关系，以便适当时动机提供之或各自以当时兴趣而选读。一方面仍本传说的童话之意味，使对材料能激引情感。其体式为一实话之例，用谈话体为宜。亦有记述一事始末，分列题目，或者分篇各叙一事叠订成册，与杂记同其形式，此则为较进一步的读物也。与史谈并列者尚有传记，故事以事为主，此则以人物为中心，由其所表出事实，能激发其心情与志气，认识时代次之。犹之《四库提目》不以形状为限之意，与姚氏传状类异趣。

（四）儿歌——此不限于造作，世俗流传有趣者亦宜酌采。在形式方面，每首语句不多，句亦不长，以六七句以内为最宜。如一歌数段，每段词语，以多重叠或复见为宜。在内容方面，歌词意义，必适于以一种手势或身势之单纯动作，随歌唱而表演，所表演情节，又与儿童生活相应。

此外附及者有三：

（一）实用文——此当适应当时动机而学习，然可适应中级、高级作文能力与其应用需要，列举式例，就书信、笺帖、日记、报告等，分订专册，俾便参究。

（二）短篇散文——儿童进至能用文字发表时，亦需读短篇散文。选文不在多，而在叙事、写景、说理各种体式，各具若干篇，从两方面选辑，用活页订之。

1. 儿童作品——此在鼓励儿童自作，非在示范，宜记年级。坊间刻本，多非儿童自作，反不如教育书籍中附译者为适合。

2. 作家散文——此宜精选，亦可假定标准，从二年级起，分别选辑。每篇对于不易了解词语，宜在篇后附加注释，俾便自读。

3. 图表——此专备阅读中参考之用，分类编制。图分动物植物、生理、天文、地理、全国名胜、花卉、农产、有毒药材等，附以图说。其中动物亦可分为鸟、兽、虫、鱼、家畜等；植物分表分历史、政治、生活等提纲列表，附以表解。又自然社会分类之通名专名，亦可列表稍加注解，附载读物内。

（载《教育通讯》1938 年第 18 期）

编辑儿童读物应有的认识（下）

李廉方

第二　读物进程

由进程言，可分四个步骤：

第一步——取便于运用工具，进行开始阅读，兼培养其阅读兴趣。此以反复故事为唯一读物，内容纯属想象生活，形式不在多插图，而以每段词语先后反复，无需多查生字。每册字数由百余字进至六七百字，字体头号，楷书。商务印书馆著编《文学读本》二、三、四、五册较适用。其余出版之图画故事可选用，但读者不多。参考《开封教实区改造国语课程方案》第三卷阅读兴趣反应章。

第二步——开展运用工具进行阅读的能力，兼增进其阅读兴趣。读物形式有二：

（一）短篇童话故事——间有插图，每篇字数百余字至四百字左右，可合数短篇订成一册，但篇数亦不可过多。故事每篇重自然程序，不重分段词语反复，读故事亦不以凭借看图为主。如儿童书局陈潘合编《儿童故事》，商务印书馆编《甲乙种故事读本》，近于此例，但是其中反复故事宜删去。新中国书局《中级文艺》有一部分可用，参考《开封教育实验区改造国语课程方案》第三卷评价章。

（二）连续图画故事——通常所称故事画，专作幼儿看本，在以图表出故事，间缀简单词语，非图文对照也。又坊间题名之连续图画故事纯用反复体，均不适于阅读之用。此当采旧时连环图体式，每册为一个故事，分若干段，每段图文对照。大东书局《小童话》六册，为可用之本。最近董任坚编译《图画故事》亦适用。文用叶韵者，如中华书局《月妈妈》，大众书局《二个小宝宝》亦可用，字数六百至二千字左右，字体与前者皆用头二号楷书。

第三步——开拓阅读能力，并发展其思考力。宜于纯文艺外，参入小部分常识读物，二者分编小册，不相混合。文艺以故事为中心，大东书局译《看图讲故事》十册为最适宜的体例，新中国书局译《我的童话》亦多可用。常识以实话体属于浅近实物者为主，如北新书局《中级常识丛书》用实话体编者可用，《云雨风》其较佳者也。新中国书局《中级常识丛书》有若干册可用，大众书局《儿童训育丛书》亦可用。文艺读物字数可多至五千字，常识读物可多至二千字，字体三号，楷宋从便。

第四步——从多方面充实阅读能力，作应用与发表的工具。文艺读物于继续读故事外，进读由童话演进之小说，兼及短篇散文与实用文。此种小说，大体仍近于童话，即以儿童思想与生活为中心。如中华书局

《我的书猛猩姐姐》，大东书局《故事丛书》，开明书局译《木偶奇遇记》等为较适用之本，儿童书局《小姑娘》、《万里寻兄记》，则程度较高者始可读。延续常识读物于继续实话体读物外，进读史谈杂记传记之读物。史谈叙一事者，例如良友所译之白纸黑字汇订成册者，例如北新《小朋友史话》；杂记如儿童书局《半角丛书·自然故事》第二册，又单行本《人体旅行记》、《法布尔科学故事》，良友译《室内旅行记》及《儿童自然科学丛书》，其表概状者如新中国《热地人生活》，北新《儿童幸福丛书》、《自然界的春》；传记例如儿童书局《发明家故事丛书》，皆为较适用之本。又中华书局《小学生丛书》亦本步骤常识可读之本，每册字数二千至万字以上，字体三号。惟此步骤所用时间较长，约一个学期至二个学期以上，当视篇幅长短与内容深浅，斟酌配置次序。

第三　常识要目与配置旨要

文艺与常识之读物配置，上已略举其要。惟常识内容颇繁，必须分别要目。兹综合部定初小常识课程标准作业要领，加以重组，以便分类，且稍有补充也。分列如下：

自然教材要目

（一）自然现象——昼夜长短、寒暑变迁、空气、风雨雷电、云雾霜露、雪雹霞虹、日月蚀。

（二）自然景物（系随时令所表见之概状或其特征）——动物之生育、换毛与蛰伏，草木之萌蘖与枯落，以及候鸟、鸣禽、鸣虫、候风、梅雨等。

（三）习见之生物——原野与水中的动植物繁殖、动植物之营养与自卫、家禽与家畜、益鸟与害虫、有毒动植物、动植物本体之部位，如动物之外壳、触角、翅鳞，植物之瓣、蕊、苞、芽。

（四）土地形势——山乡、水乡、平原之异状，地方山川之险要以及名胜及其利用，全国主要山水，地球水陆分布与寒温热三带。

（五）身体——人体与器官、疾病与伤寒、卫生与健康。

社会教材要目

（一）区域分划——地方区划—政治分划（如城镇乡等）、住址分划（如街巷等）、设置分划（如城寨沟堤等）、行省区划、商埠、国防疆域、各强国领域。

（二）建置——古迹、官署、公共文化及娱乐机关、关隘。

（三）交通——道路、桥梁、水陆空的干线与用具、邮电。

（四）政治——建国纲要、行政与自治、赋税、国防与兵役及武器、产业与货币、公共卫生与保安消防、宗教与风俗、禁毒。

（五）史事——纪念节日、革命大事、本国进化史谈、爱国与抗敌史谈、模范人物乡贤、中外伟人、中外发明家、国耻、国际形势、本国民族演进、世界民族分布。

（六）生活

食类——农产、蔬菜与瓜果、调味与饮料。

衣类——原料、服装与附属物、缝纫与洗濯。

住类——材料部位（如庭院、园圃、墙壁等）。

用类——文具、教具与运动具，职工用具、农具，家具与寝具，装饰品与花草，燃料与光。

其他——畜牧与林、矿与渔盐、工商、灾害。

要目如上，进言其配置旨要：

（一）要目类别之运用，当注意者有二点：

1. 题目颇简略，编订教材，当记述其多方关系。属于生物者必及于习性、发育与功能，非生物者则及于品质、功用与制法或用法。其属于抽象或概状者，则以表出特点或说明意义为主。

2. 目各独立，多有相互作用，组织教材，或分或合，亦有变通。

（二）配置原则有三：其一由具体渐及于抽象；其二由浅近渐及于深远；其三由简单渐及于复杂。开始取具体而浅近且简单者；次取浅近或简单者；再次则为具体之较复杂或较深远者；至抽象宜在最后，如政法一类，即全属抽象者也。

（三）内容之表象，可分为表人、表物、表事、表概状四大类。初期读物，以表人、表物之具体与浅近者为主；次及于表事以及表概状之较简单者；再次及于表人、表物、表事、表概状之较复杂或较深远者。

第四　编辑要则

一、此种读物，便于儿童自读，段落须分明，记述须清晰，语句须流利。取授课制的教科书体，其开始阅读能力，约相当于普通初小二年级程度。

二、编辑读物，须依照上所规定之体裁、进程、要目等种种方法，如课外读物之例，以分篇装订小册为主。

三、开始阅读之读物，宜分段插图。进度愈高，图渐减少，然亦视内容而定。

四、读物每篇之后，宜将难词成语，附加注释。

五、读物册内不附练习题目，惟每册须另编学习指引，作儿童阅读、解答、练习各种工作之指导。式例参考本部实验教育训练班讲义及《开封教育实验区改造国语课程方案》第三卷。

六、关于史地、政治等读物，适于初小儿童阅读者，极不多见，图表可供参考者尤缺，应特加注意。

七、同类或同目之读物，宜依体裁与进程各编数册，俾便阅读者自由选择。

八、过去读物缺点，应予矫正。兹撮要分列于下：

1. 童话及故事多为译品，即为名著，而事实非本国所常见，与夫名词累赘，皆予儿童以不快之感。至于选择不当，译文晦涩，以及任意点窜，增删每失原意。

2. 自编童话，除极少若干篇近于短篇小说外，大抵惟以荒唐取笑，离奇取悦。甚至杂取极恶劣之俗说，如某出版儿童读物，例言托为不避神怪，而各篇最上者不过《封神传》、《西游记》之断片情节，刺谬百出，即号称作家者亦间不免。尤有一种通病，关于结构方面，多以得妻得财致贵显为结局，在外国因取古代传说而然，多译已为不合，改造之作如此，似与时代相远。关于情节方面，大抵属于盗掠、吃人、报仇、杀敌、虐待季女、少弟幼妹良善、国王王子公主的遭遇，如其材料非出固有，此种译本，似不宜层见迭出。关于文字方面往往茶曰咖啡、酒曰白兰地、席曰大餐、捕人曰巡捕，处处为上海居民之洋习，凡此极不宜搀入儿童读物者也。

3. 谈话体本适用于儿童读物，惟用此体者每取形式而忽视用此体之旨趣。其一在物语方面，不顾物的本身生活习性如何，专藉物而发抒感想，使读者显然知能假托不感兴味。其二专藉问答取便说明，非问答由结则而产生，且所问者亦非出于自然程序，使因此一问而说明便觉清醒，徒以问答敷衍成篇，殊无意味。其三问答中间有野语，如混账、滚蛋、放屁等，此在话剧中因表现某种野态，不便废去，然儿童话剧则绝不可用。至于通常问答，本可不用，如《岳飞传》某作者亦尚知名，竟有非对降将，屡出此种野语，未免太不伦矣。

4. 中级以上作品，常有三种通病，为新文学家所屡犯。其一不注重情节与结构，惟尚词句之浓妆艳抹，例如“坐在青草地上”，本甚简明，作者偏云“在又软和又平坦又新鲜像绿绒织成大幅毯子似的上面坐着”，如何隐晦累赘。其二太注重文法，往往一句长至十余字，虽用字同于口语，而语句组成，非口语所习用，以致儿童读之颇不顺口。其三袭西式语法，例如虽然……或虽是……必置于末句之类，与通常说话相反。

5. 读物的材料方面、语句方面、意义方面，颇嫌成人气味太重，儿其常识读物，记叙失之平实，不用艺术描写，干燥寡味。训育材料，不从结构注意，使于过程中自然流露其教训意味。惟以直叙与肯定抽象语为训，不留玩味余地。

（载《教育通讯》1938 年第 19 期）

关于小人书

亦　啸

一、小人书在上海

小人书在上海社会，流行得怎样广泛深入，你只须稍为留心考察一下，就可以瞭然明白。不论走到街头巷尾，或里弄前面，你常会看见：靠墙竖放着一个五六尺高、三四尺阔的木架，上面满排着五颜六色的小书，每列用粗麻线拦着。架前的小凳上，或架旁的空木箱上，坐着八九岁到十五六岁的孩子们，在凝神壹志地捧着从架上取下的小人书阅读。

小人书的读者，还不只这些孩子们。我近来曾经特地到住居中下阶级的人民的里弄里去仔细观察，那里的居民，无论男女老幼，只须稍稍识字，类多以浏览小人书来消磨空闲。当夏季溽暑，饭后无事，横身竹榻木板之上，手里执着小人书一卷，以朦胧的眼睛，一面阅览，一面寻入梦境的姿态，是那里居民的生活状况的极普遍极平常的一幅。又当夕阳将下，黄昏未到的当儿，为避骄阳炙晒而不得不挤在室内的大人孩子，到这时都急于要到马路旁或弄堂里去一纾胸头的窒闷，并吸取垂暮的凉爽之气。那时，那些人除了闲谈以外，阅读小人书的，却也不少。

总之，小人书在上海，可以说已普遍深入于中下社会。它是中下阶级人民的唯一的精神食粮，已无可怀疑。专靠出租小人书来谋生的，假如有一个准确的统计，其数目一定不会很小，据我想几千至少是有的，满万也许说不定。他们花上几十元资本，以极低廉的价值，置上几十册几百册小人书，以每日每册三个铜子的代价出租，每日收入块儿八毛，是靠得住的。

二、小人书的种类与内容

根据我寓所弄堂口的一个小人书摊上所有的小人书，从取材方面而言，可以分成如下的几类：（一）根据旧小说编辑的——如《七剑八侠》、《梁山伯》、《水浒全传》、《白蛇传》、《西游记》、《七剑十三侠》、《薛仁贵东征》；（二）取材于滩簧及所谓文明戏的——如《合同记》、《怕老婆趣史》、《蓝衫记》、《三生姻缘》等；（三）取材于旧剧及电影的——如《火烧红莲寺》、《战地血花录》、《郭子仪出世》、《秘密女探》、《化身姑娘》、《包公游地府》、《美女换江山》（即西施）等；（四）取材于笑话及传说的——如《阿曲西》、《阿木林》、《剑迷王先生》、《韩湘子八仙上寿》、《滑头猪八戒》等。总之这些书的取材，都是现成的、陈旧的，极少创造的、新鲜的。因此，其内容的腐败，也就不问可知。你看了上面所开的一部分的书目，就可知道，那些书的内容，依旧脱不了剑仙飞侠、妖魔鬼怪、佳人才子、贞女烈妇，以及三头六臂的英雄、超乎常人的武士等等封建社会中所崇拜提倡的人物与事迹。对于读者们会无形中输入了不可思议的毒汁，这是无庸细说的。别的关于迷信怪谬的害处，暂置不提，就现势而言，别人已经执着亮晃晃的钢刀挨在我们的颈上，我们还能教一般民众听信那套鬼话，一味乐天知命，安守本分，驯驯服服的由人来屠杀压迫吗？想到此处，我真恨不得尽收天下的小人书而付之一炬为快啊！

三、何以小人书会受人欢迎

小人书的取材与内容，既是这样陈腐而不足取，那末它何以会在社会上这样普遍流行，而受中下阶级人民的广大欢迎呢？据我推想由于下列几点：（一）合于下级社会的口胃。他们镇日在穷困中过着生活，受着压迫欺侮，一看到《七剑十三侠》中那样的义士侠客，专为人间打抱不平，扶危济贫，心里自然觉得痛快。“吃得苦中苦，方为人上人”，这封建社会中的教条，对于劳苦民众，也是一服唯一安慰的良药；再不然，看看《阿曲西》、《阿木林》那些人物，闹了许多笑话，寿头寿脑，被人奚落践踏，觉得自己还比他胜出一筹，于是笑过一阵之后，心里还感到轻松了许多。（二）浅显明白，易于了解。那些小人书，都是四分之三的篇幅是图画，四分之一是文字。文字不避俗字俚句，图画画得很生动活泼，识字不多的，专看图画，也能明白其中的意义。我曾看过几本小人书，很爱看那上面的图画。（三）价值便宜，每看一本只须化三个铜子，适合于中下社会的经济力量。小孩子省了一天的糖果钱，就可以去租两本来看看；贩夫走卒，疲劳时放下担子，坐在阶石上借一本看看，化三个铜子，对于他们经济无所损害。

四、应如何设法改进

阅读小人书的，若细加统计，大概还是以儿童占着多数。对于他们身心的毒害，举其重要的而言，有下列几点：（一）易使儿童流于迷信，而且存着侥幸的心理；（二）学习许多不良的习惯，如笑话中的恶作剧讥骂别人及设计陷害别人等等；（三）由于第一点所说的原因，易使儿童没有进取之心；（四）易流于幻想，而以致有狂妄夸张的行为发生出来。

假如能把小人书的内容，加以一番改革，这实在是一种极有力量的民众教育工具。我希望有若干同志，因了我这一篇文字，而能够起来做这有意义的工作，那末我个人真是欣幸万分了！怎样改革，就我个人的所见，举要写在下面：

（一）募集一笔经费（只须几百元），征求有价值的稿件或约请有名的文人编写，内容要有意义，有高尚的趣味。

（二）按照原有的小人书的形式印刻，分送到各个小人书摊上，不收代价。他们一定会乐于接受。

（三）或在某一定期刊物上，纠合几位会画画会写文的同志，先来试行创作小人书，看看是否受某一种读者的欢迎。待有成效后，再募款印刻。

我并不赞成用旧瓶子来装新醋；不过，在这非常时期，教育民众已公认为是件刻不容缓的工作。那末我们利用小人书原有普遍流行于中下社会的力量，把它内容来加以一番彻底的改革，灌输一点民族国家的意识，定可收到事半而功倍的成效。

（载《上海妇女》1938 年第 1 卷第 10 期）

利用连环图画

弋 人

前些时，文学大众化的呼声曾叫得蛮响亮。可是，不久便渐渐地风平而浪静了。直到最近，这呼声又复闹猛起来，看来像煞是文学“大众”的一个转折点。其实呢，除了有人稍作大鼓词之类的尝试外，连首把通俗些的诗歌也“难扳”看到。事实上是只有所谓“建议，而没有行动；有所谓理论，而缺乏实践”，大都是患了“半身不遂”症。

为了生活，我一向与外界隔膜得很。近日，却常偷空在马路上溜溜，倒也颇看到一些新的事物，又旧又新的感触，这就使我想到了连环图画上面去。不是吗？这实在是“大众”透了。平时，在马路边，都满挤着许许多多的学童、工人、妇女之类的人物，在津津有味地欣赏这真正的大众艺术之所谓“小书”，这很可看出它入“大众”之“深”了。

文学要彻头彻尾的“大众”是不可能的，原因还不是为了这捞什子的方块汉字与他（她）们（大众）没有份儿。正因为这内疚的存在，不得不摸索别的门路，另寻道儿了。要不然，只有先推行新文字，用新文字来写作。

唯其如此，大众不能跟方块字妥协，但是为了“救急”，倒亦不能不应用一下子。为什么？大众中虽没有看得懂这种高深的文学作品的文艺欣赏家，倒有很多读过头两年书或者识得百把个字的人们。说来这也许会被大雅之士所冷笑，但是且慢！要是相辅以粗细线条勾成的图画来刺激视觉，他们是可以“一目了然”的。这样，就能收浅入深出的功效，其结果想来也是颇有些成就了。我们利用连环图画深入大众的优点不外有五：（一）由于普遍，大众和连环图画接触的机会独多。（二）文字既浅，图画辅之，可使大众更易了解。（三）价钱便宜，三二个铜子可看一部。（四）能迎合大众的心理。（五）阅读省时，一部十万余言的著作，要是用图画来表现，只多化一个黄昏就可阅读完毕。

至于取材，主题自然是抗战，但是更不妨描写社会的动态、民族劣根性的暴露（这些正是大众所不易察觉到的通病）。尤其是切要的，印刷不妨劣一些，尽管劣，总要使大众的经济负担力能吃得消。也只有这样，才能真正做到大众化的地步。

（载《申报（上海版）》1938 年 12 月 7 日）

女学生的课外读物问题

姜 平

在抗战发生后，我在上海一百位女同学之间，做了一个调查工作，请她们每人写出三本她们最喜看的书来。在她们开出来的三百本书中，能给青年以指示的书和杂志，只占六分之一；六分之二是旧小说；新小说中之肉麻爱情小说和侦探小说合占六分之一；少年读物和普通新小说则各占六分之一。

这其中少年读物和普通的新小说对目前的青年看了无害也无利，而其他的二分之一的书籍不但不会发生好的影响，并且要发生坏的影响。能给青年以救亡智识而起指导工作的杂志书籍，只有这点数目，实是太少了。

并且这一百个女同学和普通的女同学不同，她们已受过一年的相当训练，她们的国文教师叫她们每星期缴一篇阅读报告，并且限定她们不准用旧小说做（只有《水浒传》等几本旧小说例外）报告，并且鼓励她们看前进的书籍杂志。她们住在上海买杂志、买书方便，在教师的鼓励下，尚且如此，内地一班女同学在课外看些什么读物，我想我们不难想象的。

据说在内地城市中流行得最广的是下列各书：《好青年》、《广陵潮》、《啼笑因缘》、《今古奇观》、《三笑姻缘》、《笔生花》、《孽海花》、《天雨花》、《红楼梦》、《亚森罗苹大盗集》、《福尔摩斯侦探集》、《江湖奇侠传》等，最令人吃惊的是，被禁止得长久的《性史》，居然在某些地方尚保持相当的地位。

侠义小说、侦探小说，内容或流于夸大，或不近情理，是不适宜青年读的。旧小说很显明的与目前的现实相去非常远，它们描写家庭和个人琐事的居多，对国家观念薄弱，所描写的人物，大都是封建社会的产物，或流于放荡、或流于拘谨、或热中、或超脱，这种人物以现代的眼光看起来，多少有些病态。固然青年人可以从这当中学到一些人情世故，了解一些旧社会的情形，可是目前青年急需知道的不是这些，他们所需要探讨的，是世界目前的大势：中国和日本国力的比较，中国如何才能取得胜利及自己应负的责任。除这些之外，如果剩些时间下来，还应该探讨最新的人类知识的成果，化学方面、物理方面、生理方面的。青年在这时既不能不读书，又不能只读书把国事推开。所以在读书之外，他们还该为国家做一些事，他们的时间是多么宝贵，浪费在看无聊的书物上面，是多么可惜。

上海抗战发生后，参加后方工作的女学生，只占十分之一。有许多觉得这数目太少了，倘是我们知道她们平时的精神食粮是这些远离现实的东西，十分之九的女学生不能动员起来参加工作，实是势所必然的。

一个很显明的例子，足以说明读物对学生的行动有绝大影响：就在我调查的一百位女同学之间，欢喜看反映现实的读物的人，多少在这次抗战中总做了些工作。比较好的读物是能引导一个人的思想上轨道的，思想又是能推动行动的。

假如我们希望我们的女青年不再被这些粗劣的读物毒害，希望她们变成一个有思想的人，一个不为感情控制的人，希望她们注意起国事来，为国事努力起来，我们应该注意她们课外的读物。下面三种补救方法，我写出来希望引起大家的注意。

（一）给与学生以正确的指导

向来管理学生的人，对课外读物这一项，不外下列四种态度：（1）完全禁止的。内地如长沙等地是禁学生看课外读物的，这流弊最大，因为学生在课外总需要看一些书。在学校禁止之下，她们偷偷摸摸的还是要看，这将造成不择一切而看的弊病。（2）以门阀之见擅禁读物。往往本地当局准予发行的读物，学校禁止，中央准许发行的，地方禁止，结果所剩的无几。就拿杂志这一项来说，经这样几次的检查，留下来的不是言之无物的，就是醉心提倡贤妻良母主义的，我想学生也许就不爱看这些。学生自然又是偷偷的去看一些读物了，可是年轻的她们，自己能根据好坏而对读物加以选择的又有几人呢？（3）没有指导学生选择书报的能力，取放任态度。指导学生看书的责任本该教员和负训育责任的人负担起来，据说在她们之中，有些就很欢喜看《三笑姻缘》、《啼笑因缘》之类。有些教员只会抱课本，所以学校中就没有指导学生看课外书的风气，有些教员就想做也感到相当顾忌。

没有正确的指导让她们乱看书，不但是像上文说过的在抗战中不能负起她们的责任来，甚至于就是含义正确的书，她们也能看出另一面来。如在巴金小说中看到伤感，茅盾小说中看到肉感，鲁迅小说中看到滑稽。

所以给学生以指导不单是说某一种书、某种书不好就完事。好比一本《三国志》，我们应该指出内中代表我们中国国民性优点的是那几部分；那几点我们不能接受，如其中迷信、忠君等的描写。

我提议每一个学校由各科教员和负责训育的人员组织一个课外阅读指导委员会，它的职务如下：（1）对各书加以评语。这可适用于新旧小说，也可适用于科学书、报章杂志，由学生自去选择。（2）各科必须参考之书由教师指定。

（二）改良图书设备

图书费这一项，不问在私立、公立学校中向来是不明不白的一笔账，有些学校索性全部揩油了去，有些学校买些便宜的书。

一般图书馆中好像非常厚爱古书，往往三分之二以上是古书，装潢既美丽，价钱又便宜，正合主持人的意，不过有点美中不足，就是很少人去翻阅。

其他占三分之一的是文艺书，新小说、旧小说各半。新小说的购买标准，不外思想稳健，文笔清丽，情致缠绵。有些学校把侦探小说、神怪小说、武侠小说买上一大堆，供学生阅览。

关于史地、生物、数学、美术、理化等科的参考书，向不为一班买书的人注意；即有，也很少、很旧，不一定适合学生看。

杂志方面，新杂志不敢订，旧杂志又少，于是书架上放着仍都是些赠阅的杂志，一钱不化又保险。

照这样的设备，希望科学空气浓厚，希望学生思想清楚，希望学生能自动起来参加救国工作，岂非缘木求鱼？我认为每个学校中必须组织一个图书委员会：a. 保管图书费，务使涓滴归公；b. 征求各教师学生意见购书；c. 购书标准，一、不注重装潢，注重实用。所以应少购什么善本古书，多购些关于理化方面的参考书；与其买一部原文的达尔文的《物种由来》，不如多买些通俗的史地小丛书之类。二、中央所禁之书不购，不以私人好恶地方性再禁，务必使学生能接近她应该接近的新思想，能知道她应该知道的。

（三）出版界能出版一些少女的读物

中国适合于少年的读物一向很少，只要是真正适合少年的读物，则为学生所喜读，如《爱的教育》、《苦儿努力记》、《小公子》、《苦儿漂流记》等书，她们中只要是看过的，都说欢喜看。可见真真适合少年看的读物，是会受少年欢迎的。

新小说和一般较前进的刊物，往往陈义太高、笔法欧化，不能为一班女学生接受。假使我们能出些适合女学生口胃的书报，我相信一定会受到她们很大的欢迎的。

（四）建议互办小小图书馆

现在已有许多女同学自己知道找书看了，不过还应该设法使一班同学都能像她们一样的能自己找书看才是。所以一方面除督促学校改良图书设备外，自己同学之间可以设法来补学校中设置的不足，如每一班组织班图书馆，每人出很少的财力，集合起来买书大家看，或大家拿出自己的藏书来给大家看。学校教员不能给自己以读书指导时，自己可以组织各种研究会、讨论会来加强自己的认识。

最后我要提醒一般办教育的，对学生绝对不可行愚民政策，绝对再不该不给学生以思索的机会了。学生能思索才能行动，在这时我们再不该把学生禁在书本上了。同时，我要和一般女同学说，现在不该再沉醉在旧小说、哀情小说、侠义小说中了，有许多更切要的知识和思想应该探讨的，要在书本中和实际工作中使自己强壮起来。

（载《妇女生活》1938 年第 5 卷第 6 期）

教科书的编辑

潜 夫

教科书是施行学校教育的重要工具。在中学小学的现阶段中，一般教师的学力经验多数难有满意的程度，适当的教科书与教授书尤其显得重要。这些书如果编纂的很好，即使教员程度差一些，也可以获得比较好的成效。至于中小学生数量至多，需要良好读物之切，那更值得特别重视。我想，一本好的教科书，一定会在千万的幼童青年身心上发生终身不磨的深刻印象。现在在社会中服务的壮年人，当然还能记得他们在儿童时代读物中最精彩的几课。但就近几年来各书局的教科书内容看来，实在令人焦虑，我们为子女们寻觅较可读的教科书，不知找了多少种，费了多少选择的时间，结果终不能满意。我们眼看着这一时代的儿童青年拿他们宝贵时间来读不好的教科书，每一想到，衷心非常痛楚。同时，再看一看别的国家，教科书的编纂，印刷都非常优良，想到他们儿童的幸福与这些国家的兴隆之决非偶然。我们认定：编纂教科书是建国大业，编纂者必须是一国的第一流的教育家与学者，才能将我们传统文化中之优良精神与夫现代生活中必需的智识，恰当地传给未来的担任国家事业的主人翁。这种艰辛而伟大的工作，其收获是可以预期的。近年国内一部分人士已注意于此，例如，中华文化教育基金委员会以数千元的奖励金在征求一部初中本国史教科书，可见这需要是万分迫切。最近教育部也在登报招考中小学教科书编辑员、审查员，这当然是可喜的现象。不过所订的人选标准还嫌太低，人数还嫌太少，待遇还嫌太薄。广告载五月十四日《大公报》，我们希望再由此向前赶快推进。

（载《新力》1938 年第 15 期）

抗战期间小学的教法与教材

絮　如

小学教育，与其说授予学生以知识，还不如说授给学生以作人的方法为妥，小学校短短的六年，要论起所学的知识，总共那几本教科书，能有几何？所以在小学中，所应当注意的，不在教给学生以知识，是要注意学生们的思想与品行，即是说要与小学生以最基本的作人的方法。

何况当这抗战大时代中，更应当养成一些抗战的后备军，灌输以抗战的认识，并养成敌忾同仇的儿童心理，所以关于怎样可以使儿童奋发起来，怎样使儿童鼓舞起来，便是小学教师在抗战期间，所负的最重要使命。

如果想使儿童奋发有为，就必须在教授法与教材方面设想：关于教授法，大多数教师不只是小学，都喜欢用注入式的，教师多半以讲演为授课唯一的方法，所谓“先生讲学生听”讲演式教授法，并不是绝对的不可用，但总不应该永远的用这一种方法。现代教学法，以设计教学法为最新，尤其在现在时候，更应当利用种种机会施用这个方法，譬如纪念一·二八的设计，一方在乡村举行一个纪念大会，一方就可与学生以练习国语、美术、社会等等的好机会，其他如街头上讲演募捐都是社会科学的教材、街上贴的宣传画标语等都是美术科的教材，小学教师应充分利用这一切机会授给学生以各种知识学问，自然容易引起学生们自习的兴味，比那每日只枯坐教室中，只注入几本教科书上的知识，不是好的多吗？

提到教材，这又是一个大问题，小学教材，不客气的说，的确有些不大妥善，猫哥哥、狗弟弟、猪姊姊、马妹妹，满篇童话，荒乎其唐的小故事，这固然为了满足儿童好奇心理，而找的一些教材，但可惜，在这个大时代中，有些不切实际了，如何寻取新教材，如何改善以往的教材，这是目前小学教育中，最切要的事。我以为这件事并不十分困难，因为关于抗战的教材俯拾即得，无论在报纸上、杂志上，以及各方面都可随时收取，如墙上的抗战画，就是很好的艺术教材，天上的飞机，无论敌机与我方的飞机，都是教授自然与防空的实际教材。总之，今后的小学教材应该是动的活的，凡是有关抗战的各事各物，都是我们教授小学的最好教材，但看我们是如何利用而已。

以上关于教学法与教材二项，我认为是当前小学教师们，最宜切实注意的两件事，如何改善与利用，则全在贤明的小学导师们，自己去努力了。总之，小学老师在抗战的大时代中，应以养成后备军，造就猛勇果敢有为的儿童们，是小学教师们最大的责任！

（载《河南省第十区行政周刊》1938 年第 4 期）

高中国文教材问题的我见

——本文专讨论文言教材

伍眷雪

大概现在的学生，对于国文程度，比从前好。因为无论如何，内容比较丰富，说的话比较通顺。一般社会上人常常说现在学生国文程度差。不过因为读的古书比较少，所以普通成语用得少，现成的句子用得少，于是显出他们的根底浅就是了。其实这是好的现象，至少创造力、想象力要丰富得多。白话文运动对于青年们最大的利益就在这一点，可以使青年们对于文字的形式上少用功夫，大部分注意在内容，所以就好了；并且现在初中学生普通文字，不通的比较少，实在是教育上一个大进步，是值得称颂的。

因此，吾们为适应现在高中学生的需要，凡是选择国文教材，就应该在内容上多注意。要是只有空架子，没有内容的，就不应该选。第一，平心而论，凡是只有空架子没有内容的，决不是好文章，（关于这一点，另文论之。）好像曾南丰的书叙，以及桐城派文人的题跋等等，是绝对要不得的文章。第二，只有空架子没有内容的文章，不会合高中学生的口味。理由是以上说过的，因为他们在初中时代，就是多读内容比较丰富的白话文。此其一。

现在选文的人，最喜欢谈代表作，就是每一个时期，指出一两个人做代表，每一两个人又指出那几篇文章做代表。这是最大的错误，也有好几点理由。（一）代表作家，不是容易认识的。就是说所谓某一时期的代表作家，往往不足以代表那个时期。譬如说，韩愈，大家差不多公认他是唐朝的代表，就完全不对。因为韩愈在文学上的地位，是到了欧阳修以后才被尊崇。在唐朝的时候，他不过是一个文坛的怪杰罢了。凡是一时期的怪杰，不能代表某一时期的作家，只可以说是某一时期的游离分子就是了。他在当时的文学，不过是一革命者，其影响在当时并不见得大。即使说他足够代表，至多只能代表中唐的一派。所以唐朝文学代表，与其说是韩愈，不如说是王勃。（不过章炳麟的检论案唐言之太过。）八家其实是以欧阳修作中心的。这一点一般人都不注意。所以一时期的代表的确定，往往是后一个时期的权威把他弄成功，在当时往往未必如此。因此一时期的代表作家，就难论定。至于代表作品亦是如此，亦要从那一方面看。譬如说，就拿韩愈作比例罢。代表他思想一方面的自然是《原道》、《谏迎佛骨表》一类文字，但是代表他艺术技能的，应该是推书《张中丞传》、《平淮西碑》、《柳州罗池庙碑》，或者《南山》、《山石》一类诗。所以代表作，一方面先要知道，到底从那一个观点去观察；同时从艺术的观点去观察，也很困难，因为“文章佳恶”，往往是随人好恶而决定，不能得到真的估价。我们只要看看现代作家自选集，就可以明白。我们时常怀疑，觉得我们以为好的，作家倒不选进去，我们认为没有什么价值的，作家偏当它是得意之作，自然，文章的好丑，只有作者自己最明了的。因此代表作的估定，往往是靠不住。所以我们选古人的文章给学生读，不应该存“代表作”的观念，只要凭着自己教学的经验，认为那一类文章对于学生真正有益，就该选了。至于选代表作家或代表作，至多是给学生以文学史的智识，对于模范文的选法，是不应该如此的。此其二。

中国文字，应否改良，前天中央宣传部论拉丁化的意见，是再通没有的理论。那篇文章，不独是理论好，论文字也非常正确而平典，可以作高中模范文读。我绝对佩服。根据他的理由，中国今日所通行的文字，自然应该保存！并且要竭力使令它普遍推行。因此学生国文读本，教育部便不可不加以深切的注意。现在中等国文读本教材的选择，是由书坊决定的。书店里的编辑，往往为营业上的合算，同眼光的短浅，不肯花很大的气力去做博观而慎择之的功夫，这也难怪；因此教材的选择，既然没有远大的眼光，不免因陋而就简。譬如选一代的文章，他并没有请对于那一代文章确有研究的人来担任，结果，用了一部《古文辞类纂》、《经史百家杂钞》这一类书作原料，在里面再加以不经意或者无意义的选择。因此就发生下列几种毛病：

一、《古文辞类纂》、《经史百家杂钞》这一类书，根本是不给中学生读的。《古文辞类纂》是一部“桐城文派正统”的教范。《经史百家杂钞》，曾国藩这种“集大成”的选法，根本是要不得。前者太狭，因为不必人人做桐城派的信徒；后者太广，简直可以说是荒唐（这部书唯一的好处，是打破四部的成见，把经书作文学读，是梁昭明所不及的），可谓是有主义而无办法的选法。在这上面来取教材，适用的文章就太少了。因为“狭义”的门户之见甚深的姚姬传所淘汰掉的文章，容许对于学生是适用的；同时包罗万有的曾国藩，凭着他一个人的学问才识，当然不配估量数千年的文章作品，那就不免挂一而漏万了。所以在这种选本上再去选择，可以说不是直接材料，是完全不对的。总而言之，选本多少是带有色彩的。

二、姚、曾这种选本，有历史的观念。每一时代，总要选他几篇；同时每一体裁，总要选他几篇。每一时代，选他几篇，这是对文学史有用，以上说过了。模范文主要目的，不应该专在文学的智识上着想，最要紧是要指示学生们对于文学上技能的修养。我以为集中在一个时代选，虽然形式上好像不大普通，事实上确是比较有益。譬如多选唐人文，后于此的或前于此的文少选，或者根本不选也未尝不可。（宋、明文最好少选，因为受科举毒较重。六朝、两汉，比较难学，大概唐文最有用。清人文如顾亭林、邵祖望、钱大昕等人文字平静通达，而且比较明确，可以多选。）凡是增加文学知识，不妨广博，至于练习文学技能，就应该刺取比较中正通达的文字给学生读，使令学生读了以后，将来即使要专学中国文学的，固然不会受不良文家的习气，（如龚定庵、王仲瞿等文字，便是不良的习气。太偏了，便不如中正通达的文字。）如便改学那一家都便当。即使不想做中国文学家的学生，将来作文造句，也能够平易通顺自由达意。同时不必体体都要选。选文各体具备，是最幼稚的见解。因为做文章，只要知道用字造句如何可以达意，如便述事言情都行了，体制是一看便会的。譬如学说话，只要个个字的字音准确，什么意思能够达得出，那末如便时你演说谈天说故事辩论都可以；至于演说有演说的套头，辩论有辩论的方法，稍微参考一下就会了。所以选文用体裁来分是幼稚，用言情述事论理来分也同样的幼稚。（因此所谓什么文作法一类书，大都是不会作文的人编的。）所以拿大选本作小选本原料，同时照他的方法，根本是要不得的。

那末，我们只有在各时代的全集里去取材了。这个事体就很大了。但是，要是承认国文是重要的教科，对于国文读本，就应该十二分注意；同全民族的文化，是有深切的关系的，不可再像以前的糊涂了事了。我以为选编国文教本的责任，应该由教育部来负，应该由教育部设立委员会或者委托编译馆办理。必须延聘海内有学问的人，购备各时代专集或专集以外的作品，分期由各专家研究，将某一时期某一专家的作品，认为可以供学生诵读的分别录出，再由委员会慎重选择；再请深通国文教学方法的人，负责编配。每年就教学情形，斟酌修改，不断的试验改良，因为这种课本，比自然科学课本之有成规可循者较难的缘故。至于注释方面，也不能太如便，应该请博洽的人注释。现在坊间选本的注子，实在太如便①，最容易给学生以不精确的知识，同模糊的印象，以致以误传误；是最要不得的。

总之，即论唐宋文章，好的很多，像柳宗元的《永州八记》，欧阳修的《醉翁亭记》，并不是第一流的作品。（唐人所修诸史，中多好传，可选者甚多。）同时可以说，最不适宜于现代的学生。但是每一种坊间中学国文教本，总是选它。并且选来选去，教材都差不多，无疑是因为它们的通病，是在《古文辞类纂》、《经史百家杂钞》甚至于《古文观

① 原文如此，疑有误。

止》这一类书上选教材的缘故。须知道科举时代的古文读本，(如《古文观止》)是用来增厚时文气息的；所以那一个时代的模范文，根本不适用于现代（像《五代史传论》，根本要不得，同时同是一部书，亦有某部分要得，某部分要不得。譬如马令《南唐书》，是一部奇好的书，传是做得好极了。高中学生拿来作课外课本看，再好没有，比林琴南的《块肉余生述》不知要好到那里去。但是他的传论，同《五代史》犯同一毛病，叙事则远在《新五代史》上)。现在选中学国文读本的人，因陋就简，大部分是同从前三家村的冬烘先生差不多。所以非注意改良不可的。

以上所说的，不过就知见所及，作一个引论。因为乱中手头无书，不能多多引证，希望以后再作详密的讨论，我想是一般中学国文教师所喜欢研究的。

(载《教育通讯》1938 年第 5 期)

关于高中国文教材问题

——形式应重于内容

卢冀野

中学国文教材的选定，的确是目前一件很要重视的事。究竟设立国文这个课程，是什么目的？我们应当首先解决，不然，何必苦心孤诣的去教学生！据我的经验看来，往往有下列的情形：

一、借“国文课”去谈思想。取一篇文章来，就这一篇文章的内容大加发挥，文章依然是文章，讲授的都偏于内容方面，于文章的形式与技巧，皆毫不相干。所谓“范文”者，“范”字的意义，原重在形式。如重在思想，不如径设哲学、社会科学等课，何必设“国文”呢？

二、借“国文”去讲文学。我们并不叫高中学生个个去作文学家，而且一般高中学生在用字造句上尚欠工夫，工具还不能自由运用，那里能谈到文学？虽然文学的常识不妨讲授，但这是附带的，并不是“国文”课主要的目的。旧日的文言教材，今天选韩柳，明天讲李杜，固然要不得。选白话文教材，今天鲁迅的小品，明天茅盾的小说，后天徐志摩的新诗，又何尝要得呢！

三、借“国文”去搬弄教师自己的学问。假使这位教师是研究“文选”的，专门取材汉魏六朝文章。那位教师是研究小学的，今天许叔重的《说文解字序》，明天又章太炎的《文始序》。倘如一位小说家来作教师，不必说，他天天教小说了。这无非教师自己搬弄学问，来以学生为牺牲了。

要救济这许多实际的缺点，一定要决定设立“国文”课程的目的。根据已决的目的，才能谈到教材的选择。以我的意见：“初中国文”是教学生能用字，造句，能写通顺的白话文，能表达出他自己的意思。“高中国文”教学生能用各种的字，造各式的句法，写各种常用的文章的形式，无论是白话文或浅近文言。伍眷雪先生说，“现在的学生，对于国文程度，比从前好”，因为他们“至少创造力、想象力要丰富的多”。这句话虽然颇有理由，但是一个中学毕业生写一封信不像信，便条不像便条，甚至租约不像租约，接受者不管你的“创造力、想象力”如何“丰富”，他只说你不通！所以造成这种普遍的情形，并不是因为他们“读的古书比较少”，是因为“对于文字形式上少用功夫”的缘故。伍先生说：“大部分注意在内容，所以就好了。”这丰富的内容是因为受了别种课程的益处（平心而论，现在中学生在科学上较以前是有很显著的进步）。不能写在“国文”课账上，使他们对于“文字的形式上少用功夫”，所以“国文程度”不见得“比从前好”，是国文老师没有尽他应尽的责任。

“桐城派”的“空架子”，诚然讨厌，然而连文章的“架子”也没有，那里能算文章。我的意见，多给学生知道些“架子”，以丰富的内容采取适合的“架子”，以免他们对于形式太单调了。

目前，中学生作起文章来，开头一句是“自从卢沟桥事变以来”，收尾一句是：“所以说最后胜利必属于我们。”千篇一律，可以证明他们对于“文章的形式”知道太少了。

我常说自我国办学校以来，小学生的作文可划作三时期：

一、“人生于世”时代。每篇文章开始，就是这么一句。或作“人生于世间”，“人生于世界之上”。能写“求其木之长者，必先……”算是变调。

二、“一日”“试执”时代。能发议论的，就是“试执途人之手而问之曰××能不××乎”？爱作记事的，就是“一日，兄弟二人……”。前者是受当时报纸的影响，后者是受教科书的影响。

三、“一个秋天的晚上”时代。不是“一个秋天的晚上”，便是“一个早晨”，或者“‘……’一个老年人说”。完全小说式的开头。

这三大时代，可代表“三顶大帽子”，不管合头不合头，总要给它戴上。前两时期“论说”与“记叙”并进，最近却只是“记叙”而不“论说”了。伍先生所见当是少数优秀的学生，我这番话是指大多数中学生讲的。我当过高中国文教师，又曾阅读多年大学入学考试国文卷，所以我说“国文程度”不见得“比从前好”，而国文教材在“形式”方面应比“内容”重要，以救济他们的缺乏。教材的选定，不可不重视“文体”。尤须罗列各种“架子”给他们练习搭造。什么各时代，各作家的“代表作”的讨论，与“范文”可不打交涉。至于《古文辞类纂》与《经史百家杂钞》本不是为作中学生国文课本而选定的，当然不合用。“拿大选本作小选本原料”，确切是教科书编者通有的弊病。非由教育部召集专家重新编制合理的《高中国文教科书》不可。

此处，仅提供“形式应重于内容”的一个原则。下次再具体的提出教材，并讨论“教科书编制”之方法。

（载《教育通讯》1938 年第 10 期）

华侨学校历史教材问题

罗香林

近日言华侨教育问题者夥矣，言华侨抗敌救亡问题者夥矣，然皆仅就华侨教育之原则，华侨学校之设立，与华侨抗敌救亡之使命，华侨抗敌救亡之方法而言，至于华侨学校之教材与华侨民族意识能力之发扬问题，则尚鲜人注意。余不揣浅陋，谨就华侨学校国史教材之应为补充以为发扬民族意识与能力参考之资者，略举二义，俾从事华侨学校国史教学，或言华侨抗敌救亡长期胜利之把握者，或得为万一之参考焉。

一者谓华侨学校国史教材须充分注意华侨，出国与祖国之实际关系以增进侨胞子弟之民族自信力也。其例有八：

一、中国治乱与华侨移殖。远适异土，昔人所悲，华侨何得例外？然独甘于冒风涛，涉海澨，披荆棘，服酸辛者，其故何耶？无他，为避免祖国政治经济之不安，而求达其唯生之目的是已。试观察史籍，凡中国民族向南迁徙，大率皆肇端于乱离荒歉之际。南洋群岛固中国尾闾也。故当六朝之时，避地华人，已有于今新架坡等地置田园，长子孙者。降及五季及南宋，华人因国内变乱，生活维艰，因而出国者，为数日众。可见祖国经济之不安，每为促进华侨泛海出国之一种动力。近百年来，列强帝国主义者，复以经济政策侵略中国，使中国之国际贸易，失其均衡，自一八六四年至一九二三年，六十年间，海关入超数目在三十余万万两以上。此种无底漏卮之结果，遂使我四万万同胞，赤贫者赤贫，失业者失业。闽粤因地理优势，遂相率而散之海外，于是而南洋群岛益相继为中国侨民之发展地焉。再就政治上之不安言之，远者姑不具论，即就近世三百年而言，已足明证吾说。在昔满清入关，郑成功率众遁入海岛，迨后清兵克服台湾，忠明之士，遂相率而亡命南洋群岛，此其一也；洪杨败后，与太平天国有关系者，咸惧祸及，而逃之海外，此其二也；甲午战后，台湾被割，留台华人，每不愿受治于倭，而移之南洋群岛，此其三也；满清末造，有志之士，目睹政治腐败，咸欲起而革命，以救危亡，顾革命运动，屡试屡阻，党人受清廷捕索。不得已，每避祸海峤，此其四也。且华侨繁殖，亦与祖国政府之开扩疆土有相当关系，如元世祖之收服爪哇，明成祖之派遣三保，虽其目的未尝有意于移民殖边，而结果促进侨界之势力，元明二代，南洋华侨所以若是之盛者，世祖成祖，与有力焉。可见中国之治乱，实与华侨移殖有密切关系，中国政治经济之失常，固每适以促进国民之向外移殖，而英主之好勤远略，亦未始不能增益侨民之势力。不明华侨向外迁徙之史实，固不足尽量说明中国治乱之迹象，不明中国治乱之史实，亦不足尽量解决华侨之种种问题，此华侨学校国史教材之应补充或特别注意者一也。

二、华侨之扩大中华国族势力。华侨出国，肇端甚早，魏晋尚矣，书阙有间，人数多寡，鲜能稽求。赵宋以来，学者对于海外侨地，已多记述之者，然亦限于风土商货之载述，于华侨数目，未能道也。清乾隆间，有闽人汪大海者，尝漫游南洋诸岛，著《海岛逸志》，于华侨之势力及人数始略有记述，然亦失之笼统，未能即依之以论述其时各地华侨之人数也。四十年来，中外学者，对于华侨人数多寡问题，已多论述，惟以调查未周，统计未密，仅凭估计，争议寖多，然大率皆承认华侨总数，已达一千万众。可知华侨人数，实占中国全人口百分之二强。夫以世界之大，岛屿之多，寒热燥湿，各有不同，任何民族，均难悉往散处；惟我华侨，独居例外，寒热相宜，燥湿无忌，故能随地之宜，所至安适。寒冷如西伯利亚，酷热如南洋群岛，及非澳二洲，类有吾侨民足迹，而且占其经济或生产上之重要地位。夫华侨旅地，环境固多极恶劣者，其间或为白人统治之地，或为土著盘踞之村，或为倭奴威胁之区，侨殖其间，本非易事，然而华侨独能坚苦耐劳，以垦以殖，顺至今日，而南洋各岛，尚以吾侨为第二主人。可见华侨之海外移殖，实为中华国族势力膨胀之一种表现。吾人不欲言中国之民族则已，不然，则于此一千万众华侨与中华国族势力消长之关系，不能不竭力以讲明也。此华侨学校国史教材之应补充或特别注意者二也。

三、华侨英杰之称雄海外。近世列强之言海外经济政策者，极力鼓励其人民向外移殖，其能在国外建功立业，奠定疆土者，必大书特书，重隆褒赏，此种奖励侵略人国之政策，绳于人道主义，诚不应仿效其法，以贼同群；惟华侨英杰之称雄海外，自昔属之侨民自动，非有祖国政府为之推策。故其称雄，不带侵略意味，治其地而不绝其民，驭其民而不废其君，目的在于互利，方式趋于民族之混合，绳于人道主义，实无所愧。如梁道明之称旧港首领，张琏之称旧港舶长，林道乾之保护吕宋勃泥诸地之土著，吴元盛之代王戴燕，罗芳伯之总管昆甸，叶来之开辟吉隆坡，阮潢之存灭国于安南，郑昭之光复暹罗于缅甸，皆纯以土著与华侨之互利为依归，虽称王其地，而不稍虐其民，斯其例也。此类史实为中国人民一种活力之表现，与中华民族自信力之培养，关系甚巨，而华侨英杰之保护海隅土著，更与中国传统文化“兴灭国，继绝世”诸含义密合。不为阐发，微特不足鼓舞今日侨胞之勇气，而坚吾民族之自信胆力，即于中国文化深植人心之状态与其普遍之程度，亦多未能说明。此则潜心今日民族复兴问题者所能洞识者也。此华侨学校国史教材之应补充或特别注意者三也。

四、华侨之改善中国政治地位。华侨之出国营生，对于祖国政治地位之改善，贡献颇巨。在昔君主时代，朝廷昧于海外大势，对于邻国聘使往来，往往由华侨居间介绍，其或偶不融洽，亦多由华侨中人出而疏解，以维持中外邦交。近百年来，吾国侨民，频受外族凌虐，痛定思维，知非改革祖国内政，提高其国际地位，不足见重于人，祛其凌辱，于是群起而为救国运动，赞助革命党人，共谋国是，自清末谲变以来，锄奸诛恶，多以侨民任之。温生财以一介技师，只身渡海，遂狙孚琦，而陈敬岳、林冠慈诸君之谋杀满清要吏者，亦靡不归自南洋，义烈雄风，海天遹采。辛亥之役，粤师万众，横海北伐，其间荷铦执锐，陷阵冲锋之士，大率皆侨胞子弟也。总计晚清十余次之革命运动，或大或小，无不有侨胞热血绚染其间，其他集腋办报，鼓吹救亡，协筹饷糈，接济志士，事迹繁赜，更仆难数。近日学者，多谓华侨为中华民国之母，其言虽浅，有至理焉。吾人苟一念饮水当思源者，则华侨改善祖国政治地位之历史尚矣。此华侨学校国史教材之应补充或特别注意者四也。

五、华侨之改善中国经济地位。中国因受列强主义之压迫，经济地位，非常恶劣，海关入超数目逐年俱进，时至今日，举凡国内之重要生产，莫不操权于外人，政府拮据至极，虽庞然大国，而一付骷髅，披以大氅，外观虽美，而中实枯槁；然而尚能幸存于世者，无他，因有侨胞汇款，以为弥缝补救耳。盖海外侨胞，多具坚忍耐劳之性质，所入虽微，而糟糠不厌，故克积贮巨金，输返祖国。据西人模司（Morse）氏之推华侨金额最多时年可一万三千万两，最少时每年亦达五千万两左右。可见华侨之输金返国大可和缓祖国之经济恐慌。且华侨出国对于国货推销亦有关系。盖侨胞生性爱慕乡物，虽羁旅他乡，而日常用品，每以国货为主，故华侨到处，则华货随之，此种风气，不但可提高中国之国际贸易，并可促成国货之改进，而保持中国产业界之势力。吾人不欲言中国近世史则已，不然，则于华侨之输金返国，不可不三致意焉。此华侨学校国史教材之须补充或特别注意者五也。

六、华侨之宣扬中外文化。抑华侨之贡献，尚不止此，南洋各岛，以及安南，暹罗，缅甸，台湾各地，在昔未与华通以前，一切文化，尚在草昧时期；自华侨盛行航海，于其他经营工商学各事业，有意无意间，逐渐介绍中国文化，浸润其人。时至今日，而此等海岛，尚不能避离华化。苏门答腊一地，据近人考证，当赵宋时，已盛行汉字，可见吾侨民之宣扬中国文化，其功绩实多不可没者。抑华侨出国与西洋文化之传播，亦不无关系。满清盛年，政府抱闭关主义，西土文明，不易输入，而华侨以近水楼台之故，先与西人接触，得识其虚实梗概，以报告国人。归国后，尤能捐斥巨资，倡办学校，于近日中国学术思想之演进，关系尤巨。吾人不欲言中外文化之传播则已，不然则侨胞之功，不可没矣。此华侨学校国史教材之须补充或特别注意者六也。

七、华侨之开凿南洋等地文明。虽然，吾侨民唯一之功绩，尤在于开凿世界各地之物质文明也。盖华侨到处多属寒冽炎湿之地，土地虽广，天产虽富，而他族不能以处，鲜能开凿。独惟吾侨，有天赋殊质，处之无恙，居之则安，辟草莱，开道路，建市场，立行业，以垦以殖，以凿以辟，世界产品，因而增加，人群消费，因而益便。吾侨胞之有功于世界也，亦云伟矣。夫南洋诸岛，我侨民之所创发者也，东印度之生命，我侨民之所保持者也，北美沿太平洋铁路，我侨民之所手成者也，加利福尼亚及南澳洲之金矿，我侨民之所采发者也，其他昔日荒芜之海岛，何者非我侨民之所辟除，世界物质文明之进步，吾侨民有大力焉，虽恶我者，不能没其功也，矧国人而可不为之阐述乎！此华侨学校国史教材之须补充或特别注意者七也。

八、华侨之抗驱倭奴。抑华侨抗驱倭奴之功绩，亦多不可没也，当光绪二十年，倭借口朝鲜东学党案而大举略我朝鲜寇我海疆也，清廷令海陆诸军分道东进，时黑旗将军刘永福为南澳总兵，亦奉命率所部赴台湾守备，永福为久居安南迭立奇功之华侨先进，所部黑旗军悉为侨胞英杰。既赴台，以为文吏所扼，移防台南。会清廷所发北洋海陆空军相继战败，翌年三月，清廷与倭议和，拟割台湾畀倭。永福与丘逢甲等，立台湾为民主国，及台北不守，永福乃独力守台南，以深壕置桶奇计，屡残群倭，倭气沮，所派伪督桦山资纪，百计饵诱永福，永福覆书责之，令退出台北，否则督将士进征，义声震天下，内靡馕，外靡援，犹相持不肯休，至九月三日，兵尽矢穷，始痛哭归国，即以练兵抗敌相号召。迄民国四年，年七十九，闻倭以二十一条款，迫我政府签字，犹抗电北庭，请缨与战，其爱护民族，矢志攘倭，为华侨光荣史之一页，亦即抗倭长期胜利之先声。自是厥后，侨胞攘倭精神，与时俱进，凡台湾历次革命运动，皆为南洋等地吾侨胞所策动，而牺牲亦最烈。九一八事起，我侨胞抗倭情绪，尤高张激越，其间节衣缩食，集款汇国，为十九路军等抗战队伍军需军器之补充者，风起云会，踊跃争先。于我国各级战士之精神鼓舞，物质援助，贡献殊巨。夫莫为之前，虽美不彰，莫为之后，虽盛弗传，继往开来，后死之责也，此华侨学校国史教材之须补充或特别注意者也。

二者谓华侨学校国史教材之须充分阐发中国国力与文化向外扩展之实际成绩也。华侨初出国时，本富有浓烈之民族意识，一切服用，翘然自异，不与人同。迨后为日已久，乡事渐忘，传之数世，洋化日深。而从事华侨教育者，又鲜能注意于民族意识之维护。兼以祖国衰乱，外患逼迫，危疑震撼，观感日非。于是而侨生子弟，对于祖国，渐有离心之势。每有以入人国藉为荣，傲然而不知耻者。隳己族之意气，长国籍为他人之威风，数典忘祖，痛莫深焉。此后中国政府，如欲保有海外侨民，不但当励精图治，充实国力，并当注意华侨学校之教材问题，国史为一国灵魂所寄托，民族意识，赖以保持，尤当慎予厘订，将吾国高尚文化，及对外光华璀璨之历史，与夫世界所受惠于吾民族文明与国力者，悉力阐发，使诵读之者，咸恍然知吾国植根之厚，前途之广，发扬而光大之，正是拯救群伦，而为人类造福。即海外侨校，格于各当地政府之法令，或不能尽量采用祖国教本，然而教员课授，固可依吾国标准而广为补充也。兹为便到从事华侨学校国史教学或谈华侨抗敌救亡运动者之得所备考起见，略举数例如次，疏陋之讥所不能免，贸然陈词，盖冀克为发喤之引耳。

(A) 中国国力之表现与西人所受之实惠。近世寡识之士，徒见吾国国势陵夷，外侮日至，以为已不足有为，不知吾先王先民，依此同一基础，且曾演一光华璀璨之历史，表现中外空前未有之威力。近世西洋文化之所由滋长，且于是时植其基也。盖尝考之，当中华国族蒙古系之崛起漠北也，以有强毅精神，恢廓器宇，耀兵四方，曾未廿年，遂建空前未有之盛业，东起太平洋，西至多脑河、波罗的海、地中海，南至印度洋，北迄北冰洋，皆隶版图，幅员之广，中外古今，无以匹也。所征服之民族，不可数计。是时欧土方困于宗教独裁后之黑暗局势，精力硬化，有如睡眠，得蒙古远征军以警惕之，而大梦以醒，活力以增。法国前世纪东方学者莱麦撒（Abel Remnsat），论元人贡献，谓“蒙古西征，将前此闭塞路途，完全洞辟，使各民族集聚一处。西征最大结果，即将全体民族，使之互换迁徙……东西两文明策源地之思想制造，由鞑靼人互相交换，至为有益。中世纪满天黑云，使人不得望见天日，至是乃因蒙古远征，而重现光明。当时战争杀人，盈城盈野，似为人类惨祸，而不知实如天空霹雳，将数百年之酣睡懒病，自梦中惊醒。二十帝国之灭亡，乃上帝自欧洲所取之代价，为今世人享受灿烂文明之福也。”明乎此，可略识吾华先民所曾表现于世界之国力与夫西人所受惠于吾华国族者矣。先民往矣，而遗业未替，夫以同隶中华国族之一员，彼能是，而谓今日中国之国民遂不能如是乎！是在志士仁人之努力而已。此则验之史事，信而有征，而可为吾侨界诸青年告者也。

(B) 中国民族之物质文明及世界受于吾华之实惠。中华国族，开化至早，制物成器，世莫能先。远者且勿论，即就近世西人所引为文明利器之雕板印刷，爆炸火器，航海罗盘，计数器具等言之，溯其源流，亦皆传自中国。元人之混一欧亚也，中国文明，盛输于西。而自昔由华人所发明与改进之航海指南针，遂挟而西往；印人及华人所用火药，亦以远征之故，随地制造，遗其法于西人；活字版印刷术，以及纸币交钞之类，亦随远征壮士，而日益西行；而中国算盘，亦于是时传入俄国与波兰等地。西土拾吾先民遗制，研习改良，曾未数纪，遂演为绝世利器，文物赖是而播扬，民风因之而丕变，然而发明之功，固不能不让之吾华先民也。今日中国之物质建设及器用，虽强半落后，然而若能依吾先民所遗固有之发明天才与精力，继续探求，不避艰巨，则其所能发明与所能改善以利济众生者将视此而日增也。此类事例，史不绝书，举一反三，要在从事华侨学校国史教学者，能触类旁通，悉心阐发，以灌输于侨界有为之青年而已。

(C) 中国民族精神之特色与永恒。世界文明古国，多不能延其命脉于今日，独有吾华开化至早，而命脉永恒，保世滋大。虽历经困厄，而不为所抑，其故何耶？无他，恃有特殊之民族精神而已！精神唯何？曰：修齐治平，自强不息，和平中有正义，因应中重大节，安守中能牺牲，是已。盖中华国族，基于无数家族，而人民之最高理想，则为全人类之福利。其进行方式，则为先之于个己德性之修养、才识之练达，继之以家庭之安定、家族之繁荣，进之而及于国家之治平、民族之强盛，而终之则相期于人类之大同。故曰：欲治其国者，先齐其家，欲齐其家者，先修其身。家齐而后国治，国治而后天下平。自下而上，相策相续，永恒不息，莫或间断；达而在上，则群谋表现，困而无权，则努力修习。而又性喜和平，不偏激以伤生。善能因应，不以环境之恶劣而自弃；安守常规，不以徇欲而劳形。故能屈伸往来，所无不适；而又崇尚正义，不以卑污而求和。临难知耻，不以因应而损节；勇以牺牲，不以安守而畏惧。故平日虽以和平因应安守相维系，而一至时机遽变，将损害其国家民族生命之际，则类能自裁，不以身家性命为念。或徇节以明义，或奋力以杀敌，或誓志以复仇，如张睢阳之骂贼而死，陈璘之赴韩逐倭，天地会中人之植党报仇，是其例也。史册所载，为例实夥。虽其奋斗结果，有成不成，然其足为民族精神之一种表现，则无二也。唯中华民族，有此精神，是以历久不灭，发扬而光大之，其造福于人类者，且无竟也，夫岂曰止能自救而已哉？此则从事华侨学校国史教材者所应特别注意，悉力阐发，以为侨界青年学子明告者也。

(D) 中国精神文化之特色及世界所受之实惠。中国文化，高矣富矣，欲加分析，累千万言，未能竟焉。然其最特色者，为用中均平与循性诸理解之发明与维护。中国精神文化，所贡献于世界者，亦以此类理解为著。昔王观堂先生自沉遗疏，尝论中西政学得失，于中国精神文化之价值，持论甚精。谓："中国立说，首贵用中，孔子称过犹不及，孟子恶举一废百。西人之说，大率过而失其中，执一而忘其余者也……孔子言患不均，大学言平天下，古之为政，未有不以均平为务者……西人往往见其一而忘其他，故其道方而不能圆，往而不知反……是以欧战以后，彼土有识之士，乃转而崇拜东方之学术，非徒研究之，又信奉之。数年以来，欧洲诸大学，议设东方学讲座者，以数十计。德人之奉孔子老子学说者，至各成一团体。盖与民休息之术，莫尚于黄老，而长治久安之道，莫备于周孔，在我国为经验之良方，在彼土尤为对症之新药。是西人固已憬然于彼政学之流弊，而思所变计矣。"

盖执中，则可预防新旧善恶之纷争，均平则可避除生产与消费之不衡，执中均平，则阶级之格斗，无自而起矣。而循性安养，为人类唯生常轨，但能各循其性，相养无争，简易理得，而唯生之目的达矣。此则中国文化之特色，推而广之，必可使全人类共跻于幸乐之域者也。有意从事华侨学校国史教学者，何不悉心阐发明告侨界青年，以祛其对于中国文化之疑惑乎！

（E）中国民族抗倭胜利之把握。中国民族之精神，诚恢廓弘毅而不可侮矣，中国文化之根基，诚深厚茂越而不可摇矣。而抗倭之长期胜利，尤有绝对之把握。《更生评论》二卷二期《敬告国人》一文尝论及中国生命之永续，及抗倭之把握。谓："历史召示我们，民性坚强、器宇恢廓的中国，是从来没受过国外部族所屈倒的，中国民族是有其唯生的意识与能力，而能繁荣强实，与时俱进的。中国政府自夏商到现在，只有历代内部革命运动的起讫，而将执政的主脑系统，以时更替，而从来没中断过一天。五胡乱华虽说是中国政局上一大纠纷，然所谓五胡，实际是早已受中国统治而加入为组织中国的一个分子，而非自外国入扰的部族；元人的崛起，虽亦曾引起中国政局的转变，然他们亦是自唐以来即受中国统治而为中国内部的分子；满清的入关，亦是因为他的部落自元明以来即受中国的统治。中国内部各分子的竞取最高执政地位，这是内部革命或叛变的现象，这是历史上不可否认的事实。日本那岛国，虽是中国文化的尾闾，然以种种关系，中国从来没有统治过他们，而他们则自明代其国丰臣秀吉为关白以来，即以侵吞我国为唯一国策，他是我民族国家的世仇，绝对不能让他进来杂居的。以他那根本底浅薄的国家，残暴自愚的国家，虽说如何地想压迫中国，只要我们能发挥我们先民所遗赐的威力，只要我们能够团结一致，集中力量，以长期抗战的方法，和他们拼命到底，他们一定会失败的。只看这几月来的形势，他虽然侥幸的占了我们不少的土地，表面似占优势，然他们国内困难的情形，较我们反为紧张，进退维谷的窘态，全部暴露。只要我们再坚持下去，不但说我全部的失地，以及台湾高丽等等，皆可全数收回，就是他们的内部，也会全盘崩溃，而降为别国的羁縻地的。”

其言甚是。盖倭人所恃为一时浅薄之盗贼窃式文式，及即将枯竭之经济物力；而吾民族所有者为宿根深厚之文化，运用无穷之物力。以深厚对浅薄，以无穷对枯竭，但能各抒忠荩，听最高领袖指挥，长期抗战，胜负谁属，不待预卜而知也，此则尤敢为我侨胞明告，而愿从事华侨学校国史教学，及华侨抗敌救亡运动之宣扬者，能悉心阐发运用，以促进吾侨胞之民族意识与智能者也。

民国二十七年四月十二日于广州市立中山图书馆。

（载《华侨战线》1938 年第 1 卷第 3—4 期）

书业同人反对伪教部审查教科书宣言

在这里，我们——上海市书业界同人，大声疾呼的向各界宣告，就是现在日寇又对准我们书业界在进攻了。

没有几天前，日寇非法的接收了海关，这主要的目的，当然在补救它战争的经济来源。

日寇又为扩大它在上海的政治势力，巩固它在上海的血腥统治，最近正在企图攫夺法院。

很明显的，这次日寇策动下伪教育部通令审查教科书，正是它奴化我人民大众的具体表示。我们站在书业界的立场，誓死反对这种阴谋；同时我们也相信，书业界为了保持其过去灿烂光荣的历史，决不会屈服于暴力之下的。

我们更相信上海书业界一定会站在文化的岗位上而保全其节气，誓死不与日寇、汉奸合作的。我们坚决的拥护书业与日寇汉奸不合作斗争。在书业界贤明领袖、前辈先生领导之下，我们书业界同人誓愿拼头颅与热血来支持这一个不合作斗争而与日寇汉奸相周旋。我们对书业界中的少数败类无耻之徒，比方：××书局，它老早就在承印大道汉奸政府的课本了。对于这批认贼作父的书业界蟊贼，我们应当运用一切的力量，予以无情的制裁和致命的打击！

我们认为日寇那种有步骤，有计划的向我们进攻，当然不会止于此。今天的审查教科书，正不仅是一个书业界和教育界的问题，而是日寇摧毁我文化、奴役我人民的一种亡国灭种一贯政策。因此我们每一个不愿做奴隶的中国人民大众，应当一致起来反对这种暴行。我们更希望各团体、各界人士应当严重的注意这个问题，予我们有力的声援，共同来粉碎日寇的阴谋。最后我们高呼：拒绝日寇审查教科书！誓死不与日寇汉奸合作！保卫中国文化！铲除汉奸，肃清书蠹！毁灭日本帝国主义！中华民国万岁！

民国廿七年六月七日。

（载《正论》1938年第9期）

1939 年

一年来的出版事业

颂　咸

从全面抗战以来，中国的出版事业，受到非常严重的打击。就几家最大的出版公司而言，像商务、中华、世界、开明等，因战事所受的损失，大可惊人。如开明，虹口的总厂，完全被炮火所毁；世界的总厂，也至今被占；商务、中华等总公司的损失，虽没有这样的大，但各地的分支店，因了许多城市的沦陷，几乎有五分之三以上，都做了战神的牺牲品。其直接的损失，像货品、建筑物等，合计起来，固然已经相当的巨大，其间接的损失却还要加倍。大家都知道书业的同行放账，向来很多，平时因为新旧衔接的关系，不会有怎样的大出入，但经这次的战争，所有的贩卖书店，也全数被毁，此等账款几乎永远没有收回的希望。把此等损失统计在一起，我们不妨说，所有此等出版公司的全部股本，大概都被这次的战事侵蚀尽净了！

一般的文化人，对于战兴以来各大出版家的沉寂状态，颇多表示不满，甚至以为他们未能充分认识抗战前途，在工作上缺乏胆识与信心的。然而，倘使能够明了他们这种惊人的损失，恐怕也不会有如此过严的责备吧。

从直接抗战中心的一方面看，各大出版家似乎都缺少热烈；然而实际上，他们工作的紧张，不但不减于战前，甚至比战前更甚。我们知道抗战以来教育的摧毁之大，然政府始终努力维持，不使停顿。各处战区内的学校，都纷纷迁移到比较安全的内地，继续开学。学校所用的教本，至今还仍然能够供给，不能不说是他们的努力所致。

“八一三”的前一星期，教育部曾经召集上海各大出版家，在京开会。在会中，通知战事即将发生，应速将机械货物赶紧运往内地。但这时局面已经十分紧张，各种交通运输的工具，非常缺乏，事实上早已无法移动。到了战事勃发以后，教育部又派员到沪，劝令各出版机关随同迁厂委员会迁往武汉，当时商务、中华、开明、生活各家，都随同迁移。其结果，也有安全到达的，也有中途被炸沉没的，也有被劫而去，不知下落的。统计起来，仍然损失的居多。到了战区扩大，各地印成的教本大量的被毁，就不能不在沪港两地加紧添造。一方面，造成的书，又因交通困难的缘故，无法输往需要的区域，也不得不多方的尽力。从这种种方面看，此等出版家的艰困，是不能不寄与相当的同情的了。

除了几家大出版公司以外，其他各出版家，也都在种种方面尽着各样的努力。如生活书店和上海杂志公司等，在川汉粤各地，努力于抗战小册和定期刊的出版。战后新兴的，如上海的复社、珠林书店、风雨书屋，汉口的大路书店等，也颇做了不少的工作。在这一年中所出的大部书籍，如《鲁迅全集》、《列宁选集》、《资本论》等，大抵成于此等资本并不十分雄厚的出版家，这不能不说是空前的收获。

就定期刊物而言，战兴以后，各大出版家的杂志多数停顿，这一点也颇受各方的责难。这和各地风起云涌的新定期刊相对照，似乎不能不看做奇怪的现象。倘使定期刊的出版，是一种营利事业，为什么停刊的各家肯坐视利益的损失？否则倘使是赔本的事情，为什么新期刊反会特别的增多？据我们所知道，此等停刊的杂志，其基本的定阅者，多的往往到两三万，少的也大抵不下四五千，在营业的立场上说，当然比没有基础的新刊物有利得多，然而他们的不能不停刊，也就在这一点上。为了定阅者的众多，为了营业区域的广泛，他们刊物的前行便不能限于一地。一方面又因为内地印刷机关的缺乏，不能各地分印；一方面又因为交通的阻滞，邮递的困难，使甲地出版的杂志不容易到达乙地的读者之手，而又不免受到读者的责难。这实在是他们停刊的主因。

这许多话，好像是替几家大出版公司辩护。我们承认，他们目前那种沉寂的情形，是应该受到责难的。但他们在战争中所受的损失，和他们为国家、为民族的努力，似乎也有使一般人了解的必要。

也许有人说，照这样的情形，中国的出版事业，不是将完全毁灭了么？这却不然。据我们的观察，不但不会毁灭，反而因此得了新生的途径。在从前，各出版家的营业目光，大都专注在江浙皖鄂闽广等文化比较发达的区域，而忽略了偏僻的内地。此等畸形的发展状态，实在是很不合理。因了这次的战事，文化重心内移，出版事业也跟着向从来不曾注意的偏僻区域发展。所以战事结束之后，出版业营业的发展，一定可以比较前增加数倍，各地的文化将从畸形的变到合理的发达，这实在是很可乐观的。

（载《申报》1939 年 1 月 2 日）

告中国出版界

吕绍虞

据英文《中国年鉴》王云五氏调查，全国出版统计，民国二十三年为六千一百九十七册，民国二十四年为九千二百二十三册，民国二十五年为九千四百三十八册。二十五年分类统计如下：

一、图书

类别	种数	册数	价值（以元为单位）
总类	二〇五五	三七四八	一四二四，七七
哲学	一三〇	一五七	一一八，〇六
宗教	一三	五五	八三，九〇
社会科学	二〇〇四	二五八三	一二一六，六一
语文学	一七〇	二〇五	一八七，八〇
自然科学	二一七	二三六	二〇六，八二
应用技术	三六四	五二四	五一三，〇九
美术	二五八	三三九	三三八，四二

续表

类别	种数	册数	价值（以元为单位）
文学	六五八	一〇一〇	六三三，八四
史地	三一四	五八一	六五五，九七
总计	五三六九	九四三八	五四二九，二八

二、日报期刊（以已经内政部登记者为限）

出版地	日报	期刊	合计
南京	二四	八八	一一二
上海	二三	一〇九	一三二
天津	五六	二六	八二
北平	二九	三四	六三
青岛	一	〇	一
江苏	八一	二七	一〇八
浙江	三九	二八	六七
安徽	二八	五	三三
湖南	二六	一二	四二
湖北	四八	一九	六七
四川	二〇	一六	三六
福建	一二	二三	三六
河北	一三	一三	二六
河南	一二	二二	三四
山东	二五	一三	三八
山西	二	二	四
陕西	八	四	一二
绥远	二	三	五
江西	一三	六	一九
青海	〇	二	二

续表

出版地	日报	期刊	合计
贵州	三	〇	三
广东	九	四	一三
察哈尔	〇	二	二
甘肃	二	〇	二
宁夏	〇	一	一
总计	四七六	四五八	九三九

我们就二十五年出版新书五三六九种九四三八册言，我国人口有四万万余，平均四万余人还得不到一本新书，这是一个如何可怕的现象啊！而且这五三六九种九四三八册里面，包括商务出版的《丛书集成》、《四部丛刊》、《四库珍本》，中华的《诸子集成》、《四部备要》，开明的《二十五史补篇》及大东的《中国医药大成》等书在内。这些书均系旧书重版，算不得是新著，因此真正的新书就更少了。日本一九三四年出版统计为二万六千三百三十一册，一九三五年为三万零三百四十七册，一九三六年为三万一千九百九十四册（据一九三八—三九年英文《日本年鉴》），相形之下，能不惭汗？希望全国出版界能够大量生产，大量生产适应社会需要的书籍，中国今后是必须向工业化的大道迈进，科学乃工业化的主要原因，出版界就该负起提倡科学的责任，多多出版科学的书报。

中国的人力无穷，物力无尽，但人力物力大部还只是一种潜力。我们一方面要发展潜在的力量，同时对于现在有限的人力物力，必须经济的应用。我国出版界彼此缺乏联系，没有通盘出版计划，只知作无谓的竞争。我们也常听到不少私人有价值的著作，因为不合于出版家的生意眼，拒不接收刊印，而作者个人又往往以经济关系，不能自刊，以致埋没无闻的颇多。相反的，因为与出版家有特殊关系的缘故，很多不值一文的著作，倒印行无阻，我们以至诚盼望出版家不要专以营利为目的，放弃了提倡文化、服务社会的伟大使命。

此外，盼望出版家给予图书馆以多方的便利，例如，购书优待，有的出版家不明图书馆事业的性质，不问私人或图书馆，售价一律。又如出版的新书杂志，最好里书边能多留余地，因为图书馆的书籍杂志，流通不息，书脊最易损坏，这样，就可以多装订几次，直接延长了书籍的生命，间接图书馆经济得了很大的帮助。假如购买新书，能够随送目录卡片，那更是图书馆所昕夕企求的了。

（载《编译月刊》1939 年第 1 卷第 4 期）

文化粮库的话

子　冈

“现代的战争不只是军事的战斗，同时也是政治、经济、文化……各方面的战斗”，这句话已不仅仅成为真理名言，而且也是一般人所相信着的抗战胜利的条件了。

作为文化中的一个重要部门的出版业，抗战二十个月以来是怎样战斗着，虽然我们已经约略地能够看到，但是为了能够比较详尽地知道一般出版界的动态、当前的困难以及在二期抗战中的阵容，记者不惮烦地访问了十四家书局，在此约略作一个报告。如果这能算是一个“战时中国出版的剪影”的话，那就要谢谢各书局负责答复的诸位先生了。自然，这儿访问的十四家书局仍只是一部分，是十分不周全的。

人浸沉在书堆里的时候，那个感觉是和到了储存米谷的仓库、子弹的仓库差不多的，在每家书局的店楼上或打包间里，嘿，都是书的世界呀。地板上是书，桌子上是书，书架上也是书。书像人高，书像山高，把窗户也挡住了。教科书、参考书，使人们懂得怎样粉碎敌人的侵略；怎样走向新中国的书，在一包包地往内地、边疆、海外甚至敌人的后方运！多少人为书忙碌着，而在敌人铁蹄还没踏到的土地上，又有多少人是为书的转运（赁了船、火车、汽车和牲口）而奔波着哪！你会觉得我们是个有文化的国家而骄傲起来（当然，我们更应该努力使每一个国民都有享受文化的权利，把文化扃闭在狭笼里，是不合理的）。你会觉得我们有很大的力量可以和敌人对抗，因为“纸弹可以歼敌”！

商务印书馆这个有着四十八年历史的出版业的老大哥，在“一·二八”时遭到敌人的炮火炸弹，直到“八一三”全面抗战爆发时，元气恢复了不到十分之六。这一次有形的损失小，无形的损失仍旧大，不过它并没有显得衰老。香港的印刷厂比战前扩大，今年起已经开始出书了，每天至少出一本，以后仍拟照着这个速率出些各门类的书籍。刊物如《东方杂志》、《教育杂志》、《东方画刊》、《少年画报》、《学生杂志》、《健与力》、《出版月报》都在香港发行，就是运到内地来需时太久，自己有十辆卡车仍不敷各线应用。本学期已开学，有些教科书和大学英文用书还不全。康定五六年前已有分店，兰州分店虽有，但运递很不方便。南洋方面的分店十年前已因故停歇，华侨需书由香港馆批发。现在总计出书达一万多种，有分店近四十个。北平的仍旧开着，因为敌人不许关门，不过不能卖教科书和社会科学的书了。在津沪租界中的分店卖书较多些。

“我们希望政府把运书籍看成运军火一样重要，而给我们帮忙，使文化能够流散到内地边疆……”该馆营业主任王永良君说，“我们的文化事业也是在抗战啊！”

中华书局可以算是出版界的二哥，它是民国元年创办的。营业一半印书，一半印刷（法币、公债、印花、广告、图书，《申报》图书就是中华代印的），所以抗战以后印书虽无大利，但中华比其他书店经济宽裕些。现有分支局约三十个，几月前在西康雅安设了分局。在上海本年出了四十多种书，教科书在香港印，比战前销路增加，昆明也正在筹备印刷厂。沦陷省会的分局大多没有离省，只是转移他县。在战前该局已出《非常时期丛书》（四十本），《非常时期补充读物》（二十本），这些书现在销路仍好。

该局营业主任蔡钰君指出，现在出版业的障碍除了运输工具不够且太贵外，最成问题的是内地营业所收的钱汇不到上海、香港去，由渝汇沪，沪汇港，汇费各收百分之二十，所以一万元由渝汇沪转港，结果只剩六千四百元，以致资金难流通。“我们希望政府的统制加以分别，否则对于文化事业的障碍太大了。如外汇吧，书局有些原料不能不买舶来品，但外汇限制似乎就太严格，以致我们往往有了钱买不到东西。”

可惜的是中华出版的六种刊物现在统统停刊了。

世界书局创办二十五年了，现在有分支店约二十家，沦陷城市的大多已转移他县，康定分店是在去年上半年才设，其他内地各县仅增分销处，未添分店。上海总店的印刷厂本来在杨树浦，“八一三”后一度被敌军占领，最近才以外商名义收回，但铅字存书损失颇大。现在上海出了些有关抗战建国的书，但还没运到过四川一本。刊物原有《科学杂志》、《社会科学》、《生物界》……都已停刊，新出《青年周报》一种，此间还是不易见到。重庆纸张太贵，所以运费虽贵，但在上海印，加运费，仍比在重庆印便宜些。

“运费可真是吓人呢，由昆明到重庆，一卡车（载重二吨）的运费要二千五百元！由沪到昆明的还不算在内。现在书局印书真是并没有什么好处呢。”该局营业主任潘序怀君苦笑着说，“不过为了国家的文化事业，不能不咬牙干。世界书局的力量并没有因了战事消减元气，只要运输印刷有办法，我们是还打算多出些书的。”

重庆各书局也在奉令疏散，各书局已在把仓库向内地小县迁移了。

开明书店也是家历史悠久的书店了，它曾经出过多量的是课本、文学、自然科学及社会科学的书籍什志，《中学生》、《新少年》、《月报》都是在国内杂志中销路很大的。可是它的印刷机器在“八一三”时未及由狄思威路运出，有被敌人运回东京之说，令人痛惜。有一个长时期开明书店似乎很消沉，可是现在，它又复燃了，许多再版的书在由沪运渝，特别是教科书，本学期各校采用的很多。最近新书有《文章讲话》、《阅读与写作》、《中国文学概说》、《孩子们的灾难》等十多种。夏丏尊先生在《文章讲话》的《序》中说：“圣陶辗转入川，读他来信，壮怀犹昔，毫不颓丧……我虽垂老，饱经忧患，愿以余年继续文章学究的工作，只待局面转好了，《中学生》复刊了，本书一定还有续编的……”夏叶二先生无异是开明书店的乳娘，现在由这几句话中我们看到了将要复燃的开明，而且它的光芒一定会更亮。

正中书局是在南京创办的，已有五六年历史。抗战以前出版的中学教科书和党义之类的书较多，京沪均自备印刷机器。“八一三”之后上海的机器运港，南京的机器没来得及完全迁出。现在有分局支局十一二个，如恩施、巴东、沅陵、零陵等局全都办了不久。该局经理室秘书南维岳先生说："上海分局虽然仍旧卖一些以前出版的书，但我们用种种方法，上海读者依然可以买到新出版的抗战书籍。我们正在和侨务委员会合作，不久可以由港局发书运售南洋。"

为了战前的教科书不能完全适应战时需要，所以又添了几种补充教材：防空、警卫、工程……内地中学师范采用正中的教科书，战后比战前添了五六倍。该局正从香港买两三辆卡车，以后港渝两局的运输可不再成问题。"虽然纸张和运费太贵，但是只要是关于抗建方面的要紧的书，我们是仍旧预备要印行的。现在总分局职员一共有一百五六十职员，收支可以相抵。"上次敌机袭贵阳时，仅经理小伤，抗战以来全体职员还算没遇到意外。至于人员方面，因为分局加多，感到不够支配，总局还办了一个服务部，代办书籍。出版的杂志有《时事月报》和《教与学》。

生活书店是由邹韬奋、徐伯昕、孙梦旦两位半先生创办起来的，可是现在是有了四十三个分支店和二百六十多人的庞大的文化粮库了。抗战以后总店移汉，沪店负责人被拘，幸亏他们早有准备，用××名字又设了一家书店，最近敌人又会同法捕房抄了一次，把负责人拘禁一个多月才放出来。敌人压迫不了我们抗日文化的根苗，《全民抗战》等刊物依然可以到达定户手中。现在他们工作区域分西北、华西、西南、东南四区，星加坡正在筹设支店。总店经理徐伯昕先生微笑着说："战时文化真的分散到了内地，最成问题的倒是邮费，省内每公斤加二角，外省加四角，有时邮费比书价还贵，这对于内地读者是很不利的。"该店有三种教科书出版：《战时读本》（八册，适用于民众），《抗战建国读本》（与儿童保育会合编，适用于小学，共十三册），《抗日战士读本》（战士用，包括技术政治认识各方面，四册）。《战时读本》出版已久，销路最好。通俗读物与大众读物二种丛书已出八十多种，现合并。《世界名著译丛》、《青年自学丛书》仍要出下去，现在还在筹备出《新中国学术丛书》。

"抗战才一开始时，小册子风行一时，直到去年下半年才转了方向，反而是较厚本的理论学术书籍受读者欢迎了。我们还要向沦陷区域及敌人后方去做文化服务的工作，正在准备，干部人才太缺乏了。现在立煌、于潜二分店就办得已有些成绩，我们要用文化的武器与敌人搏斗！”徐伯昕先生露出坚毅的笑容。

军用图书社重庆分社自武汉沦陷后改为总社了，一向在南京独家发行政府所颁布的各兵科与典范令，及训练总监部编译各种军用图书，出书一共有一千多种（现在训练总监部已改为军训部军学编译处）。敌人占据南京后，狠狠地放了一把火，将该社房屋烧了。敌人要我们身体精神完全解除武装，要我们作无力反抗的努力，狠毒由此可见。

“现在运输那么难，纸张那么贵，抗战以后真没有印什么新书呢，只是把一些旧书再版了来卖。可是现在来买书的人的确比较多，除了军人之外，一般学生、老百姓来买的也有一些，他们大多买《步兵操典》、《炮兵操典》、《士兵须知》一类的书……”该社的负责人说。我们感到战时的军用图书社不应该这样消沉，如何在抗战中供给民众军事书籍，引起他们对军事的兴趣，尽量把军事丛书编辑得通俗一点，这是很需要的。而军训部编的《军事杂志》，读者并不太多，也是一大遗憾。

书店十年前创办于南京，专印政党军用各方面的书，出书有二三百种，现在的销路西安最多，本市次之，桂林、贵阳较差，赣州、成都也有分店。抗战以后出的书有《抗战文选》、《政治工作的实施》、《领袖抗战言论集》等。近来销路较好的书有：《军人精神教育》、《中正革命语录》、《世界伟人成功秘诀之分析》、《驭人策略》等。对于后一本书的销路畅旺，记者有点茫然，一位店员很幽默地说：“现在不是人人想驾驭别人吗？”

该店最近已隶属于三民主义青年团，以后大约要印些该团的出版物。

儿童书局是办了七八年的唯一印行儿童读物的书局，过去他们出的杂志报纸如《小小画报》、《常识画报》、《儿童杂志》、《教师之友》、《儿童晨报》都是很好的，尤其是白桃先生等编的《儿童晨报》，更唤起许多小朋友抗敌救国的情绪。小学教科书也出了一千多种。重庆支局经理陈重人先生向记者叹息说："可惜本局股东们没有早些想到把总店迁出，现在的再版书都是在上海印，然后运昆明、重庆，运费大得没有办法。给小孩看的书又大半是桃林纸和彩色的，这些条件本地就办不到。目前儿童读物真是太缺乏，好杂志也没有一种，我们想办，可是人财两缺。"他们出版的《中国名人故事丛书》、《儿童故事丛书》、《儿童图画故事丛书》销路很好，彩色的《低级常识丛书》更好，可惜现在六十本不全了。

该局出版的三种儿童连环图书：《王先生》、《抗战大全》、《革命伟人传》销得很多，销得最多的是一本法国莫奈德原著《苦儿努力记》，已印到第十版了。可是我国儿童读物的贫乏也由此可见。

新知书店才办了四五年，出版的书完全是社会科学方面的，尤其是中国农村经济方面的书，销路每本都在六千份以上。《通俗经济学》、《帝国主义论（增订本）》、《社会科学基础教程》诸书都销行过万。为了想把出书推销到内地，因此他们的分店都是设在二等县份中，因战事转移迅速，所以往往不及撤退。"八一三"后及武汉失守时损失的书纸很多，在敌人后方的分店有屯溪、泾县、金华、丽水、辰溪、均县，去书比较困难。

为了看到儿童读物缺乏，最近该店在上海出版了儿童初级读物数种，彩色套印。不久还要在桂林出版《少年战线》半月刊，陆静山主编。《中国农村半月刊》已在桂林复刊。

读书生活出版社也有四五年的历史，出书百余种，销甚畅，如《新哲学大纲》、《大众哲学》销到六版、十三版。他们出版的一套通俗读物：《读书常识》、《读报常识》、《中国历史》、《帝国主义》、《世界地理》、《妇女问题》……都曾被各民众学校补习班采用。他们的分店在各大城市小县份中的批发户很多。抗战以后出了些剧本、小册子，现在的出版计划又转向世界名著的译述和社会科学书籍，最近出版的有《游击战纲要》和《资本论》等。

上海杂志公司抗战后迁汉口，陆续出了许多风行一时的小册子，卖不动，读者的兴趣转到了政治、经济、哲学一类的书上去，所以他们也出版了几本数百页的原著：《政治经济学史》、《中国古代经济史》、《新哲学体系讲话》、《通俗辩证法读本》……大约是为了印刷纸张艰难的原故，上海杂志公司现在自己却没有出版杂志。分支店有十六七处，总店设璧山，出版计划将随销路而定。

乡村书店是民国二十六年创办在山东的，总店在济南，邹平、济宁有分店，梁漱溟先生是股东之一，同时也是该店的支持者。出书多供给乡建学院和济宁实验区用。济南等地失守后该店迁武昌，现又迁渝，卖本版的《乡村建设理论》、《乡村建设大意》、《乡村建设论文》等类的书，代卖外版的书也是有关乡村经济及建设方面的，此外代卖些杂志。书店中显得很冷落，据说每月要亏空二三十元。《乡村建设半月刊》也许不久可以恢复。

青年书店成立还不久，出版的书大多是党政军各方面的，政治部的书在该店发卖的更多些。该店正在和战地文化服务处取得联络，想运输一部分书到战地去，供给前线军官阅读。桂林分店已成立，西安、成都、衡阳的分店在筹备中。该店自己已有印刷所在重庆，所以出版比较方便。

中国文化服务社成立才两个多月，他们的特点是并不着重在本版书籍，主要的在推广文化而服务，推广文化的地域分海外、内地、边疆、前线，已有七个分支社。因了交通不便，他们想试办文化驿站。现在出版《总理遗教》三种，《战时书报评介》出了四期。

（连载于《大公报（重庆版）》1939 年 3 月 14、16、17 日）

上海出版界概况

华　堃

开明书店

一、过去的历史

1. 创立的经过

开明书店的创办人为章锡琛先生，自民国十五年，在宝山路宝山里的家里发行《新女性》杂志，随后又陆续刊布了许多新书。为了要革除当时出版界的恶习，所以对于出版物的内容既严加别择，形式又讲究美观，定价也力求低廉，因此便得到了许多读者的信仰。到了家庭中的出版组织不足以供社会需要时，章先生便联合夏丏尊先生、丰子恺先生等文化界有名之士合组书店。

2. 业务上的扩大和出版的倾向

开明创办以后，力求出版事业的改进，更得到了广大读者群的信仰。到了民国十九年，私人组织的书店已不足以供社会的需要，于是开始扩展，改组为股份有限公司。各地分支店也相继设立。计有南京、杭州、广州、汉口、武昌、长沙、北平、沈阳八处。总厂也因业务的扩展经过了数度迁移，后来定居于梧州路，资本额也由数百元逐渐加至三十万元。

就出版的倾向说，最初是以中学生为对象，《中学生》杂志最足以代表这种倾向。

后来他们的业务扩展，出版方面也从中学生的对象扩展到小学生，新编的小学教科书既有独创的精神，接着刊行的《新少年》杂志更是介于小学和中学的中间读物。同时又把出版的范围扩展到各方面，和“大学丛书”同性质的专门著作也陆续刊布了，有价值的古籍也相继印行。如《二十五史》的缩印、《二十五史补编》的编刊及《清名家词》的结集，尤为学术界所称诵。那时因了人事的纷繁、世变的亟剧，报章杂志便呈着云蒸霞蔚现象，于是社会上人士很感到不能够周览的缺憾，他们因此发行了《月报》，除了分立各种门类来容纳各方面的重要材料外，又有特稿来分析研讨各种重要的问题。这样他们的出版倾向更加扩展了。

3. 出版物的统计

他们究竟出版过了多少书籍呢？我们姑且做一个统计来看。下表是从民国十五年八月开始营业起，至二十七年十二月三十一日止的分类统计：

	种	册
总类	一六	一六
哲学类	四二	四六
宗教类	七	七
社会科学类	一七二	二六七
语文学类	七六	一四七
自然科学类	九〇	一〇二
应用技术类	二〇	二〇
艺术类	九一	一一二
文学类	三〇〇	三九三
史地类	一〇三	一三三
总计	九一七	一二四二

（附注）各种杂志及《活叶文选》均不计在内

二、现在和将来

二十六年夏间，国民政府决心抗战，上海书业界从教育部得到了指示，要在最短的期间内，尽量的赶造成足够一二年应用的中小学教本，并且要立刻运到内地去储存。自然，开明书店不能例外，他们也正在虹口的厂内这样工作着。虽则，那时抗战的情绪一天天高涨，虹口的民众每天像潮涌这样的往虹口区外疏散。然而开明书店却为了工作的紧张，实在无暇顾及迁徙的问题。

八月十三日上午，神圣的全面抗战展开了，尚在虹口厂内工作着的开明书店职工，直到听见了炮声方才不得不离开工作处所往外逃避。大约一星期以后，这许多已造成的和未造成的货物，以及机器原稿等统被炮火所毁。后来战事深入，凡是开明有分店地方，先后都成为战区，南京、杭州、广州、汉口、武昌、长沙等分店于是不得不跟着撤退（沈阳和北平是早在六年前和一年前撤退了），有的地方来不及撤退，便遭焚毁。仅就他们的有形的损失论，这数目已经是不很小的了！

开明在出版界既有十年以上的历史和相当的地位，假使一旦被毁，即无以自立，不特表现自己的脆弱，并且无以对国家。他们虽没有大资本家做靠山，然而他们还是在竭力的挣扎，图过此艰苦的难关。他们仍旧在出版新书和重印以前出版各书，又在重庆、桂林、昆明、贵阳、万县等处设立新的分店。灿烂的将来必定在他们的前面，这是可以相信的。

世界书局

无论在历史上、在规模上以及对于文化的贡献上，无疑的，世界、商务、中华三家，为中国最大的出版家。“八一三”战事开始，商务、中华就先后运往香港，只有世界仍留在上海。

世界在福州路的发行所既发生炸弹惨案于前，在虹口的总厂又一再发生大批存书被日方运走于后，经过情形，迭载中外各报，于是更引起了中央与各界对于世界热烈的同情和关心。本报因出文化版新年增刊，所以特去访问世界的当局，承他答话如下：

何以事前没有计划迁厂？

据他所答，世界和商务、中华等同业，曾于民国二十五年春间，即向中央条陈迁厂的计划，希望中央能予以相当的便利。其时世界拟迁于武昌，商务拟迁于长沙，中华拟迁于南昌，目的即在于各家分散各地，万一国际战事发生，可以避免出版界感受重大的威胁。但后来因中央与地方的种种问题，颇费周折，以致未有迅速的进行。至二十六夏间，中央虽有意思要三大公司迁移，但不久卢沟桥的事件就发生，时间已晚，不及迁移。后来商务、中华就在香港就原有的分厂扩充范围，而世界以为如果在香港能有办法，在上海亦必有办法；换言之，一旦在上海无办法，在香港亦必无办法，所以就决定不再往香港另去设厂。这一点，根据他们一年余来的经验，已证明了他们当时的判断倒是很有见地的。现在他们在上海出版，与商务、中华在香港出版，并无两样。而且在沪的开支，据说还可比在港的省俭一些；成本较轻，书籍的定价也就可以便宜一点。

现在如何出版？

他说，于“八一三”战事开始，他们就在租界中区另觅相当的出版场所。现在的生产能力，并不亚于战前，只要有需要，他们仍能大量的供给。他们最近统计，战事以来所出的各种新书，共计一百八十九种，平均仍是每三天出版新书一种，但这还是为了战区扩大，营业关系特别限制的结果。所有各种再版书，无论教科书、参考书，都照常十足准备，源源供给；对于内地各省用书，亦尽力设法运输。现在倒是运输最成问题，费用之大，往往十倍于前，而且时间遥遥无期，路上损失不包。这原不是他们一家如此，但听他的话，真是困难极了。

总厂何以有如许存书？

他说，因为他们既不及迁厂，便计划在内地各省存足数年的用书，不意事起仓卒，未及全数运出。报载被日方运走者已达六百余万册，其实还不止此数，按总厂内实际存书共有三千余万册，闻陆续被日方焚毁者，亦有千余万册，厂前空地，积灰达尺余之厚，真是中国文化界空前的浩劫也。

有何新的出版计划？

他欣然的说，为适应读者需要，并谋自身复兴，新的出版计划很多。这里可以报告的，即从本年起，在可能范围内，仍当恢复战前大规模的出版新书。不久的将来，就有较多的新书可以发表；同时并欢迎各界投稿，或建议编辑计划。他们要在劫灰中谋生长呢。

对于出版界的意见。

他说，出版事业很难办，尤其在这种时期。第一点，就管理而论。中国的出版家，因种种关系，都采用编辑所、印刷所、发行所的三位一体制，因此，管理上非常复杂。例如，编辑和著作人都是文人，印刷和装订人都是武人，介乎其间不文不武的又有一批生意人；因此，当经理的要周旋于这样的一个场合中，真是不甚容易，说句笑话，真要“文武双全”，否则，就难免不顾此失彼。第二点，就资本而论。出版事业需要极大的资本，例如工厂设备、原料、未成品、总局存书、路上未达品、分局存书、客户放账等，共要六七批资本。为了营业所及，遍于全国，上述各项，都要极大的数量，才能应付。而且书籍不比花纱布匹等日常用品，可以随时随地抵押或变卖，因此，上述各项，又都要自己充分的资本，方能周转。第三点，为了中国教育的不发达，人民每年在书籍上的消费极少，因此，出版事业在中国，可说还在萌芽时期。

他虽说了出版界目前的种种困难，但仍时时表示着出版界前途的大可乐观。世界虽遭遇着空前的浩劫，但他已在积极的计划复兴。像这样的一番谈话，实在不但为关心世界的人士所乐闻，而且很可以给各界遭着同样境遇者一种极大的鼓励。

光明书局

在动荡不安的新出版业中，像蜗牛般慢步前进着十数年如一日的要推光明书局了。光明的创立早在民十七大革命时代，它永远走在时代的前面，出版过不少的新刊物。其中如中学各科参考书，《文艺理论丛书》、《世界文学丛刊》、《社会科学丛刊》、《传记丛书》，单行本如《中国近代史》、《政治经济学基础教程》、《现代语辞典》、杂志《时代论坛》、《文学界》，都曾得文化界好评。“八一三”全面抗战发动后，它为着推动后方战时文化，在汉口支店出版了一套平心主编《民族的解放丛书》，广州支店计划的《自由中国丛书》和《光明文库》，则因广州的陷落，没有完成。现在它在重庆、柳州、金华的三个支店，也都致力于战时文化的推动工作，在上海则致力于出版国际问题和社会科学理论书。据闻即将出版的有几部书颇值得向读者报告：（一）胡明译的《资本主义世界经济地理》，这是一部五十万言的巨著，有图表一百五十幅，译者化了十八个月苦心完成的。（二）汪耀三译《货币信用论教程》，这是G·加兹罗夫编纂的集体写作，长三十万言。（三）平心著的《各国革命史讲话》，这是一部以各国革命史实为骨干而以一气呵成的笔法写成的近二十万字的著作。这三部书不但观点非常正确，就是写法也都十分新锐，诚为目前出版界中不可多得的作品。

关于发行方面，它们因为历史较久，故发行网也比较广远，现在有许多新出版业和私人的出版物，都委托他们发行，而收到良好的效果的如远东书报社出版的画报、《日本在中国的赌博》、《抗战与革命》，风雨书屋的《海角遗编》，建社的《新智识丛书》和公论社的《公论丛书》，文献社的《文献月刊》等等。对于内地读者和各地翻□家委办或代定书报，它更能忠实地办到“快”、“廉”两个字。在孤岛上，它可说是文化事业的辛勤的播种者了。

正中书局

正中书局为国内关心文化事业之名流学者集资所创设，成立于民国二十二年，其目的在以编印各种图书，介绍国内外学术，发扬我国文化，促进我国科学教育，而尤以灌输青年学识，以期思想渐趋统一之途为其指归。开业后，已有大量图书及杂志出版，迄今前者已达千余册，后者亦有十余种，且均风行宇内，博得全国学者好评。其间复以新颖材料，一贯中心，精当体别，整个计划，遵照部定标准编成《初高中师范》、《简易师范》等教科书各一套。问世以来，大受教界人士赞许，认为教育青年之良好工具。去年蒋委员长《西安半月记》之发行，销数达百万册，该局声名遂远播海外。该局初设总局于南京，各省市均已次第成立分局。去年战事爆发，首都沦陷，该局即迁总局于武汉，虽受损綦重，但犹在困苦中奋力经营，仍有巨量新书出版，以应非常时期之需要。现该总局已由汉移至重庆，以为西北西南营业中心，并在该地及香港二处，各设印刷厂一所，继续出书。港厂规模较大，业于呈准港政府后，积极工作，产量之巨，足供东南各省之需而有余，此亦嘉惠士林之福音也。此外该局对川、甘、陕、桂、滇、黔等省分局亦已力谋充实，以利各该地图书之流传，沪、粤、浙、苏、闽各处，亦均由分局或代售处，积极供应，期于战事时期，尽其文化上之责任。

长城书局

长城书局成立于民国十九年，为沪上教育界及金融界人士所创办。迄今已历九载，专出版青年修养书及实用参考书，选稿甚为严格，故所出各书极受教育界及社会人士欢迎。如《怎样训练你自己》、《怎样修学》、《怎样训练思想》、《自我创造》、《苏俄的生活》等书，均风行一时，各学校采用为参考书及课外必修读物者甚多。

亚东图书馆

汪孟邹

亚东图书馆创立于民国二年，迄今已有二十六年的历史。在这时期中，我同业之由草创而旺盛，由旺盛而衰落，更由衰落而消灭者，正不知凡几。亚东图书馆竟能历千磨万折而犹存，这是不能不引以自慰的事。

亚东图书馆最初的基础，奠定于芜湖，即所谓“科学图书社”的就是。当时正值前清光绪二十九年，维新空气，至为蓬勃，忧国之士，竞以提倡科学为救国之不二法门，而科学图书社之创设，即是此种思潮的具体表现。这一皖南文化重镇，芜湖人俗呼为“科学图”之亚东分馆，一直到去年芜湖陷落后，方告消灭。

亚东并非富商投资专以牟利的企业，而是有志于文化事业者努力的结果，所以在出版方面，就从不以图利为第一与唯一的标准，因此，在过去二十余年的中国文化与思想史上，亚东图书馆是有其相当的地位的。兹举其较为重要的史实数端于后：

孙中山先生于民国八年护法失败之后，鉴于思想宣传的重要，来沪创办《建设》杂志，当时因环境关系，各书局都不代发行，唯我亚东毅然担任，承办有两年之久。

五四运动的文学革命，亚东曾尽了他最大的力量。新文学大师陈独秀、胡适之等先生的主要著作，都是由亚东出版的。

民十四后中国社会科学的勃兴，亚东也是一个有力的促成者。所出李季、高语罕、林超真等先生的创作与介绍，于我国社会科学的影响，亦属巨大。

他如激动过整个中国思想界的名著《科学与人生观的论战》，在中国小说史上具有划期意义的各种标点小说，以及关于考古、自然科学与文学的二百余种译著（许多被国内大中学校采为教本），无一不出自海内名家的手笔，且具有相当永久的价值者。亚东图书馆过去的努力是无人能加以抹煞的。

不过，亚东决不以过去的历史自限，也决不以既得的成绩自满，如今我们“取材唯有超越时代之嫌，立论决无倒转历史之弊”的一贯方针，希望能切切实实地，出几本关于自然科学、社会科学以及文哲方面的好书。

中西书局

中西书局创设于民国十二年，总发行所在三马路望平街之间。历年出版各界应用书籍，达五百余种，如工艺书类、国术武艺书类、读本及参考书类、各界应用尺牍之类、中西医药书类、生理卫生类、世界名著译本及新撰各种通俗小说书类，各类均由专家编著，印刷出版。营业方针，以薄利批发同业，期普及文化为宗旨，故全国以及南洋各埠大小书店均有直接向该书局采办经售者。

中外图书公司

中外图书公司，创办迄今有年，原址在爱麦虞限路中华学艺社内。其主要业务，专为学校影印西书，并代办原版西书杂志。兹因业务发展，原址不敷应用，故于民国念六年九月十八日迁至亚尔培路三百七十六号营业，并添设门市部。股东为促进文化事业职志，特增加资本至陆万余元，并由股东会议决，特聘盛际唐先生为总经理。盛君原系联营书社经理，故对于影印西书，颇有经验；并热心教育，注重文化事业，曾出版影印西书数百种，包括理化、医学、机械等多种，其中参考书译本较多，各学校均采用为课本，备有详细目录，函索面索均可立即取得。该店为各界人士及学校团体购办便利起见，特在成都、昆明、重庆、香港、广西等处，均有特约经售，定价低廉。门市部凡商务、中华、世界、开明、正中、北新、生活等各大书局之出版物均有寄售。

告研究德文者

万锠书局

学问为济世之本，书籍为之锁钥。当今科学昌明时代，学问广博，浩如烟海，分门别类，各有专任。若德文书籍沪上坊间颇少出版，读者诸君不无遗憾。本局有鉴于斯，专以经销影印德文书籍以供所需，并以减轻读者之担负。

本局向设吴淞，经售德文工、医、理、化、文等各科用书。国立同济大学之德文科用书，皆本局所出版者。荷蒙各界人士深加赞许，并以德文大总库称之，但不敢自满，务必精益求精，为社会服务，以答各界之雅意。

自“八一三”抗战爆发，本局损失奇重，迨国军西撤，同大迁金华开课，本局虽损失重大，但仍本服务之初衷，将一部分存沪书籍急于装订随同大迁移以应付该校之需要，继而随迁江西而及广西贺县八步营业。现本局更鉴于申地研究德文诸君之急需，故除八步总局外，再设立营业部于上海成都路七弄辅德里九号福煦路口，并兼售各大书局大中小学教科书、参考书，并再附承印部，代印各种印刷文件等，式样新颖，交货迅速。本局又谋业务发展起见，预计于本年度为始：（一）按月至少出版新书一种，以供同好；（二）并如诸君介绍德文各类佳本，在可能范围内尽量印出；（三）学校方面需要德文课本，如系新书即可代为印出；（四）著作家如有中德文关系杰作或译本，本局愿代为发行，或合作出版，均极欢迎。寥寥数言尚祈诸君不吝指教，幸甚。并祝进步。

（载《申报》1939 年 1 月 2 日）

文化街静后的动

西　蒙

四马路、河南路的一角，书店和仪器公司林立，一向被认为文化之街。在我们的体验上，知道每一个年头寒假、暑假过后，开学的时节，文化街上格外来得热闹，而其余可算是静止的时期。

为了在“孤岛”上，教育界在无领导的形态下，这一回的假期，各学校也就不统一，有些参差，有的在寒假期内，有的已开学了。因此这几天，文化街上经过了几个月的静止而后，又在活动起来了。

先就几家大书店说来，所出版的书籍，固不止一种，但教科书是整千整百的批发出去，销数之大，比任何文学书或科学书不知大过多少，因此，赚过不少钱。因此，到了开学时节，每一家书店，对于教科书，聚精会神，来一次竞争。

这几天，我们走过这文化之街，留心他们的橱窗里所陈列的，完全是教科书，其他各种书籍是失踪了。玻璃窗上，贴着“书籍文具，廉价发售”的字条，有的更用简单的广告书放在橱窗后面，作为教科书的衬托。

在这文化街上，我们要是注意一下，男女青年，每一个都忙着向书店或仪器店里进出。这里面，也有穿着校服，佩有校徽的，还有年轻的小学生，不是三五个在一起，便是由家长搀着，进去买书。出来的时候，十九手里拿几包书籍、文具，而门口站着的卖笔者，会盯着他们，问一声：“笔要哇?”

走进这几家大书店里，作一度巡行，每一只柜台上面，挤满了买书的人，店员满头大汗，忙得来不及招呼顾客。尤其是出售教科书的那只柜上挤着几批的人，批发处轧满了带管学校中庶务事项的男女教师，在忙着配书。热闹的情形，是平时所难得看见的。

商务的店堂里，陈设儿童书籍的地方，挤满了小朋友们在看书；中华，另外放有一张长桌子，挤满了中小学教科书，好多人坐在桌上，默默的阅读，有的更在作札记，大概是教师们在选择教科书；世界，选出了好多应用的廉价书籍，叠得宝塔样高。这几家书店，在开学期内，就是营业时间，也每是会放长的。

几家出售文具的、仪器的商店，橱窗里也陈设一新，把各种文具、体育用品、溜冰鞋，很整洁的堆置着。也有装着霓红灯的广告或画几幅水彩画以引顾客的注目。内中有一家，更绘着两幅“白雪公主”的巨画放在橱窗之中。

不但新书店是这样，旧书摊也在活跃起来。这几天，文化街上的旧书摊，新的又多摆了几个，旧的书也添了不少木箱、书架，书也比前几天多，所有应用的学校书籍，都分门别类的陈列着。第一个旧书摊上，有着几个男女在淘旧书。无疑，旧书摊的活跃，无非是新书店的竞敌呀！

在望平街口，四马路上的几家杂志公司里面，翻看图画杂志的人也格外挤轧。想必这几天还在寒假之中，上文化街去闲荡的人，走过杂志公司，每个会顺便进去望望。但当你走进去时，门口会有烟容满面的人，问你“春宫要哇?”，“小照要哇?”使你感到莫名的厌恶。

一切的一切，是反正了文化街上，在寒假将要终毕的当儿，呈现了一种静后之动呢！

（载《申报》1939年1月30日）

延安的书报杂志

叶　菜

延安也有专售杂志的商店和兼售杂志的书局。如果你一踏进它们的里面，就会有五光十色的一大堆杂志书报，把你的视线迷住。其间除了一大部分来自外埠各处外，就在本地出版的可也不少，并且都能够立在大时代的前哨上，替大众打着先锋，作进展者的向导。不会错吧！你瞧它排列的阵容，显示得都是这么坚强、健全，在这一群里是找不出有退后、松懈、盲动、消沉的一个来，活泼而又严肃的文字，真能令人一卷在手，又爱又敬。要是读者们愿意知道它一些“履历”，就让我在下面一个个来给以介绍吧！

《解放》　延安书报出版界中最早的一个，它是跟着国共合作而诞生的。最先原是周刊，后来因为纸张缺乏，才改了不定期刊，主办人是中共党报委员会，内容大都是党员的修养、党的理论和报告。为毛泽东、陈绍禹（王明）、张闻天（洛甫）、成仿吾等经常写作的处所，曾经一度想迁武汉出版，未果。因着发行的问题曾在西安遭过几次大难。

《新中华报》 由油印而改革到铅印的一张小型四开报，主办人是廖仲恺先生的公子承志先生，是给延安大众传达新闻的地方报，每逢星期二、星期五出版。附刊没有名字，是报告文学的延安驻足地，曾经为着城市和乡村的问题各作者在这里开过笔战，毛泽东同志出马调解才各自收兵。

《团结》 是十六开单行本式的一种半月刊，主办人是边区政府，内容大部分和《解放报》差不多，不过这里的稿件，多数是从陕北公学讲台上记下来，因此陕北公学同学们买的颇多。此外便是些地方党政的消息等稿。

《中国青年》 这是十六开单行本式的一种半月刊，因为执笔者都是一般年青伙伴们，所以其内容是绝对活泼。热辣辣地、雄赳赳地，有不可一世的趋势。如国际青年运动的历史介绍、世界青年人物志以及活跃于沦陷区域各地的青年战士特写，都是些难能可贵的稿子，主办人是中国青年社。

《中国妇女》 没有穿高跟鞋儿的“中国妇女”，在争斗的生活中她们抽得了一些空闲工夫在今年六月底把它产生了。是按月出版的刊物，稿子的动向是紧踏在抗战中的妇女生活问题上，和各地妇女工作动态的介绍方面。主办人是中国妇女社。

除了这几种还有“壁报”。“壁报”在陕北多如上海之香烟广告，每个街头随处都可以见到，就是跑到每个机关、工厂、合作社，也可以在墙头上觅得他们的大作所在。这里是他们工作检讨和他们的生活报告的地方，虽然像陕北公学、抗日大学、中国女大等以及较大的机关团体都把它用铅印的，但延安的纸张，运输是困难的，价又高贵，单就白报纸一项来说，当上海还只另售二分一张的时候，那里已要卖到一毛钱一张，现在更不必说了。连《解放报》、《新中华报》等也改用一种纸质次些的毛边印行，那里的纸料缺乏，就可想而知了。

（载《申报》1939 年 11 月 23 日）

幼年的陕北文化

元 留

记者旅居延安近年，旁观着文化的婴儿长成孩童。书业的发达，也许可做一个尺度，以前只有唯一的一家新书店，星期天是难堪的拥挤。现在合作社也办新书和文具了，好书行销像抢宝似的。

说到演剧，那时所谓“空前”的《血祭上海》，现在则“空前”之空前不知有多少了。剧本、舞台装置等那时技术水准很低，而今却提高到和外面相差不远了。

鲁迅艺术学院今年春间开学，于文艺推进起了很大作用。他们话剧的演出，深受欢迎。学生教员创作剧本，由于几个戏剧家的指导，成绩颇有可观，三幕四幕的都市戏，时常都演出。灯光没有电灯，利用煤气灯加以巧妙的装置，也很能具体的表现出舞台时间变化的过程。道具、服装、效果等虽受物质条件的限制，但坐在露天戏场的地上看去，也和都市堂皇舞台所有的差不多。演员除外面有名的演员参加演出，一批新的优秀的演员也训练出来了。最近鲁艺以六月短期毕业一批学生，成立一个实验剧团，准备到各地出演，以文艺的武器参加抗战。其次，西北战地服务团，不久前回到延安，也演了几个漂亮的话剧。抗大、陕公的戏，也有了新的进步。

话剧总是晚会上演。活报近挺流行，演出时间短，又可不受舞台限制，当作一种政治宣传的武器确极有效。

歌剧方面也有新的开展，旧形式新内容的京剧、秦腔，鲁艺及西北战服团倡导于先，各学校及群众团体风起响应。这个有两种演出方式：一种是用现代舞台装置，也有灯光、效果、道具，演员着现代服装，而“唱做”用京剧方式，记者看过由《打渔杀家》改编的《松花江》，甚觉合味。一种是完全旧形式，仅唱词新编，也许守旧的老百姓会更喜欢些。最近文化界救亡协会组织——民众剧团，是个由一些工人脱离生产的职业剧团，排演新内容的秦腔，演出一次，很得好评。拟往陕北各县巡回演出，而借此组织各地的文协支会。

还有现代歌剧，鲁艺曾上演一幕《农村曲》，系鼓动农民参加自卫军，保卫家乡。除自作曲外，还运用了许多小调的曲谱。由于音乐配合与舞台图景的美妙，记者留有深刻印象。拿过去黎锦晖制作的毫无意识的歌剧相比，我以为是中国新歌剧的新阶段。

不久前，晚会上还只看得到人做电影。即舞台前扯上一块白布，演员在幕后做动作，黑影投在幕上，似乎活动的黑白画，说明字幕用玻板写字映出。但最近真的电影开演了，老百姓争拥着看这个奇异的画布，映了好几个苏联片。还不仅此，电影制片厂不久也会实现，正招收演员与技术员，而导演及其他是不成问题的。

谈到音乐方面，早就是这样，“到处传遍了抗敌的歌声”（《延安颂》歌），不过，作曲方面不同从前，大量的新歌不只是从外面输入，新的作曲人不多也不少。每个纪念日和每个号召或运动，大致总有一首新歌，如《保卫大武汉》、《突击运动歌》、《生产运动歌》、《八一纪念歌》、《十日进行曲》等等，而翻译的苏联和各国名歌与民间小调也很流行。音乐会虽不曾见，但参加晚会的集体合唱、乐器演奏，技术也很娴熟；新内容的大鼓书、莲花落、金钱板，亦别饶兴味。

关于绘画，鲁艺学生做了不少工作。街头有木刻壁报，一般壁报也不似从前单调，插入许多着色漫画，大幅壁画到处都有。这些画多以老百姓作题材，与他们实际生活有联系，如画自卫军的活动、秋收运动……倍觉亲切。鲁艺开画展数次，不见山水风月，全是抗战作品，成绩不错。

文学走上街头，陕北街头诗运动得到具体表现。街头诗是以老百姓为读者，要朴质，又要通俗，诗人惯常用的一套不成，要向老百姓学习他们的语言。这虽是一种尝试，而是文学真正大众化的重要的一课。文协发起这个运动，于是大街小巷都有诗人手笔，红纸绿纸一首挨一首的贴着，尤其钟楼下面，可谓是街头文化展览室，街头诗的壁报、木刻壁报、时事壁报、标语、捷报——挤得毫无空隙。这运动在继续进展，每逢纪念日，它有替代枯燥标语地位的趋势。

朗诵诗初期在延安热闹固极热闹，而有些却幼稚得可笑。现越过旧阶段，偶见朗诵，已渐次成熟，然又不如初期高热。其实街头诗应配合朗诵诗进行，街头诗对不识字的老百姓是等于零，而朗诵诗不是老百姓自己的语言，也是莫明其妙的。

文学作者络绎来到延安，然而他们并不来关在屋里写，乡下前线都有他们足迹。鲁艺文学社学生没有单纯的坐在课堂里学习文学，秋收时便由该社主任及教员率领下乡，帮助农民秋收工作，此所谓向老百姓，向劳动，向生活学习。其次，有战地文艺工作团，与八路军总政治部取得联系，文艺作者分批到前线和敌人后方，已有三批出发。

陕北的文艺作者近有中国文艺协会陕北分会组织，这新的团结，将会产生新的力量。

文学刊物延安以前是没有的。最近《文艺突击》出现补起这点不足。该刊物初系油印，后改铅印，每星期出一中张，反映陕北及前线实生活。除此，最近将在外间出版一大型文艺刊物，已经接洽妥当。

说到刊物，文艺刊物正如上述。一般读物则有《解放》与《新中华报》。解放社，除刊行《解放》，还出版书籍，为陕北唯一出版社，设印刷厂，有七十余工人。现出书约四十种，有理论的，如翻译的马、恩、列、史诸人著作，有教科书性质的，如《抗日民族统一战线教程》、《三民主义概论》、《社会科学概论》等书。

《新中华报》五日出一中张，性质属地方小型报，销行七八千份，内容有时事分析、有副刊《动员》、社论，而四分之三的篇幅报道陕北各种活动，颇富地方特色与宣传鼓动性，配合了行政的需要。此外有种《边讯》，文协通讯部出版，油印的，发寄国内各大报，内容有陕北消息与特写，近拟移外出版。

除这三种是发卖的刊物外，还有若干种非卖品的油印刊物，一种《今日消息》，是将每日收得电讯印出，发送各机关学校参阅，系日报性质。至于老百姓看的日报，则有民众教育馆手写的《民众壁报》。其次，还有各学校油印的校刊，“抗大”、“陕公”、“鲁艺”……都有，供学校自己阅读，外寄甚少。

延安新闻记者已经由解放社、新华社、边讯社发起而成立了中国青年记者协会延安分会。

学术活动在陕北并不寂寞，各机关学校工作人员大都有所谓“干部课”，工余分组讨论各种学术问题。在毛泽东先生领导下的中国哲学研究会，经常有公开演讲会。还有国防科学座谈会，又有世界语学会。外国语学习极方便，文协有人教俄文、世界语，并教中国话拉丁化新文字。此外，“抗大”编译科为供给学校教材，军事政治都有翻译编著。该校又拟向外刊行一种校刊，着重学术讨论。并将自设印刷所，出版丛书。

这里，本文即告结束。但我们不能说陕北文化工作没有缺点，反之，在人力物力两皆缺乏的条件下，缺点自不可免。当记者离延时，文协负责人便向记者诉苦，他为文协工作，几完全牺牲自己的修养与创作，且做得不满人意。但他坚决表示，将继续艰苦奋斗下去，这种精神是可佩的。而现有的成绩，离开他们艰苦作风是无法解释的。

十二月廿三日夜。

（载《读书月报》1939 年 1 卷 1 期）

大别山中的文化线

姚雪垠

武汉失守后，在大别山，在万峰千山中，一个小小的山城突然变得热闹了。七八年前它只是一个荒凉的山街，至多不过有百来户人家，傍着一条小沙河，一边属安徽，一边属河南，一边属湖北，一提到×××这个名字，老年人马上会说出来一句老话头：“这地方，鸡鸣狗吠闻三省！”如今却变做了江淮间的抗日根据地。

如今的大别山是青年的世界，正如这时代是属于年青的一代同样。在红叶满地的山道上，在倚山搭盖的茅店中，你遇着的行客差不多什九是青年。在××有一个培养各部门工作人员的干训班，经常有×千青年在受着训练。青年人从安徽、鄂东和豫南各地跑来，三个月毕业后再分散到游击区的各个角落去。廖主席（我含着凄怆的心情回忆着这位陨星!）曾经对青年们演讲道："青年没有热情，没有积极性，还能算是青年吗?"在安徽，政府的作风和广西的差不多：行新政，用新人。因此，区长们和联保主任们，和各机关的下级干部们，几乎全由青年的同志担任了。安徽如今是一个生气勃勃的地方，一切的血管都在跳动，而大别山正是这一切跳动由①的心脏。

在安徽省当局的领导之下，大别山中团聚了一部分甘心苦干的文化人。其中有知名的专家学者，有前程远大的优秀干部。他们编报纸、编刊物、编印书籍、编剧排戏、教授功课并担任着其他机关的其他工作，每个人都是身兼数职，忙碌得一塌糊涂。因为工作太多了，便感到人手不够，渴盼着能有一批文化的生力军开进山中来。他们不断的向后方的朋友们写信，向过路的熟人请求："我们需要人！需要人!"只要你能做工作，生活上决没问题，省政府领导的动委会是有充足的经费延揽人才的。

谁也想不到在万古荒凉的深山中会出版了这么多的报纸刊物，在质和量上都叫人相当满意而惊异！在报纸方面，有《大别山报》和《皖报》，虽然发行较困难，每一种都销行在三千以上；另外有一种周报《大家看》，形式编排得很新颖，内容通俗而有趣。在期刊方面有《文化月刊》、《中原月刊》、《青年月刊》、《战时文化》和其他比较小型一点的许多刊物。像《文化月刊》和《中原月刊》，都是十六开本，一百五十页左右的综合性高级读物，每一期都印到四五千册。大别山中的青年生活是活跃的、紧张的，他们一边创造着工作，一边创造着自己，因此书籍和刊物的销路是相当惊人的。他们自己编印书物供自己读。在大别山中只有很少的艰难携来的旧书籍，始而朋友之间互相借着读，继而是抢着读，终于是偷着读，到最后有书的人往往把书籍藏在箱子里，珍惜它仿佛珍惜自己的命。如今他们正着手去实现一种计划："翻印！翻印!"在大别山，什么办法都可以发现的，一切困难都须由自己来解决!

如今在大别山中出版东西并不是什么难事：有三个可以印书印报的

---

① "由"疑衍。

印刷机关，有用之不竭、价格便宜的土报纸。除《皖报》的印刷机系由安庆迁来之外，其余两个印刷所的创立都有许多令人兴奋的艰辛故事。几斤铅条也许是从芜湖或南京买来，几个零件也许是费九牛二虎之力从更远的地方运到。工人们有的来至安庆，有的来自蚌埠，有的来自南京或芜湖。他们为着过自由的和有意义的生活，千辛万苦的偷过重重的封锁线，向大别山中奔来。我们的文化堡垒已经在千里绵亘的群山之中巩固起来了。

山峰把青天逼得非常窄，人的心也随着青天缩小起来。但山中的文化战士们并不感到苦闷的。时时刻刻有新的工作，新的发现，使他们兴奋鼓舞。新的文化干部在斗争中像遍地春草一样的生长着。有一次《文化月刊》编辑部的同志们接到由庐江县南乡寄来的一封信和两篇稿件，作者是一个十四岁的小石匠。这事情使山中的文化朋友们都非常兴奋，立刻寄了十元稿费去鼓励那位住在山外的小同志。他们相信人手会慢慢的增加的，大多数的天才在埋没着，需要他们去“发掘！发掘”！在每一县，每一支游击队，都有一份以上的石印或油印小报。在阜阳一县，铅印和石印的刊物在六七种以上。他们用文化武器保卫着大安徽，粉碎敌人的政治进攻和麻醉政策。

“在安徽”，一位同志对记者说：“虽然有许多地方尚不能尽满人意，但工作起来真是天宽地广呵！”

二十八年十月底。

（载《大公报（重庆版）》1939年11月29日）

鼓励战时书刊出版

贡

书刊出版是一国文化的命脉，不论平时或战时，不应中辍间断。抗战开展以来，许多优良书刊先后停办，在一般读者不啻失去良友。虽然，于抗战开始时，各地书刊多如雨后春笋，但其中优莠不齐，足餍读者欲望者诚属罕见。

战时书刊出版，困难不一而足。纸张之昂贵、运输寄递之不便、印刷发行之迟慢，在眼前乃是意料的事。然在这些一时莫由解决的困难之下，为便利各地书刊之迅速出版起见，我们还希望若干负责审查原稿的机关，在可能范围内予以更大的援助，使出版者免耗许多时间与精力。为适应战时需要起见，检查书刊原稿，他国亦有先例，原则上无可非议。从去年九月间中央颁行审查标准及办法以后，出版界人士对检查原稿制曾有速加撤销的呼吁。第二次国民参政会席上，亦以此项要求纳入一个正式议案中，足见其具有非常重要的意义。不过，我们总以为如果中央对审查标准能作较具体之确定，如果审查人员能克尽厥职，勿使出版者因送审送核而费时劳神，则现行检查原稿制的效用必大，终可迎合战时的需要。

然而，根据各地经验，出版界人士具有一种共同的感觉，就是若干地方审查机关于检查原稿之时，不免过于小心，太事拘泥，往往对作者善意的批评，妄加恶意的揣测，结果未见其积极的指导，徒见其消极的钳制。当然，各地审查人员中，固不乏明大体、识大义者，绝不可一概而论。我们惟愿他们对其侪辈多事规劝，时加解释，使其勿存无端猜疑。作者纵偶有失检的言论，亦当尽量依法予以纠正，切莫援用其他繁复手续，徒增出版上的种种困难。

战时最可贵的读物，莫过于从客观立场发表意见的一类书刊。在论坛上有热心国事的人士，在社会中又有求知若渴的民众。这两种国人之间，书刊便是沟通意见的最主要的媒介。在一般作者方面，大体上都是主张思想自由；而从学术立场上看，思想自由尤是十分重要的。不过今日的中国，正在受暴敌侵略最严重之时，谁还取在政治或主义上再作分化式的争论呢？眼前国内作者，除失败主义者及丧心病狂者外，莫不是在维护国家利益的前提之下，对战时或战后各项问题，借着出版书刊的途径，各抒所见，各贡所知。平心而言，党政当局对这班作者，实在只可鼓励赞助，而不可阻挠牵掣，这是最显明莫过的道理。

（载《今日评论》1939年第1卷第21期）

游击战区的文化教育

《大公报》社评

在第二期抗战中争取胜利，沦陷区域及游击战区的工作，将是重要的决定因素。最近五中全会及参政会，都很注重这问题。关于沦陷区域及游击战区的军事的及经济的问题，我们曾迭有讨论，兹特就游击战区的文化教育问题一述所见，以促政府及国人之注意。

随着战局的扩大，我们的游击战区展延十余省之多，且多是物产富饶、人口繁密的省份，敌人所占的只是重要城市及主要的交通线，大片的土地及广大的民众，都是敌人所不能控制的。这类地方最与敌人接近，故在这类地方与敌人斗争，最直接、最有效。我们要使沦陷区域不为敌人确实占领，要使游击战区发挥我们的威力，最主要的是要使这些地方的人心不解体。维系人心，应特别注重文化教育工作。

据教育当局报告，在十三个游击省区中，教育机构已逐渐建立，中小学校的恢复与建立也已不少。使学龄青年不失学，并使他们不为敌人的奴隶教育所麻痹，这是游击战区教育工作的目标之一。这一面要从教育青年入手，同时在纯沦陷区域更要与敌人的奴隶教育作斗争。像所谓“新民学会”的组织，便是敌人在华北实施奴隶教育的机构。关于这一点，我们的教育工作，除了在游击战区树立我们的教育机构外，更要对平、津、青、济等大都市特别做工夫。对于各该地的大中学教员，要设法从人事关系上找线索，使与政府的方针见解发生联系。教员的脑筋保持内向，学生便可不受汉奸教育。现在北方，还不少当年教育界的旧人，教育部应设法与之通声气，使他们在精神上不与国家脱节。在广大的游击战区中，青年目击巨变，身受痛苦，均有真切的情感，再加以适当的教育指导，一定能大批造就民族的战士。

还有一个最重大的工作，便是游击战区的文化食粮的供给。在完全被占的大城市，民众只见敌人与汉奸的报纸刊物，不能知道后方的真相及政府的措施，精神上皆陷于忧惶苦闷。在一般的游击战区，也因缺乏文化食粮，使一般战士及民众也均感烦闷。据山西战地来人报告，武汉撤退后蒋委员长的《告国民书》，最近才到达山西战区，时间已过三个月。山西如此，一般可知。把文化食粮供给到广大的游击战区，是极重要的工作。关于此事，我们建议：（一）中宣部、政治部及教育部宜会同编辑一种小型日报，把国内外政情及各地战况、中央方针简要的述明，用快捷的方法逐日递到各战区，大量翻印，普遍传播。前曾有人建议，以无线电指挥，使全国每县都出版一个日报，现在便可参照其办法实行。（二）除编辑小型日报外，还要随时编印传单小册子，如蒋委员长的《告国民书》及《驳斥近卫声明》的演词，五中全会的演词及宣言等，目前应尽先编印，输送到游击战区，使苦斗中的战士及同胞都能知道中央的大方针。（三）单靠无线电还不够，因为收音机本已很少，敌人时常扰乱我中央广播，在沦陷区内更严厉查抄收音机。故要把简便的印刷器材输入游击战区，使之辗转翻印后方的消息文字。现在报纸杂志多集中于后方都市，政府应设立运输网，使后方书报有计划的运到各战区。这样，一面运输原料，一面就地翻印，一张报运到，便可传遍全城镇。

消灭敌人的宣传，维系战区的人心，增长我们的精神力量，这都要靠游击战区的文化教育的工作。

（载《大公报（重庆版）》1939年2月15日）

什么是现代青年的文化食粮宝库

简贯三

青年，大时代的青年，充溢着青春的活力，掌握着革命的火炬。活力如何善为运用，火炬如何大放光明，既不是脑海里空空如也可以办到的，亦不是一叫一跳可以收效的。孙中山先生说过：“革命的基础在高深的学问。”有革命的理论，然后有革命的行动，这正是伟大的革命运动之铁则。有丰富的理论，有勇往的行动，再加以不屈不挠的意志——

三位一体，必然促成革命的成功。

民国十六七年以来的北伐革命，有如排山倒海似的激荡全国，青年在这个浪潮里面，很感觉革命运动的文化食粮，所谓革命理论的重要性。所以社会科学盛极一时，“三民主义”普及全国。我认为这一座文化食粮的宝库，除应该继续充实以外，还应该赶快建立科学文化的宝库，这里面的理由，可分数点说明于后。

近代人士所称颂的社会主义社会，固然很能引动一般人的羡慕，激发革命志士的热力；但是要特别注意，若果不采用科学的技术，供给丰富的物质文明，则社会主义社会永远建立不成，就令勉强建立，也如沙漠上的高楼大厦一样，不久必要倒塌。所以封建时代谈社会主义，等于浪漫提克的小说。现代想实现社会改造，必须发展科学，以提高经济的生产力与组织力。有了这个宽厚的基石，再说解决人民生活的“分配问题”与“各尽其能各取其值”的社会理论，方有确实的可能性。

由此看来，现在是科学的世界，将来更是科学的世界。

现代既不是神鬼横行的原始时代，亦不是梁山泊守山寨的封建时代，乃是科学精神与科学方法最发达的时代，因此，在抗战建国的过程中，既不可学那神鬼似的横行，亦不可羡慕梁山泊的作风，而要辛辛苦苦的提倡科学、研究科学，拿科学的本领充实抗战的火力，用科学的知识达到建国的目的。

现在的青年，有的陶醉在花儿月儿里面，有的只看中了社会思想、社会科学，有的在下意识里面隐藏着义和团与梁山泊的气势。固然，情人眼里出西施，各有各的看法，何足为怪？不过，我奉劝各位以客观的眼光看一看：祖国危若朝露，而血气方刚的青年，还躲在象牙之塔里，咏风弄月，是不是不伦不类？社会思想、社会科学只是立国建国的一部分，那一部分的自然科学，青年不去努力研究，是不是犯了半身不遂的病症？义和团式的抗敌，梁山泊式的守寨，都是封建时代的流风，在二十世纪的现代，还去追求着死气沉沉的余灰，是不是等于在死灰里希望热烘烘的火焰？

还有一层，中国许多知识分子自命不凡，满觉得自己的精神如何有理性，自己的行动如何有组织。其实，一座一座的无形庙宇隐隐约约的在他们的精神上闪动，污秽、凌乱、迟钝、虚伪，明明显显的在他们的行动上表现。大人先生们的生活，这样不科学，若讥笑无知无识的老百姓之迷信，恐怕以五十步笑百步吧！所以中国人无论有无知识，多半在不科学的生活中混来混去，咳！四万万五千万人的大民族，在科学世界的舞台上，生活如此，思想如此，多么危险！多么耻辱！青年为社会运动的主力，从本身起，若能养成有组织、有条理、重规律、重实践的科学化生活，则风声所树，必可影响全国。

从革命运动、社会改造、抗战建国以及全国国民的生活，说明建设科学宝库之理由与青年重视科学、研究科学之必要。如果我们的科学宝库建立不成，我们的青年鄙视科学，那末，日本帝国主义一定沾沾自喜曰："实获我心，实获我心。"

日本帝国主义对于我们的科学设备与科学成绩破坏不遗余力，它用最残酷的破坏方法，企图毁灭我们的头脑，特别毁灭我们的科学头脑。你看它的飞机轰炸我们的营房，还轰炸我们的实验室；轰炸我们的炮台战壕，还轰炸我们的工科大学；轰炸我们的军粮，还轰炸我们的文化食粮——科学图书。它怕我们的军事训练，也怕我们的科学研究；它怕我们的军事设备，也怕我们的科学成绩。在沦陷区域内，它既运走我们的金钱，亦运走我们的科学仪器；既不让儿童学习国文，亦不让儿童学习科学。

日本帝国主义为什么把科学与军事看得一样的重要？毁坏的如此残酷？纳信的《战争论》说过："从技术上说来，战事即是科学。"换言之，"科学知识为权力的源泉，科学成绩为国力的要素"。全国国民若没有科学知识与科学成绩，无异乎解除了精神的武装，毁灭了文化食粮的精华。

基于这个事实，若有人反对科学，不让一部分青年努力研习科学，建设文化食粮的宝库，则不免为日本帮凶，为日本帝国主义摧毁有光、有热、有力的青年头脑。

苏俄的领袖斯太林于一九三七年五月中旬对于苏俄的青年大声疾呼云："未来是建筑在科学青年的身上的，须为科学发达而努力。"

我国的最高领袖蒋委员长于今年六月间，告全国青年努力科学修养云："青年一方面须注重科学之修养，使意识言行一切皆科学化，养成有条理、有组织、重精密、重实践之新的民族性；同时，更须以最大努力接受技术训练，养成生产与劳动之技能，俾能有大量青年服务于农、商、路矿、电气各种轻重工业，使国家伟大的建设，可以加速完成。"

十二月廿六日。

（载《民意》1939 年第 60 期）

精神的粮食

谢人堡

所谓粮食是最物质化的一个名词不过了！不论是五谷也好，蔬菜果实也好，但总是为人类而设备的，人吃了这东西可以增加无数体内的有机燃烧，凡是一切欲望也不过是由这燃烧而才萌芽。这种现象是由物质而来，走到抽象去；或是发之于实体而渐转至于精神去。但孰知在精神上还须有另一种粮食去供应，那粮食不是用口觉吃的，要想消化那粮食必须用视觉、用听觉，以致还得用嗅觉及感觉，即所谓之"精神的粮食"。

过去曾有位艺术家丰先生讲过"视觉的粮食"，内容大概只谈到惹起其好吃这"粮食"的缘因和一堆残散的历史，殊不知丰先生却忽略了一件事情——因为他把"听觉的粮食"没有包罗在内，这该是一件多末遗憾的事呢？其实不只视觉的粮食是艺术的果实，就是听觉的粮食也同样可以列为艺术的果实，所以我现在要把这问题扩大，最多方面而最全称的，题目便是"精神的粮食"。

我们谁都晓得那些具体的粮食是可以饱暖人们底机体的物件，则这种抽象的粮食便是借以安慰人们精神上的东西了。实际精神上的需要往往比物质的需要还强暴，代价还狂大，这种原则现象不论在那个国度或那个时代里向来是万世一系的，不会改变，更不会动摇。

（载《立言画刊》1939 年第 29 期）

精神粮食之需要

张元龙

“上海居，大不易”从物质一方面讲，百物飞涨，白米贵到三十元左右一担，煤球从一元多涨到三元几，生活的担子，使人窒息，透不过气来；从精神一方面讲，由于环境的变迁，从事文化工作者，除了极少数以外，类多噤若寒蝉，趋于保守，有的甚至于“开倒车”，其沉闷，枯燥无生气使人“兴此地不可一日居”之想。

从大时代的需要上讲，此时此地文化人的使命，何等重大，工作何等重要。但我们所见到的听到的是些什么？难怪有人对文化人要苛刻的责备了。文化人一定将辩护说：“环境逼我们静默，非不为也，是不得已也。”不错，环境不许我们像过去一样，痛痛快快“为所欲为”、“言所欲言”，但我们应该明白指出：环境并没有叫我们“因噎废食”，更没有叫我们“开倒车”，我们不能把一切错处都归罪于“环境”！举一个譬喻说冬令宜于进补，经济状况不许可我们吃膏滋药、鱼肝油及牛肉汁，但是我们借口经济拮据缩紧裤带粒米不食，而去吃那些含有毒质的吗啡、白面，以戕贼身体，无论如何是说不通的。

作者以为与其虚耗金钱精神创办有害读者的“桃色”或其他含有毒素的书报杂志，开倒车，使别人收渔人之利，暗中冷笑，还不如印行些灌输知识，提供报道有益读者的、科学的、文学的及其他方面的书报杂志。只要着重趣味（枯燥的科学文章，只要写得生动，读者亦极欢迎），不愁没有销路，找不到读者。就是因为内容乏味而蚀本，亦终比骗了人家钱又以毒素供给他人为高明些。

（载《美商青年》1939年第1卷第3期）

供给前方精神粮食

西　清

在六月间，本刊就有这文章唤起大家注意，要大量供给前方将士的精神粮食。当时还在汉口，大家对于供给前方粮食的工作也很热烈在那里做。

到了重庆之后，这件工作虽有人做，可是因为运输及其他方面的困难，收效并不很大。最近三民主义青年团中央团部发起捐助书报十万册的运动，这确是一件极迫切的号召。

我们希望对于前方精神粮食的供给，有一个经常的机关来主持。同时除经常的分送之外，最好有战时流动图书馆的组织，这件工作，希望不会冷淡下去。

（载《民意》1939 年第 59 期）

关于游击区之精神的粮食问题

俞颂华

无疑的，敌人对我西北和西南，都有进攻的企图。而我们当局对此已有严密的布置，使其企图绝对不易实现。至于我们被敌军占领的区域，敌人仅能保持“点”与“线”，绝不能占领“面”，这也是事实。不过我们须注意，对于“面”，敌人也抱有野心。他们所谓“扫荡”，所谓“建设”，其对象分明是在我们的“面”。我们要保持广大的“面”，牵制他们进攻的兵力，进而作收复“点”与“线”的准备与努力，则在现阶段中，最重要的莫过于加强游击区的游击战的力量。

我们要加强各地游击力量，则对于游击区物质上与精神上双方的需要，都得设法补充供给。关于游击区，物质上的需要问题，如改善经济设施，人民生活等问题，研究经济者，在不久以前，已提出讨论，他们在报章杂志上发表过许多意见与方案，足供政府采择。现在我想谈的，只是关于游击区内我们军民精神上的需要问题。

在游击区里，要发动予敌人以有力打击的游击战，最重要的，当然是在加强军民合作的精神，将“军”与“民”融成一片。而欲加强这种精神，则军民精神上的粮食，如报纸和读物，大有补充的必要。如果没有报纸和读物，好像军民之间，缺少一条沟通精神交织的很好的桥梁。不宁唯是，双方又似乎都缺乏一种精神上的营养与鼓励。

固然，要在游击区内办报，办军民读物，是一件极困难的事。然我们既知这事重要，便当用这种方法，将此困难克服。分析此中困难的主要因素，不外是在“人力”与“物力”的二点。欲打破这事的困难，非就这二点研究不可。然就这两点加以思考，困难虽则很多，办法却不是没有。盖就“物力”论，若有印刷所固然最好；否则，学校中印讲义的针笔版与油印滚筒，也未尝不可用以代替印刷机。若并此而没有，则办手写的壁报，亦总比没有报好。至于纸张，这也是一个困难问题，然而若有两面能印的报纸，固然最好；否则即用当地出产的土纸，有何不可？不过一架无线电收音机却非备不可。最好除收音机外，还备一架无线电收电讯的机。这是就“物”的设备的方面讲，至于“人”的方面，则每地只要有于新闻事业有经验、兴趣、热心者三五人或七八人，就不难合力去办一小型报，以应该地的需要。当然，人数“多多益善”，多则可以兼办军民的应时的读物。但除比较上重要的地点外，人数似乎不宜过多，因为人才亦当经济。如果人多，便应设法分配于各地，不必拥挤在一处，使别地缺乏这一方面的“人力”。

至于报纸的经费，因为游击区里，报馆的收入极寡，自非由当地党政军机关设法不可，不足则应由中央补助。至于“人力”，当地如不足，亦须由中央统筹分配才好。此外，各地游击区里的报纸，应与中央通信社取得联络，而中央通信社就可使各该地的报纸负责人，负责供给确实的消息，以加强其分布于各地的情报网。

在游击区里办报，一切的一切，只能因陋就简，且须带有流动性，必要时得临时迁移，诚然是非常艰苦的工作。可是如果能办得得法，使该地军民得益，使游击战的力量不断加强，使敌军疲于奔命，因而厌战的心情加浓，则其功绩却亦非常伟大。欲使该地军民得益，最要紧的是，在使所办的报，合乎当地军民的智识水准，适乎当地军民的需要，使他们个个人读得懂而发生相当的兴味。报纸里面并且最好时时插些有意义的图画以引起他们的注意与兴趣，因此，游击区里的报纸，最好由熟悉该地特殊方言、风土人情与民众心理者去办，则事半功倍。否则劳而少功，却是很可惜的。

以上是笔者的一些感想，切实具体的办法，当然有待于缜密的研究与讨论。笔者觉得报纸与应时的读物的供给，是同医药卫生、经济等设施一样的重要。不仅游击区里一切需要报道新闻、指导民众的报纸，以及各种应时的良好的读物，即在后方的许多城镇里面，亦未尝无此一切的需要。怎样努力设法供给这种需要于前线后方？这是在这第二期抗战时期中值得注意的一大问题。

（载《时事类编》1939年特刊第33—34期）

如何供给前方将士的读物

絜　庵

前方将士在炮声弹火之中，最缺乏的是精神粮食，这是先后从前方回来的人们说的。记得许久以前，曾有许多人提过这事，商量过办法，直到现在似乎还没有做到点效果出来。

这事的困难，在它本身上是很少的，环境的限制实居多数。后方和前方间的距离太远，交通工具十分缺乏，从后方运大量的书籍到前方不是一件易事。但是也不是绝对的办不到，中国文化服务社和战时文化服务处办理的成绩也自不恶，然而其间所经过的困难极多，我们固然要克服这些困难，也要珍视在困难中的努力，换句话说，不要使我们在百般困难中，为前线将士的服务等于徒劳。

怎样就算徒劳呢？第一是虽然运到了前方，不能转送到将士手里；第二是虽然运到了前方，转送到将士手里，而这书籍是无用的。近来的募书运动甚为积极，文化工作者们出而应募的也很踊跃，成千累万的捐助，不乏其人。其热忱是可佩的，但是募集的目标却有可议的一点：书籍杂志不论新旧，书的新旧还可以说，陈腐的报纸杂志，效力是要累减的。更就重庆市一地的杂志说，种类不下五六十，其中固然也有通俗的，而标榜甚高，举凡政治、经济和社会等等专门的和综合的刊物究竟要占多数，这许多种类刊物大量汇集起来，送给前线将士阅读，前线的将官自然有程度甚高的，而士兵们大都不过小学程度，甚至还未到，能够看懂吗？

因之我们建议：文化工作者们用小组的形式，普遍的和分别的结合起来，专为前线将士编纂读物。无论期刊或小册读本，先将印刷费用计算清楚，参照旧时印散善书办法，在社会上广为宣传，使社会人士按照印刷费用认捐，无论百册或千册，集拢来，自能成大的数目。如此，只要前后方的工作人员密切联系，使到了前方的书籍不致于到不了将士的手里。则到了将士手里的书籍自然就不会是看不懂的了。

（载《现代读物》1939 年第 4 卷第 2 期）

文化食粮的运输问题

秦春风

韬奋先生：

抗战以来，交通上一切设施，差不多都以“军事”为第一，而其他为后，这一点我们不反对而绝对拥护！

但第二位应该排谁呢？我们以为当然该排“文化工作”。我们不必啰嗦的来说明文化工作为什么该排第二的长篇大论的理由，我们只要看，欧战时各国的飞机输送报纸、什志、书籍到前方去的史实，与今日敌人怎样的在华北、华中、华南各前线输送文化食粮，即可慨然有动于衷吧？

论起来，我们现在的运输机关、交通机关，并非除“第一”的军事外，没有“第二”者，如大量的化装品，大量的敌货，都是那里来的？

固然也许是这些商人们透过了个别私人的关系而走私偷运了来的，然则就这也已够严重了啊，在这拼性命流鲜血，以争民族生存的现在。

《理论与现实季刊》第一期是四月十五日出版，运到西安来已是六月二十日前后。费时两个多月，这还是西安，以济源、垣曲、平陆三县连接后方的晋东南，竟至看不到后方的报纸、书籍、什志者，一年有半。此固由于有时被敌将交通切断，然大部原因，则在于交通界的工作迟缓，使晋东南民众感觉即无敌人切断，亦看不到后方的东西。

我现在有一点具体意见，即：

（一）政府在交通机关（包括邮局、电报、火车、轮船……）定出“明文的”帮助文化工作的办法，减低各种文化品交通费用，予以各种第二位（第一位军事）尽先寄递、拍发、运输的优待。

（二）各交通运输机关，应无条件与各“军邮局”合作，各军政民的交通运输的飞机、火车、汽车、轮船、驮骡、大车……应该有百分之二十的文化品运输的权利。即任何运输交通工具，军事占百分之七十，文化占百分之二十，其他占百分之十。

韬奋先生！我们要“全国精神总动员”，而以“政治”、“精神”、“宣传”、“文化”来应付最艰苦的第二期抗战，而“文化工具”和“精神食粮”却不想办法，使能很快的输送到“前方”以至“伟大的敌后方”，恐第二期抗战将更“加深”其“艰苦”吧？

究竟怎样才能使全国各书店、各什志社、各报馆、各文化工作者的心血结晶很迅速的交流到“前方”、“伟大的敌后方”去？很希望先生联合国民参政会里的爱护文化工作，不忽视文化工作的作用的参政员，在第四次国民参政会的大会上，作最善的努力！以争取“军事第一，文化第二”的光明伟大的“国策”之实现，以争取光明伟大的“国运”之到来！

这样，文化工具的材料的运费减低，书报什志的成本自便宜，文化工具的运费减低而运输迅速，第二期抗战的胜利自速急的实现。

先生！你们是我们文化界在参政会的代表，务望为文化界工作的飞跃开展而努力！此致

敬礼！

秦春风，二十八年七月八日。

秦春风先生在这封信里所提出的意见，我们想凡是从事抗战文化工作的人，没有不表同情的。文化工作的效力是伟大而深入的，但同时却是比较潜伏的，尤其是短时期内是没有很具体的外形可以看见的，于是有些人甚至看不起文化工作的重要性，因此对于文化食粮的运输问题似乎也很少的人感觉到它的严重性。但是如果我们从抗战以来前方的实际情形略加考察，一方面可以看到战争的胜利不仅靠物质的武力，同时也靠意识上及精神上的鼓动；一方面也可以想到前方的将士及民众关于精神食粮的呼吁。所以记者常说，在这抗战的时期，笔杆应该和枪杆联系起来，文化食粮的供应应该和军火的供应配合起来。这个意思由于抗战现实的教训，努力于文化工作及同情文化工作的朋友们都很明白了，最困难而又非文化界本身所能解决的是运输的问题，所以我们认为秦先生提出的这个问题是值得我们特殊注意的。

关于这个问题，上届（第三届）国民参政会开会时也曾经注意到。当时王造时先生就有一个提案，题为“建立全面文化工作以适应第二期全面抗战方针案”，其中所举的几项办法，有一项是“与各交通运输机关及文化机关联系，组织文化供应站，普通广泛输送报纸、杂志、图书”。关于文化食粮运费事，当时记者也有一个提案，题为“请撤销增加书籍印刷品寄费以便普及教育增强抗战力量案”，在“理由”中曾提及“去年十月，交通部邮政管理局新订增加书籍印刷品寄费办法，凡交由汽车运输之书籍印刷品，每重二公斤者，原来寄费省内外一律一角五分，现省内加收四角，省外加收八角，即照原来寄费增加百分之五百三十三”。这两个提案在上届国民参政会开会时，都经大会通过。

我们接到秦先生这封信后，觉得这个问题值得交通当局的注意，所以特写一信给交通部部长张公权先生，并把秦先生的来信附去一阅，征

求张部长对于此事的意见，顺便问起关于上届国民参政会所通过的撤销增加书籍印刷品寄费一案的执行情形。承蒙张部长复信解释，现在把他的复信附后，以供关心此事者的阅览。我们一方面谅解交通当局艰苦努力的苦心，一方面仍希望“赶速补充车辆，改进输送效率”的早日实现，使文化食粮的运输问题得到进一步的解决。(韬)

附交通部张部长覆记者函

韬奋先生大鉴：顷奉七月二十日惠书，暨秦春风君函一件，敬悉种切。查书籍印刷品之运输关系战时文化食粮至为重要，本部自抗战发生，即随时竭力注意。以前粤汉铁路运输虽极繁忙之时，而于书籍印刷品之寄递，仍有种种优先提运办法，经过情形，想邀洞察。惟自粤汉及浙赣两路先后联络中断以后，后方运输几皆全部集中于公路，而公路汽车、骡马、人伕之运量，均不能与轮船火车相提并论。至邮局自备之运邮汽车（中略）尤感不敷分配，故只得将信函、明信片等轻类邮件尽先运递，将书籍、印刷包裹等交与邮局订有合同之轮船、汽车、民船、伕马等协运。无如各轮船汽车，或因民众与各机关迁移，客货拥挤，或因军运与其他关系，往往拒绝或限制带运邮件，又只得饬由各地邮局多方设法，自雇民船骡马积极疏运，困难情形，可以想见。承示秦君关于西北邮运之意见，至佩卓识。现在重庆至成都，成都至南郑，南郑至宝鸡，宝鸡至西安，皆有汽车邮局可以直达，惟以车辆有限，故难大批运送。至西安与黄河以北各地之联络，因在军事状态之下，须由军邮传递，(中略) 负重自属有限。最近中央宣传部为增进文化宣传品之运输效能，特召集中央有关各部详细讨论，亦鉴于后方邮运之实际困难，故除于前方充分利用军邮外，拟一面筹置车辆，设站管理，自行运送，以辅助邮政之不足，一面于东南西北各主要地点自设翻印机关，以节省后方输送之手续，如是双管齐下，庶可改善于万一。将来各地书籍印刷品之寄递，未知能否与中央宣传部统筹合作办法，以资补救。至书籍印刷品汽车寄费问题，自上次参政会议提出以后，即经饬属切实研究，佥以现有邮政汽车一时补充困难，以之请运信函、明信片、报纸等已感不敷，对于印刷品及包裹，遂难兼顾。但为适应各方便利起见，不得不另筹办法，凡印刷品之欲迅速寄递者，可指定交汽车运送，其运费在一公斤以内者，本省二角，隔省四角，其不指定汽车运递者，则仍照旧收费，并无增加。故邮局对于指交汽车运寄印刷品加收费用之最大原因，实以汽车运量有限，为使寄件人对于寄件有缓急之分，而邮局可使急者尽汽车速运，慢者以人力驮力运送，倘不设此分别，则邮局对于邮件之缓急性质无从区别，现在交寄印刷品数量既多，苟一律交由车运或驮运寄递，则结果必有缓件或已先运，而急件反致落后之虞。是以邮局定此办法，亦所以为寄件人着想也。惟当时鉴于各方既有相左意见，为统筹兼顾计，当饬令邮政总局一面赶速补充车辆，改进输送效率；一面在新车未到以前，对于指定汽车运寄之印刷品，为达寄件人速运之目的，仍暂照现行办法酌收费用，以示数量限制而便随到随运。惟零星轻小之印刷品，在一百公分［斤］重量以下者，仍交汽车运递，不另取费，以□兼顾。以上各节，皆为本部统筹邮运之实际情形，辱承大教，谨以奉复。(下略)

弟张嘉璈拜启。七月二十六日。

(载《全民抗战》1939 年第 83 期)

无书的生活

李育中

在前一个时候，无书的生活，在我是不可想象的，因为我是书的饕餮者。可是现在是经验到了，而且最可惊的，已把它习惯了，若无其事地。也许可以说，不感到一点痛苦，然而这痛苦不是没有的，可是因为过分来得多，便变成麻木了，书对于我，好像一个失恋的人。

从前，环境虽然有过变换，但一百几十本书总可以随身带着的，虽说不能有坐拥书城的福气与雄心，但很够“自我陶醉”了。不然，自己一个时期算为一个书的“赤贫者”吧，但跑跑新书店或图书馆或好朋友的家里，总可以得个饱，要不然也可以望梅止渴。

现在哩，许多人同自己一样命运，提到书的问题不是愤愤然就是摇头太息，即使他不是广州失守出来的人，他也是没有更多的书的。原因是战时，火光闪闪，威胁极大，生活也太流动，性命也太不值钱，乱留到几时也说不定，得保微命于世，已是莫大侥幸，还说什么书？管你瞎说是第二生命或赛过爱人。

从广州出来，前途茫茫，莫知所以，用最大的力量，加以最大的取舍，仍然只是几本无关重要的书，为什么要辛辛苦苦带它哩？原因是恐怕旅途寂寞，几本还未看过的书，弃之太觉可惜。因此一来，算盘便不落在另外几本书上面，更不管里边还有非常心爱的书，这样的措置确是反常的。

对于物件的损失，我没有失悔与痛悼过，中心怛怛然。不是有人损失更大吗？特别是我们的祖国。照习惯对于物件的关怀就只有图书，一部分的书虽然偶一值得忆念，但他们所完成的任务是光荣伟大的，已经与大广州共存亡了，作了殉葬品了。有时也会发一下这样的呆想："有一日我回到广州或是有人把它带到我的面前，我的惊喜会成为怎样呢？"书恐已成鬼了，何处觅书魂呢？

说一说我现在这小城市吧。虽然这小城市因为地位的重要，光辉许多了，可是对于文化食粮是永远闹饥荒。本来接济的地方不是没有，衡阳来一日可达，桂林来三日可达，香港来四五日可达。但是车子来了又去，终使企盼者望眼欲穿。市侩的办法不同我们的办法，也许他们才是"现实主义"者，运些纸头值得什么钱？谁有闲空管这些捞什子？

走遍这个三万人口的粤北小城市吧，所看到叫作书店的铺子是怎样的哩？一家是□□印书馆代售处，像什么？门虽设而常关，并且兼做了另一样生意，医院的招牌是大过书店招牌许多的，那就可以知道他们的轻重了。又一家书店，一半又是卖别样东西的，新书和杂志吗？最近的，也许是民国二十年出版，这样的书店在韶州可以找上两家或三家，再找便没有了。日报只有一个，常常不能满足读者，当地出的期刊杂志一本也没有，尽管另一班人在焦灼筹备中。

后来有些热心家，以担任文化供应的姿态出现，办了一家新书店，对于向外地贩书运来，也相当费过力，可是书一到便抢空了，而且价钱是故意提高了的，钱不钱已不成问题了。那家书店连垃圾也抢空之后，后至者望到这空空的书铺子，便骂那懒洋洋的伙计：

“嘿！你这个书店像个什么样子？没有书卖的！”

困难确实是有，老板那里不想大量赚点钱？可是来货太少，到四处搜，也没法搜，眼看好好的机会抓不住，他的懊丧还比买者厉害哩，虽然他是以文化供应者的姿态出现。听说又有一批人想办书店了，可是扬言为文化服务的，这样的调子听得真多。

我不管书贾把市价抬得多高，那是我不大介意的，因为我无书也可以过生活了。书本消蚀过我多少宝贵的生命，我应不再迷头了，这种解脱是很难做得到的。我要昂起头来，运用我双眼，可看的东西多着哩，不单只书本，要突进生活的密林，非先突进到社会的大地去不可。

我要不为书所牵制，为所推移，要进一步自己动手创造出一本新的大书来，自己手制，自己阅读。

今夕有朋友自桂林来，这第二期抗战的重要文化地区。他异常乖巧，与他这厚重的身躯一同地带到好一大帮书籍来。一听到是书，许多识与不识的，都跳起来叫道：“我要几本！”“先交给我！”

一窝蜂似的，闹得很，每个人都怕没有自己的份，把来客当作是一个慈善家，像寒冬时候大慈大悲布施一碗热粥一般，可以御寒救肚了。这种情形是普遍有的，许多交通不便的县份，供不应求的，如大旱之望云霓，其程度还有更甚吧。

对书有热爱的感情是好的，但有时也可以露示冷淡，找书的替代物，不要候极度进化的社会。就是目前也可以试试的，只要我们的眼孔更放大些。

我写这篇文章似乎是一种对自己的嘲笑，以纪念这几个月来没有好好的读一本书和占有一本书的经过。

于曲江。

（载《大公报（香港版）》1939 年 11 月 24 日）

旧书业在上海

公　怀

因为欢喜看书，而购买力又薄弱的缘故，所以在战前，我总乘着例假日子，到城隍庙或西门一带去淘旧书。出了低廉的代价，同样可以买到需要的书籍，稍为旧一些，又有甚么关系呢？自从“八一三”的炮火一响，我历年节衣缩食置备好的书籍，一部毁于轰炸中，一部散失于流亡途中，等到逃进租界，已孑然一身，连半本书籍的影踪也找不到，白费一番心血，想到了，时常会叹息起来。

但一到上海，东跑西走，又满眼都是旧书摊和旧书店。它们都已从战前的城隍庙和老西门一带，迁到了租界上来，于是，我的老脾气又复发了。每次走过旧书摊或旧书店，好似那里有块大磁石，我的脚跟上扎着块铁，时常会给它吸引牢，跑去东翻西翻，捡中意的买。虽在极穷困的时候，我宁可把吃客饭、坐电车的钱省下来买旧书看，为了这件事，妻几次同我吵过。其实屋小，没处去放，我只得答应妻以后决不再买，可是，这信约守不到三天，又给我破坏了，唯一的原因，就是我在旧书摊看到了合意的书，仍是不肯不买。

自从纸价飞涨，教科书要照定价加五成或八成出售后，一班穷学生，自然不得不打算打算，于是旧书摊或旧书店，骤然成了他们发掘便宜书的宝藏。即其他的书籍，价值也莫不要较战前增加几倍，薄薄的一本小册子，定价往往要七八角，不折不扣，谁都有闲钱来买书看呢？何况，爱看书的文人，又大多是朝不谋夕的穷汉，在此米四十元一担、亭子间二十块钱一月的时代，塞饱肚子已经不容易，那来多量的钱买新书看呢？在这样的环境下，旧书是满足他们读书欲的唯一恩物了。无怪旧书业在这时，意外的活跃起来。

旧书的种类，包括中文和西文两种，中间有单行本、旧杂志、旧书报等。但这些书籍决不是一折八扣书或翻版影印的西书。因那些书，都有人根据原著，加以重印或复印的。旧书摊上虽也有一部份的一折八扣书和翻版西书，但唯一的不同点，便是他不需要印刷机，书籍都是从人家手中零零碎碎地得来的。没有整批，也没有次序，陈列的时候，只由店主人把它略为分类，待顾客容易找寻罢了。至于这些书籍的内容，却上及天文、下至地理，包罗万象，无所不备。他们把所有的旧书，排列在架上，任客选购。也有不少的旧书摊，他们都以教科书的买卖为主要营业目标，所以对于教科书的收集，非常周到，从小学起至大学止，各阶段、各部门的教科书，都有着些，只要你去发掘。他们唯一的主顾，是学生，所以在这些书摊上，你时常会发现三三两两的男女学生群，在搜检着书名，或是和摊主人讨价还价。

战后旧书摊和旧书店的分布情形，倒也值得一说的。主要的集中区有两处，一是四马路中段，一是卡德路。起初，四马路上共有旧书店四五家，在山东路一带，有旧书摊七八处。卡德路上的旧书店和旧书摊，也满望皆是。当上海战事西移后，吕班路、霞飞路口，一度有旧书摊五六处，出售的都是些教科书、旧杂志、旧书报罢了。现在，都已搬到辣斐德路上去了。这一条路上的旧书摊，数量之多，现在倒大足与四马路、卡德路相匹敌了。除了这三处外，其次要算爱多亚路的南京大戏院附近，霞飞路、亚尔培路一带，也有不少零星的不定时的旧书摊。其他分布在租界各条路上的旧书摊，总计起来，数量一定不少，因为它现在已拥有数十万的主顾呀！

旧书的所以受人欢迎，唯一的原因，便是便宜。因为一本三四块钱的书，有时买得巧，几角钱就可成交了。旧书摊主的营业方法，是抱着“开销省、书价廉”六个字，为了要保持售价的低廉，他们的营业场所，便不得不因陋就简些。旧书店大多利用弄堂和屋脚，铺起他们的店面；旧书摊大多利用壁角和转弯处，放几个木板钉成的书架，插上旧书，便算数了。因只有便宜，才能延长他们营业的生命。这些旧书的来源，倒也很有趣的。在平日，据一位旧书商说：旧书的来源有五种：一、从旧货商店买来；二、从公馆里的娘姨手中买来；三、从西崽手里买来；四、从小偷手得来；五、由摊主自己出去收买得来。价值都是很便宜的，有的称分量的，因为那些脱售旧书的人，多数是无知识的，不晓得那本书值价，那本书不值价。因为成本的轻，所以旧书摊主在脱售的时候，纵然卖得低廉，也还有利可盈，而且有时还很优厚的呢。

至于去购买的人，多少需要着一些讨价还价的艺术。第一，你出去淘旧书的时候，必得要有充分的时间，在讨价还价时要从容不迫，一性急，就要吃亏。第二，你心里纵然要买，但面上表示的神色，要成不成满不在乎的，有时装出些跑开的姿态，他的讨价，一定会像入秋后的寒暑表水银柱，步步下降。否则他知道你一定要买，便要扳牢价钱了。第三，你在购买前一定要检查一下书页，看有没有残缺，否则买了回去不能用，不是便宜柴烧在隔灶下吗？所以买旧书也大有上下，有的一二成可以成交了，有的非四五成不办。前者大多是小说、旧杂志之类，后者乃是教科书及字典、词典之类。

现在，米珠薪桂、百物腾涨，有无数平日欢喜购买崭新书籍的朋友，也都溜到旧书摊上做主顾了，所以旧书业的生意，非常发达。可惜他们都无系统、无计划，规模很小。假使能把这些缺点补救过来，则旧书业的前途，一定很可乐观的。同时，也替留居孤岛的购买力薄弱的读者，尽了不少的帮助，使他们在此新书奇昂的时代，依旧出了低廉的代价，获得必需的精神食粮。

（载《上海生活》1939年第3卷第10期）

买旧书

沙利文

买旧书却是我一种癖好，这是钻书坊趣味的另一方面。因为书坊全是新书，价钱当然贵一些，爱书的人有时候也吝啬一些，原因是自己的不宽裕。纵然书坊里也有价格便宜的“一折八扣”书，然不尽是合我的胃口。不得意而求其次，于是旧书摊、铺店，到处有我的份。想拿低贱的价钱找寻自己心爱的书，虽则在一所黑而小的屋里挤着，或者蹲在行人道旁晒太阳，耗费很多的时间，我全不爱惜。挟着书回去的时候，我是愉快的，像孩子们的口袋里有一包糖。有时候买旧书的抬高书价，或者明知是好书而自己口袋里钱不多，只有发呆，老是翻着书页不想跑，离开的时候还回头望望，仿佛是自己的损失。

买旧书的最大毛病是病菌的传染，还有损坏污秽。买回家之后，不得不费一份工夫，用来洗刷、掷拍、吹晒、黏贴、钉装，尽了许多心力，一册旧书和我的中间已有了一份深的交情，不比新书的淡泊。在阅读的时候是加重趣味的力量，我常常诱起这种感觉，似乎它是我底老朋友。

旧书还有种特殊的趣味，是一册书的前一个主人！——甚至转手过两三次的，在我做第三次书的主人不是比做一册新书的主人更好吗！这是一种魔力，譬之我会买到前一主人他处买的书，纵然是上海、南京、香港、广州、厦门……远远地互相交换着。在前十年别人手里的，今天落在自己的书架上。别人用一元两元的大价买的，而我只是用十分之一或二十分之一的代价买进。许多事情是一件故事，传奇式的。若是书本是有灵性的，他会说出一部沧桑的历史，可惜我只能找寻前人的笔迹去探求它的表面。

还有旧书上划着的曲线、符号，详细的注解，大胆的批评，荒唐的意见，滑稽的穿插，以及断句、短联、怪言、歪诗……一方面可以做我阅读时候的参考，另一方面却也是正经文章之外的最好消遣。

买旧书倒是我一种癖好，“这癖好是太可爱的”，若是你是我的同道，你会说这句话。

（载《申报（香港版）》1939 年 1 月 5 日）

淘旧书

慈　云

“八一三”抗战爆发后，书本子又遭了一个大“劫”，不但宝贵的文化遗产遭受到“亲善”的恩惠，而且更可惜的是受到了火葬，其他整本巨册也被东一本西一册的星散开来，而因此失却了它原来的价值，这是多么的可惜！因此假设懂一点古书的人，在旧书堆里也许可以偶然发现或多或少的珍本绝版，因而集拢了一部或几部的古书，那对于保存国粹的工作上，也尽了一点国民的义务。虽然国粹有质的优劣之分，但我们不能平白地让人家私自的拿去撑门面。

炮火迷漫在这上海底天空，沿苏州河底南边，在盆汤弄桥和新闸路桥底马路旁，东一堆西一堆的布防了许许多多的旧书摊。旧货担里装满了各种各样的书籍：洋装的、古装的、纸装的，书面子；十六开、三十二开、六十四开的大小；英文的、中文的、图画的、文艺的、理论的、翻译的各种类的内容。这些大多从各书店里偷出来的，所以价格还便宜。

近年来新兴的旧书店和摊子开张了很多家，素以购买新书的文化街，自从抗战开始后，书底销路受了各种原因的影响，有几家底书店不是缩小门面，也就迁移内地求发展了，所以点缀在文化街上的，倒是新兴的旧书摊代撑了场面。有时期，文化街大有十步一摊之势，近来大约为了妨碍人行道而减少了。有几家摊主集合了资本，合力经营半间或一间店面的书铺了。

在卡德路爱文义路底四周，旧书摊散布在马路旁。这里自战后就成了大中小学校的集中地，所以生意着实可以做一下。尤其在开学期间，各学校学生竞相购买教科书，自从教科书因纸张昂贵而一律加三成之后，旧书摊上底教科书大有不胫而走之势。

淘旧书底人们底胃口，随着一年年的变换了。抗战后关于社会科学方面的书籍，销路好得多了，这是应该有的好现象。年青人对于求知的选择，拣最迫切最有效的一门而努力了。

有人愿以七折的价格，购买一本《大众政治经济学》，一本封面撕破了的《政治经济学讲话》，讨价八毛钱，《还价不是生意经》，像这些年青人所流行爱读的书籍，是不会便宜的；其他旧版子的《铁流》、《石炭王》，绝版的《士敏土》、《铁甲车》、《毁灭》这些书，是照定价出售；一本鲁迅译卢拿卡而斯基著底《艺术论》，这本书据说当初是被查禁的，除了最近在《鲁迅全集》中收罗之外，当初的单行本是不常见的，有人以一毛几分钱的代价买下来；一本恩格斯著底《私有财产及其国家之起源》，这本书要觅的人很多，可是市面上不容易发见。关于水沫书店底书籍，在书堆里很容易发见，水沫书店开在一九二九—三〇年之间，出版的书底质量方面是比较进步的。

有经营旧书业朋友，利用各报服务版底地位大做其不化钱底广告，登载他底书底目录。这样方便了淘书的人，免得浪费时间；并且可以打电话给他送来的，价格是差不多的。有了这样的关系之后，他经常把书送上门来让你选择所爱的书本子。如果你委托他物色书籍，也可代为效劳，这样可以省力多了。

（载《申报》1939 年 1 月 20 日）

旧书交换运动

翟

展开报纸就看见：“报价飞涨，同业等为维持血本起见，不得已将各中学教科书酌加五成，小学教科书酌加八成……”的新闻。

为了应付未来的艰难生活，为了积蓄我们的资力来准备最后困苦的斗争，我们毫无异议地就应该紧缩起我们的生活来，争取我们最后胜利的来临，至少，这一点最低限度的痛苦，是应该忍受的。

正因为我们需要节约，所以就我们学生言，也应该来推动旧书交换运动。

旧书交换运动不仅仅是单纯的旧书交换，使我们节省一笔钱下来；另一方面对于家境清寒、经济拮据的同学也可以替他们尽一点力发展我们的互助精神，因为借我们同学自己的转手，我们可以节省下一笔给书商赚的钱。就这一笔钱里我们可以作一个合理适当的支配，提出几成充作资助经济困难的同学的费用或献金，家境好的同学尽可以把他的书送给穷困的同学。

总之，我们发动旧书交换的用意，一方面既可以节省一笔费用，另一方面便补救了家境清寒的同学，同时更可以拨出一部分钱贡献给政府。

紧缩我们的生活，资助家①穷困的同学，我要高呼："推动旧书交换运动！"

（载《海声》1939年创刊号）

学生消费已高，书籍文具又涨，采用旧书减轻担负

一 粟

本市各书局发行之中小学教科书，近因外汇再度紧缩，物价上涨，一致公决中学教科书照定价加五成，小学教科书照定价加八成发售，自七月廿六日起实行。这样一来，学生们的负担又加重了。

为明了详细情形起见，乘便访问一爿书店的老板，他与作者有些亲戚关系，所以告诉出的事情，比较至诚。

开始我的问语："现在教科书已涨价，存的书可多赚些钱了！"

他很直爽的回答："代售性质的书店，不会有好多存货的，目前存的书总有些好处。讲起书店的利息是很薄的，不过开支而已。此次涨价，除小学教科书涨八成，中学教科书涨五成外，非教科书平均涨三四成。总之，热门书（需用多者）比较涨得多；冷门书（需用较少者）涨得少些。至于文具用品大都也涨三四成不等。原版西书当然依外汇走，好在早有影印西书补救，可是现也涨三成了。"

目前一切物价飞涨，单是学生个人生活的消费已是很高，现加上书籍文具的涨价，一个学生的家长将何以负担。所以，在可能范围内，不妨多化费一些时间，上旧书摊去找找自己所需要的书，是可以占不少便宜。下面是作者向那位书店老板讨教到的上海旧书摊情形，作为选购旧书的参考。

---

① "家"字疑衍。

战后上海旧书摊也和其他新兴事业一样，如雨后春笋那般设立着。卡德路爱文义路一带，可说是旧书的集中点，总共的有十几处，出售原版西书，影印西书和高初中教科书，种数很多。此外大都设在河南路、四马路、辣斐德路、贝勒路附近。其中河南路靠近商务印书馆的一家旧书店，规模较大，各色书籍比较齐备。同路救火会对面有一处，设备虽简陋，但英文文学一类书籍和西文杂志很多。四马路上的旧书摊，中国国学书籍和中小学教科书占多数。辣斐德路上的，高中用书颇多，普通工程用书也有。至于还有好多旧书摊，非常简单，是临时设摊的，偶然也有很好的书本见到。

暑期转瞬将过，在开学的时候，希望去试试罢。

（载《申报（上海版）》1939年8月11日）

图书杂志审查的理论与实际

孟锦华

图书杂志的审查制度，已随着新闻的检查而俱来。以前曾经有人赞成新闻的检查，而反对图书杂志的检查，其理由：以为新闻是有关军事、政治、外交等报导的秘密，政府自应实施统制，在战时尤其是应该的；至于图书杂志则不然，若加以检查，无论是事前原稿的审查或事后出版物的审查，实为妨碍思想自由的发展，核于《约法》上，人民有“言论出版之自由”的规定，大相背谬。所以当国民参政会第二次大会时便有《撤销图书杂志原稿审查办法，以充分反映舆论及保障出版自由》的决议案。这决议案的成立，适在中央颁布《图书杂志原稿审查办法》之后，各省着手筹备组织图书杂志审查委员会的时候，影响工作的进行颇不为小。而且一般认识不清、意志不坚的人，对中央的审查办法也表示怀疑，以为审查原稿的手续既繁，事实上是办不通的。其实应否审查是一件事，怎样审查又是一件事，前者是属于理论的问题，后者是关于实施的问题，如果理论是成立的话，那末实施审查的手续终可设法解决。务使大困难化为小困难，小困难化为无困难。这点全凭执法者运用适当与否以为衡，绝不能影响于审查制度的建立。

图书杂志的审查，在性质上虽有战时与平时严密宽松的分别，但其原则并无二致。夫新闻的检查，虽侧重于军事、政治、外交报导的统制，但思想的统制与善导，亦为其同等重要的主因之一。至于图书杂志的审查，在《原稿审查办法》第一条开宗明义的说，即在“齐一思想”。盖中国既为以三民主义建国的国家，那末“齐一思想”，集中信仰，统一行动，自属必要。尤当大敌在前，抗战期间，为争取最后胜利，更是毫无疑义。所谓自由，莫说在平时也有一定的限度，即在战时更应有其限度，何况国家的自由是高于个人的自由。凡有利于“民族至上，国家至上”、“军事第一，胜利第一”、“意志集中，力量集中”三大原则的思想，政府不但不加消极的干涉，而且还要积极的予以奖励。同时图书杂志的审查，对于自然科学、应用科学之无关国防者及大中小学与民众学校教科书除送教育部审查外，至纯粹学术著述不涉及时事问题及政治社会思想者，得不送原稿审查（见《战时图书杂志原稿审查办法》第六条），是则所谓“图书杂志原稿审查”也有相当范围，并非漫无标准。所以图书杂志审查制度的建立，并不妨碍思想的自由发展，而且足以善导思想向着正当的大道自由的伸张。

若论图书杂志审查制度，并不是中国所独有，实为欧美各国已行之有年。例如号称自由主义的英国，在平日虽无干涉言论的法律，亦无特殊的检查机关和专门检查人员，但其检查的是内务大臣，而负责取缔的乃警察机关，只要当局认定是违法的出版物，便随时可以查禁。若在战时，情形便更是不同，不但有专门的检查机关，而且审查的手续非常严格，一篇战地通讯，须经军事当局二三重的检查后，还要再经检查机关的批准，方得发刊。执此一端，便可想见英国对于图书报章杂志审查之严格了。美国可说是标准的“德谟克拉西”的国家了，宪法上且有“国会不能制定任何法律，……限制言论和出版的自由”的规定，但出版事业仍受法律的限制，其情形与英国相仿。他们对于妨碍善良风俗与共产主义、无政府主义思想的取缔，是采取毫不宽容的态度。在欧战时也曾设立检查机关，并颁布检察条例，对各种出版物均须加以统制。至于法国更是尊重自由的国家，在宪法上明白的规定：“凡人民皆有自由以说明、写出、印行及发表自己所有思想，而且在印刷之前，此项文字不须交人审查。”可是实际上因客观环境的需要，出版物的检查是非常严格，而且制有出版法，不受宪法的限制。英国法学权威戴雪教授曾经对法国的出版法下过这样的批评：“法国虽尝檄告思想的自由发表之重要，然一经檄告之后，思想的自由发表仅存在于死文字之上。纵使退一步说，此项权利至多不过成为法律哲学上之一种玄理，有实在性的法律可以随时将其弃置践踏。”其次是苏联与德意，前者是共产主义的国家，后者是法西斯主义的国家，他们对于出版物的检查实较任何国家为严密。在苏联的报纸是完全由政府经营，而私人是不可能的。即其他图书杂志等出版物，大多数也是国营。不过苏联的检查制度，都较其他国家为优，除消极的干涉政策以外，且有积极的宣传的功效。德意两国的报纸虽不禁止私人的经营，但大多数都在政府的掌握中，而其他出版物的检查在独裁者的铁腕下是免不了有摇手触禁之虞，而德国文化院的统制力量更是浩大，凡从业文化者均须取得会员资格方能找到工作，这个出版检查网的布置，为德国的特色。最后要说到倭国的出版检查，在倭国对出版的检查也颇严密，不过没有统一的检查机关，所以权责不一，办法纷歧，如此，故时时发生不均衡的状态。他们不但内政当局有权检查，即警察机关也可检查，甚至海军陆军当局又得干涉，此种怪现象为倭国所独具。于此可以证明倭国法治精神的缺乏、政治组织的紊乱，且其军阀嚣张为世所无。

从上述观察，图书杂志与报纸等之审查，无论为民主主义的国家，为共产主义的国家，或为法西斯蒂主义的国家，在在皆有。中国为三民主义的国家，期达成“齐一思想”的任务，同时应当前客观环境的需要，建立检查制度自属毫无疑义。

图书杂志原稿审查的理论根据既如上述，但一种新法律的颁行，要使它推行顺利，固在于法律本身的完善，同时最要者还是要靠执法者的运用得宜，处置适当。图书杂志原稿审查办法笔者并无意见，不过所欲者为实施时的一般困难问题。在浙江的情形而言，为便利各县并普遍图书审查起见，划全省为于潜、绍兴、衢县、宁波、临海、永嘉、丽水等七区；至于金华区十县，则委由浙江省战时教育文化事业委员会审查；而浙西杭州嘉兴，游击区县份可送附近区图书杂志审查委员会审查。在办法上可说非常周密，自推行以来，亦颇顺利。但是亦有少数的审查机关，事前对被审查方面未能善为宣传，临事方式又出以僵硬，事后又不能详为解释，所以不免发生纠纷。如台属某县闻某书店曾被检查，因双方误会，书店负责人竟不幸被捕而至被吊打，致引成民法纠纷。这一事件无论屈在何方，究非好的现象。我的见解，书店老板不懂检查而发生误会，事实上是难免的，而负有审查职责者却不该发生误会，而且应该以诚恳和蔼的态度予以理喻，同时审查又要愈速愈好，免使被审查者由失望而怨望，以妨碍审查制度的推行。所以较好的方法，审查机关与书店方面，不可取于对立的地位，应该以合作的态度取得密切的联系。如果审查机关能经常的召集书店及杂志社负责人谈话，一方面告诉他们审查图书杂志的理由手续等，同时亦可听取被审查方面的意见或困难，而共谋其解决。这样能经常的取得合作，自然误会可以消释，隔阂可以沟通，情感可以融和，工作乃得顺利推进。金华区为全省文化的中心，情形较他区为复杂，但能运用得法，所以审查机关与各书店及各杂志社之间，绝无摩擦的作用，而且大体上保持合作的友善态度，此种办法各区不妨仿行。其次各区图书杂志审查委员会，既由党政军警各机关共同组织，各单位应尊重审查机关的意见，不可有单独的行为而引起不均衡的状态，否则各自为政，各行其是，何贵乎有审查机关的设立？其次，审查人员难以物色，这确是目前最感困难的问题，因为审查机关本身并无经费，不能任用专门人员，大都由各机关调用，但各机关人员有限，即使有的话未必力能胜任。同时审查人员更有两种不好的现象，一种是滥用职权，意气用事；一种是不负责任，马虎了事。纠纷的起因，流弊的发生，都是从这样来的。

总之，图书杂志的审查，可说是天经地义，应该服从及切实执行的；逃避审查的，马虎审查的，实为推行检查制度的大障，必须设法力求改进。

（载《胜利》1939年第46期）

论战时言论出版自由

沈 锜

(一)

一切社会科学，以及根据于此而来的政策和设施，都不能有绝对的界说，而须受时间与空间的限制。新闻学及新闻政策，当然不能例外。总理也曾说过："一个主义的好坏，当看它是否适合于我们的环境，适合的便是好主义，不适合的便是坏主义。"政策不过是根据主义而产生的一种实现主义的计划和步骤，自更应该随着环境而变异。

拿数十年前的新闻政策施之于今日固然不行，拿数十年后的新闻政策来应用也是一样的不会成功。拿文明不如我国的新闻政策来实行固然落后退步，而拿文明高过我国的新闻政策来实验亦只徒见其空疏渺幻。为什么？因为时间不同，空间不同。

康有为等要在民国时代大倡保皇，虽然他们的文章是字字锦绣，而结果还只落得个腾笑万邦。苏联要把不知多少年以后才能实现的马克斯主义，拿到一九一八年来实行，虽然他们的努力是值得钦佩，而结果还不得不改行新经济政策。这两件事实，都是蔑视了时间性的例子。

至于民初代议政制在中国的失败和共产主义在中国与土耳其之碰壁和行不通，那又是蔑视了空间性的结果。

总之，不切现实的理想和一切别人的东西至多只能拿来当个参考，而决不能囫囵吞枣，硬把它模仿或实施。我们可以比较人家的优劣，而建树自己的系统来，却决不可不顾我们现实的需要，东抄一点，西抄一点，而美其名曰取人之长，舍人之短。实则若不经过一番融化，那只如萧伯讷的脑袋割下来配上邓肯女士的身子一般，是个行尸走肉，毫无生气的东西。所以新闻政策若不根据自己的环境，不是空虚的或陈腐的，便是实现不得的坏政策。

（二）

现在，我们先把世界各国的新闻政策比较一下。世界上没有两个客观条件绝对相同的国家，即没有两个绝对相同的新闻政策。如此，则要把它们一一拿来比较，可真有些不胜其烦，而事实上则不但无此必要，而且无此可能。所以我们还是按照各国的立国精神，把性质差不多的合成三类来讨论。因为一国的新闻政策，是必须根据它的立国精神的，这样分类，想来尚不致大误。

第一，自由主义的国家。在这个名目之下，包括的国家很多，我们现在以两个老牌民主政治的国家——英美——作代表。

英国政府对于人民的要求，始终有着恰到好处的应付，它并不是人民要什么，就给什么，而是人民能用什么，才给什么。所以英国自十七世纪以后，就没有很大的革命，而人民的要求却仍都能满足，一方面亦不致受少数人的操纵利用。

但在十六世纪以前，言论自由在英国是谈不到的。一五八六年间星院（Star Chamber）颁布法令，即规定印刷事业为皇家的专利，民间擅印者，视情节轻重而处罚，重至死刑。英国人民，为着宗教及政治等原因，曾起来作激昂慷慨之反抗。十七八世纪工商业发达的结果，要求极端自由的个人主义学派兴起，奋斗更趋积极。一六九三年，政法废止报纸登记法，十九世纪中叶，复废止报纸税等所谓“智识课税”（Taxes on Knowledge），才算得到了近代所谓言论自由。不过现在说英国得到了言论自由，亦不过是与它过去的情形比较而言，若比之美国法国，那又差得远了。最近英国对于报纸的消极限制，尚有下列五大类：（甲）有妨公共道德者；（乙）轻视法庭者；（丙）诽谤性的记载；（丁）有关国家政府秘密者；（戊）有煽乱作用者。以上为平时之措施，在战时则采有限检查制。如欧战发生后，英国即在各地设立出版检查机关，检查国内外邮电及政府消息之发布；至关于书籍及报纸之消息与论说，则由当事人于出版前自动请求检查，但亦无必须请求检查之义务。

美国是个从自由与平等的呼声中产生的国家，然而全世界第一部成文宪法中，竟没有把关于人民权利的保障列入条文，当时美国各邦议会深恐将来会有如英国星院的同样制度产生，拟拒绝批准，联邦政府乃不得不预允于第一条宪法补充案内，把“人权宣言”包括进去。可是第一条补充案的墨迹未干，而一七八九年的《煽乱法》（Sedition Act）即已通过。该法第二款规定凡登载或写作，或主使或登载或写作反政府反国会反总统，意图煽乱或引起不法行为者，处二千元以下罚金，及二年以下之拘禁。此法对于刚得到自由的美国人，当然大不合胃口，所以引起了全国的反感。第二任总统杰弗逊（Jefferson），且认此为不可实现之废物。此后政府对于人民，即采极端放任政策，无论人民对政府怎样掊击，是不会受罚的。直到一九一七年六月，美国参战，才觉得这种情形不对，而即颁布了有名的《间谍法》（Espionage Act），其第三款规定：（甲）制造谣言，意图动摇合众国之陆海军或援助敌人之成功者；（乙）故意引起或企图引起合众国陆海军之叛变者；（丙）故意阻扰国家之动员者，课万元以下罚金，及廿年以下监禁。至一九一八年五月，更通过煽乱诽谤补充法（Sedition Libel Amendment），规定更为详细，举凡对于美国政府、宪法、国旗、陆海军及其制服，有不忠实或侮辱性之叙述，或有助敌张目，阻扰作战之言论等，皆有极严重的处罚，这与南北战争时代林肯不肯扣留不忠于政府的报纸的情形，已是迥然有异了。这是时代的要求，潮流的趋势，是没有办法不使它如此的。

第二，苏维埃共产主义的国家。这一类国家，现在世界上还只有一个，所以情形很简单，但因为苏联新闻统制的严厉，我们亦不能有很详尽的叙述。

苏联的报纸，根本没有私人经营的，不是国营党营，便是各种社团与产业团体的所有物。不论是中央机关报、地方报、民族报、工厂报、农场报，都是清一色的共产主义的机关报，反共产主义的言论当然是绝对不会有的，所以世界上统治报纸最彻底的国家，恐怕也就是苏联了。

苏联的情形会变得这样特殊，是因为他们对于报纸的观念，根本与别国不同之故。在革命期间“报纸是一个集体的宣传者及鼓励者，同时也是一个很好的组织者”。待到革命成功，报纸便须“从一个煽动的工具，转变成一个教育民众的工具——一个指导民众怎样在一个新阵线上组织起来的工具。报纸必须做一个社会主义者建设的工具，报告一切新社会成功的消息，研究他们成功的缘故，同时尽量攻击及消灭资本主义之残余势力”。(上两段皆引列宁语)

至于新闻检查，在苏联当然异常严厉，反共产的读物，绝对无法输入。不过苏联在这一方面的得力处，还不在消极的检查，而在积极的控制，塔斯社控制了全部对内对外的新闻，其分社分设于各邦及自治区，统制了全部对内的新闻，还需要什么检查呢?

第三，法西斯主义的国家，这里且举两个著名的极权国家——德国和意大利——作代表。

德国的最高宣传机关是宣传部，部下分七司，报纸是其中之一。国社党政府对报纸是采取彻底的统治政策的，一九三三年国社党上台，第一步工作便是修改出版法，将所有报馆中的犹太人一概撤换，社会党与共产党的报纸，先后被迫停刊的，达一九一种。本来因为德国的特殊环境与历史背景，德国就从来不曾有过言论自由与纯粹营业性质的报纸，到俾斯麦乃至威廉第二的时代，新闻检查之严厉，在当时远在任何一国之上。大战以后，在韦玛宪法的幌子之下，稍为苏了一口气，及希特勒登场，统制之严，乃又达登峰造极之境。

现在国社党统制新闻的办法有四：(甲) 统治全国记者，组织记者联合会，由国社党指导，限定记者必须具有七种资格；(乙) 训练新闻记者，令中央记者协会负责训练事宜，柏林有记者学校，一年毕业，各大学另有新闻系，特别注重党义与种族主义；(丙) 控制新闻来源，由德意志通讯社 (D. N. B) 统制对内新闻，海通社统制对外新闻；(丁) 新闻检查，国内由警察厅担任，外国通讯员电稿，则由电报电话局随时删改或扣留，外国记者被逐者，亦屡见不鲜。如此统制结果，报纸悉成国社党之工具，否则即无法存在。

在意大利，出版法上规定，凡报纸管理人，必须由当地警察机关指定，而不能由业主自由任命，如有错误的消息或挑拨阶级斗争的文字登载，则当地行政长官，即刻可以下令没收。反对派报纸，当然早已封闭了，现在的新闻记者，已被规定为半官的职业，无自由可言。凡记者必须先在宣传部 (Department of Enlightenment) 登记，领得证书，始能执行职务。关于意大利的新闻政策，墨索里尼在一九二八年曾有如下的说明："在法西斯制度统治之下，全国报纸不能有单独行动，更不许与现在制度背道而驰。意大利报纸就是法西斯报纸，故应在法西斯下完成其光荣任务。今日全世界最自由的报纸，就要算意大利报纸，他国报纸多操于资本家政党或私人之手，往往被利用为商品之一种，结果群众既受其愚弄，报纸亦失去其意义；惟法西斯报纸，因其国家只有一种政治原素，一种制度，在法律范围以内，许可自由经营，自由批评，而完成报业之重大使命，故实为最自由之报纸"云云。

至于对外的新闻传播，则由斯丹法尼通讯社担任统制，这通讯社名义上是私人组织，而事实上则不但接受政府津贴，抑且直接为政府所管理。它和苏联的塔斯社及德国的德意志社一样，与世界各大通讯社皆订有交换新闻的合同，而以传播法西斯的宣传新闻为其惟一的使命。

（三）

我国现行的关于出版方面的法令，有刑法、出版法及其它各种特别法令。在这种所谓特别法令之中，当以去年七月中国国民党第五届中央执行委员会常务委员会所通过之《图书杂志原稿审查标准及其办法》为最重要。虽然，出版法对于刑法而言，则亦仍为特别法，因此关于出版方面之法令，现在仍以出版法为主，加以说明。

现行出版法是在民国廿六年七月颁布，为欲应付抗战时期之需要，故其规定比诸民国廿四年七月所颁布的老出版法为严。先就出版的手续来说，世界各国现有的制度，通常分为两种：一种是预防制，即出版物不但在出版以后须受法律的制裁，即在出版以前，亦须受警察机关的干涉，前述共产主义与法西斯主义的国家，都采用这一种制度；另一种是追惩制，即出版物仅在出版以后受法律的制裁，在出版以前不受任何机关的干涉，这个制度比较稍宽，自由主义的国家采用之。我国关于这一方面的规定，是以采取追惩制为原则的。现行出版法第八条规定："出版品于发行时，应由发行人分别呈缴下列机关各一份：（一）内政部；（二）中央宣传部；（三）地方主管官署；（四）国立图书馆及立法院图书馆。改订增删原有之出版品而为发行者亦同。党政机关之出版品，应依前二项规定分别寄送。”惟有一例外，即对于专门发行通讯稿之新闻纸，则因其发表的消息所影响于国家的利害太大了，所以不得不采取预防制。如该法第十二条规定：“新闻纸中专以发行通讯稿为业者，地方主管官署于必要时得派员检查其社务组织及发行状况。”这种检查制度，在苏维埃共产主义和法西斯主义的国家，是司空见惯的办法；在自由主义的国家，平时虽少采用，而到战时，则为了国家利益高出一切，亦常常不得不采用的。欧洲大战时英美两个老牌民主国家的办法，即是最好的例子。

其次，就各国平时为保障社会利益而对出版品登载事项之限制而言，则各国法律，大多禁载下列各项情事：如淆乱政体，妨害治安，败坏风俗，鼓励人民暗杀抢劫，揭示军事外交之秘密文件或未经法院公判而应秘密之案件等。在共产主义与法西斯主义的国家，则触犯了本国立国的主义当然是大逆不道。在这一方面，我国现行出版法的禁载事项是下面这一些：（一）意图破坏中国国民党或三民主义者；（二）意图颠覆国民政府或损害中华民国利益者；（三）意图破坏公共秩序者；（四）妨害善良风俗者；（五）禁止公开诉讼事件之辩论等（见该法廿一条至廿三条）。又“战时或遇有变乱及其他特殊必要时，得依国民政府命令之所定，禁止或限制出版品关于政治、军事、外交或地方治安事项之登载”（廿四条）。如果内政部认出版品载有上列各项禁载事项之一，内政部及其他有权机关，得禁止此种出版品的出售与散布。并得扣押之，必要时且得扣押其纸版。

此外，还有一种限制，即新闻纸或杂志之发行者，须在发行前声请登记，不登记或就应登记之事项为不实之陈述者，政府得停止其发行。

抗战以后，国民的思想是非统一不可的，为适应这需要，国民党第五届中央常会乃根据现行出版法第二十四条之规定，于去年（二十七年）七月订定《抗战期间图书杂志审查标准》及《战时图书杂志原稿审查办法》两种法令。并组织中央及地方图书杂志审查委员会专门司理审查的事情。自去年九月起，即开始实行。

《抗战期间图书杂志审查标准》共分为两大类。第一是关于谬误言论的，共分做七项：（一）曲解本党主义及历来宣言、政纲、政策与决议者；（二）记载革命史迹，叙述中央设施诸多失实足以淆惑听闻者；（三）立论态度完全以派系私利为立场，足以妨碍民族利益高于一切之前提者；（四）其鼓吹之主张不合抗战要求足以阻碍抗战情绪影响抗战前途者；（五）故作悲观消极论调或夸大敌人足以消灭抗战必胜的信念者；（六）妨害善良风俗及其他之颓废言论足以懈怠情绪，贻社会不良影响者；（七）言论偏激狭隘，足以引起友邦反感，妨碍国防外交者。

第二是关于反动言论的，共八项：（一）恶意诋毁及违反三民主义与中央历来宣言、政纲、政策者；（二）恶意抨击本党、诋毁政府、诬蔑领袖与中央一切现行设施者；（三）披露军事外交秘密消息或关系国防计划而未经许可发表者；（四）为敌人及傀儡伪组织或汉奸宣传者；（五）鼓吹偏激思想，强调阶级对立，足以破坏集中力量抗战建国之神圣使命者；（六）鼓吹在中国境内实现国民政府以外之任何伪组织，国民革命军以外之任何伪匪军及其他一切割裂整个国家民族之反动行为者；（七）挑拨中央与地方感情或离间党政军民各方面之关系，以逞其破坏全国统一之阴谋者；（八）妄造谣言、颠倒事实足以动摇人心淆乱视听者。

至于审查机关的组织，在中央则以中宣部、政治部、内政部、教育部及社会部会同组织，在地方则由当地党政军机关组织，而以中宣部的意见为主。受审查物的范围颇广，除自然科学、应用科学之无关国防者及大中小学与民众学校教科书外，一律须经过检查才能发行，惟国民党及各级军政机关之出版物，得免除原稿审查手续。但出版后须检二份送中央审查机关备查。审查时的手续是这样的：先由请求审查者检同最后清样三份，一份转呈中央审查机关备案，一份呈地方审查机关备查，一份发还原送之书店或出版机关。假使送审的原稿言论完全谬误，则全部停止印行；若仅部分谬误，则遵照指示之点修改或删削后，仍可出版。不遵守上述规定的图书杂志而擅自出版的，一律查禁。如有反动言论，并得依现行出版法惩处。关于审查的时间，则十万字以内者，不得过五日，十万字以上者不得过十日，杂志季刊不得过五日，半月刊及月刊不得过二日，三日刊、周刊及旬刊不得过一日。还有一点很特别的规定，即送审的原稿如果态谈［度］纯正、内容优良而有益于抗战者，则还可加以奖励。这是任何出版法规所没有过的。

（四）

从上面这几段文字看来，可见我国国民现享的言论出版自由，是比较近于自由主义的国家，而与苏维埃共产主义或法西斯主义的国家不同。不过究因为我们是三民主义的国家，立国的精神和一切客观的条件，都与别的国家不同，因而严格地说起来，是不应该跟了人家跑而当自立一个格局的。

刑法和出版法中的规定，除了“党及党义”的保障及出版品发行前必须登记而外，其他都与英美各国的法制差得不远。这“党及党义”的保障是中国的特殊性，因为中国是个党治的国家，尤其在训政时期，中国国民党是代表着全体国民行使中央统制权的。党的力量，即是全民国民的力量，即是领导政府的力量；党的利益，即是全国国民的利益，即是国家民族的利益，当然神圣不可侵犯。

其次关于登记一层，简直已成了一个无实际的名词，尤其抗战以后，有多少刊物，不论是报章或杂志，未经登记或以“正在呈请登记中”为名而即发行的。其中固然有的确因事实上的困难而无法立刻办到手续的，但借口以作掩饰的亦真不在少数。本来所规定的登记事项就不甚严，与我们的敌国比较，那是差得太远了，如对编辑人，仅限定他的教育程度及服务经验，对报社资本，限定的数额亦甚低。所以，此后是应当绝对实行的。

因为刑法和出版法的规定并不过于严厉和苛刻，所以过去对于这两种法规的争议尚少，所有不满意的地方，大多是对人的而不是对法规本身的。但自《战时图书杂志原稿审查标准及办法》公布以后，却立刻引起了几场气势汹汹的笔战。

笔战的第一炮是廿七年八月二十日汉口商务、中华等十五家书店的联名呈文，该呈文列举了八大理由，为节省篇幅起见，这里只能札下它的要点：（一）审查办法及标准与中央广开言路发展出版事业之本旨不符；（二）图书杂志与新闻之消息有别，不必原稿付审。纵有失检之处，可按现存之出版法及其他关于言论出版之现行法规，于出版后加以审查禁止或惩罚；（三）齐一国民思想当从教育、训练、宣传、说服入手，而不宜仅事消极之箝制；（四）根据廿三、四年上海试办图书杂志审查的经验，虽合法的刊物送审，非法出版物仍充斥市上，难于查禁；（五）审查手续繁重，耗费人力物力时间过大，战时出版事业，已感材料昂贵、运输寄递之苦，不堪再受审查之影响；（六）依据过去经验，地方审查机关，不免过事苛刻，不能体会中央意旨，更不免有滥用权力，压迫正当言论之事；（七）战区及沦陷区域因势难设立审查机关，该处民众势将无合法出版之可能，结果我方正当刊物，不能获得合法保障，而地方及汉奸宣传品反将得到流行；（八）审查标准颇多含混。

但这个呈文送到中央宣传部以后，并未核准，却遭到了驳覆。批示中并不对于原呈的理由逐条驳斥，但其中有一句话，实际上已够答复所有的问题了。那句话即是“一国法令之制定，自有其时间上与空间上之实际需要，固不必一一寻求各国成例”，这句话真可说是一针见血，把许多盲目地崇拜英美各国的胡思乱想一拳击穿。

此后关于这问题的讨论，曾有一度的沉寂。但到国民参政会第二届大会于廿七年十月廿八日在重庆开幕时，又重新引起了人们的注意。

《撤销〈图书杂志原稿审查办法〉以充分反映与及保障出版自由案》，是邹韬奋等七十四位参政员提议的，于十一月四日提付大会讨论。经过激烈的辩论，而以七十五票对五十五票的比数得到通过。邹参政员的提案中有六点理由，除了与十五家书店呈文中相同的而外，还有两点：（一）不能充分反映言论；（二）著作人当然不愿自己之著作被禁，故检查原稿并不能减少作者或出版者的损失。

现在，我们且把上面的十点理由，分别加以讨论：

第一，若说在言论出版自由的大旗之下，就不需要检查或甚至不许有检查，那完全是一种高调，或者可说是不顾事实的幻想。我前面曾再四说到时间与空间的重要，摆在眼前的时间是战时，摆在眼前的环境，是全国人口百分之八十的文盲。在这种情形之下，自己分明是个矮子，凭什么一定要高攀得和人家一般长？铁的事实告诉我们，在行了审查制之后，所谓“言论界”为了“阵线外交”和“民主政治”等问题，还曾打了几场凶恶的论战笔战，若没有这层统制，更不知会弄到怎样哩！训政时期约法所制定的，只是在法律许可之范围内，始可享受出版自由，在战时，人民权利的各方面都受了军事的限制，假如说发了警报以后不许人在街上走路并没妨碍他的行动自由，那末何以审查制就妨碍了出版自由呢？

第二，事先审查和事后审查不过是手续上的先后，其限制言论自由之意义则一。撤销了事先审查决不能说即是保障了言论自由，而在事后审查之上加了事先审查亦决不是因此就窒碍了言论自由。何况要真正维护国家民族的利益，事后审查乃是绝对不够的。就军事国防的消息论，则一经泄漏就无法补救；就纷歧复杂的思想论，则未发表以前，只是个人的主张，而一经发表，就会影响到千万人的思想。政府纵然迅速取缔，亦只能取缔这些有形的刊物，而已经流布着的思想，便无法纠正。所以事前审查等于打预防针，打的时候不免稍有痛楚，但若不打，则也许一场大病，卧床数月，或甚至一命呜呼。到那时再救，已是来不及了。

第三，积极的思想领导固然要采用，消极的防范也应该采用。事先审查是防范谬误言论及反动言论的发表。假如说有了积极的办法以后，就不需要消极的措置，那末，我们天天在提倡道德，提倡新生活运动，还要法律干吗？何况《原稿审查办法》，只是要齐一国人言论，而不是齐一国人思想，齐一思想，固然非从教育、训练……入手不可，齐一言论，倒不妨采取其他的办法。而且，形诸文字的言论，本身就是“宣传”、“说服”的工具，从广义说，还有“教育”、“训练”民众的力量，与学校教科书不过是程度上与形式上的差别。教科书的编著当然是依据教育宗旨和编辑标准的，可是还要受事先审查，那末图书杂志何得藉词遵守法规而希冀免于审查呢？

第四，假使因为有一部分非法刊物难以查禁，而就主张撤销原稿制度，那就等于因很多人无钱请医生而取消医药制度一样。一个国家的法律，经多少年的演变嬗递，经若干代的修改补充，然而时至今日，逍遥法外的还是大有人在，若以此为理由而取消全部法律，宁非笑话。法律原不是因为大多数人不犯而就不立的，只要有极少数人常犯，就该立法。因为等到大多数人犯法，则法律已失之过严，而若无极少数人犯法，则法律又失之过宽，在这两种情形之下的法律，才真该废弃。至于有极少数人犯法的法律，则正是最正确最应当的法律，其规定决不是“因噎废食”而乃是“因噎选食”。

第五，十五书店联名呈文和参政员诸君所谓事实上的困难或人力物力时间上的耗费，恐怕都是“想当然耳”。天下事往往利弊参半，纵有些微耗费，亦有许多利益足以补偿而有余。再就事实分析言之，则（一）平常出版者把一本书送请一位专家或名流校订，往往一搁数月，现据《审查办法》第十四条的规定，只须十日，则只有减少出版人的困难；杂志方面的审查时间，虽有使编辑人难以支配之处，但审查机关现在已有通融办法，即允许分篇送审。或竟有不检送最后清样的，所以困难极微。（二）事先审查可使作者有改正机会，免得一直到排版印刷完成以后才发现错误，且事后审查同样需要运输与寄递，人力物力毫无省处。（三）无事先审查，则出版物无合法保障，有随时随地被取缔的可能，在商业上是不安定。（四）事后审查不能采用局部删除及改正的办法，故常有因局部而影响全部发行的事实。循此，则事先审查只有有利于出版人和著作人无疑。

第七，所谓战区与沦陷区的问题，那更是臆测的说法了。就我们所知道的，现在在沦陷区及战区的刊物，几乎全是由党政军机关直接或间接发行的，绝对没有完全民营的书报杂志，与审查的标准及办法可说毫无关系。至于那些地方的敌方及汉奸的宣传品，则亦决不会因为我们取消了审查办法而销声匿迹。现在战地党政委员会已经成立，工作的进程如何，我们不知道，且亦不应该知道，但“在战区及沦陷区域势难尽设审查机关”这句话，也许就已因它的成立而发生动摇了。

第九，韬奋先生说要充分反映舆论。这句话实在有解释的必要。我想在这样紧迫的时期，舆论的作用，显然重在督促政府，改进政治，而最好的办法尤莫过于直接向政府陈词。并且现在有了国民参政会，正是最好的建议机关。事实上大多人民的要求以及用意良好的建议，政府是没有不采纳且亦不敢不采纳的，否则一定只是少数人的要求或未成熟的舆论，是则不但无反映之必要，而且无反映之可能。

第十，若说每个出版人或著作人真能检查自己的作品，使每一件都没有一点违法的地方，那就真是求之不得的事了。可是事实上怎么样呢？违反三民主义最高原则及国家法令者有之，泄露军事妄议外交者亦有之，犯了“宋人议论未定而金兵已渡河”之戒者更屡见不鲜。所以抗战以后，中央禁止的书籍已有好多种，私人方面也有要求禁止某类书籍的（如有人要求禁止《抗战与文化》等），难道这都是著作人愿意他的出版品被禁止发行吗？这是因为政治问题的错综复杂，抗战军事的瞬息万变和外交形势的微妙深奥，是并非每个著作人都能认得清和见得到的，则错误在所难免，而审查乃不可少。

所以上面这十大理由，只有第六第八两点能够成立。我们当然不能因这两点的不满而对整个办法加以非议，而且这两点都不是法规本身的问题，而是人事上的问题，要达到这目的，亦不是撤销了审查办法就可以做得到的。因此全国国民对于法规，只有拥护，没有理由可以反对。不过当然，一种新创的法规，其实行上是不免有不完备的地方的，因而应该改进之处，自然还有的是。

（一）统一全国图书杂志报章审查机关。各地审查机关，应由中央图书报章杂志主管机关统筹支配，务使政府确定的方针不受任何地方关系的限制。

（二）妥定审查标准，现有的标准似乎比较抽象一点，应该尽可能的把它具体，使运用的人不宜掺入主观的成见。尤其新闻检查的标准最不统一，往往重庆不能登载的消息，一个电话到成都，便统统登了出来，这就等于不检查。

（三）图书杂志报章检查人员之任用，应由中央主管机关统筹支配，其资格必须有从事出版事业三年以上的历史，并得正式出版机关证明确有出版事业学识经验者为合格。并可请中央选派几位学者。如各地出版界能在中央允准之下，联合推出数人，呈候圈定，参加审查，则尤为佳妙。

（四）图书杂志报章检查机关，应随时召集当地出版人、编辑人、著作人参加谈话，共同商讨各种出版业上之有关问题及法令等，以收切实领导的效果，并接受出版界贡献的意见。

（五）订定图书杂志报章检查人员的奖惩办法，如果检查人员滥施职权，对出版事业横加摧残时，应加以严厉的惩处，以杜流弊，而保障合法的舆论。

（六）中央主管机关应再增加审查经费，以备必要时得添聘专家协助审查，而已审刊物发行后遭遇损失时，亦可酌量予以赔偿。

（七）中央及地方各审查机关，可应各出版界之请求，汇印查禁各书刊之理由，每半月或一月汇印一次，分发各出版界参考，免下次再蹈覆辙。如可能则在审查时即应批示查禁理由。

（八）中央对于审查办法第十二条的规定即奖励优良刊物一项，应即日实行。

全国出版界的同志们，这些才是我们今日最合理的要求。孙中山先生说得好："到底中国为甚么要革命呢？直捷了当说，是和欧洲革命的目的相反，欧洲从前因为太没有自由，所以革命要去争自由。我们是因为自由太多，没有团体，没有抵抗力，成一片散沙，所以受外国帝国主义的侵略，……要将来能够抵抗外国的压迫，就要打破各人的自由……如果说争自由，便更成一片散沙，不能成大团体，我们的革命目的，便永远不能成功。"现在是在民族国家生死存亡的关头了，全国军民，不分年龄性别，不分省县籍贯，都忍受了一切牺牲，在抵抗着日本帝国主义的疯狂侵略。我们出版界在战时牺牲一点言论自由，以增加抗敌的力量，当然是应该的，而且也是必要的。

（载《新闻学季刊》1939 年创刊号）

保障作家与宪政运动

罗　荪

宪政运动在全国人民热烈的要求底下，展开了非常普遍的讨论与推进。这正是反映了一个事实，说明在抗战当中，人民对于国事的要求与关心。

宪政既是要反映真正的全民的意志，它就必须成为一个广泛的，普遍的运动，使人民关心它、研究它、讨论它，使它成为代表人民的自由与幸福的法律，使它成为加强抗战建国的一个基本的原动力。这不是少数人的事，而是多数人的事，所以必须成为一个运动，而反映了各方面的要求。

文艺作家是一个民族精神的指导者，同样也是一时代的精神意志活动的反映者。作家在这一伟大运动揭开的前面，他有权利（也是义务）抉发这一动态的真理，也有权利（也是义务）争取在这一运动中的合法的保障与地位。

关于第一，作家不但应该密切的注意到宪法本身所反映出来的东西是什么，应该是什么的问题，并且更需要走入生活的里面，反映这一运动中间的人民的意识形态，抉发对于这一运动的意志活动诸方面的正确的意见。高尔基在临逝之前，“在病床，他是凯旋般地谈论着关于新宪法草案的问题”，并且仔细地讨论着公民权的问题，民族间的互相关系的问题，乃至妇女底地位等等问题。这是说明了作为一个国家的公民，是如何诚挚地关怀着这些切身的课题呵。

关于第二，我还是想谈到保障作家的这一问题上来。我们从《五五宪法草案》、《抗战建国纲领》，都看到了对于写作、出版的自由权利。在《五五宪法草案》第二章第十三条上规定：“人民有言论著作及出版之自由，非依法不得限制之。”在《抗战建国纲领》已项第廿六条上规定：“在抗战期间，于不违反三民主义最高原则及法令范围内，对于言论出版集会结社，当与以合法之充分保障。”这两个条文中都有着一种弹性，就是前者之中的“依法”，后者之中的“法令范围内”，这法是什么呢？我们从已公布的法令中看到的是《出版法》，以及关于图书杂志的审查的条律，然而这不是“充分保障”作家出版言论的法律，而是规定作家“写作范围”的条文。

作家是从现实生活的实践中反映真理，如果言论受到限制，则在反映真正民意这一点上，或者在指出现实的矛盾的存在的这一点上，将成为不可能的事了。忌疾讳医不是“卫生”的好办法，溃脓的地方是必须割治的。所以宪政运动是与言论自由有着非常密切的关系的。

作家在中国法律保障底下，我们所看到的事实，已为大家所熟知的了。单就生活的保障来说罢，文章在商品市场上不但受到“文化商人”的尽量的盘剥（这例子如鲁迅先生被□□书店拖欠版税至□□以上的事实），以及版权的无保障，可以任人翻印。凡这些，都影响了作家在“精神领域”里的建设工作（请参看本期内的《我们怎样提拔新作家》一文，其中关于苏联作家协会的内容和工作都有述及）。

因此，为了加强作家在这伟大民族革命战争中的任务，不但是要更正确的把握现实的真理，反映当前的伟大的斗争情绪，加强抗战建国的精神影响，而且也必须取得在法律上的真正保障。

我想起了法国作家阿拉贡（Largon）和纪德等在苏联宪法公布时，曾写了一封信给斯太林，其中有一段说：“我们知道，在这种斗争中——指反法西斯，反榨取的战争，及和平与自由的争取——作家们，你所说的‘人类精神的技师’的作家们的工作，是何等的伟大，何等的光荣。这些话，激发了一切国家的作家的友情的合作，从事于创造的工程，使作家的语言，因着深入于人民大众中间之故，帮助他们找到走向胜利幸福的唯一的路，而这条路，却正是你在领导着苏联人民前进着的。《斯太林宪法》，乃是世界历史上第一次代表人民的自由和幸福的确固的法律。”

这中间，我们的“精神的工程师”在这伟大的民族革命的抗日战争中，不能，也不应该放弃或漠视当前的任务罢。

（载《抗战文艺》1939 年第 5 卷第 2—3 期）

翻印西书与传布科学

阙疑生

翻印西书之历史，可远溯至三十余年前。当时开封某书肆，应某教会之需求，首先发明此术，惜因当时读西书者少，未能普遍，其术遂至淹没无闻。迨近年我国教育——尤其科学教育——日益发达，西书之需要至殷，而金价高昂，使莘莘学子对于购买西书，大有不胜其负担之势，于是翻印之事，应运而生。首见于平津，次及于沪汉，一时风起，营业鼎盛。即以上海一埠而论，翻印书店不下六七家，翻印之书，数以千计。所以如此发达者，当然系轻而易举，利润丰厚，然而吾人以为此种事业，关系学术之传布者至巨，敢本斯义，请略论之。

书籍为知识之宝库，同时亦为传布学术之利器。在昔印刷术未昌，学人得书至难，故学问一事，每为特殊阶级所享有，而难及于大众。自近世印刷术日益精进，书籍之传布愈广，斯学术之进步亦愈速，故现今任何文字写成之书籍，一经出版，即不胫而走遍全世界，任何人可得而读之，非少数人所得而专利。

数十年来，我国与西洋学术界接触频繁。西洋之科学典籍，相需至殷，无论学校教课，研究参考，均需采用西文原版书籍，而所资赖于英德法文者尤多。惟西文书籍，定价之高，较之我国出版物不啻倍蓰，除高深巨制之杂志，非个人力量所能定购，姑不具论外，即学校教科必需用书，亦往往非学生所能遍置。此种情形，在当年金价低平时，吾人已有此感觉，矧年来外汇腾贵，远非昔比。科学西书一册，往往非二三十元不办，而杂志尤昂，此律以吾国一般经济状况，诚不胜其负担，结果于吾国文化前途、科学发展、学生进修，殊多影响。

所幸近年以来，吾国学术界若干人士及具商业兴趣者，有鉴于此，亟谋补救。于是联合同志，设立书店，作翻印西书之事业，既所以救知识饥荒，尤可免金资外溢，更可藉此以博利润，诚一举数得之企图，宜闻风者而踵起。惟吾人以为，此种事业，应以传布学术为主旨，不宜太着重“生意眼”。须知西书之可以任意翻印，所持之唯一法理根据，系由于吾国之未加入国际版权同盟会（International Copyright Association），故可不受任何国际法之拘束，在法律上不负何项责任，欧美原出版家无法干涉，或控诉吾国是项商人之非法，或破坏著作权。此事虽为各国出版家所注意，最近并曾在英国国会提出质询，然除加以密切注视外，别无适当取缔方法可施；但就道德立场看，翻印事业，实为不道德之行为，至少违犯商业道德之惯例。盖著作者费尽心思，著成一书，并非易易，而出版家排印制版，耗费尤巨，唯一保障，为“版权所有，不准翻印”，甚且翻译亦所不许，今一但全部翻印，不仅影响著作人之版税收入，而出版家损失尤巨，天下便宜事，殆无过是者。职是之故，吾人敢本学术立场，为读者设想，作下述之建议。

第一，定价应尽量低廉。查现在坊间所见之翻印西书，定价虽低及原价（照目下外汇率）三分之一或四分之一，实际似犹嫌过高。盖翻本印制简便，无制图排版之烦，所用纸张装潢，多不及原著之佳美，则所费工本恐不及原书十分之一，今售价较中文本之同等科学书籍，有过之无不及。例如阅读甚广之《科学菁华》（*Science Digest*）（厚96页，32开袖珍本）一类之普通杂志，原定价不过美金二角五分，而翻印本则须售国币七角，所费工料，据有经验之出版家估计不过一角左右，似未免太贵，其他可以类推（类似之中文杂志，售价多在国币二角左右，可资比较）。吾人希望已出及将出各书翻印书籍，定价尚须减低，以轻学界负担，实行为社会服务，达到“化极少代价，得至美至廉书籍”之口号。

第二，应以传布科学为主旨。书籍为传布知识之利器，前已言之。坊间翻印书籍，固以科学书居多，然其他无关宏旨之书籍，亦非绝无仅有。又所翻科学书中，以学校教科用书为最多，当然系利其销数之广，而足供高深研究考究，专门杂志及百科丛书之类则甚少（仅见Beilstein：“*Handbuch der Organischen Chemie*”及Seligman：“*Encyclopaedia of the Social Science*”两部堪称巨擘），似不足餍学术之望，兼未能全符翻印书店所标榜之“救济学界知识饥荒”等之广告。吾人以为应再推广范围，凡欧美各国出版之标准书籍，研究所需之必要杂志，应多方翻印。如以为得不偿失，尽可以销行广大之教科用书所得丰厚利润，弥补此项印制用费，俾能真正达到传布科学，实行为文化学术界服务之宗旨。

总之，翻印西书，在吾国目下确有需要——以后或有更大之需要——所望经营此项事业者，勿过重营业，应高瞻远瞩，负起推广文化，传布科学，救济知识饥荒之伟大使命。诚能行之有恒，吾国学术前途，实多利赖，同时亦将为学术界所称谢。

（载《科学》1939年第23卷第3—4期）

抗战中读书会的建立和作用

陈挹芬

在这民族战争的斗争中，争取抗战的胜利，建立独立、自由、平等的新中国，真需要我们青年们去夺取的。为了要完成这个任务，我们应该首先要充实起来。青年们在抗战中的地位和任务，非但要正确的了解，并且对于世界的现势、抗战胜利的条件，更应作多方面的分析，切实深刻的研究。自抗战以来，敌人一刻不断地到处进攻与骚扰，并且用最残酷的手段，轰炸各地的文化机关，生活到了这样不安定的时候，但是我们的读书会总［终］于在这个困难的条件下生长起来了。

读书会是团结青年、教育青年，发挥抗战力量的方法之一，但我们该了解它的出发点不仅仅是多读几本书，得到一些至高的理论而已；主要的是要用机变的方式，把理论与实践配合起来，使参加的份子一方面固然可得明确的理论，同时要获得活的知识，更高度的发展在实际的行动中，否则全部抹煞其基本的意义。

青年读书会，从建立到现在，还只有三个多月的历史，在这极短的生长过程中，自然不能收到预期的效果。可是正因为它是在不断地生长着，因此我们可这样的说："假使我们抗战建国的胜利还需要某些时期的话，在中间，我们的读书会，至少可以起百分之二的推动作用。"

（载《五月特刊》1939年特刊）

怎样组织读书会

楠

(一) 读书会的建立和作用

我们青年生在这民族革命的时代，抗战的胜利，新中国的建立，都需要我们努力去争取。十八个月抗战中，无数青年早已英勇地负起了这艰苦光荣的任务。为了完成这一任务，我们不仅对于世界的现势，抗战胜利的条件，青年在抗战中的地位和作用，应求深刻的了解，而且对于克服困难，完成抗战建国大业的具体方法，尤需加以不断的学习，切实深刻的研究。同时，自抗战展开以来，我们的无数的教育机关，不是被敌人的飞机炸毁，便是被敌人的大炮轰坏，成千成万的青年失学。广大失学的青年，要增进自己的学识，也只有从事自学或进行集体的学习——组织读书会。这是今日各地读书会得以广大发展的客观条件。

在这种条件下建立起来的读书会，其作用第一是失学青年的学校；第二是学习和实践合一的地方；第三是团结青年，教育青年，训练青年发挥抗战力量的最好的方法。

第一，失学青年的学校。随着抗战的持久性，战区渐渐扩大，战线日益延长，敌人在沦陷区域的屠杀政策，迫使青年向外流浪；同时后方经济受了战争影响，青年无法受学校教育，彷徨街头，流离失所，富于热情和求知欲望的爱国青年，受着责任心的驱使，都想找一学习和工作的机会。读书会的作用就在于使失学青年可以组织起来，一面可以补救不能入学的缺憾，一面又可收集体研究的效果。

第二，读书会是学习和实践合一的地方。青年中间存在着的读书与工作、理论与实践的问题，抗战以后，不但没有解决，反而更加深刻化了，青年为着这个问题苦闷着，既不能放弃工作，又不愿丢掉书本。时至今天，有些青年虽已在原则上了解理论，但还是不能切实的实行。读书会是用最灵活的方法，把实践与理论适当的配合起来，使加入的人不但可以求得知识，而且可以应用于实际行动，求得知识更高度的发展。

第三，是团结青年、教育青年发挥抗战力量的方法。读书会和其他救亡团体一样，是团结青年、教育青年的地方，而它的特点在于团结的是一些有知识的青年。知识青年较之一般文化水准落后的青年，作用更大，所以读书会的青年，不但可以读书，还可以做好抗战工作，帮助政府组织宣传民众。

（二）怎样进行读书和讨论

1. 时事分析。这是每一个读书会必要的工作，无论开什么会，都应当对于国内外时事作相当的讨论，正确地了解每一事件的前因后果和发展动向。时事分析的方法，可于上次开会时推定下次开会时报告人，于每次开会前用一刻至两刻钟进行讨论。首先由报告人报告几天来的国内外情势、战局的发展等，然后再由大家补充讨论，做一结论。在两三次读书会以后，可开一次专门讨论时事的会，把这一段时期当中的时事，作一详细的分析。例如发生了什么新的事件，这事件的原因、发展、前途等。读书会的工作中，时事分析是顶重要的一项。

2. 确定中心问题。进行读书以前，必须确定研究的中心问题，根据这问题选择参考书，并拟定一定的计划，限定研究的日期，并根据研究的问题和日期拟具大纲，发给全体参加者预先准备。要是指定一参考书而以它为标准时，也可以依照书的目次章节讨论，不另拟大纲。

3. 笔记。笔记的方法很多，其作用主要的是帮助记忆，其次可以使问题系统化，便于应用。初次读理论书的人最好是作笔记。笔记可以分摘录、提纲、批评、感想等，按照大纲或书本笔记都可以。笔记要按期检查，互相交换和批评。要是没有工夫笔记，可用颜色笔在书的重要处画上各种各样的符号，使之成为一明白的系统，便于记忆。

4. 研究和讨论。读书会普通每周开会一次或两次，开会前参加者须按照大纲或书本准备，开会时先分析时事然后进行报告。报告人依照大纲或书本，提出自己的意见和疑问，主席归纳后即请大家补充报告，讨论疑难问题，让意见充分发表后，再由报告人或主席做结论。在讨论的时候，如果发言不平均，可采取轮流方式。

在进行讨论和读书时必须采取灵活的方式，不要犯机械的毛病，要看参加者的知识程度、兴趣高低、切身需要、具体环境以及整个抗战形势来决定讨论的问题和方法，才能收到集体读书的效果。

一个读书会如果人多，可以划成无数的小组，分别读书，读书的方法和以上谈的相同。小组是最好学习的地方，因为人少有充分的时间，初次过集体生活的人参加进去，不会感受压迫的空气，几个人混熟了，很坦白的讨论和批评，收到的成效更大。

(三) 要注意几个问题

读书会不单是读书，还应该做其它工作。抗战时期的读书会，首先应该注重抗战工作，应该注意着如何使所学的东西与实际工作联系，应该尽量发动会员做宣传工作、组织工作，直接参加抗战，使每个会员不单只从书本上学习，而且从实践中学习。

其次是注意会员的生活问题，青年的天性是热情的、勇敢的、纯洁的、爱玩的，如果只是读书读书，毫不管生活的问题，会使会员感到疲倦、死板和干燥，读书会在读政治、经济、抗战常识等书而外，还应当注意到一切社会的问题，如职业问题、经济问题、家庭问题、婚姻问题、健康问题等。不仅教育青年去工作，还应教育青年生活，使青年懂得如何生活。

最后，不要忘记学习写作。文字在今天是宣传的工具，文字宣传在抗敌宣传中占着很重要的一环。读书会应训练会员写的本领，使会员能够把自己学得的东西，用文字传达到民众中间去。

能够做到这样，读书会在争取抗战转入相持阶段的今天，是有着很大的价值和意义的。没有机会进学校的青年们，如果都能采用读书会这方法来学习，对于自己，对于抗战建国的事业，是有着很大的帮助的。

(载《读书月报》1939年第1卷第1期)

怎样才是真真的书业商人？

刘颐道

现在世界上无论那一个国家，文化事业都是看得很重要的。文化落伍了，国家也不会顶进步。所以我们应当使我国的文化普及起来，发展开去。

普及文化、发展文化的工作，书业商人负有很重要的责任。但试看上海四马路的书业大本营吧，各家出版的书籍，大多数是男女恋爱史、性史、武侠小说、神怪小说等，这些书店老板们却还到处自以为高尚人生，羞耻也不识！但话儿又得说回来，好的书也有些，不过不出百分之一二。只要在四马路各书店走一趟，便能证实我的话说得不错。实际上，这些恋爱和武侠小说，十九都无益于社会，更是无益于抗战。我希望看官要注意，同时希望书业的老板们，赶快改变，勿要再卖这些，而要多卖配合现实的书籍。

四马路上，实际也是几爿书店是非常前进的，像兄弟、读书生活社、新知等，它们出版的书籍，大多数都合于现代文化所要求的——发扬抗战建国，铲除封建，建设新社会。这种情形，我可以说才是真真的书业商人。希望读书诸君，买书要先看清楚，勿要买无谓的书，买了一方面对自己没有益处，他方面还白白的把钱送给人家。

（载《新知十日刊》1939 年第 3 卷第 1 期）

一个译者的意见

白　樱

偶然翻翻最近出版书籍的目录，不禁注意到出版界方面一种可注意的现象：那翻译的作品大有凌驾乎一般创作作品以上的趋势。单就分量言，那么写作的东西无疑仍居多数，但就质量和对于读者的号召能力言，译品的东西在比例上确乎占着压倒的优势。

拿上海的情形言，最近期内出版方面的最大功绩之一，当推《鲁迅全集》的出版。但同时在翻译方面也出现了《列宁全集》和全译本的《资本论》，可是在新的创作方面，我们迄今为止，还没有见过十分有力量的作品（不论属于那一方面性质的）。但在翻译作品方面，却出现了相当多的足以号召一大部分读者的东西。除前举的《列宁全集》、《资本论》外，一年来出版的比较有名的译作尚有《西行漫记》、《续西行漫记》、《日本向全世界挑战》、《日本在中国的赌博》、《新生的中国》、《日本的间谍》、《日军在华暴行录》、《红前线》、《苏联新宪法》、《中国为自由的斗争》、《新中国印象记》以及最近出版的赛珍珠的《爱国者》，和随《欧洲之内幕》后现正由一辈人在赶译中的《亚洲之内幕》等等。而且在预告中以及笔者个人所晓得有人在翻译中的东西，更有七八种之多。

翻译界的这种“景气”的现象，就好的一面言，则介绍外人的观点思想，以作自国文化工作的一个借鉴，原是一件很可喜的现象，我们决不能够嫌翻译的东西太多了。其实比起日本来，我们的介绍工作还是望尘莫及，虽然目前日本的情形，就介绍工作的质的方面言，是远不及我们的。

但这里我们应该反省的是，何以外国的作者偏偏写了如许关于最近中国问题的作品（或中日问题及远东问题），而我们自国的作者却反没有那样的成绩足以示人？一个外国记者来到中国观察一二年后，回国就出版了关于中国问题的书，照理说，比外国记者有更多方便的中国记者，理应有更好的成绩，可是实际上虽不能说绝对没有，但有价值作品问世的，却是少数中的少数。

例如像《爱国者》那种小说，中国的文艺作者中决不是没有人能够写，我个人甚至深信如果由一个已有文学修养和技术的中国作家来处理同样的题材，一定能比赛珍珠写出更好的东西。

然而迄目前为止，我们还没有发见有力量的新的创作。我个人是个从事翻译工作的人，我的提出上面的问题，决不存心在责难创作家的失责。因为我晓得目前的环境有种种困难，但我不得①承认自己内心所常感到的痛苦。当我每天着手翻译一本有关中国事件的好书的时候，我心里不得不发生这样一种感想：何以这种好材料和好题材不由我们自己的作家去处理组织，却待别人写好了才再去翻过来。明明是自己的东西，却得用着别人的名义。这种现象是太伤心了！

翻译工作是有其独自存在的意义的，但一个有民族意识的翻译者，他不希望专门去翻译一些本可以由自国作者写的东西，他的主要职责并不在此。但目前从事于翻译的工作者，因客观上的情形是如此，不得不暂时搁下介绍西方文化的责任，而将外国作者搜罗去的中国问题材料重新物归原主。

我这种见解也许太浅薄偏狭了，但却出于至善至纯的动机。

（载《申报（上海版）》1939年6月16日）

对于国医出版界进一言

朱小南

沪上战前出版物，本不属少数，“八一三”而后，几完全停刊。其停刊原因，一则属于交通阻梗，发展无由；一则属于纸张价格腾贵。现今兴之国医刊物，除附属于其他报章中者不计外，独立性质发行者，先有本刊，续有《中国医药》，后有《医药周报》，均本素日之主张，作实行发皇国粹与研究学理而勉力经营者，于余个人之观念，殊觉现今国医刊物之一部分内容，太离远本来之宗旨。这不独一篇一册为然，此须向执笔诸公，进一言者也。

中国医学理论之缺乏实际，早偏玄想，已尽人皆知。西医界已痛詈臭骂于前，可不必吾切身关系者之国医本身，再加以下井落石，若是

① “得”后疑脱“不”字。

者，其趋随科学，学人时髦之意欤？抑将假人旗帜，作为自己遮羞之意欤？吾人须知国医说论之亟待革新，是国医学术之需要发皇。与夫国药之极应提倡，引新说以加证之是也。试问国外东西医学界之研究国医药者，曾发一言诅咒国医学否？学者是研究讨论态度，尤应虚怀若谷为宜；否则非有意破坏，自趋革退之途，便是偏见所在，量小如器；再非然，即是对国医学犹欠透彻之认识，以不知为知，抱好言沽誉之心耳。

若谓不加破坏，不足以言建设，则试问已破坏者，有无自深泥足之隐痛。言建设者，其收获希望为如何？固然，成功不定我辈。余以为只纸上空谈，不求实际改革，终无补于国医事实者也；否则最低限度，实有不得不言，不得不表者，亦仅可以讨论态度出之，武断曲解，肆意快心之品。吾恐将不为国医福，只是宣传国医短处，唯恐不力，更令大众之信而废弃，加陷国医于万劫不复之地，岂亦吾侪之本心？发行刊物借以宣扬国医之主旨哉？鄙人所见如是，惟恐之深而言之切，戆直之谈，想能得诸君鉴谅者也。

（载《新中医刊》1939年第10期）

一年来上海妇女读物总检讨

碧 遥

一、报纸

一年来上海始终未脱离孤岛的命运。在这种命运之下，人们当然不能希冀多的精神食粮。四马路各书坊，几于全部是以出清“八一三”以前的旧家私来维持生命，而连这旧家私，也是零零落落，残缺不全。一般人朝夕所赖以疗饥的，仅有吞吞吐吐，不能尽其辞的报纸。但报纸的任务，主要的是报道社会形相，现社会大致还是男性的舞台，妇女自易被忽略。除非十足动人的桃色事件，才易见大字登载，然而这并不是惦念女性，还是为得事件足以动人。有些报纸的销路，全靠桃色事件的渲染。因此妇女与报纸，很难发生亲密之感。

“八一三”以前的数年间，稍负声誉的大报，为时势所驱，略略顾到妇女处境的改善，颇多提出讨论，另辟一栏妇女问题周刊。《申报》的《妇女园地》，最为得风气之先，议论精确，甚得妇女的爱读。其他《时事新报》、《新闻报》及其后南下的《大公报》，都有此栏，不过对于家庭建设、妇女解放等等的讨论，有或多或少之分而已。

降至今日，孤岛的四周张着恶魔的血口，凡属解放事业，俱成忌讳，因此，以前所谈的妇女问题，几成绝响。有些报纸本身便不能在孤岛立足；有的报纸虽幸而残存，亦仅是广告主义。目前孤岛二大报，《新闻报》本就是商业关系为多，近更专注该方面，妇女问题，当然不谈。《申报》在去年双十节复刊，形式编制，与前无大差异：《自由谈》、《春秋》、《儿童周刊》等副刊，俱已恢复原样，独于《妇女园地》一栏，不令翻身问世，宁可将大量篇幅，刊载与民族解放姻缘很浅的高等的衣食住行或古典艺术的《游艺界》之类。这一现象，是反映沦陷区内，妇女在各方面受祸最惨最烈，所以尚有几分言论自由的上海租界，她亦遭到摒弃。

但是一年来上海的报章，妇女问题也不是绝对不谈：也有几种报是例外。以下想对于这种副刊，略加叙述。但即令我稍有批评，也还是善意地希望它精益求精。我以妇女的立场，绝不会对于同情妇女的刊物，含蓄恶意。当然，那种存心以妇女的血肉作号召的淫秽刊物，又是例外。

(一)《译报》。《译报》的《时代妇女》，创始于二十七年五月二日，每逢星期一出版。该刊颇能抓住现实，与时代尤其与抗战，颇能合拍。各种纪念日如“五九”、“七七”、“八一三”、“九一八”之类，都有很兴奋的文字。立论不限于恋爱、结婚、育儿等等小范围的妇女事件，而欲牵动妇女的眼光。从一身，一家，一国而看到全世界，这在原则上非常可贵：妇女不先解放眼光，决不能有解放的意识；没有解放的意识，当然不能有彻底的解放行动。不过一向看惯了才子佳人，电影明星之类的青年女性，对于这纯理论的刊物，是否完全感觉兴趣，却是可虑。固然我们是希望读者进步，但也不能勉强读者躐等，不能勉强读者从极端趣味中心的读物，一跃而接受极端议论中心的读物。《时代妇女》的前几期，议论的成分更多。比方“六六”教师节那天，这一点小篇幅之内，就有两篇议论同调的文章：一篇是教师节与妇女教育，里面的子目是教师节的产生及其意义、教师节与妇女教育的配合、怎样担负起自己岗位上的任务。而另一篇又是教师节赋予妇女界的历史的新使命，里面的子目是教师节简史、妇女界历史的新使命。这种情形，很容易使人感觉枯燥。不过《时代妇女》的后几期，编得颇为活泼，撰稿的人比较多方面。可惜后来因译报缩小篇幅，不幸的《时代妇女》，首先被腰斩了，这是孤岛妇女界的一种损失。

（二）《大美报》。《大美报》的《早茶》，时时分出篇幅，刊载妇女与家庭专辑或特辑。既是眼光注意到家庭妇女方面，那么内容比较轻松，却是情理之常。可惜它的轻松气氛太多，颇有有闲太太小姐的消遣读物之嫌。尤其因为它太超然于时间空间之外，若不是用方块字刊出，很可以当它是巴黎、纽约的东西，忽地落到了沦陷的孤岛上来。它与我们是这么地缺少切实的关系，它在这一辑里面，可以专讲家庭地狱、丈夫的十大错误、妻子的十大罪恶、时装、美容、红嘴唇、牛乳蜂蜜洗面法；而在另一辑里面，又可以专讲小姐的座右铭，比方劝小姐们少许喝点酒、抽点烟，不要和恋人到有舞女的舞场，不要因失恋而难过，因为不久便可有一批新的狩获物……虽则有时也有两篇严肃的言论，如《给孤岛上的妇女们》和《妇容论》之类，可是一则分量太少，二则立论也不全正确。比方《妇容论》，可算是它里面相当好的一篇，可是一则说“不反对女子化妆”，再则说“在现在的大时代里，一个高尚的妇女，只需要有温和、慈爱、大方、谦恭、整洁、欢悦的容”，这种说法，俨然一篇太平时代的高等（不是高尚）妇女的美容论。若说是大时代，高尚的妇女应该以勇猛斗争为美德，那么，她可以残酷地杀敌，可以尖刻地对付汉奸，可以大胆不敌地上前线，可以满身泥垢，可以怒发冲冠，用不着它所说的妇容。即退一步对家庭妇女说话，也不必如此；因为历代哲人，对于妇女的说教，比方“必敬必戒”、“和言悦色”、“温顺谦让”等等，遗下的格言已经够多，解放的大时代，不必比封建时代更添出一些来。

（三）《大英夜报》。《大英夜报》有两种妇女副刊，一是星期四出版的《现代家庭》，二是星期日出版的《妇女界》。在《现代家庭》里面，着重儿童教育、家庭经济的指导；在《妇女界》里面，着重在抗战意识、解放意识的灌输。态度倒很恳挚严肃，内容也很正确，可是我以为标题方面，还有可以商榷的地方，其中如《上海妇女“应”有的觉悟》、《现代妇女“应”摒绝脂粉》、《妇女“不应”忽略政治》……太过于带说教的气分。固然，一个既负文化使命的刊物，势不能不教育社会、启迪社会；但成人的社会非年幼的学生可比，教育的面目太显露，反而有引起反感的忧虑。至选材方面，最好是抓住社会上熟悉的事件，加以解剖分析，则既有兴趣，而理论也无意中即已消化，较之离开事实的堂堂皇皇的正论，更能影响人心。又其中文字，间或之间也有空虚落伍的意识，如《女性的年龄》那篇东西，很难看出它的意义，它似乎叫女性在年轻貌美的当儿赶紧选择对象，但这与妇女解放，实在离题太远。里面有时有很好的诗，用各种的形式，有多方面的题材，于副刊是有好处。但论文不宜过长，现在的文字，大半数都是太过长的。

（四）《生活日报》。《生活日报》的《妇女生活》，是两星期一次，星期一出版。我对这刊物因为没有窥到全豹，不敢妄作批评，仅就看到的两三期，觉得内容不够精警。那种国外妇女生活介绍、女名人列传、专家的两性观……在妇女副刊里面非不可谈，但副刊必有一个中心思想。中心思想犹如画龙点睛，没有点睛的龙，虽庞大又有何益？我以为能将此等庞杂的材料截短，再加上社会新事件的正确的看法，才不会是瞎龙，不会是没有生命的刊物。

上述四报之外，有无其他的妇女副刊，一时未能广为考察，殊为抱歉。至于浅见所及，已如上述。惟对于一般日报副刊的总希望，即在于抓住时间性。普遍的、笼统的理论，不妨让给杂志或书籍；简短的、新颖的东西，才可以使日报副刊生色。

二、杂志

孤岛除却了应有的“多”，如路上行人多，空地死人多，妓院妓女多……之外，还有一种意外的“多”，如树上乌鸦多，摊上杂志多之类。的确，现在的杂志实在多到了浪费的程度。本来，我们既不主张统制言论，当然杂志越多，越是好现象；可是现在孤岛撰稿的人力不足是事实，而纸张印油的昂贵也是事实，许许多多的杂志，若用节约救国的理论，实在可以并而为一，出版与读者方面，都将感到经济。但是孤岛的杂志虽多，各摊头花花绿绿的妇女封面虽杂，究其实真正可供妇女读的，为数极少。那些利用妇女的面貌做广告的刊物，不但不谈妇女问题，而且实得其反，它是以侮辱女性、戏弄女性为主题，是对男性“诲淫”的东西，是沦陷区内帮助敌人摧残民气的毒物。上海成为孤岛以来，这类的刊物特别多，是因为这类害群之马，利用环境，更逞出其害群的兽性。

一年来孤岛真正的妇女杂志，除却本刊而外，仅发见一种《孤岛妇女》半月刊。《孤岛妇女》我只见到三期，以后似已中辍。该刊中心思想，也是要将妇女眼光，引导到政治外交国际的大舞台方面，而不斤斤于琐屑细事。至于游戏文章、轻狂文章，可以说没有一篇。可是又是说道气味太浓，板板六十四，连篇的《孤岛妇女与节约运动》、《孤岛妇女应有的觉悟》、《孤岛妇女今后的动向》、《孤岛妇女应有的醒觉》……这种重重叠叠的教言，老实说颇易使得人头痛，倘使今后再继续出版的话，深望有一番改革。从标题以至内容，陈腐的滥调，最好减去其十之四五。尤其大题目、小文章的毛病，最好能减去其十之七八。

另有一种《现代家庭》月刊，历史已相当长，已出到二卷六期。抱歉的是我对该刊并没有买齐，原因是起初我见到了一期，因为封面这么鲜艳，广告这么丰富，当它是集体广告的东西。等到元旦写本文时再往搜集，只搜到最近的两期。对于该刊我没有甚么可说，因为它如果真真仅负广告的使命，能够这样轻描淡写，不以肉麻当有趣，已经很可感谢。不过它倘使更负一点文化的使命，它的销路，不见得会有损失。家庭妇女，并不是个个仅以家事为满足，而不愿再得一点新知识 。

还有一种《家庭》，印刷纸张都很漂亮，乃是一种广告库。它的售价不低而仍有销路，足见一般人不敢创办家庭妇女刊物是胆怯，家庭妇女，是在觅取她们的精神食粮。

其他的妇女月刊，大致是有闲阶级的求爱术、御夫术之类，近来很少看见，故略而不述。

三、书籍

说到书籍方面，真叫人可气。上海的大出版家，某些地方比馄饨汤圆店更没见识。这儿如林的吃食店，他们明知原料贵、房租贵、开销大；他们并不打算眼前，照旧开业。而大出版家则必一分一毫，算到自己糊涂的地步，一本书不敢出，弄成半僵的状态。其实孤岛人士并不是绝对不看书，并不是绝对没有购书力，试看四马路一带的小书店，这半年来新出的新旧小说，生意多么兴盛！他们把《三国志》、《水浒》、《人猿泰山》、《野人记》……印了又印，翻了又翻。只因大书店没有书籍供他们推销，他们便只得粗制滥造一批廉价的东西贩卖。四马路给变成红红绿绿，封建神怪小说的丛薮，各大书店不能将责任完全推给环境的。

各书店守着这种僵化态度，最被人忽视的妇女问题的书籍，更是缺如。去年一年中走遍四马路，仅找到两三册东西：一册是《国际妇女动态》，译报社出版，内容有如书名所示，是苏联、西班牙、日本、德国以及中国各地妇女最近的消息。将德日的妇女与其他数国比较，显见得她们现在是处于被动，毫没雄赳赳的光荣。一册是《唯物恋爱观》，生活书店发行，内容是分析各时代妇女地位低落的原因和实际状况，以及新兴的苏联妇女生活的改善。这和倍倍尔的《妇人论》、柯伦泰的《新妇人论》同一性质，所不同的是里面引征的材料，非常丰富且富趣味，有诗、有画、有故事，不像倍倍尔书中之多枯燥的数目字和表解，读起来津津有味，可算是去年妇女读物中的一粒明珠。此外还有一册《论妇女、女工和农妇》，中国出版社发行。虽仅薄薄的二十几页，却因是节录列宁的言论，等于一册妇女解放的格言，很有它的重要性。

昨晚写完了上面的一段，今早一个青年朋友来拜年，他对我发表意见，以为男性从没有要求男性读物，刊行男人杂志，而妇女必得如此做，未免见笑大方。我的小孩听了这话，非常赞同。的确，人类间男女两性处处是共同合作，为甚么在读物上女性要特别划出一条鸿沟？可是我有一个比方：进步的欧美人士，已经产生了很完善的世界史、世界地理，为什么我们中国翻译了那些大著之外，还要编一些中国史地、甲午战史、国耻史地之类的东西？岂不也见笑大方？历年事实已经造成了人类间的不平，被压迫者所要求的精神食粮，也和他们生活着的物质食粮一样，应该是另一种东西。现今充塞了出版界的政治、法律、医药等等书籍，那一种不是男性的读物？妇女有几人能读？男性既已包括了整个的出版界，他何需乎再有特殊男性的读物？男性对女性是站在压迫者的地位，他何需乎特殊的两性解放的理论？这本是极浅近的知识，毋须向读者说明，所以附带地写在这儿，聊以表彰出版界遗忘二万万女同胞的罪过。抗战的巨轮将碾碎一切不合理的东西，以后的出版界，想将以平等的眼光，注意到妇女的读物；即在这一块阴森的孤岛，新年的现象也许要胜似旧年。

（载《上海妇女》1939 年第 2 卷第 6 期）

妇女大众读物问题

黄芝岗

关于中国妇女大众读物问题，一般人都以为并不值得重视，因为，能识字的中国妇女既不属于下层民众，一般下层妇女大众又大都连写字计账都依赖男子，所以，如果要谈到中国妇女大众读物问题，还不如先谈到中国妇女大众识字问题。

然而，事情并不如此简单。妇女下层大众虽不能用她们的眼看她们的读物，但却能够用她们的耳听她们的读物。她们常利用能识字的男子的口做读物的传达器，像说一个故事，讲一段演义，唱一本《香山记》，或是叫弹琵琶的盲人弹唱。所以，乡下的女人虽然不能识字看书，她们也自有她们的“春秋”，像梁山伯祝英台的故事，董永和七仙姑爱上了的故事，差不多她们每人都能够源源本本地说出来。

再像市民层的妇女大众，她们也大都以耳代目。都市的说书场是她们常去消遣的地方，有许多太太们还有时叫一个盲人唱几天弹词，像《燕双飞》、《再生缘》、《天雨花》之类的书便成了她们每个人日常爱听的读物。

市民层妇女大众能认识几个字的，每天的时光有许多消耗在闲书里面，最爱读的闲书依旧是《燕双飞》、《再生缘》、《天雨花》之类，其次是《红楼梦》及其他的演义书。她们每天大部分的时间都剥着瓜子，抱着水烟袋，看着闲书，过着优裕的寄生生活。

妇女大众爱读的书是寄生生活的最好读本，它们的内容最适于妇女们的幻想，而成为她们的人生观。像一个妓女的心坎上悬着一个“玉堂春”和“王三公子”的故事，她最大的期望是找一个知心人从良享福，白头偕老；再像一个女郎，心坎上悬着一个梁山伯祝英台的故事，她最大的期望是男才女貌，指天誓日；或者心坎上悬着一个林黛玉的故事，期望痴心的享用，工愁善病的习练等等。

《燕双飞》、《再生缘》、《天雨花》之类的弹词书有一种公式，书中的男主人大都是文武全才，最初是吟诗作赋，弹棋弄笛，件件皆精，因此而得中高科，以后是番邦造反，他又挂了元帅，用奇计胜敌之后，官封王位了；这男子的妻子很多，有的是宰相家的小姐，有的是宫主，有的是掳回来的番邦宫主。她们，或是有文才的，或是能武艺的，或是有良好的德行的，她们同在一个男子的下面过很和睦的日子，于是，生男育女，后福无穷。这样构成了妇女大众的幻想之网，而使一般妇女大众一刻也离它们不开。

但在这样冠冕堂皇的结构之下，也来一些礼教下面的钩心斗角。这里，有的是妇女们狭隘嫉妒的训练和家庭里所要忍耐的种种规矩，这些都最适合于妇女们的心理，于是一般妇女尤其是妇女中的长辈，都寝处于同性征服的技巧之下。

这无疑的是一些毒素，从封建社会所传来的毒素，蔓延在妇女大众读物每一行每一字的中间，比普通的民众读物来的更普遍。这是因为妇女大众读物比普通的民众读物内容更来得单纯，种类更来得统一，封建的毒素更来得浓厚的原故。

就中像花木兰的故事，对妇女大众抗战精神的提高是很有用的。但在“东市买骏马，西市买鞍鞯”之后一定要来一个“脱我战时袍，着我旧时裳”。弹词中的另一种公式，是书中女主人的文武全才，她最初一样是吟诗作赋，弹棋弄笛，件件皆精，因此而高中女状元，或是扮作男子而得高科，以后是挂女元帅或男扮的女元帅征番，她的男子却做了她的属员，这并不是提高女权，因为到了最后，她仍是她男子的最驯顺的妻子。

演义书中像十三妹这样一个生龙活虎的女性，却由安龙媒的父亲摆布得服服帖帖，做了安龙媒的好妻子，将女性的活力都葬送在酸溜溜的封建的水里，花木兰在妇女大众读物中也逃不出十三妹的宿命论的。

这是一座坚城，新的妇女大众读物要是攻城的云梯，它最先要尽它这重要的使命。因为妇女大众的旧读物有它的整齐的阵容和相当多的数量，同时它又为一般妇女大众所爱好，这不是少量的新的妇女大众读物所能取而代之的。而且新的妇女大众读物必更为一般妇女大众爱好，然后能取旧读物而代之。

新的妇女大众读物，和一般妇女大众所熟知的读物不能距离太远，因此有运用旧形式的一种主张。妇女大众的守旧性是牢不可破的，像她们对一切旧习俗、旧信仰的保守便可以看出她们是怎样的顽梗，所以，新的妇女大众读物是更当运用旧形式的。而且，旧形式的运用也并非很复杂的问题，这里的旧形式，最大部分是指弹词而言，因为弹词的旧形式对妇女大众实在是习惯得太深了。

除了运用旧形式还当运用旧内容，像写花木兰太注重故事后的一段便会写成十三妹，十三妹只注重故事的前一段便自然会写成花木兰。妇女大众读物的内容是不能不含有多少的浪漫性的，一个好的结局，一个有能力的书中主人，在新的妇女大众读物里并不是可疵议的地方，而且最好是将旧的故事资料改变成抗战的新的资料。

像《燕双飞》、《再生缘》、《天雨花》之类的弹词书，是只适宜于最有闲的市民层妇女大众们的。它们在妇女大众读物里虽占了相当的重要位置，但不如《香山记》、《梁山伯》、《瓦车篷》之类的唱本能普及于农村的下层妇女。所以妇女大众读物的旧形式运用，是应当以唱本的弹词体为主，以短简的故事、真实的记叙、一个地方风俗习惯的注重来烘托出它的力量来的。

妇女大众读物的普及，不能不大量利用它的媒介物，那便是唱弹词的人们的盲养成，使一般不识字的妇女因此而以耳代目，读到她们所需要读的任何读物。同时，更应当提倡妇女识字运动与妇女大众读物相辅而行，因为妇女们以耳代目不过是当前无法解决读书技能的一种方便的办法罢了。

（载《战时教育》1939 年第 3 卷第 12 期）

谈谈通俗读物

陈福熙

抗战以前，书报杂志，向为知识阶级层的特殊享受。真正的广大的下层群众，太缺乏精神粮食。知识的贫荒，是造成"愚"、"弱"的最大原因。在抗战后，虽然一般"文化人"和所谓救亡工作者，注意到通俗读物的严重，高唱"文化下乡"，但只是高唱，文化始终没有下乡。自然由于文化水准的低落、购买力的薄弱、交通的不发达、编辑上的不得法，通俗读物之被大众扬弃，也是意料中的事了。

现今的通俗读物，还未做到通俗；试问现在一般通俗读物里的文字，是不是个个都能看得懂呢？是不是每个人都买得起呢？是不是各乡各镇都有得买呢？这都是问题，而且都是事实。我们既然知道不是每个人看得懂，每个人买得起，每个地方可以买得到的，为什么尽是印出来呢？

我们的读物底对象，既是大众的，一般的，那么我们就得尽量的通俗。根据事实来说：中国人分为三种：一是完全不识字的；二是粗通文字的；三是学问很好的。这三种人里，任何一种读物，无论做到怎么样通俗，对于完全不识字的人，根本无法通俗起来的。所以，我们所谓通俗读物，除了第三种人不愿接受外，仅供第二种人。第二种人可以包括的，大概是商人、小学生及一小部分的工人、士兵而已。

为了适合读者，获得普遍的、更大的效力，我们至少要做到：

（一）全书印成一大张，折叠成书，不用装钉。平时可当作一册书，有时可张贴热闹街头或民众壁报处，可作“壁报”用。

（二）文字以浅显白话为主，字数力求简少，数十字至五六百字为度。

（三）均用四号铅字排印，予老少读者不损目力，且张贴时，亦以字大较宜。

（四）每期多刊图画，略加简单说明，使读者“看图认字”、“看图会意”，图画能以套色更佳。

（五）可登“连环图画”，插绘抗战故事，可作小学生图画范本。

（六）利用旧剧、民歌、谜语以及一切民俗文学，俾“旧瓶装新酒”，放进抗战民族意识，既通俗又合读者嗜好。

（七）不用生字、术语、成语、僻典、欧化文句……宜俗不求雅，宜自然不需雕琢。

（八）改少篇幅，而使月刊改为半月刊，半月刊改旬刊，旬刊改周刊，周刊改三日刊、二日刊，最好每日出版，印数尽量增加。

（九）每期另售价格，勿超过一分钱为原则。

（十）组织“读者网”、“各地分销处”，彼此取得联系。

（十一）每期寄赠若干份，委托各县民教馆、政治工作队、流动剧队、流动施教队、抗日自卫会、学校宣传队，分头带往各地乡村。

（十二）托各县负责主管机关，于有机会时，（如召开保民大会、壮丁集训……）将该刊物分送乡保长，嘱为挨户递阅或张贴。

（十三）托各地大小书店代售。

（十四）呈请教育厅（或教部）准为民众学校、短期小学、流动施教队、村塾之教本或课外读物。

（十五）各地附小、县小、私小学生，于经济不妨碍时，令学生订购。

（十六）请党政机关津贴，不求赚钱，只要销路广。

上面十六点，是我平时感到的，拉杂写来，挂一漏万，但“抛砖引玉”，若能对于通俗读物的编辑、内容、印刷、推销、性质各方面再加缜密的商讨，或者对于以后的通俗读物有所裨益吧？我想。

陈先生提出的意见是很对的，就如本刊，其实早也注意到这几点，只是实际的困难确乎也太多，往往弄得我们是“力不从心”的。但是本刊，总要照着这几点来努力，相信将来总能做到的。同时，更希望努力于通俗读物的，大家都能够这样的干一下。编者。

（载《一条心》1939 年第 1 卷第 9 期）

通俗读物的推广问题

张天翼

××先生：

手示奉悉。

关于通俗读物的封面，我主张不用太漂亮，不用画小胡子的希脱勒，不用画“侵略者的铁蹄”之类，并且画起日本军阀来，也不必非叫他戴一副眼镜不可。因为这些漫画，一般文化水准较低的老百姓看不懂。图案字即使要写，我以为也得写得老实些。不要叫老百姓去猜谜才好。（有时我看见一些图案字，简直不认识那是些什么字，猜了老半天，才猜出一个大概，还不知道有没有猜错。）

当然，“通俗”最大的敌人是“庸俗”，我们应当时时刻刻记得，“通俗化”的目标足使一般老百姓能满足“精神上的食欲”，使文化水准提高，也就是他们能够渐渐地去读比“通俗”更高的读物。“通俗化”的目的是为了要取消“通俗化”。当然，我们的最大任务是将通俗读物的品质提高。但这“提高”，我们不能只在封面上用功夫。尤其是目前——封面一雅，读者就望而却步了。

我们十分希望每个士兵、每个苦力、每个农夫，都能够去看那些画着戴眼镜的日本军阀的东西。但要做到这一步，我们要做许多许多艰苦的工作才行。而这工作的第一步，就是要设法引他们来读，就是要设法使他们了解，设法去合他们的口味。也就是，先不要急于去画戴眼镜的日本军阀之类，否则，即使书里面所写的真正是道地通俗的东西，他们也不愿意打开来看。封面对他们简直是一扇门，必须把这扇门好好打开。应当画得很明显，很具体，不用象征的东西（画一条虫子爬上中国地图，一般老百姓也是不能了解的）。最好是弄得“土气”一点，让人家一看，就知道这是他们的读物。

其次，来信谓所出的通俗读物交由书店发行，现已交涉妥没有？除由这书店发行之外，另有其他发行路线否？

××书店来发行，这还是不够的。这些书店，虽然在许多地方有分销处，销售了许多新书什么，但谈到通俗读物，则通俗读物的真正的读者不会跑进这些书店里去，他们没有这习惯。他们觉得凡是这些书店里所摆着的，没有一本是他们的读物。他们要买书的话，就只是去找大街旁边的地摊。如果我们的通俗读物要能够很容易地流入他们手里，那一定要设法打通一条路线，把这书放在地摊上去兜售，跟那些《十八摸》、《大补缸》之类陈列在一起。我认为这一条发行路线该是主要的，由大书店去经售是次要的。后者的用处，至多不过是可以让我们的同行去买来做参考，做讨论通俗问题时的材料而已。（附带在这里提起一下：说是由大书店经售可以给小学生看，一书两用，我以为最好请通俗读物不要兼差。儿童读物应该是另外一种东西。儿童兴味不同，了解的程度也不同。让通俗读物兼给他们读，这是不合适的。已经有了《表》、《文件》、《人和出》① 这种标准的，而他们可以接受了，为什么还要他们去看《渔鼓》、《新十八摸》之类呢？）

我们这部分的文化工作，要是做得切实有耐心，将来会有许多我们的士兵、工人、农夫在那些大书店里跑进跑出的。然而目前，我们不得不顾到目前的事实，不得不把他们能读的书放到地摊上去。

又，所出的这些唱本之类，有没有人唱演过？这个，我以为也是推广的工作之一，使认识字的听了想去找来看，找来唱，而使不识字的可

---

① 原文如此，疑有误。

以听懂。是否能找到这样的路线？最好是当地的教育机关（教育局、民众教育馆、民众学校）能够援助，去找些打渔鼓的，说书的，在茶店里或街头唱给人听。当地人如有这路线的，也请他们来参加这一工作。

我认为设法找人唱、演、讲，实在是万分必要的。通俗读物的写作、出版只是第一步工作，而这，是第二步工作。

以上是根据我所看到的目前的事实，而拉拉杂杂说了一些意见。总之，通俗读物总要设法打进真正的读者手里才好，否则，费了这许多人力，只是制成一种文化点缀品、装饰品了。先生以为如何？

敬祝

张天翼上

（载《中苏》1939 年第 3 卷第 1 期）

略论民众读物

程子香

在抗战进入到更艰苦的阶段，积极从事动员民众的今日，民众读物的重要性是不言可喻的。动员民众的诸方式里面，欲使其全部接受由觉醒而起来作抗战的行动，莫好通过于读物的关系，因为它是将被消化的，所给予的印象特别深刻的缘故。

教育部亦以民众读物为实施社会教育的重要工具。自民国二十五年十二月起，开始着手于有计划的编审工作，当时并拟定民众读物编辑办法要项数则，于常识文库得自编及征求稿九十七种，经审查采用者五十五种；于连环图画除就市上流行数百种加以审查外，得自编及征求稿二十八种，经审查采用者十三种；于民众文艺除就市上流行旧读物加以审查外，并得自编及征稿十三种，经审查采用者八种。现为适应当前的需要起见，复增编非常时期民众读物一类，以激发民族的意识，坚定抗战的意志，并补充战时的知识。自二十六年九月至最近得自编稿四十五种，本年四月以后，并于登记合格之战区专科以上学校教员中指定若干人临时担任民众读物编审工作，计编有民众常识文库四十五种，连环图书四种。总计两年之间，除购求市上读物审查不计外，得自编稿及征求稿凡二百三十二种，经审查采用者一百七十种，由此可以知道重视民众读物的所在了。

但我们也不必讳言我们中国的民众的动员比较困难，到现在还有大部分的民众沉沉睡着。这问题就落到民众教育的上面，因此我们也不必讳言过去民众教育的进展的迂缓，与民众读物的内容形式亦随之而被疏忽。我们可以说民众读物不但是民众的文化食粮，而且是民众教育的灵魂。要是民众读物缺乏，或数量虽然可观而编著不良，这就不免大大影响了民众教育本身的开展，同时也促成了民众文化食粮的饥荒。固然民众教育也是多方面的，民众文化食粮的供给也并不限于文字，（不识字的人看图画，听演唱，也都引起了兴趣，也都会接受其教育作用的。）而读物却宜为其主体无疑。过去民众读物的内容与民众的生活距离太远，直接间接不能转移民众的思想、情操和习惯，复欠缺于国际大势的介绍与政治经济知识的灌输，尤其是对于日本帝国主义者的大陆政策的认识，就无所裨益于实际，而致有今日动员民众的困难的感觉了。

但我们要从失败中求成功，我们应根据过去的这一严重的教训，来迅速地把作风加以改变，纠正已往的错误，以适应当前的急需。因此，在目前编制民众读物，至少须做到下列各点：

甲、内容方面

一、揭示日本帝国主义者全部狰狞的阴谋面目，使民众认清当前最大的国际敌人是谁，有没有和它妥协的余地，要怎样才能争取最后胜利，才能建立光明自由的新中国。

二、具体地报告日寇各种惨酷的蹂躏事实，以激发其敌忾同仇的情绪，并加强其为民族国家复仇的决心。

三、叙述国家与人民之间密切的连系，使明了二者绝不可分，与人民对国家不可推诿的应尽之义务。

四、使明了其本身生活与抗战之关系，献身中华民族争取独立自由的抗战即是为自身争取福利。

五、列示敌我双方国力的比较，使从而清楚我们所采取的战略为什么是持久的消耗战及其必要性。

六、解析国际现势及其对于敌我的利害关系，用以更坚定其抗战必胜、建国必成的信念。

七、战讯及其他国内外时事的报导。

八、游击战术各项知识的注入。

九、防空防毒常识的注入。

辅助读物内容的，是游击战术与防空防毒等各项演习，尤其是播音教育的推行。

乙、形式方面

一、文字务求浅显通俗，当用日常的字眼写作，竭力避免术语，文体必须语体，使一看就明白，一听就懂得。

二、必要而且可能之时，亦无妨酌用方言。

三、尽量利用旧形式，但以不致影响新内容为前提，如曲调之类，使易于接受，随口可唱。

四、印刷宜清晰，最好能附以彩色插图，以补文字之不足，并引起与增加其兴趣。

五、篇幅及装订，须注意携带之便利。

六、定价务求低廉，冀能人手一纸，扩大其效能。

（载《战时萧山》1939年第2期）

民众读物的一般问题

——第一次民众读物编审委员会讲词

许崇清

今晚得与列位同志在此相聚，确是极其欣幸的：尤其在干戈漂泊中！列位同志有的是久仰高名而从未谋面的，也有虽曾会过，而未畅谈过的，还有的是违教了许久的，今晚都得在此相聚，确是一个难逢的际会。而且此次我们的民众读物编审委员会所以能得成立，又是出于列位同志的一番美意，作成我们，使我们可以多开一条途径去教育民众，使民众可以多得点方便去自己修养，这在崇清就更添加了一重的欣幸。不但是为自己得与列位同志相见，为自己得到列位同志的作成，而且为一般民众，为抗战建国的前程，也是不胜欣幸的；所以崇清在开始谈话以前，就先要向列位同志略表感谢的微忱。

讲到民众读物的编审，编和审，虽是两件事，然而指导原则却是一样的，编是自己写，审是看人家写的。自己写，要民众看得懂，看了得到益处；看人家写的，也要民众看得懂，看了得到益处。走的路虽是两条，归结只是一点：要民众看得懂，看了得到益处。固然，我们写的还要民众爱看，然而也先要懂得，看了不懂，莫名其妙的东西，那个爱看？所以今晚我们要提出来和列位同志商讨的，第一我以为，就应该是我们所写的如何才能使民众看得懂这个问题，这个问题当然包括用字、措词、造句等等许多问题在内的。

但是我们写的民众看得懂，而且爱看，也不一定就可以使民众看了得到益处。坊间许多读物，甚至猥亵不堪，或则充满反动的气分，或则牛鬼蛇神、奇离古怪的，也许是民众所爱看的，这样的读物，不但无益，而且有害；所以我们其次就应该谈到如何使民众都得到益处？得些什么益处？如何使民众看得懂，是方法的问题；如何使民众看了得到益处，得些什么益处，是内容和目的的问题。这当然一面要参酌民众的需要，或民众的现实生活中的复杂的情势去解决的。民众感不到需要，以致不能接受的内容，或民众现实生活碍于种种复杂的情势以致无力贯彻的目的，即使我们写的他们看得懂，总觉得是扞格不相入，或搔不着痒处。在他们的心情里就连一点儿微绉也挑弄不起，更无从而使他们受到感动得到益处。一面我们还要着眼到抗战建国的大目标。我们要达到这个目标，我们要使民众具备些什么修养，我们用读物可以传授的知识、技能，可以启发的情操、志趣，甚么是有益于抗战建国的前程的，我们都要详细辨析出来。这样，我们一面顾到民众的需要和他们的境遇，一面顾到民众对于抗战建国所能担当的任务，所能贡献的力量，我们才能定出一套适合民众的趣味，使民众看了可以得到益处的内容纲要来的。定出了一套内容纲要，才可以有所据而用完善的方法去编成各种有效的读物。

其余印刷问题，推行问题，我们也应该讨论到，尤其在这个交通梗阻的时节，我们所编成印好了的那些读物，如何才能达到民众去。这个问题的重要，是不亚于编审问题的。近来颇流行的所谓下乡（入伍）的口号，所表的不过是对于读物推行的一个要求而已，口号只管喊的震天价响，然而读物自己是走不下乡里去，走不入队伍去的，是要我们设法把它推行出去的。至于印刷，我们应该用甚么字体？用几号字？用单册，或也可以参用复册？或径直用单页？册子要用多少开本大？厚薄如何？都要考虑周全的。

以上所提出的只是关于民众读物的编审、印刷和推行的许多问题的极粗浅的一个轮廓，将来在各分组里必定还有详细的研究。不过这是我们初次的集会，我很想列位同志在一个短时间里，把各方面的问题都可以概略的展望一下，所以不顾粗浅就玩一手抛砖引玉的把戏，供给列位同志一点资料。列位同志对于此道，都是素有研究的，希望多多的指导！

（载《广东教育战时通讯》1939 年第 9 期）

怎样写民众读物（上）

老　向

民众读物怎样写法，很不容易说，先谈谈民众读物不怎样写吧。

一、不宜滥用的词类

单说那一类词不宜用在民众读物里，几乎是举不出例子来的。不过有些词类在用时，必须仔细审查它的来源和意义，应避忌的最好避忌。

第一，是敌人创造的词类，例如，敌人自称他的军队叫“皇军”，我们只有称他为“敌军”、“寇军”或“倭寇”了，不能称呼之曰“皇军”。但有时我们会用轻蔑的写法，把皇军二字加上引号成“皇军”。这与“所谓皇军”的意义相同，在知识分子一看就明白这是对敌人不敬的用法，但在民众看来便只剩下“皇军”。在唱本中，皇军须加引号，可是没法子把引号唱出来，所以最好避忌；不过在给民众解释“皇军是什么东西”的文句中，又当别论。

又如敌人妄称“扫荡我游击队”，在同一意义下，“扫荡”一词我们不能用，因为“扫荡”是“以正对邪”的字眼，如“扫荡倭寇”则可，不能如报纸上所谓“敌人扫荡计划失败”的用法。

这不过是举例罢了，敌人乱创造了不少的词类，一不留神，便会上当。我写的《募寒衣》那篇大鼓词中有两句是“明朝末年闹流寇，又有满洲扰乱边疆”，已经演唱了，才发见“满洲”字样是敌人乐用的，我们在这些地方不宜用。现在流行的文字中，袭用敌人所造的词类很多，用时务须注意。

第二，讲不通又不通俗的词类不宜用。例如“干”本来有“才干”与“能干”等解，可是用在“干军界”或“干政界”，以至于“杀了他”也说“干了他”，虽系口语，并不通俗，似乎没有提倡的必要。

第三，过于粗野的骂词不宜用。“文如其人”，本来写一个粗人是不妨描摹他的语言的。但为了教育，许多怪模样的骂词不宜提倡。特别是关于“性”的骂词，口语里特多，在骂人的艺术里似乎都没有位置。

第四，我们称敌人曰“鬼子”、“鬼子兵”或称为“鬼兵”，在民众读物里似乎须要更正，因为乡下人把所有的外国人都称“鬼子”或“洋鬼子”。在旧小说中“天兵天将”或“神将鬼兵”又是深入人心的。若是称敌人为“贼”、为“寇”是没有毛病的，以日本代表“东洋”称之曰“东洋鬼子”，我们已经是吃亏了。

以上是就新编民众读物及报章上习见的词类，加以用法不妥的说明，其余的要说那个词可用或不可用，还需要“因文而定”。

二、不宜有消极伤感的描写

中国人爱和平成了天性。遇上这空前的国难，人人有“山河之感”；加以城市的焚毁、同胞的流离、战士的伤亡，随时随地都容易令人凄然下泪，原是事实。但是对民众所写的读物，却不便带有丝毫伤感的气息，因为伤感的结果流为“非战”，又是很自然的。还有消极的句子也要避免，例如：“我国的飞机大炮虽然不及敌人的利害，但是……”在“但是”以上是个肯定的语气，民众先得了印象，“但是”以下再用力去转换民众的印象是费力不讨好。民众若始终保有“我们的武器不如敌人”这个观念，于宣传的本旨相违背且不说，在长期抗战的结果，事实上“我们的一切，未必不胜过敌人”。

又如向民众宣传兵役制度，不便把征兵制的利与弊两方面都说出来。在学术的研究上，当然一种制度有利也许有弊，在向民众推行兵役制度的时候，假如利弊都说，其效果正负相消最大等于零。古人说“民可使由之，不可使知之”，在许多情形之下是不错的。

又如利用民间“烈女”的观念，写一家三个姑娘不甘敌人污辱，一齐投河自尽，本来可以博得许多人的赞叹，但总归“徒死无益”过于消极，不如浦东许氏为夫报仇来的更壮烈、更可风。

总之，民众对于读物不得印象则已，得了之后就不容易更正，这是写作家时刻都应该想到的。

三、不宜有过于残忍的描写

敌人残忍好杀成了天性，我们绝不愿我大中华民族沾染这种恶风，以致丧失仁慈宽大的美德，所以过于残忍的描写是应该避开的。据所知凡是进步的戏剧里，当场杀人弄得血淋淋的，可以说绝对没有。从前有人说，上海的劫杀案的主犯，都是从劣等影片上学来的。所以，民众读物中，即使宣传敌人的残暴，也应不超过一定的限度，否则引起民众的恐怖是一，教育民众残忍是二。

例如敌人奸淫妇女是事实，描写此种暴行的文字与图画很不少，但其中有的颇有“太赤裸裸的”之缺陷。在民众看了，还没有激动义愤之前，先受了诲淫教育，当非宣传本意。即使是汉奸的女儿被辱，也不应该绘影绘声的描写，以投民众之所好。下笔之前，先要防备得到

“劝百讽一”的反效果。

又如，对于战场上的敌人，枪杀是消灭他们战斗力的手段，并不是目的。所以鼓励民众战敌是千该万该的，但不能去鼓励民众去挖敌人的心、喝敌人的血是十分对的。旧小说上常有取仇人心肝致祭下酒的豪举，现在没有提倡的必要。政府屡次下令优待俘虏的道理，却应该向民众特别解说。

又如，唐朝名将张巡守睢阳的时候，写到掘罗俱穷，已经足以表示张将军的忠勇与伟大，若照唐书直译，把他“杀妾饷士”也抄下来，似乎不必要。

总之，民众读物须要适应抗战，更须要适应建国，所以给民众以什么教育的问题必须注意。

四、不要妨害团结抗战

写一篇民众读物故意妨害团结抗战，除了汉奸谁也不会那样作。但是由于传统的观念，习而不察，写出来往往给敌人以挑拨离间的机会。现在我们须要的是大中华民族精诚团结，一致对付暴敌，对于汉、满、蒙、回、藏、苗各民族从前摩擦的史事，在今天告诉民众的时候，必须特别小心。

例如，班超立功西域，《汉书》上大书特书。在今天西域早也是我国的一部分了，就没有照书直抄作为民众读物的价值。倒是张骞通西域，回来报告西域的风土人情，沟通两方的文化，值得宣传。

又如，写岳飞的忠，往往联系着写秦桧的奸。但是这并不是姓秦的和姓岳的有仇恨，因此世俗所传“岳秦两姓不婚”等等故事就不便再宣传。

又如，明太祖推翻元朝，我们只能认为元朝的官吏太坏，不能认为是与蒙古有仇。这道理是很浅显的，无须申述。只说朱元璋推倒腐败政府，解除民众苦痛，不是也足够说明他的伟大么？同时我把成吉思汗的远征异域，也应同样的认为是我大中华民族的光荣。

在本国史上，凡以满族为主体的部分，现在翻出来，都有重新估价的必要。若“蛮夷胡虏”这些字样大半都不便再沿用下去。又在此抗战时期，一则集中民众力量专一对付惟一的敌人，一则不便多伤“兴国”的感情。要写近百年史作民众读物时，不能把一切帝国主义相提并论。

例如，俄日之战原是在中国境内，目的又都在抢夺中国的地方。但是今天写这一段，就须要加重日本的罪恶，须要把帝俄与苏俄划开。

现在敌人的残暴是史无前例的，因此我们写历史上的亡国惨剧就不能给敌人的暴行寻注脚。例如乐毅伐齐与田军破燕这一段历史，极类似现在的中日战争，但是我们若把燕国影射敌人则可，把敌人的暴行都落实在燕兵身上，污辱先民事小，给敌人找出罪恶的根据是万万要不得的。

此外，我们注意不要把“政府与人民”或“军队与人民”写成对立的。我们希望的是“军民合作”与“上下一心”。我们应该积极的向这一方面努力！

五、不要超乎常情的描写

民众喜欢演义，喜欢夸大的描写。但是所谓演义，一定不能超越可能的事实，夸大不能超越一般的情理，否则便会失去教育的意义。剑侠小说不及《水浒传》或《三国演义》的地方，就在它写的为不可能，为妄想，民众看了无益而有害。一个乡下人曾经同我说：“现在中国没有能人了，要是有个黄天霸，半夜里施展飞檐走壁的本领，把日本皇帝一刀刺死就完了他的戏了”。这种见解无疑的是受了《施公案》影响，与一般人希望敌国大地震一次都沉到海里去是一样的痴想。现在描写忠勇的战士的文章，也时常犯了过度夸大的毛病。

例如，说一个乡下人见了敌人，拿起菜刀来砍死一个敌人是可能的，砍死了十来个就不近情理了。其实砍死一个也足以说明那位同胞的义愤与勇敢，说明砍死一个敌人也是勇士，也是烈士，更足以使民众知道抗战是轻而易举的事。

又如，说一个青年女子被三个敌兵所窘，她情急智生，把三个敌兵分在三个房间，每被辱一次，她便乘机抽刀刺死一个敌人，结果，三次忍辱，三次杀敌。这个女子的心志固属可嘉，但是这种描写反而会使人感到虚妄。

又如，写最高领袖的伟大，而用王“身先士卒，亲自督战”等等史册上对于名将的赞语，事实上不如此，现代战争统帅也并不需要如此。

又如，说一个战士利用地势和近代武器，歼灭若干敌人是可能的。但若谓冲入敌阵，如虎入羊群杀了一阵，还抢了一架机关枪回来，就不可能了。

又如，写一个战士在众寡不敌、决心死难之前，忽然想到家中老母少妻，先有一套生离死别的话。这原是旧小说中所常见的，但是用之于闺中少妇行将自尽之前，则缠绵悱恻，颇能使人生感；若用之于冲锋陷阵的战士，则毫无意义亦太不近情理。

六、不要头绪纷繁

在民间，《东周列国演义》不如《三国演义》的势力大，因为《三国演义》头绪比较简单，民众容易讲述。一篇民众读物可以有曲折，可以有波澜，但是眉目必须清楚，教训必须明显。

例如，只写秦始皇修造万里长城的伟绩，说明他若是生在现代也一定是个国防专家，这是情节简单的叙述。若一并把他“焚书坑儒”也写出来，头绪便觉纷繁，教训也不统一，民众对于这位伟人也许认为罪浮于功。

又如，一篇文章中术语太多了，也足以使民众感到头疼。术语不加解释，民众看不懂；解释太多了，又使得头绪纷繁。关于科学的读物不易写就在这一点。

又如：人名地名也不宜过多，除了主要的人名地名，不要多所牵扯。写岳飞只把岳老太太搬出来最好，因为岳老太太曾经勉励儿子“精忠报国”；写平汉铁路只把几个大车站说出来也就够了。

以上所谓民众读物“不怎样写”，并不是“无的放矢”。教育部编辑委员会民众读物组征到稿件四百多种，个人是参与审查工作的。审查的经验，觉得优秀的作品很多，不合格的稿件除了文字不通俗的，据我个人看来，多半是有上述的缺陷。

二十八年三月三十一日于渝。

（载《教育通讯》1939 年第 2 卷第 18 期）

怎样写民众读物（下）

老　向

“不知怎样写民众读物”上文大致说明，现在应是从积极方面着笔了。如果写文章有什么“法则”的话，这所有的“法则”都可以应用在民众读物的写作上。换句话说，要想写好民众读物，必须先会写好文章。但是文章写得好的，却未必会写出好的民众读物来。就如同一个好教授必须学问好，学问好未必能作好教授的道理一样。所以民众读物的作法，除了“文章作法”之外，我以为还有值得参考的几条。

一、要了解民众读物的对象及使命

总理遗嘱上说：“求中国之自由平等，必须唤起民众。”民众读物的对象，就是这“必须唤起”的“民众”；民众读物的使命，就是把民众“唤起”，共同担负国民革命的大任。

民众读物并不是新兴的，民间早已有了很多。在唐代的僧人因知经旨宏深，下愚难晓，欲求普遍宣传，已经是有意识的把佛典改编为适合民众口胃的“俗文”。从此佛教便深入民间，历久不衰，弹词宝卷一类民众读物，至今仍在大批流行。后人的知识竟有些地方不及唐代的和尚，始终不把民众读物这个有力的宣传工具正式掌握在手中。一任其自编自印自流行，好的固然也有，坏的实在太多，结果是民众未被唤醒，反而被麻醉，这未免太可惜了。

五四运动的前后，也有人提到过民众读物，但如蜻蜓点水，一掠即过，并未留下过深的痕迹。近十五年来，因为外患的逼迫，使我们深切的反省，才发现大多数民众还在大梦之中，有从速实现“唤起民众”之紧急需要。暮鼓也好，晨钟也好，非把民众唤醒之后，不能谈到其他。于是这遗落在民间的宣传工具——民众读物，又被大家看中了，捡起来。许多的文艺家和教育家，拼命的呐喊：“文章下乡，文章入伍。”政府机关如教育部，一方面奖励学术机关或团体创制民众读物；一方面正式成立编审委员会，从事编审民众读物。这在文化史上，是应该大书而特书的。

现在，我们要深刻的认识民众读物的使命是唤起民众，抗战建国。写作民众读物并不是赶时髦，出风头，而是为了抗战建国，所以，写作的态度必须格外认真。

认清民众读物是为民众而写作，必须力求明白民众的一切。民间的风俗习惯，民众的生活状况，有了清楚的认识，写出来的读物方能“对病下药”，不致于“话不投机”。

一个卖唱的盲人，因为对民众的心理能把握住，所以唱出来的词句要大家哭泣，大家不能不流泪。在北方，民间最苦的工作男为锄苗，女是纺纱，所以野台戏上演小鬼锁人寻死的时候，总是说：“死了好，阴间不纺棉花，或是不拉锄把子。”这两句话，最能动观众的心，因此知道要使读物能感人，必得明了民间的疾苦。想使文章下乡，文人必须先下乡！蒲松龄先生的《聊斋志异》可称名著，他所志之异，是他从乡下的大道旁向往来路人讨来的。因为他跟乡下人习谈的结果，他把乡人所最有力、最活泼的语言都抓住了，所以能写出一部适合民众口胃的名著——《醒世姻缘》。

二、民众读物要通俗化

民众读物的文字与内容，必须尽量通俗化，几乎已成定论。但是什么叫做“通俗”呢？

有人把通俗认为是鄙俗，是粗俗，是村俗，是俗不可医，是俗不可耐，这是误解了通俗。有人以为通俗一定要“通而不俗，俗不伤雅”，将俗比雅，莫名其妙，而无形之中又是把通俗误解为鄙俗之意。误解通俗会发生两个恶果：一是反对通俗，他不屑通俗，更不许别人通俗；二是认为通俗作品可以信口开河，可以摇笔即来，可以偷工减料，于是当真写成粗鄙不通的东西。其实“通俗”只是个“教育”问题，并没有什么难懂。合乎教育原理与教育方法的写作是通俗，否则是不通俗。

民众的知识有限，对于不习见的不能欣赏，太高深的不能接受。教育民众不是也得依着教学的基本原理，要由浅入深吗？这“由浅入深”就是通俗。民众启蒙教材并不读“乾元亨利贞”或“粤若稽古尧”，而读“我是中国人，我爱中国”；不先学几何代数，而先学加减乘除。这道理很浅显，《易经》、《书经》、代数、几何离开民众的实际生活太远，对民众说太不通俗。民众略识字或不识字的，自己读或听别人唱“孟姜女”便觉津津有味，因为“孟姜女”这个故事或调子是民众听惯了的，对民众说是通俗。就民众的生活情形、已有的知识程度，以循循善诱的态度来写民众读物，合乎教育原理，也就是尽了通俗的能事。

以教育的原理与方法写民众读物，不求通俗而自通俗。

例如在民众教育不便教些不习见不常用的字，不能用过于复杂或欧化的句，不能硬教与民众生活无关或距离过远的材料，写民众读物又何尝不如此？在民众教学方法上，避免突如其来，要先引起学习动机，避免干燥无味，要使感到兴趣盎然，写民众读物也应不忽略这些地方。

总之，把握住民众教育的原理与方法，再去写民众读物，与通俗定会相去不远，因为民众读物的使命是教育民众。

三、确定写作的主旨

在写一篇民众读物之前，必先确定这一篇的主旨，也就是说作者应先决定给民众以什么教训。主旨确定之后，再去搜集材料、通用技巧，使已定的主旨表达出来，自然就可以免去“说了千言万语，不知意之所在”的毛病了。

教育部所定民众读物的主旨是：“贯彻我国社会教育目标（社会教

育必须使人民认识国际情况，了解民族意识，并具备近代都市及农村生活之常识，家庭经济改善之机能，公民自治必备之资格，保护公共事业及森林园地之习惯，养老恤贫防灾互助之美德）。注意教导民众忠于国家，服从领袖，勇敢善战，增加生产诸端。”再加上最近公布的“国民精神总动员”的诸纲目，可以说是相当的周密了。但是当选定一篇读物主旨时，必须注意：

（一）主旨要明显，要肯定。所谓明显，可使民众一目了然，能得深刻之印象。例如老舍先生的《文盲自叹》（教育部《民众文库》之一），全文分七大段，没有那一段不是很显明的描写“不识字之害”的，单看一段，也可以知道主旨之所在。所谓肯定，就是斩钉截铁，不蔓不支，不用反诘，不容选择。例如，写一个妇女被辱杀敌，只写她爱国热忱及奋勇报仇就够了，不必横插一笔“贞操问题”的讨论，扰乱读者的精神。

（二）主旨要简单，要完整。所谓简单，在量上不要太复杂，在质上不要太玄深，总要使读者易知、易感、易行。与其描写一个生而颖异，目下十行的天才，不如写一个深夜苦读，人十己百的学者；与其写一个资本家捐款百万，不如写一个难民献金一元；与其写个人行动，不如写众志成城；与其鼓励人成佛成祖，为圣为贤，不如鼓励人不说谎话；与其详述电的原理，不如多讲电的利用；与其抽象的喊精神总动员，不如具体的讲早起，讲节约。所谓主旨要完整，就是使民众能识大义而不拘小节，譬如一块殷商陶片，在考古学者视为至宝，在民众则宁可珍视一个粗瓷饭碗。所以，使民众知道那些工作可以利用电，却不一定知道来顿瓶怎么做法；知道桃子生在树上，却不一定去分析它的根、干、枝、叶各属于那一种类；知道中国整个的地图不妨简略，却不一定知道某镇属于某县某省。总之，一篇读物应有简单而完整的主旨，谨防支离破碎的描写而扰乱了已定的主旨。

四、民众读物的取材

在这非常时期，应有非常的教育，所以民众读物的取材，首先应注意左列各项：

（一）应与抗战建国有关。最高领袖说："此次抗战之意义，不仅限于排除暴敌之侵略，而尤在于努力抗战之中树立战后建国永久基础。其任务之重，使命之大，在吾国历史上将为空前绝后之一役。"当此存亡绝续争生死于呼吸之时，不许有一个人置身事外，不容有一分钟精神或懈。负有教育民众的责任者，必须把抗战建国这件大事摆在第一位。所以民众读物的取材，也必定都是与抗战建国有关的。主旨在介绍知识，这知识一定是抗战建国所必须的知识；在培养善良德性的，一定是教民众如何忠于国家，怎样拥护领袖，以及勇敢善战的描写；传记伟人，这个伟人一定是尽忠于国家，行孝于民族，有革命、创作、侠烈、奋斗、牺牲等可歌可泣之事实；即使写一篇鼓词，一篇小说，也必定要采取激发抗战情绪的故事，发扬民族精神的事迹。距离抗战建国较远材料，民众不是不该知道，而是无暇知道。可以使民众知道屈原是个爱国的忠良，却勿须把他的《离骚》译成白话告诉民众。最近报载苏俄又发现一彗星，在科学界是一新的贡献，但与我抗战建国的关系太间接了，民众可以不知道。

（二）应与民众生活有关。民众对于有切身利害的问题容易受感动，所以民众读物应尽量采取与民众生活有直接关系的材料。在农家下种的时期讲施肥，在锄苗的时期讲除病虫害，在秋收的时期讲选种。民众及时而学，及时而用，最为理想。准此而论，读物要能适应民众的需要，一定可以不胫而走。例如，向民众讲法律的派别或法律的种类，实不如就房角地界的纠纷实例而予以法律的判断，更受民众欢迎。

以上所论，是我个人的意见，不敢自谓必是，愿供写作民众读物的朋友们作参考。倘能引起大家更详明的讨论或指正，不胜盼祷之至！

民国二十八年五月十九日于北碚。

（载《教育通讯》1939年第2卷第20—21期）

关于民众的文艺读物

蓬

大家都这样说，民众的文艺读物的文字要浅、显，不要拐弯抹角的叙述一件事或描写一个人。要通俗化，这是不错的，但单是浅和显还是不够的。像过去的许多旧说部和旧唱本至今还是被农村里的民众所欢迎，并不仅仅因为文字浅显的缘故，其中所描写的是中国社会特定的人物，所叙述的是中国社会特有的事情，这些人和事，都是经常存在并久远流传于中国的农村社会，而为农民从小所熟悉的。即使所写的是神佛和鬼怪、英雄和奸臣、才子和美人，仿佛与农民本身的生活毫不相干，但这些人物既并非完全出生于作者个人的想象，或为宗教的传说，或为历史的人物，或为流行的故事，而由作者经过艺术的组织所保留下来的。所以，作为这些旧说部和旧唱本的骨干的思想和哲学，依然是封建社会的产物，也就是说，依然是属于农民自己的，或者正是支配着农民的。同时，这些人物及其生活，也正是中国式的封建社会里所特有的人物和生活——像关云长和岳飞，像李逵和鲁智深，甚至像孙行者和猪八戒，他们的一言一语、一笑一颦、一行一动，决非希腊的、罗马的或印度的古典作品中所能找到。所以，即使是写神佛鬼怪一类的完全超现实的故事，也依然能为农民所亲切了解，而且在了解之中默默地受着它的思想上的教育。

现在，我们新的民众读物倘想在民众中间受到欢迎，首先，必须也写中国社会所特定的人物和中国社会所特有的生活，自然是今天的人物和今天的生活。

但是，问题并不就此解决。因为我们所以迫切要求新的民众读物，正是要通过艺术作品来改造民众的头脑，加强民众的现代的国家民族的观念和现代人的思想和感情。而且，在这神圣的民族革命战争中，也就是在一个新的时代的诞生中，把一个落后的民众改造成为现代的人是有这可能，也有这必要的，所以新的民众读物必然带有新的教育意味。

但是，这里又有新的问题发生了。

在旧说部和旧唱本中所习用的语汇，是否适用于表现今天的人物、今天的事件和今天的思想感情呢？如其说，“五四”以后的白话文是比较组织严密的而且进步的，那末在表现今天的人物和事件的时候，是否必须运用这种比较进步的文字呢？换言之，新的内容是否必须新的形式和新的文字才能表现呢？

要用旧式的落后的语言文字来表现像今天那样全新的、进步的战争的确是有许多困难的，但是即使困难，我们仍然必须尽量利用，因为这是为农民所比较熟悉的。不过，我们也应该尽可能搀入今天的战争的现实生活中所新产生的与民众生活有正面关系的新的名词和句子。如“抗战到底”、“最后胜利属于我们”这一类的句子一定是民众所能了解的；如“义勇军”、“游击队”、“手溜弹”、“唐克车”这一类名词也一定是民众所能了解的。使民众看了莫明其妙的，是抽象的形容和过于复杂的心理描写。

而且从另一方面说起来，我们今天要表现农民的生活、感情和趣味，像中国过去旧有的语言文字也并非完全无用，可以一笔抹杀的。譬如要写出一个人的英武或萎弱、忠直或奸诈、美丽或丑陋，因为今天的中国农民还并非从科学的观点去了解，去认识，所以使用中国旧有的那一套语汇和形容词句，有时反而有一针见血的效力。不过我们所要注意的一点，就是中国的农村社会近百年来究竟多少起了一些质的变化，因此农民的心理和感情也多少不同于百年以前的那个阶段，尤其是在目前的民族革命战争中，农民的心理和感情的变动也一定更剧烈，所以要正确地表现农民的全貌，在语言文字的使用上必须要而且当然要旧的配合着新的，不过以旧的为主，新的为副而已。

最后，我们现在所写给民众看的，虽说是在艺术水准上比较低级一点的，在思想意识上比较落后一点的，在语言文字上比较陈旧一点的东西，但必须仍然是一个文学的作品。而且，也只有是文学的作品，才能慢慢替代了旧有的说部和唱本；也只有是文学的作品，才能逐渐提高农民的文艺水准，并逐渐过渡到接受新的高级艺术的那个新的阶段。

（载《抗战文艺》1939 年第 3 卷第 7 期）

编辑战时民众读物之商榷

张荣姚

绪论

民众读物这个名词，在中国似乎没有很重要的地位。这些识字的人，往往以文字作为朋友，以书本为精神食粮。可是劳苦的大众，依然是浑浑噩噩、不知不觉，他们非但不能以读物做朋友，而且还有多数是不识字的文盲；他们拒绝了书本，只知一味的劳动着谋生活。

在昔日的封建社会里，识字读书的目的和范围，与现今大大的不同。在封建社会里读书识字的目的，大则治国平天下，小则明白事理，修身齐家。而识字的人数，也比现在少，除了统治人民而读书的士大夫之外，其他劳动的大众，就似乎不必读书，而且也无读书的机会。其间虽有不少人殷殷劝学，但劝学的目标，并不是希望劳动的大众识字，而在希望士大夫或预备士大夫的努力读书识字。那时的社会活动简单，同时受了“劳心者治人，劳力者治于人”的影响，故劳动的大众，也就不感觉识字的需要，民众读物因而也无重大意义和地位。

但是从客观的事实得知，人类的生活程度，因社会的演进、科学的进步逐渐的提高，无论在个人生活或企业上，都需要相当的知识和技能。换句话说，因生活程度提高，在在都需要识字，民众读物的书本，也渐形需要，尤其在民众休闲生活上，更有重要的意义。

我们既然知道民众读物的地位，在未讲任务之前，略述民众读物的意义。什么是民众读物呢？民众读物，可说是不讲高深学问，也不讲专门知识，而只谈民众生活所需要的最低程度的知识和技能的书本，也可说是全国民众所需读的通俗书本。因为是大众所欢迎的读物，所以影响民众的生活和精神很大，潜移默化的能力也最大。

昔日闭关自守的封建时代，民众读物在整个国家上讲，无多大的价值；但在现今人人需要识字的原则下，则民众读物的良否，可影响国家的生存。近数年来我国因国难日亟，社会生活因之急变，民众知识的水准，也逐渐提高。不过提高的程度很弱，一般劳动的大众，差不多还是过着中世纪型的生活，文化程度与现今列强相较，确有天壤之别。说书、小调、演义、连环图画、西洋镜等，还是他们唯一的精神食粮。这类精神食粮，说起来各有悠久的社会背景，早已深入民间而与民众打成一片，民众的精神生活，也就很少能超出它的型式。在他们的思想中，救苦救难的菩萨，在冥冥中拯救他们；旧礼教常常的警惕他们；各级地狱的阎王，其狰狞脸面依然托出；以及青天大老爷的崇拜，剑仙术士的幻想，妇女淫荡的丑态，等等，各按各的色相化装，活跃在民众的幻想中，充塞在民众的精神生活里。在这革命意识和抗敌情绪培养的过程中，都是有力的障碍；在急切需要全民动员的大时代里，真是非同小可的损失啊！从这残余的封建思想里生长和发展的民众，其一切知识和技能，都落在现实社会的后面。想把这些大众，从落后的生活环境中提拔出来，而站到抗战建国的前哨，实是一件不易而且是十分难的事件。但是我们不必心焦，不必悲观。我们从现今各侵略国的教育方针中，可以得知民众读物是训练民众思想的最好工具，所以我们欲使这些缺乏现代知识和技能的大众，疯狂似地蜂拥到抗敌的前哨，建国的中流，参加民族生存的战争，我们只须把民众读物加以适当的改良，同时按照抗战建国的目标，编制大量的新民众读物，供给一般劳动的大众阅读欣赏。我可相信，不用多么长久的时日，即有大大的成效。这些激发民众抗敌情绪和充实民众斗争知识和技能的文字宣传工作，是每个文化人及负责教育的人应切实控制的责任，而且是当前刻不容缓的急务。

旧民众读物的检讨

新的民众读物，在教育目标支配下，慢慢的生长和发展出来，推销到大众群里希望大众接受。可是因种种的社会背景，大众的心坎，早被旧读物霸占，拒绝新读物的侵入。可是许多的旧读物的发生，据专家的统计，多半是没有编辑人和发行人，其来源大概都不甚正当。我们把这类读物分析一下，大约可分以下三种：

（一）增进知识的；（二）使民众知道国内大势的；（三）供民众娱乐的。第一类的目的是很好，可是编辑非人，且编辑者毫无知识，故绝不能达到增进民众知识的目的。即有几本关于常识的书本，因不适合时代而失了价值，只得说是没有。第二类便是含有新闻性质的杂志，多半是有研究性质的读物，不适合民众阅读；同时也不合民众购买力，所以对民众不生若何影响。第三类的读物，目的在供民休闲时娱乐之用。但这类读物汗牛充栋，良莠不齐，而且是深入民众，与人民生活打成一片。我们下文所要讨论的，就是供人民娱乐的读物。

关于这类读物的内容形式，大概可分为二种：

（甲）小说故事。（乙）歌辞。其内容多半是要不得的，归结起来，大约有以下三点通病：

（一）导民迷信。在中国社会中生长和发展的民众，大都是缺乏新知识和技能。他们的思想和观念那般简单，故他们对于事物的认识判断，都限于表面。因此他们的思想，没有一定的型式，差不多极易受外界的暗示或引诱而改变，因此读物的内容和思想，极有商榷的必要。而这类读物的思想内容，常可发见类同的缺点——迷信。比如一件没头没脑的案件，其解决的方法，往往假托神示鬼诉，以表白事实演变的真相，这实是暗示引诱民众扶占降神祈梦等迷信举动的主要原因。

（二）暗示打胎、抢亲等的恶习。人类的道德，本无绝对的标准，完全由人与人接触比较的结果。这类读物中的罪恶事实，大多是说些淫盗，不明白社会背面还有更多罪恶的人，往往以为淫盗可包括一切罪恶，这实为未尽妥善的论调。我们知道淫的结果，多半是怀孕，在旧礼教残余势力笼络的中国社会里，未出阁的女子怀了孕，则极易受社会的轻视和诽谤，在女子的本身，甚至发生嫁人难的问题。为父母者或当事人，为了隐瞒这种坏名誉，免除社会轻视和诽谤，其唯一的方法，即为迫女打胎。受了这类读物熏陶的男女，若因奸致孕的时候，必能联想打胎的法子。

其次，这类读物中常见的事实：一个年青的妇人因丈夫即世，往往即变为当地恶少的共有物，且时有被恶少抢卖事实，这大概是古时抢婚的遗风。写作者的原意，或许是想消减这种事件，可是现在一般山辄地带的地方恶少，当无法过活的当儿，也会发生这种的事情。请如上述二项为法律所禁的行为，我们负教育责任的师范生或文化人，非但不可助长，而且应该积极的消灭的！

（三）缺乏知识分子参与工作。这些读物的产生，多半是没有编辑人及发行人、校订人等，其文字缺乏组织，描写又不适当，词句甚为俚鄙，故一般缺乏选择能力的民众阅读以后，往往引起不良习惯及误解，推其原因，就是因为缺乏知识分子参与工作。据若干人的统计，这类读物的编者即为书摊老板或书贩本身，他们本身既缺新知识和技能，他们所编辑的读物，当然没有良好的出品，可供大众的阅读。

这类读物——供民众娱乐的读物，既有这许多缺点，依理必为环境所淘汰。而事实表现出来非但不会淘汰，而且依然为劳动的大众所欢迎，而且是兴高采烈的被欢迎着，这是什么缘故呢？这并不是没有原因的，在我的管见，有以下三点原因：

（1）价值低廉。民众们购买读物的唯一条件，即为价值的高低，价值低廉的即可畅销到民间去。这种供民众娱乐的读物，其最显著的特点，即价廉而适合民众的购买力。而价值所以低廉的原因，即为无著作权，无板权，可以任意翻印流行；同时印刷蹩脚，错误极多，内容又要不得，因此价值特别从廉。在市面上流行的一折八扣的书籍，什九是这类书籍。无知识的民众，对于读物本毫无选择能力，所以不论其内容如何，即统统拿来看。

（2）适合民众的经验。民众在日常的社会活动中，对于迎神赛会等等的经验特别的多，而这类读物的内容，即以迎神赛会以及祈神扶占等为主要材料，颇能迎合民众低级社会心理，因此民众觉得看了即能应用到社会活动中，合到民众的要求，因此欢迎不衰。

（3）吻合民众的程度。中国的劳动大众，多半是不识字的文盲，他们非但缺乏新时代的科学精神，而且缺乏道德的观念；新时代的责任和认识，当然也是缺乏无余。我们要想使这大半的文盲大众，能阅得懂民众读物，而鼓励他们、驱使他们赴国防的前哨，但是关于民众阅读能力这一点，确能处处顾到。词句虽近俚鄙，却能与图画切实地联合，使图画与文字互为解释，使民众明了。

旧读物虽有许多缺点，但读物的本身而言，却是价廉、词浅而又适合民众经验，因而深入民众的心坎，与民众日常生活密切的联合，打成一片。我们文化界的同志，为要民众追随这大时代，激发民众爱国的情绪，达到抗战建国的目的，必需灌输现今的新知识和新技能，使民众的头脑新颖，而认识客观的大时代；我们必从改良民众读物，处理这些腐化的民众读物着手，使这些不合理的民众读物淘汰，而代以适合时代要求的民众读物。我的管见，以为在未产生新读之先，不可把旧物完全毁灭，必须先整理，按照预定的原则，来选择读物。其步骤如下：

（1）调查旧读物。旧民众物，价值既如此低廉，负责社会教育的机关或个人，不妨耗费几十元的代价，即可购得大批的旧读物，而且需要多方的搜集，使其完备。

（2）修改旧读物。旧读物既有悠久的社会根源，其中当然也有几种可取的优点。我们把搜集的旧读物，不可有先入为主的成见而一味抹杀，所以我们必须先定客观的标准。对于旧读物，决不可参以式微的成见来批评，必须平心静气的读它，才能体味旧读物的本来面目。把它分析、比较、综合，以分其优劣。其中好的保留，不加修改；好坏参半的，把坏的删去，改为适合时代需要的读物；完全坏的，直可毁灭不留。依理论上说，以前的民众读物，因社会的演变，使类的进化，当然不会适合时代的；但是几许有文艺价值的读物，虽时代变迁，仍不失相当的地位，所以我们只须略加修改——依照预定的目标修改，就可以了。

（三）召集发行者开会。发行者的目的在于赚钱，发行者的自身，什九是无知识的书店老板，根本无可传人的知识或经验，其发行的读物，可想而知，是坏的居多——简直可说是完全坏的。同时政府也似觉得这些旧读物是有害社会的，加以禁止，发行者因此不把真实姓名，印于所发行的读物上，甚至连假姓名也不公开。我们既不能从读物上知道发行者的姓名，那末怎去探询发行者的姓名，而召集开会？依我们日常的推理，推销这类读物的书贩，大概知道读物的来处及发行者姓名，可是出人意料的：书贩的书籍，并非直接来自发行者，而是经过一中人转达，甚至经多人的手，才到书贩的手中。在实际上，我们要调查发行人，实为整理旧读物的最艰难的工作，但是我们有彻底的意志，略假以时日，总有成功的可能。及我们知道这些发行人，我们就可召集他们开会，并说明开会的宗旨，使他们胆大地来出席。在开会的当儿，首喻以大义，使发行者明了自己的责任；次批评旧读物的得失，使发行者知晓读物的坏物处以及消灭删改的理由，供献发行新读物的意见，并加以鼓励；再将修改的读物及新读物的稿件予以印行，坏的却严禁其印行。即使有几种坏的已经印就，初次不妨化几许钱购买烧毁，庶几好的合时代的读物，日见众多，而不适潮流的日见减少。

旧有的民众读物，经过这番的整理，其质量上虽然骤形谨严，但数量上却大为减少，必不能供给民众的要求。同时识字的民众，因社会的演变日见增多，新的生活知能也因社会的变动而日见增多，民众也急切的需要知道，所以新的读物，即应运而蓬勃起来。但是我们不将这类应运而生的新读物加以统制审查，势必与旧读物相若。所以新读物应如何发行，应如何处理，实为发行新读物之先决问题。待我们慢慢的讨论：

新读物既是应运而生的读物，其发行的动机，不免有点投机性质，所以我们必须预防这少数的投机分子，利用这个机会而大事写作，以乱民众的思想。甚至有不少汉奸或失败主义的知识分子，从中写些违反抗敌建国纲领的新读物，使民众读了以后丧失自信力。政府为要统一民众的思想和步伐计，却不能不把含有默化能力的民众读物加以审查，加以修改，然后允其发行，庶几协助达到抗战建国的目的。在旧民众读物既已整理，而新民众读物尚未发行的当儿，关于新读物的编制，实为一重要问题，是一件刻不容缓的急切工作，怎样去编制，即为下文所要讨论的中心问题。

编选新读物所取的方针

新读物的出现，既为适合时代的需要，一切措置，当然要以适合社会的背景为原则。换句话说，要适合抗战建国的需要，辅以民众日常生活所需要的知能。所以编制新读物的时候，随时应注意下列二项目标，才可达到动员民众的任务：

(1) 根据抗战建国的需要。在此大时代中，有知识的志士，当然很明了自己对国家应负的责任；而一班文盲的大众，非但不明了自己对国家的责任，而且怀恨国家现实的设施，所以文盲的大众，他们只要能保持目前的利益，不惜奴颜婢膝，以事仇人。我们明了这一着，我们编制新读物的内容，必须能激发民众爱国情绪，指陈世界各国对于我国态度，指导民众为人之道，激发民众仇视汉奸及顺民的心理，以及如何教养儿女的知识，使民众自觉地需要组织。

（2）根据社会教育的目标。社会教育的目标：根据三民主义，以充实人民生活，扶植社会生存，使人民认识国际情境，了解民族意识，并具备近代都市及农村生活的知识和技能，引发养老恤贫互助防灾以及爱护公物之美德。

我们既决定新读物应根据的目标，接连发生的问题，即为找些什么来充实读物的内容？用那样的话写出？用那样的方式写？在写作的当儿，应注意那些问题？这种种的问题，都是在从事编制读物以前必须先行解决的中心问题。这里我虽不能提出具体的方法来解答，但在可能的范围内——在我学力的程度，总是希望具体而周详的解答。

用些什么当作读物的材料呢？这就是国家的国策——思想和意识的问题。在我们写读物的当儿，必须郑重的剪裁，以吻合上列的目标及表现出民众的意识，才能博得大众的欢迎。兹就管见略述于后，以资参考：

在旧礼教约束下的中国社会里，不论精神文化或物质文化，都比不上各列强；同时在国内各地，因地域的关系，各地民众的文化生活，高下悬殊，一言以蔽之，我国沿海交通便利的地方，人民文化水准较高，而内地交通不便的地方，民众文化水准较低。因此我不能用“举一反三”的推理方式，来推想各地民众的文化生活；必须深入乡村，实地工作观察，才可了解民众文化生活一般。所以新民众读物的材料，第一是希望深入乡村工作的同志，将工作的感想及工作时民众的态度等等，报告出来，以资采纳。

大众的生活实况，是很复杂的。我们必须运用自己尖锐透视力，穿透到社会中大众生活的最下层去，才得探求现实社会里大众生活的需要，并且从民众的心坎中，分析民众的心理，紧握着民众关怀的而且急待解决的中心问题，作为写作的核心。在这里写作者应把社会教育的目标、国家的国策时时注意，同时还要把国家所要求民众表示的意识提供出来，向民众诚意的告。所以采纳新读物的材料，第二是体验民众的生活及分析民众的心理所得到的结论。这里我所讲的民众急待解决的中心问题，无可否认的是“抗战建国”。编辑新读物的目的，非单单提供“抗战建国”所需要的知识和技能，也不是单单刺激民众，增加抗敌的情绪为能事，重要的主题，还在加强民众对于现实“抗战建国”的认识。我们不要过分的暴露敌人的残暴和自己的弱点，使民众感到恐惧、失望和疲倦，减杀迎接大时代的勇气；更不应用悲苦凄惨的口吻，酸楚的字眼，形容出某个角里的惨痛和弱点，以刺激大众的情绪，使民众痛哭流泪。这虽似达到编辑新读物的任务，但是人的感情，最易在哭罢泪干的当儿，使精神倦怠解颜而笑，这一笑常会引发“何苦替古人担忧”的消极思想，常会把刚才的愤怒和勇气笑尽。所以我们应表扬大众的雄姿，鼓励他们的勇气，指示他们抗战的路向、建国的方针，增强他们对于“抗战建国”的认识，使民众深切的了解“抗战建国”的意义和责任，庶得与抗战建国的国策配合无间。

材料的适合与否，固然可引起民众阅读的兴趣和厌弃，但是有了好的材料而无适当的方式写出，也不会引起民众热烈的欢迎，所以写作的方式，也是值得讨论的重要问题。以下我们来讨论写作的方式：

何谓写作方式呢？简单的说一句，写作方式就是写作者运用以表达某种思想或意识的体裁。换言之，把思想或意识附丽于这适当的体裁上，才能适合民众的口吻，博得民众的欢迎。我们用什么方式或体裁来表达所要表达的意识或思想，实是写作者应该首先解决的问题，但是中国社会环境畸形发展的结果，教育的不发达，因此劳动的大众所嗜好的，无可否认是多方面的。我们为要适应这畸形发展，于是写作的方式也不能确定，使写作者感到十二分的困难。在旧读物中常可发现的章回体、传奇体、弹词、大鼓书、故事等等的体例，在社会上又有悠久的历史根源、巩固的背景，在读者——劳动的大众，无论在视觉上听觉上心理的反应等方面，都已养成很牢固的习惯，联成强有力的感应结，我们若要排除这些方式，而代以各种新方式，在事实上、理论上都为不可能的，同时在民众方面不能安然接受。我们文化人的责任，在缩短抗战的过程而得早日建成强固的中华民国，那么便不能不引导广泛的大众，一致奔赴抗战的前哨；即使能力弱到极点的民众，积极方面不能协助政府，消极方面也要不做顺民。所以我们对于这些顽旧的大众，依然是要给予适当的精神食粮；我们是要机动的利用旧形式，换入各式各样新内容，深入民众群中，与大众生活打成一片。

然而在教育落伍的中国，一班民众非但知识浅陋，即识字的也只有半数，故新读物的内容，极需具体而周详的限制，不使过深或过浅，务使一班大众乐于接受、消化。兹就一己管见略述具体的条件于后：

（一）新读物的内容，要适合民众的程度；

（二）使新读物的内容趣味化；

（三）以民众为本位；

（四）适应民众现实社会生活的需要；

（五）新读物的内容要适合民众的口吻；

（六）新读物的内容和所插的图联络无间。

我们把新读物推销到民众群中，民众因为适合他们本身的需要而接受了新读物，受新读物的洗礼，然后由综合、比较和反省的作用，迫着民众放弃旧读物——陈腐的旧读物。但是在这里应有一先决条件：无论新旧的方式，都须充以新的适合“抗战建国”的内容，而且还要十二分的表达出“抗战建国”的意识。旧的方式我们既知利用，新的方式在前而虽曾提及，但是新的方式究竟是什么却未谈起。兹略述于后，以供参考研究：

（一）是各式各样的报告文章；

（二）是街头剧的方式；

（三）对话体和语录体的方式；

（四）墙头小说和散文等的方式。

在应用新形式之先，我们觉得还须附有几项重要而有价值的条件，加以限制：

（一）篇幅不宜过长；

（二）文字力求浅显；

（三）尽量利用图画。

不过我们写作的时候，无论利用新的或旧的方式，都必须将内容写得很逼真，使民众读了或听了以后，有所感动。这种使民众感动的力量，并非文字的素质，而是描写的手法和技术。当我们叙事的时候，我们不以动作来表示，而只用抽象的文字来叙述，看起来甚觉枯燥乏味，结果只能引少数知识较高的民众，用理智去体会默读。虽然也可读得懂，但已缺乏感动的力量。我们读过《三国演义》或《水浒传》的，对于人物的印象感动最深刻的要算诸葛亮、关云长、鲁智深、武松等，这就是因为写作者常以动作来描写的缘故。所以新民众读物的写作，要注重动作的描写而少用抽象的形容。至于文字的本身，只要看得懂、听得懂就够了，不必如文学作品那样的描写，更忌欧化的句法。

发行新读物的困难

新读物的编辑者既需迫真描写的技术、尖锐的透视力，更需要大众化的文艺天才。一般小书贩，当然负不起这个担子，必需要文化人来负责，因此就容易发生下列三点困难，阻碍新读物的推行：

(1) 价值昂贵。旧读物中什九是无著作权，而且继续发行的旧读物，什九是由书贩自己著作，因此版权费、推销费等，一概可以免除，读物本身的价值，几乎和本钱相等。这般的读物在中国的农村里，才合大众的购买力；而新读物的编辑，必需文化人，因而版权费必需另加。而社［文］化人本身不是书贩，必须请人代销，推销费又需加上，因此新读物的价格增加，而不适合中国农村经济生活的购买力，故劳动的大众，不能普遍的接受。

(2) 无人代销。书贩们的不良的旧读物，不能继续发行，社会上固然受了益处，而书贩们的生活，不免受一大打击。书贩们遭此打击，当然免不了报复的行为，因此我们请他们代销新读物，就有联合起来不代销售新读物的可能。发行所为了打破这层难关而达到目的，用赠阅的方法来推销，那么发行所会受到梦想不到的大打击，甚至引起旧书贩印旧读物的危险，使新读物依然不能深入大众群，而无与大众生活密切的联络。

我们为要挽救上述的危机，为谋新读物的出路，为要达到教育大众、领导大众追随大时代，我们必需采取下列三个方针：

（1）牺牲血本。民众读物能否普遍推销，与读物的价值极有关系，尤其是新民众读物初发行的时候，我们为要吸收大众来购阅，非得用倾销的手段减价出售不可。有人以为赠阅更能吸引民众阅读，事实上却不尽然，因为赠阅的结果，必然发生下列二项流弊：（一）不良分子乘机多方骗取，不能普遍赠阅。（二）因为不费金钱，就如教会宣传品一样地随地唾弃。因此我们必须略取低价，使民众对读物有珍惜之意；同时编辑者应取服务的态度，少取报酬；印行者也应尽义务，并且还要牺牲血本，比旧读物还要便宜，才能吸引大众购买。

（2）利用书贩。我们自己既不会自动推销，就必须利用书贩代销。但书贩们正忙着为解决他们自己的生活而反对代销新读物，同时也无暇代销这些新读物，因此我们必须补助或津贴若干金钱给予书贩，维持他们的生活，且须特别廉价地批发给书贩，使他们乐于代销。

（3）严防变更价值。书贩们既得几许金钱可以维持生活，而乐于代销；但人欲无餍，其中不免有不肖之徒，希望多赚几许钱而私更价值。因此我们发行人不得不时时留心流行的新读物的价格，这里我们务使书贩们切实遵照不渝。至于补助或津贴书贩维持生活的金钱，不能不定几条具体的条文。兹略述于左：

（1）凡代销新读物的书贩所应得的金钱，必须与代销的读物成正比，即代销多的得钱多。

（2）代销新读物特别努力的书贩，应设法奖励，以鼓励其余代销书贩之竞争心。

本来在此地还要讨论印刷的问题，如印刷的格式，所用的字体等等，因为印刷的良否，影响阅读者的兴趣和效率极大，照理是不应略而不论。不过关于这类的研究很多，以我的能力，实不配作这类问题的检讨者；同时关于这类问题的书籍也很多，不妨大家参照阅读，这样我只略略把我的经验告诉出来，供大家的参考。

从民众学校的学生口中听得，及观察他们临摹书本写字的时候，得知民众对于仿宋体，不易养成正常的阅读习惯。他们的口中，时常流露出“用楷书体印刷容易阅读”的呼声。其他关于印刷上的问题，如字

体的大小、各行的间隔、长短等等，当然也很有关系，在这里恕不能详加讨论，介绍几种书籍，请同志们去阅读罢！（书名附于篇末）

我们建设新中国的序幕，已于七七卢案发生时随着揭开。我们为要充实民众反帝反侵略斗争的知能，为要激发民众爱国心，使民众从中世纪型的文化生活着，潮涌到抗战的前哨，参加保卫大中华的神圣抗战，负起建设新中国的责任。这种重大艰难的责任，是我们文化人应该切实控制而设需解决的急务，是我们应该深切明了的第一点。

对于过去民众读物的缺点及流弊所及的影响，每个乡村工作的同志，应该切实设法改正，这是我们应该深切了解的第二点。

乡村服务的同志，关于民众实际生活的情形，比较能深切的体验。我们把这些材料整理后，根据教育目标写出，可以帮助抗战建国的早日完成，这是我们应该深切的明了的第三点。

负责在乡村服务的同志，非但要教育乡村儿童，并要转移乡村的风俗习惯。而转移风俗习惯的最好方法，即为给予适当的民众读物供民众阅读，可收潜移默化各［的］功效，这是我们应深切了解的第四点。

总之，我们对于现阶段——抗战建国的责任，即为缩短抗战建国的历程。缩短抗战建国的历程的最好方法，我认为教育的法子为最好。我们编辑发行民众读物，即为加紧教育方法以达到缩短抗战建国的过程，我们文化人谁也应该控制紧握。同志们！大家紧握着工作罢！

（载《丽泽》1939 年第 7 期）

怎样编写战时民众读物

姜存松

近来我们时常听到一句很流行的口号，叫做：“文章下乡”、“文章入伍”，这是指与抗战建国有关系的文章而言。因为文章是宣传的利器，也是教育的利器，假使文章不下乡、不入伍，那就不能发挥它最大的效用了。

然而文章下乡与入伍，并不是一件容易的事。因为民众的知识有限，守旧成性；所以编写战时民众读物，要能迎合民众的胃口，适应民众的需要，并能使他们乐于接受，真不是一件容易的事。

至于怎样编写战时民众读物，依我的管见，分述如下：

第一，必须通俗。一种读物要使民众能够看得懂，就非通俗不可。所谓通俗，并不是去迎合民众的低级趣味，乃是浅近易懂，配合民众胃口的意思。但如何才能达到通俗的目的呢！这是需要在形式及内容两方面着手了。

形式上的通俗，是技巧问题。技巧上的通俗，在文字方面，要简单浅显，不论文言也好，土话也好，只要民众能够看得懂，就算是通俗了；在标题方面，要醒目引人，最忌冗长、抽象、呆板，旧式通俗读物的标题，最值得我们取法，因为那些标题都非常活泼、具体、简洁，或用人名，或用地名、物名，如《闹江州》、《孟姜女》、《九人头》等，多么醒目引人；在字体方面，如用铅字，最好用三号或四号的字体。但是铅字不如"活体"来得通俗，并且可使民众得到练习书法的机会。

内容上的通俗是教育问题，对一般民众说话，必须循循善诱，因势利导。新知识的输入，不能太急，太急会使民众措手不及。此外必须详察民情，注意民众的利害；不能仅事鼓舞而忽视了他们的利益。

形式与内容都能通俗，那末我们的俗文字才能传达出俗意思，不致只有"字面"而无含蓄，在宣传方面也就容易收到效果了。

第二，要激发民众的抗战情绪与爱国思想。上面所说的"要通俗"，是着重在编写的方面。要知道一种战时民众读物，如果仅能编写得很通俗，而不能激发民众的抗战情绪与爱国思想，那也是不合时代的需要。

近来有一句很流行的口号，叫做"动员民众"，想大家都已耳熟能详吧！所谓动员民众，必须先使民众懂得这次我国为什么要抗战，并了解个人与国家的关系，然后民众的抗战情绪及爱国思想才容易激发出来。这时如去动员民众，就容易收到效果了。民众读物是动员民众的利器，所以我们在编写战时民众读物时，应该顾到激发民众的抗战情绪与爱国思想这方面。

所谓“激发抗战情绪”，并不是专写一些慷慨激昂、痛哭流涕的文章就算是了，因为那样的文章只是打气而已，打气的文章，看起来似乎很有力量，但也最容易泄气。

第三，要切合实用。有许多民众读物，表面上似乎与民众生活有关系，但所介绍的知识，多不能给民众读了就能拿去实用。譬如一本《防毒须知》，如果里面所叙述的常识，什么防毒衣、防毒面具等，有的叫民众看了徒唤奈何，没有力量采用，有的甚至看了莫明其妙。试问这种读本如何可以引起民众阅读的兴趣！结果还不是不切实用？

第四，体裁以小说、歌谣为最好。因为民众阅览民众读物，大都是在工作空闲时拿来当作消遣，所以小说、歌谣等是最配合他们的胃口。正中书局所编印的《国民说部》，把史地、卫生等科学知识，用章回小说的体裁写出来，也就是想抓住民众阅读的心理。

总之，编写战时民众读物要恰到好处，并能适合民众的需要，最好多看旧式的民众读物；如能深入民间去体验民众的生活，那是最好没有了。

（载《社教通讯》1939 年第 6 期）

战时民众读物之编制与阅读指导

许君瑞

一、前言

中国大多数的民众，到现在还是过着很落后的文化生活，所谓新文化运动的结果，只是推进了社会上层的智识阶级，对于一般大众的思想与习惯很少影响。“五四”以前他们读的是《今古奇观》、《彭公案》、《施公案》、《济公活佛》，现在他们读的还是那一套充满着旧道德、旧礼教以及一切迷信神怪的东西。“五四”以后的收获，如新小说、新诗、剧本一类的读物，不但与一般民众绝缘，连许多中学生都不能欣赏；而许多不脱旧小说气味的作品，反可以一读再读，风靡一时。抗战军兴以来，他们依然缺乏着健全正确的读物，依然沉溺于神怪迷妄的读物中，他们的意识形态，一点也没有脱去过去的类型。同时吃人的礼教还在张牙舞爪，地狱阎王还摆着恐怕的面孔，以及青天大老爷的崇拜、武侠剑仙的幻想、对妇女淫荡的姿态，都在以各色各样的化装，笼罩着一切，充满着大众整个的□识领域——这些对于革命意识的培育、抗战情绪的激发，都发生了极大的阻碍，这在当前需要动员全民的时期，真是非同小可的隐忧啊！

新文艺作品和一般民众绝缘，最大的关键是文体的不“大众化”。这也无怪，“大众化”的东西是不登大雅之堂的，写出来不会受名公要人的器重，所以一般作家都不愿写，不屑写。大众读物的写作，在某种立场上看，也许并无多少出息，因为这是不能见重于当世士大夫，因而得到名利的工作。但如果这类工作做得很好，我们不愁没有广大的读者；同时把作品寄托给广大的群众，完成一种教育上的目的，也许比较只为少数人的欣赏而创作更有一点重大的意义！

前进的文化战士，我们要赶快利用各式各样的文艺武器，来提高大众的文化修养，把成千成万的大众从封建与反革命的泥泞中拯拔过来，送到抗战的前哨。这是时候了，革命的前进的文化战士，再也不应放弃这件刻不容缓的艰巨任务呵！

二、战时民众读物的编制

战时民众读物的编制，这是一个大问题。这问题经过了多年来从事大众教育者以及热心大众文艺者的研究和讨论，虽已提供过不少可贵的意见，但还没有一致的结论。究竟写些什么？用什么方式写？什么话写？都是亟待讨论的问题。究竟写些什么呢？这是读物的内容问题。读物的内容，简括地说，写作者要运用深刻的透视力，握住现实的中心问题，以作为写作的核心，在这里写作者应该把自己所要向读者灌输的意识或所要提供的知识，强调而适当地向读众报告。当前的中心问题是什么？那无疑是抗战，所以读物的内容应该集中于抗战。写作者再也不应单单根据着观感的刺激，单单反映一时的喜悦与忧戚，而应该把抗战意识以及抗战所需的知识技能，运用多方的技巧，表达于大众之前。换句话说，我们应该配合着艰苦悲壮的长期抗战，表扬大众的英勇，鼓励他们的勇气，指示他们战斗的路向，以加强抗战的力量与方法。在当前，最忌的是用悲观的口吻，凄楚的字眼，暴露某个角落的现状，以刺激大众的情感，使他们痛哭流泪，流于伤感、颓废，失却宣传的作用。其次，说到写作的方式问题，为了读众的嗜好是多方面的，因而写作的方式决不能拘于一格。一方面我们要机动地运用种种旧形式，注以各色各样的新内容，使读者易于接受、消化；一方面我们要使读者由比较与反省的作用，迫着他们自动放弃这些旧形式，而接受各种的新工具。但这里有一个前提，就是不论新形式旧形式都要尽可能的表达抗战的意识，这就是说，新瓶固然要装新酒，就是旧瓶也非装新酒不可！

旧的形式要利用，新的形式也要利用。新的形式是些什么？

第一，是报告文学的形式；

第二，街头剧的形式；

第三，对体话与语录式；

第四，墙头小说、散文等。

无论运用新式旧式任何一种形式，都必须写得使读众或听众感动，这使人感动的力量决不是文字的素质，而是描写的手法或技术，一篇故事如果不从动作上去表现，而只用抽象的叙述，决不会引起大众们的欢迎，决不会使大众们感动。大众们所需要的作品，不但要有思想的骨子，而且也要有艺术的外衣，所以战时民众读物的写作，应该特别注意描写的手法或技术，不是草草可以从事的！

至于文字的本身，只要看得懂、听得懂就好了，用浅近的白话文写固然可以，用方言写也未尝不可！

此外，战时民众读物的编制，除须注意前面所提的几点以外，以下的几点也是可供参考的资料。

一、慎选材料。编制民众读物，材料是很关重要的，所以在着手编辑的时候，对于教材的选择，应该非常慎重！

二、妥为分类。材料既经选定，即须妥为分类，如文艺、科学、歌典、故事等，便于阅者选择！

三、内容标准。战时民众读物的编制，它的内容至少要适合下列的十个标准：

1. 文句浅显；2. 趣味浓厚；3. 词意清楚；4. 立意纯正；5. 适合需要；6. 适合国情；7. 足以唤起读众的民族意识；8. 足以激发读众的爱国情绪；9. 足以充实读众的战斗知识；10. 足以训练民众的读书习惯。

四、规定文体。战时民众读物的文体，可以这样规定：

1. 短篇的读物，以歌词为主；

2. 长篇的读物，以白话为主。

五、插画生动。每篇读物，最好都能附有生动有力的插画，其要点如下：

1. 描写真确，以符事实；

2. 含意奥妙，以启发思想；

3. 插画位置，须安排得当。

六、标题醒目。标题要具有新闻性和刺激性，一般的说，其要点如下：

1. 标题须有提醒、告知、警戒、希望、感动、勉励等意味；

2. 标题之字数，以简明为主；

3. 标题的含意，以积极的、正面的为宜。

此外，像篇幅宜短，定价宜廉，装订须精美，出版不宜延期等，也都是编制战时民众读物应有之注意点！

在这里，我们再来一谈旧有民众读物的审查问题，旧有民众读物的弊病，一般的说，可以分为下列几项：

一、社会的：升官发财，重男轻女，迷信神权，消极思想；

二、家庭的：家长权威，依赖思想，多妻制度，两重阶级；

三、个人的：腐化思想，刻板行为，不近人情，滑稽过度。

旧有的民众读物，优良的固也不少，恶劣的实居多数。加以审查研究，可说是一件很必要的工作。审查研究时应行注意之点有四：

一、流行普遍与否？

二、文学的技术如何？

三、内容如何？

四、思想是否正确？

其次则为整理与修改，兹亦分述于下：

一、整理步骤

1. 搜集——把所有的旧有民众读物统统搜集起来，以备分类审查。

2. 分类——旧有民众读物，约可分为下列几类：宝卷、唱本、山歌、小说、滩黄、戏剧、弹词、鼓词、图画、杂类等。

3. 提要——提要可分书名、类别、册数与页数、体裁、出版时期、情节、批评、改编意见等项。

二、修改方法

1. 分段加标点符号；

2. 难字难句加注音释义；

3. 修改——缩短、引伸、换体裁、加新材料、节编等；

4. 加短的序、跋或评语；

5. 插画；

6. 加参考资料。

三、取缔贩卖

内容过分恶劣，不堪修改者，则可取缔贩卖，杜绝来源。这虽是很消极的方法，然亦为对付旧有民众读物必要之手段！

三、战时民众读物之阅读指导

战时民众读物之编制问题，现在颇引起一般人的注意，至于民众读物的阅读指导，那就颇为一般人所忽略了。其实，我们果真希望民众读物能深入民间，发生积极作用，那阅读指导一事，实为未可或忽的要举。如何进行阅读指导，下列各点，都是可供参考的资料。

一、阅读指导原则。阅读指导的主要原则如下：

1. 从内容到形式——从观念而到代表观念的符号——文字；

2. 从旧观念到新学习；

3. 以各个学习者为单位；

4. 以民众的自学为归趣。

二、组织。阅读指导，必须依附组织来进行，组织的种类及其进行的方法如下：

甲、组织民众读书会——民众读书会的组织方法：

(一) 征求会员

征求的方法有二：

1. 公开的征求；

2. 不公开的征求。

(二) 辅导成立

征集相当数量的会员以后，则可辅导其成立。

(三) 指导研究

指导的事项，可分：

1. 阅读方面；

2. 写作方面；

3. 研究方面。

指导的方法，可分：

1. 口舌指导；

2. 文笔指导。

(四) 督促工作，考查勤惰。

(五) 举行比赛测验，激发竞争心理。

(六) 出版刊物，发表会员作品。

现在举一妇女读书会指导方案的实例于下，以资考证。

一、训练目标：

1. 训练自动读书之能力；

2. 训练口头发表之能力；

3. 训练写作之能力；

4. 训练关于集会上应具之知识与技能。

二、指导方式：

1. 阅读指导；

2. 演讲指导；
3. 写作指导；
4. 研究指导；
5. 会议指导。

三、阅读指导：

（一）指导选书：

1. 适合兴趣；
2. 适合程度；
3. 适合需要；
4. 适合真美善的标准。

（二）指导读书：

1. 养成一定时间读书的习惯；
2. 养成读书时注意集中的习惯；
3. 养成透彻了解的习惯；
4. 养成好问及讨论的习惯；
5. 养成勤于检查字典的习惯；
6. 养成抄写笔记的习惯。

四、演讲指导：

1. 条理要清楚；
2. 态度要自然；
3. 修辞要明白有力；
4. 声音要清晰和谐。

五、写作指导：

（一）写作方式

1. 日记；
2. 作文；
3. 担任会议记录。

（二）注意之点

1. 写作应用白话；
2. 日记应用记实入手，宜记大事，勿涉琐碎；

3. 作文应从自己经验中找题材。

六、研究指导：

（一）研究步骤：

1. 每次会议由指导员提出中心问题，编制纲要，详为解释；

2. 会员就纲要自由研究，于下次会议时陈述意见；

3. 由指导员综合意见批评之。

（二）研究范围

暂以妇女问题及……为限。

七、会议指导

（一）会议内容：

1. 讨论中心问题；

2. 讨论读书心得与困难；

3. 讨论会务；

4. 讨论会员提出问题。

（二）会议类别：

1. 全体会议；

2. 分组会议——按会员兴趣程度或问题之性质分组。

（三）会议方式：

1. 悉照民权初步办理；

2. 会场职员以会员担任为原则。

八、成绩考查

（一）考查读书笔记；

（二）考查日记作文及会议记录；

（三）举行读书竞赛；

（四）举行学力测验。

乙、举办阅读辅导班。阅读辅导班，为一般有志读书而阅读能力不足者而设，其设立办法，约如下列：

一、拟定资格。

（一）民众学校高级毕业生；

（二）具有同等程度者。

二、规定阅读时间。

三、选定阅读材料。

四、厘订学生作业步骤。

（一）选定书籍；

（二）写读同时记录生字及疑难词句；

（三）检查生字请解答疑难；

（四）复问；

（五）笔答问题；

（六）口试或报告阅读心得。

阅读指导需用的表格很多，约言之，有阅读笔记片、阅读问题表、阅读成绩考查表等若干种，这些表格的内容与形式，兹因限于篇幅，不克列举，可由指导者按其需要分别拟订之，以供应用。

四、结语

我们相信文艺创作是不能勉强的，但我们也相信它是多方面的，可以作纯文艺作品的创造，也可以作民众教育的工具，后者的客观价值也不定就在前者之下。我们看欧美各国一般民众读物的发达，就可知道他们国民程度的提高，并不是偶然的事实。最流行的《三十轶事》、《五十轶事》、《伊索寓言》之类，都是每篇暗示一个高尚的理想或信条，用最浅显明畅的文字写出来，不但可作一般民众的读物，同时也是国民学校的良好教本了。即在印度，这类意存教育的寓言故事，也非常流行，例如《大藏经》中的许多譬喻经便是这类材料，那些故事在现在的印度还很流行。我国历史悠久，各时代积聚下来可歌可泣的故事，先民的嘉言懿德、壮烈伟举，以及当前种种的动鬼神而泣天地的英勇战绩，在在都可作为民众读物的优良材料，我们如果这些材料委弃在蛛丝尘封的故纸堆中，也正如把矿产委弃在地下不知采用，同是民族国家的损失。

神圣的抗战，虽为时已历二载有余，但是我们同胞的意识，到现在还没有完全武装起来。这是抗建前途潜在的危机着我们应该特别警戒的前提，所以当前民众精神食粮的提供，实是一件非常迫切的需求，同时也是一切前进文化人所该着力的一个重点！

（载《时事半月刊》1939 年第 2 卷第 22 期）

战时民教的课程与教材

战时民教要达到“促进民众觉悟”和“强化民众组织”两个目的，必须选择许多刺激和训练的材料，以为实施教学之凭借。这材料就是教材，教材加以系统的组织便成课程。课程在战教上的广义解释，应为摆渡一般民众入于对抗战建国有认识有能力的境域中的整个历程，所以校内定型的教学设施是课程，校外广泛的社会领导也是课程，而教材则为课程中的各个分子，为实施课程之实质。

本省关于民校的社会领导，详有规定，本刊已另草报告，兹不赘述。关于民校之教学设施，曾拟订标准如次：

战时民校教学科目、时间分配及作业要领简表。

班别	科目	每周节数	每周分钟数	作业要领
成人班及妇女班	国民军训	六	五四〇	依照战时国民军事训练整备纲领和训队教育基准表之规定办理。
	民众课本	十二	四八〇	采用课本，作业包括读、写、说、作。
	精神讲话	六	一二〇	以抗战消息、抗战故事作中心单元设计。
	技术指导	一	四〇	请当地农业、合作、卫生等机关之指导人员，选定中心题材讲述。
	抗战歌曲	四	八〇	教材编入民众课本内，如党歌、领袖歌等。

续表

<table>
<tr><th>班别</th><th>科目</th><th>每周
节数</th><th>每周
分钟数</th><th>作业要领</th></tr>
<tr><td rowspan="6">儿童班</td><td>读书</td><td>十二</td><td>五四〇</td><td rowspan="6">依教育部颁行之《一年制短期小学暂行课程标准》四至九项之规定办理，并增加有关抗战教材。读书界则采用部编短小课本。（读、写、作合称国语科）</td></tr>
<tr><td>写字</td><td>四</td><td>一二〇</td></tr>
<tr><td>作文</td><td>二</td><td>六〇</td></tr>
<tr><td>算术</td><td>六</td><td>一八〇</td></tr>
<tr><td>公民训练</td><td>六</td><td>九〇</td></tr>
<tr><td>体育</td><td>六</td><td>九〇</td></tr>
</table>

根据上表，藉见民校儿童班课程及其作业之规定，除选增抗战教材外，实与一年制短小课程相似。成人班与妇女班之课程，则除顾到普通民众学校课程之“国民道德的培养”、“普通常识的灌输”及“简易文字的学习”三项标准外，当能具有下列三种之特殊作用：（一）民众武力的造成；（二）生产知能的获得；（三）抗敌情绪的激发。

成人班及妇女班之课程，由本省编撰具体教材分发应用者，有战时民校课本，其编辑采单一化之合科制精神，为实施各科教学之基本根据。兹略为分配如下：

（一）编辑原则——编辑所根据之原则有四：1. 适合国家教育之宗旨；2. 切合民众心理；3. 适应战时民众生活之特殊需要；4. 比较有高度的价值。

（二）单元设计——全书共六十八课，分四个大单元：第一单元为公民训练，其内容系使民众增进或提高精神修养、健全体格、职业兴趣、基本知能、创造欲望及集团生活之教材。第二单元为社会常识，其内容系使民众对于国家历史及现状、主义与领袖、政府与法律、权利与义务等有认识与信仰之教材。第三单元为自然常识，其内容系使民众对于自然、天体、地文、人种及科学等有基本了解之教材。第四单元为抗战建国，其内容为阐述国耻史实、敌军暴行、民族英雄传略，使民众体认后方整备、经济建设、防患训练及保卫家乡的重要之教材，以期发动全民力量，完成抗战建国之大业。

（三）文字体裁——用通俗而流利的语体文，以叙述、问答、书信、韵文、演说及剧本等体裁编辑之。

民教教材，除课本外，当有下列数类：（一）教学法。指示教学之目的、时间及过程，更附有丰富之练习材料、参考资料、问题答案及生字解释等。（二）教学挂图。计廿四幅，为供作课本教学上之需要。（三）民教指导。为民教工作者之读物，内容分短论、论著、通讯、资料、消息及插图等栏。（四）战时民众。为民众之读物，内容分抗战讲话、播音、抗战知识、名人传略及战时文艺等栏。此两种刊物，一年来均已出版二十期左右，间选载足为教材之论著甚多。

民校课本之编辑，前已言之，着重于精神或意识之作用，以迎合救国建国之迫切的需要，此其特长；但或以此遗漏识字教育观点上的字汇，难易排列……等心理根据，因尚有待于根据实用经验的修改。

（载《民教指导》1939 年第 2 卷第 3—4 期）

战时民众学校课本的研究

周在田

省编的《战时民众学校课本》，已试用一年了。它是适应时代环境需要而产生的民众读物，取材着重于抗战建国生活。兹据笔者以问卷法的研究，及一年来实验的结果，本书有如下的优点：

一、适合现代生活的需要。各时代的生活方法不同，而教材的内容，也常因之而变动，以适应某时代社会生活的需要。本书选材，多着重于抗战建国生活中所需要的基本知能。

二、全书充满着激发民众爱国救国的情绪和坚定抗战必胜、建国必成的信念。本书编辑的目的，在激发民众爱国家爱民族的意识与行动，和坚定抗战必胜、建国必成的信念，根据一年来教学的经验，确能收到此种效果。

以上所述，为战时民众学校课本的两大优点，至其内容的分析，有如下表：

单元	课文数	百分比
公民道德	十四	20%
社会常识	十八	27%
自然常识	八	12%
抗建知能与信念	二十八	41%
合计	六十八	100%

观此表的分析，我们可以明白本书系侧重于抗战建国，次为社会常识及公民道德，再次为自然常识，此为本书之特点。然细加检讨，内容、形式及文字各方面，尚有几点须待改进者，兹就管见所及，述之于次，以与同仁一商榷焉。

一、意义艰深。本书内容，意义太艰深，民众阅读颇不易了解。如《牺牲》一课，内容意义，极为抽象。尤其是“明哲保身”的意义，系属伦理哲学的范围，民众阅读，实莫名其妙。其次为《国民经济建设运动》一课，这问题范围极广，原文用记叙体裁叙述，虽略能把国民经济建设的主要工作表现出来，但分门别类，详为解释，费时既多，而读者对于内容意义反觉不明了。如能以生动的故事体裁演叙，以归纳方式说明国民经济建设的意义与方法，比较易于教学。此外尚有许多地方有此种毛病。

二、缺少练习题。每课之终，附若干练习题，不但可以激起读者的思考和学习的兴趣，且能引导读者探求事理，养成求知的态度。

三、课文体裁分配欠均匀。本书体裁计有叙述、问答、书信、韵文、演说、剧本，惟问答、书信、韵文、演说、剧本等材料，仍嫌太少，至诗歌竟无之。根据一年来教学民校的经验，民众读书，最喜欢读诗歌。我编选补充教材时，也多偏重于这种体裁，因为这种材料，可作音乐、读书、常识、公训等联络教材，如鄂省实验民教馆编的《抗敌救国歌》（参见《闽政月刊》教育辑一卷十一期拙作），是很好的教学材料。

四、教材排列不适宜。教材的排列，从旧到新，从具体而抽象，由主要而次要，这几个原则，虽应用于儿童的学习，但也可应用于成人（尤其是失学的民众）的学习。虽然教材的价值，不是绝对的，但比较价值，确为排列教材一件很重要的问题。战时民众学校课本的排列，第四单元抗战建国，似应与第一、第二、第三单元互调排列。虽然公民道德、社会自然等为人类的基本知能，但目前抗战建国时期，不妨先激动民众的热烈抗战情绪，指明抗战建国的方法，然后才示以做人、社会、自然等知能。

五、缺少地方性的教材。欲民众爱国救国，必先使民众从爱乡救乡做起，民众有了爱乡救乡的观念，自然会有爱国救国的观念。因此，带有地方性的乡土教材，实为民校课本主要材料之一。就本省论，如农事常识、渔业常识、地方特产等研究材料，应行列入。

六、句子太长不易阅读。本书句子字数在第十二课以上尚称适宜，十三课以下，便时常发见过长的毛病。如末后一课，有些句子竟达廿四字之多；其他各课，（十三课以下）每句在十字以上者，约达一八七句，民众读书多为朗读，句子太长便不易阅读了。

七、插图问题。课本的插图，原为增加阅读的兴趣，了解课文的内容。儿童教科书需要插图，民校课本尤需要插图。本书共六十八课，仅有八个普通的插图，实嫌太单调。虽然有些教材很难插入适当的图画，但本书有很多课文很容易插图而又极需要插图的，如《新生活》、《卫生》、《团结御侮》、《全民总动员》、《岳飞》、《戚继光》、《花木兰》、《游击队》、《防空》等。

八、行列问题。课本的行列，在儿童教科书方面很有精细的研究，但在民校课本，对于研究行列一项便较少了。其实，行列的长短，影响于阅读的速率甚大。行列长则读者的目力易疲；反之，则阅读速率减低。儿童如是，失学成人的学习亦如是。本书的行列，其字体及行距尚属可以，若就行列一项观之，似有改进之必要。大概在第一、第二两单元中因字数较少，行列则失之过短，第三、第四两单元则较适宜，至字体及行距亦较佳。

九、封面画问题。课本的封面画，影响于读者的心理很大。封面画得好，吸引读者之力深；反之，则效率少。本书的封面，以笔者之感觉，太过单调，民众读之，当更无兴趣。

十、生字之旁缺注国音符号。生字最好注国音符号，教师教学时既感便利，又可使民众认识国音符号及用法。

十一、字句艰深不通俗。本书有些句子，过于艰深，民众阅读颇觉费力，如第十三课《创造》："我们万不该蹈常袭故。""蹈常袭故"四个字，以我们读之，极为平常，若民众读之，不但字义不能解，连读音也念不来，若能改为"我们千万不要守旧"，不但易读，且亦易解。又如第十四课《高尚趣味》，此标题似乎太抽象，若能改为"上等游戏"，便通俗而易解了。

十二、生字字数分配欠妥。本书生字共一一七七字，每课生字数最多的为四十八字（十五课），最少的为五字（廿四，卅七，六十一课），生字分配，微嫌不平匀，教学颇感困难。观下表即明其欠妥处：

课别	生字数	课别	生字数	课别	生字数
一	二六	二四	五	四七	八
二	九	二五	二一	四八	七
三	一七	二六	一四	四九	九
四	二六	二七	六	五〇	一二
五	一九	二八	二一	五一	九
六	一九	二九	一三	五二	九
七	一七	三〇	一二	五三	一三
八	九	三一	一四	五四	二一
九	一九	三二	二一	五五	二七
一〇	二六	三三	二四	五六	三二
一一	三八	三四	一六	五七	一六
一二	一二	三五	一二	五八	一八
一三	二四	三六	一二	五九	二一
一四	三七	三七	五	六〇	一四

续表

课别	生字数	课别	生字数	课别	生字数
一五	四八	三八	一六	六一	五
一六	一八	三九	二三	六二	九
一七	二二	四〇	二四	六三	八
一八	一七	四一	一八	六四	一一
一九	二七	四二	一四	六五	一七
二〇	二〇	四三	一三	六六	六
二一	二六	四四	二二	六七	一七
二二	二四	四五	二九	六八	六
二三	一一	四六	一六		
合计 一一七七					

总上所叙，为战时民众学校课本之优点及应行研讨处。至教材的分量，以课数论，四个月读六十八课，尚称适宜，若以生字练习论，则略嫌过多。希望再版时，能尽量改进，俾成为战时民校的优良课本。但此系管见所及，质之编者同仁，以为何如？

（载《民教指导》1939年第2卷第22期）

创立健全的连环图画

寒 波

偶然从连环图画摊上，发现几部采用新的题材的画本子，例如《情天血泪》、《夜半歌声》、《雷雨》、《珍珠衫》、《王先生》、《牛鼻子》一类本是银幕与漫画中的故事，现在都一一搬进连环图画的世界中了。从那叠皱的封面上看来，可知已被无数人看过，已把印象刻入无数人的脑海中，产生了巨大的影响。

不过很抱憾的是我们却没有发现过一二部介绍可歌可泣的抗战史迹与优秀的抗战文学底连环图画，她们一面想穿上时代的外衣，一面却又摆脱不掉因袭的束缚，这就是最近连环图画所走的新趋势。

限制了连环图画向上发展的障物，是：

1. 浓厚的封建意识；

2. 抹却主题，仅求热闹与取悦读者的生意经；

3. 粗制滥造的艺术形式与拙劣的文学说白；

4. 虚构的落伍的旧题材。

这几点合并起来，就形成文学中一个特殊部门的连环图画了。

连环画商人想利用旧形式来配合新题材，但却不曾克服了上述的障碍物。酒瓶没消过毒，就装入新酒，那是换汤不换药的把戏，连环画现在固已转入采用新题材的阶段。然而若去采取那些恐怖、侦探、滑稽、恋情一类的脚本，无疑的又是一桩极大的错误，并且若未扬弃了旧的渣滓，即使是最好的题材，也会歪解了的。所以目前首先当铲除许多年以来根深蒂固的恶习，以簇新的姿态将适合抗战的题材容纳于无毒的旧形式中，建立一座健全的连环图画堡垒。我们当然也知道商人有商人的生意经，然而我们更明了这是一桩不会亏本的任务，所要求于他们的，只是一番转变。商人为什么不站到大多数人的方面来呢？

谈到意识主题与艺术形式一类问题，那该是文化人分内的事了。连环画有了转变的生机是一桩很可喜的事情，我们应该有人去领导此项运动，贡献意见并策动其作多方面的发展，使不致趋于歧途。同时，不但仅为了都市内的学龄儿童，且必须顾到战场上将士与乡村大众的需求，含有正确意识的通俗图文最适于充作文章下乡与文章入伍的先锋。以前有人倡导过这回事，现在该是亟应复兴的时候了，复就纯文学立场论，连环图也是向初学者介绍杰作名著的最好工具，《死魂灵百图》很予读者以深刻的印象，帮助了解原文的内容，尤为有力，这是当前文化绘图工作人员值得倡效的事。连环图是这时代文化的落伍者，但如我们能创立一个健全的连环图阵线，那末它的效力又将站在文化界的最前线了。

（载《申报（香港版）》1939年3月11日）

救救香港的小朋友

朱奇卓

假如说香港有一百［千］万人口，儿童是占四分之一的话，那么，香港的儿童就有二百五十万这个偌大的数目。

这二百五十万的儿童过着什么生活呢？

——卖报，擦皮鞋，做苦工，当奴役，流浪……在饥饿线上饱受惨痛的欺凌，过着黑无天日的生涯，让黄金般的童年像□风，如泡影，无踪无迹地幻灭过去，这是一个多么惨痛的现实！

所谓“幸福”的儿童又怎样呢？

——在家庭所感染的，是“拜金”和“封建”的思想熏陶；还有的是“麻将教育”以及畸形家庭制度的习染。

在监牢式的学校呢？有的是老师的叱骂与挨打，还有一套听不懂、吃不消的“说教”。

什么“古文”！什么“英文”……把一串古人与大人的“东西”，装进稚弱的脑袋。加上老师“认真的管教”，今天要默写，明天要背诵，使儿童纯洁的灵魂盖上一重黑影，伟大的创造力受到严重的打击而宣告夭折。“幸福”的儿童虽然幸免物质生活的威胁，精神上的虐杀，亦太够受了。

这样的儿童，就是我们未来的主人翁，就是希望能够接续我们这一代的脚步来建国的未来主人翁，这样的主人翁怎不叫人不寒而栗呢？

二十世纪是儿童的世纪，儿童的好坏决定了民族盛衰的命运。×人抢走了我们的儿童，我们越是要热爱我们的儿童。“救救我们的小朋友”，亦该是当前的急务啊。

在整个社会制度来得改变之前，我们当然亦不敢奢望儿童问题能够圆满的解决，可是，亦尽有很多抢救儿童的方法，在此时，在此地，能够做得到，而应该立即发动起来的：

一、请老师放下鞭子

“体罚”据说是香港一般学校普遍的现象。老师手上的“鞭子”从“教具”变成“刑具”了。为什么要殴打稚弱的孩子呢？除了“野蛮”、“粗暴”的发泄之外，是没有理由可以自圆其说的。

执行体罚的遁词或者说是“使好儿童加勉，坏儿童知戒”，事实上，真有“加勉”与“知戒”的效果否，这个执行体罚者自己知道得最明白。稍有良心的教师或父母，体罚儿童之后，是无不深深懊悔的。“加勉”与“知戒”自有其他的教育方法可以遵循，时至今日，绝不能再用“体罚”的□策了。教育部的《废止体罚研究报告》，是集合全国专家与进步学校、进步教师研究实验的结晶，是无论任何一个教育儿童者所应精读而力行的蓝本，政府对于禁止体罚的三令五申，亦是每一个学校、每个教师应该绝对遵从的法令。

固执成见而坏脾气不能克服者，或者板起脸孔，想出似是而非的理由来抗议：“理论是这么说，却不知道事实的困难——有些小孩，有时候实在是非打不可。”可是，笔者在儿童队伍里过活了好多年头，事实上却并不如此感觉。能够实行人格感化，循循善诱的教育先进亦不知道多少！笔者敢为儿童请命，诚恳希望“体罚有用论”者虚心下气，观摩一下进步的教师是怎样对待儿童，是怎样得到精神上的慰藉，再读一读教育部的《废止体罚研究报告》究竟可不可以实行。那时候，一定会毅然决然，“放下鞭子，立刻成为良师”的。如还是固执“非体罚不可”的话，那么，自己就得坦白承认，是“自己没有办法教小孩”，却不是“小孩非打不可”。

体罚儿童对于儿童生理心理的摧杀委实太残□了！救救小孩必定先要灭绝儿童最大的敌人——鞭子。无知的父母或者未能普遍做得到，“请老师放下鞭子”应该不成问题的吧？

二、别教那些小朋友听不懂的东西

小朋友解脱了鞭子的刑罚之后，接着，就要希望老师们别教那些小朋友听不懂的东西。像“奥妙”的古文和英文，真要教，小朋友越读越糊涂。儿童本位教育是什么意思？课程标准告诉我们些什么？老师们是千万不可误人子弟而断裂了民族生机的。教授古文与英文说是“适应环境”，这固然亦有其苦衷，但是“适应”应该有一个限度啊！而且“适应环境”并不是教育最终的目的，而是“改造环境”的手段。白刃可能杀人，粉笔杀人不见血更是可怕。操粉笔者应该怎样□□将事□是，教师亦好像手上操着一把刀，是把身边的小孩杀死，还是杀开一条生路，让小孩前进，这是要教师自己去决定的。深愿我们的教师救救我们的小朋友吧！

三、来一个儿童精神粮食运动

小朋友有的是好奇心与旺盛的求知欲。学校刻板无味的教科书一定是不能满足儿童的要求的。要求没有进步的教师指导阅读有益的儿童读物，无疑地就会往“连环图”钻进去。中了“连环图”之毒，在目前已是普遍的现象，亦是严重的问题，这个恶劣的影响，真要叫有心人痛心疾首呢！

针对着这个严重的事实，很需要来一个儿童精神粮食运动。凡是进步的教师、作家、画家、报界，应该责无旁贷地联合起来□这□□被人疏忽而包含着重大意义的运动，除将原有的儿童出版物与原有儿童指导团体，加以充实与强化之外，如儿童日报、儿童画报、新连环图、儿童定期刊物、儿童图书等等都应该有崭新的姿态出现，使广大的儿童，得到了新鲜的、进步的精神食粮。

四、让儿童在集体中生长起来

儿童不是父母的私有物，亦不是可以独占的玩偶，他该是属于社会的，属于国家民族的。因此，他需要在集体之中生长起来。

新安旅行团、上海孩子剧团、厦门儿童剧团……这些前进的儿童团体，仍然在集体的苦斗中表现了惊人的成绩。本港的儿童保育院、学赈会的儿童团，未尝不是儿童的大集团，要是强化起来，将不知会发生多大的作用。深愿各校教师与学生会负责者不辞辛苦地使全港九的儿童都在儿童团体统一领导之下，过□集体的生活，在集体之中成长。儿童团在过去干了不少的儿童工作，有了光荣的历史，今后除了应该再进一步展开集体主义的读书运动、健康运动、救国运动……之外，还须推行小先生制度，使学校儿童负起应负的任务来教育街坊的贫苦儿童，并将本港英国儿童以及国内国外的儿童朋友联络起来，团结起来，这是一桩多么饶有意义的运动呢！

本港的英国儿童朋友已经与儿童保育院儿童朋友渐渐携手起来了，推行小儿童制在祖国亦是风行一时的运动。全国和全世界的儿童通讯，在国立中央大学实验学校倡导之下，亦有了先例，希望香港的儿童在祖国抗战的炮声中亦警惕起来，伟大的正在前进着的祖国亦需要着这样的主人翁。

救救小朋友的范围是很广泛的。上面所说的四点不过是此时此地应该着手、可能着手的起码□作□了！这点小小意见是很平凡的，亦□会因为“抛砖”而“引玉”吧。作者敢不揣浅陋而呼喊出来者，动机只是在此。深愿我们小朋友在大时代的怒潮中□救了起来！

（载《申报（香港版）》1939 年 4 月 8 日第 394 号）

连环图画的演变

钧　相

连环图画一名“人书”，亦称“小书”。它之所以能够盛行了三四十年，为一般小市民及孩子们欢迎的缘故，一是因为连环图画的画意浅显，文字部分至少也要比章回小说中的浅明得多，易于使这班未受过高深教育的平民大众充分了解；二是连环图画的租价便宜，适合于普通平民的经济力。此外，大多数的连环图画的内容中充满各式各样的低级趣味，自然其号召力也是颇大的。

初期的连环图画，不论其形式或是内容都较后来的差得远：它是不大有连续性的，大多以章回小说的一回画图画两幅，支离分散，看不出整个故事的发展、演变；画中的人物也画得极粗俗、简单，没有背景，也没有说明；纸张是用油光纸的，印刷也极差。

之后，连环图画开始渐渐地进步了。首先，连环图画的作者们为了使图画更有趣生动起见，将连环图画中的故事内容贯连起来，使阅者对于整个故事的轮廓得到一个清楚的梗概。其次是在每幅图画之上另辟一个说明栏，说明有时用作为画图根据的原文，有时由作者们自己写下一个大意。每幅图画上则进一步的添加了适合于故事转变的背景，画人物的技艺也较初期高明得多。不过纸张依然是油光的，印刷自然也没有进步。

表面上的进步

时至最近，连环图画在形式上算是大大的进步了，它的纸张已由有害目光的油光纸改用报纸了；画图较过去的更为精致，更合艺术化；说明也由作者们把它改成更浅明、通俗，易于使大众充分了解。

在形式上讲来，连环图画的确是在不断的进步着，可是，我们检讨起这三四十年来的连环图画中的故事内容的演变状况，实在是未许我们乐观。

初期的连环图画，它的故事内容是不贯连的。考究一点的，每一章回画图两幅，简单的，大多选一则故事中最精彩、最为人熟知的几段画图数幅，因此一则颇长的故事，只能画成薄薄的一小本。作者自己是没有创作的，作为画图根据的是明清小说家们留下的几部通俗小说，其中间或也有依据于皮簧戏的。

第二时期的连环图画，故事虽然是贯连了，但作为画图根据的仍旧是几部通俗的章回小说，虽然以上海社会作题材的《阎瑞生》、《蒋老五殉情记》之类的较新鲜的作品也未始没有。

在那一个时期里，剑侠的小说、剑侠的电影曾经大盛过，连环图画的作者们看透了人们对于这种超人的英雄——剑侠的崇拜心理，于是杜撰了很多的剑侠的连环图画，获取了一大群的中下流的平民读者，注灌了浓烈的毒液。

直到现在，剑侠的连环图画在摊子上仍旧可以占到三分之二的地位，这实在是连环图画史上最可悲的一点。

产生电影写真

以通俗小说为题材的连环图画因了大众对它们渐渐不发生兴趣的缘故，差不多将要销声匿迹了，代替这三分之一地位的是电影写真。

电影写真的产生，还是在这最近的两三年内。它居然也号召得很多的读者，有许多看不起电影的平民，他们都藉电影写真看到每一部影片中的内容。现在差不多每一部影片开映后的半个月内就有电影写真的连环图画出版了。

至于连环图画的作者们自己创作出来的切合于目今时代的连环图画，在目前可以说是凤毛麟角，绝对的少数，我只看到过一部以上海难民圈作题材的《难民泪》。

以上是关于三四十年来的连环图画演变状况的一个小小的报告。严格的讲，三四十年来的连环图画，它非但没有担负起教育大众的任务，相反地，它为了替销路着想，带给大众各种浓烈的毒液。我们不是看到很多纯洁天真的孩子，看了图上剑侠的各种形态，着了迷，想跑到什么山，什么洞去找那些剑仙？在抗战进入第二阶级的现在，连环图画非但没有跟抗战配合起来，而且加倍的在麻醉着大众。

一种新的尝试

据说，一部分前进的画家们，正在开始利用连环图画，使它跟抗战配合起来，作为教育大众的一种有力的工具，我希望他们在最近就做出一点良好的成绩来，作为一个榜样！

（载《申报（上海版）》1939 年 7 月 17 日）

小书摊

——大众的流通图书馆

王　一

依赖出租小书谋生的，战前据说整个上海（包括南市闸北）大致有三万名左右，这三万名的流通图书馆“馆主”，成立了一个“书摊联益会”，规定小书的出租费，免得有人擅自增价或者跌价。“八一三”以后，“书摊联益会”已解散，“馆主”的总数也无法调查，不过据“三步一小摊，五步一大摊”的“繁荣”情形看来，两租界里的书摊数，至少也有三万名左右。

靠墙竖放着的两三个木架子，这就是流通图书馆的“书橱”，上面放着光怪陆离、花样百出的各式小书。拖着鼻涕，面孔像“铁鬼”样的流浪儿童，是这里的忠实“读者”，每逢出了新书，他们连一页也不肯错过，必须“正襟危坐”、“凝神定气”的把它看个“一明二白”才罢休。

小书的“读者”事实上也不仅是孩子们，我在一家规模较大的“图书馆”里看到一册“借书登记簿”，发现除了孩子以外，还有娘姨、大姐、伙友、工人甚至车夫之类的下层阶级和劳苦大众。

有人以为这般“馆主”们，只消化上几十元资本，以极低廉的代价，买上几十册几百册的小书，就算每日每册出租的代价是一分钱，每日收入块把钱是靠得住的。其实这只是一种“只知其一，不知其二”的说法，据我所知，他们的办生财道具，虽然只须化一次钱，而他们的书籍却不能这样办。陈旧了的连环图画断乎引不起“读者”们的爱好、兴味和刺激，要迎合“读者”的“要求”，必须随时的增添新书，有的“馆主”差不多天天添着新书，甚至终日愤恨地诅咒着：“干了一整天，赚也只赚得七八毛钱，添新书倒每天要化四五毛，先生，这个生意，还不是赛过为书店做替死鬼！”

纵然出售这类小书的书店有数十家之多，而每家每天也有二三册在发行，但它们的内容，都逃不出这几种范围：

(一) 神怪的、武侠的——白光一道，杀仇人于千里之外的武侠小说与乎“猪精百怪”无奇不有的神怪小说，像《昆仑七侠》、《百怪奇侠》、《妖仙传》、《妖精之王》都是。

(二) 根据新旧小说改编的——大抵是才子佳人私会后花园；妻离子散，结果破镜重圆；贞妇烈女，恩赐节孝牌坊等有浓厚的封建性的作品。《断头夫妻》、《月下终身》都属此类。

(三) 取材于电影的——里面兼有神怪的、武侠的与社会的、侦探的。像《古塔奇案》、《黄海大盗》、《老爷兵》、《九九警车》等。

(四) 滑稽的与笑话的——胡闹无聊，充满着偶然性，像《小小猪八戒》、《阿木林》。

(五) 侦探的——大抵是机关重重，大打出手，结果破获巨案，如《小小侦探》、《女侦探》就是这一类。此外，沪西一带的小书摊，还附带出售一种“花会”书，记者也曾偶一见之，那本书的名字叫做《原版绘画致富奇书》。

我曾经把一家小书店里的全部小书加以统计，结果如下：

武侠的与神怪的	一四〇
根据新旧小说的	六八
滑稽的与发笑的	三八
侦探的	二七
总数	二七三

(内有电影小说三十二册，计属于神怪的六册，新旧小说的十三册，滑稽的七册，侦探的六册。)

看到大众对小书热烈欢迎与迫切需要的情况，我们应该觉悟到，目前孤岛上的出版界中，合于大众受用——意识正确，文笔生动——的精神食粮，宛直是太不够了。

(载《青年生活》1939 年第 1 卷第 4 期)

后方中小学教科书的供给问题

丘　椿

约两周前，昆明市书业界的一位朋友对我谈了如下的一段话："现在川、黔、陕、甘等省中小学校需用的教科书都要由昆明运去，但交通工具上发生极大困难。若将教科书交公共汽车包运，则运费太昂，并且军运繁忙，根本没有这样多的闲汽车来运书。若用牛车拖载，则走到甘肃，至少要半年。因此各书局昆明分馆堆积的教科书都无法运输到后方各省去；而各省学校和书局催发教科书的函电，如雪片飞来，真无法应付！……近来因外汇高涨，纸张油墨等价飞腾，教科书印刷成本太大，但书价又不能照比例增加。书价若是增加太多，一般学生无此购买能力；若是增加太少，各书局亏累太厉害了。假使没有救济办法，在一年以内一切书局都要关门大吉！到那时，后方各省中小学教科书的供给就根本成问题了。"

这段话提供了一个颇严重的问题，其在黔、川、陕、甘诸省的严重性，恐将与日俱增，而非一般人所能想象。如果现在种种困难不能被克服，书局所蒙受的损害且不必提，专就教育上所发生的可能的影响而论，这个问题的严重性是不能被忽略的。我国中小学师生在课内的一切活动从来是为教科书所支配着的，我国教育从来是读教科书的教育。假若教科书在供给上发生困难，全部教学活动也许就因此停顿了。有人说大自然和社会就是我们的"书"或师生最好的研究对象，教师没有教科书就不能不考察现实，不能不深入社会与自然，不能不放弃传统的书本教育，这不是我国教育革新的曙光吗？这种高调是"似是而非"的，并无适足的论据。第一，我国中小学教师并未曾受过良好训练，根本不知研究自然和社会的方法，要他们抛却书本而直接应付现实，这未免太苛求了。第二，教科书代表民族经验的精华，是研究社会和自然的键钥，从来书本教育的病根不在书本的本身，而在师生不能利用它为研究现实的工具，所以如果我们缺乏教科书，教育活动是无法进行的。第三，欧美有少数进步的学校虽然废除教科书，但参考书则广泛地被利用，现在教科书既缺乏，参考书更谈不到了。假若叫教师们以参考书代替教科书，那就等于对灾民说："何不吃肉糜?"

问题是如此严重的，但是我们有什么救济的方法呢？据我的愚见，书局、政府、学校三方面都应努力解决两个问题：一、如何便利教科书的运输；二、如何减低教科书的成本或售价？

先从书局方面说，有几个建议无妨试行一下。第一，各书局似可自购载重汽车，专备教科书的运输之用。公路汽车或军用汽车随时可被政府机关征调作特殊紧急之用，决不能按时间表开行，所以依靠这些汽车去运输教科书是不可能的。假若书局自购载重汽车，而政府又保证这些汽车不被征调作别用，燃料亦不发生困难，那末，教科书的运输问题便可解决了。第二，各书局似可就各地原有的交通工具，加以改良。例如云南的牛车最多，据说每辆车能载重一吨，只须略加改造以增进其速度，也是颇合用的交通工具。听说某机关已着手改造牛车，以汽车胶皮轮代替原来的椎轮，既轻便灵活，又可多载重，在汽油供给困难，汽车可随时因缺油而停驶的今日，这亦是一种差强人意的交通工具。

至于减低教科书印刷的成本，书局并非毫无办法。它们似可利用后方各省原有的印刷机、纸张、油墨等，在后方各省的安全地带，印刷教科书。若能办到这层，省内运输可利用各种原始的交通工具，供给便毫无困难了。他如工厂的科学管理，繁复课文的删削，不必要的插图之取消等都是减低成本实际办法，只须当事者努力施行罢了。

次从政府方面说，我们也有几点希望。第一，希望政府认识教科书的供给问题之严重性。教育是百年大计，不可任其自生自灭。各书局在我国过去的文化之开发上有珍贵的贡献，在将来文化的保育和发扬上负有特殊的使命。政府对于各书局的生存似应予以积极的扶植。后方的物质给养固然重要，但后方的"文化食粮"亦是不可忽略的。教科书是后方儿童与青年的一种主要的精神文化的食粮，其供给情况对于抗战建国的前途似有密切联系，行政当局不能不予以注意。第二，我们希望中央和地方政府对于各书局便利运输和减低成本的种种企图，予以同情的积极的资助。如各书局自购的载重汽车，政府应保证不征作别用；关于汽车的购置和汽油的供给等，政府亦应予以种种便利。假若政府指定若干公共汽车，专运中小学教科书，并特别减轻其运费，那是再好没有了。又如本地印刷机的收买，土产纸张的改良，油墨等代替品的发明，政府都应予各书局以种种便利。第三，我们希望各地方政府在必要时设法自编自印中小学教科书。万一各书局不能施行有效的救济办法，万一交通上发生不可克服的困难，万一从港越各地运进的教科书之来源完全断绝，我们亦不能不设法为后方儿童和青年制造新的精神食粮。政府可资助各书局，但不能完全依赖他们，所以各地方政府自编自印教科书也许是最根本的办法，不过其内容、体裁、格式等应严遵中央政府所规定的最低标准，以资划一。

复次，从学校方面说，我们也有几个实际的建议。如果各书局和政府机关的救济方法都未必有效，如果教科书的售价不但不能减低而且要增高，如果教科书的供给果然被断绝，难道中小学教师和学生便一筹莫展而坐以待毙吗？不！学校在极端困难的情形之下仍须赓续其文化或陶冶的工作。如果各书局教科书的售价增高，学校可采用消费合作的办法，其法由学校资助教科书的售价之半数，再由用教科书的学生筹集售价的半数，购得的教科书半属公产，半属私业。在某一学期或学年中，学生可完全占有若干教科书，可携回家中自修，但不得涂改或污损，否则须赔偿原价的半数。到学期或学年终结，教科书已读毕时，学生将书交还学校，即可领回其所缴的书费之半数，其书即可传给下一班的学生应用。这班学生亦须缴纳同数量的书费，以备补充旧的或添购新的教科书，到学期终结时，书归学校，学生所缴的书费之半数亦可发还。照这办法，学生在实际上只须付教科书原价的四分之一。如果来自港越的教科书之供给完全被断绝，学校似可收买本地方旧毕业生的教科书，或油印旧教科书，或竟自编新教科书。最好师生能共同编制教科书，即略仿设计教学法的意思，由教师辅导学生研究自然和社会，将研究或讨论的结果笔录下来，便成课文。在小学初年级，师生共编教科书的办法最为有效，不过教师颇需要特殊训练，但在“由行而学”的原则之下，这种训练亦是不难获得的。

（载《大公报（香港版）》1939 年 2 月 12 日）

战时中小学教科书问题

袁　昂

中小学教科用书是当前的一个严重问题。

好久以前，丘椿先生曾在《中央日报》上发表过关于本问题的一篇论文，提出很多具体易行的意见。第三次全国教育会议时，与会的各省教育厅长也对本问题交换过意见。时至今日，问题还没有好好的解决，其严重性并不亚于当时，所以我们从事或研究教育的同志们仍须对本问题作一番研讨，以求得适当的解决方法。

分析说来，中小学教科书问题有三个：一个是印刷问题，一个是运输问题，还有一个是购买问题。抗战后几个大书局在沪港两地，和内地联络不易，内地学校还□□□□，书局不明了学校的消息，学校对教科书的需要，书局便无法估计，因此印刷方面成了问题，印的多了，无处推销，印少了便供不应求。海口自被敌人封锁以后，教科书从港沪运入内地，和其他货物一样的困难，运进了口。因内地交通工具的缺乏，运输上还是大成问题。即使书籍能够运输，因时间的延迟，运费的增加，购买教科书也非易事。不但学生负担困难，学校方面亦未便等待。总括一句话，中小学的教科用书到今日还是问题重重。

我们要解决中小学教科用书的种种问题，必须从多方面来设法：第一，在行政方面要统盘筹划，规定中学师范及小学的各科用书，通知各书局准备。这个工作本省早已注意并实行了，一月前福建省中小学教科用书评选委员会即着手工作，选定高中各科用书二十二种，初中十五种，师范二十六种，简师十六种，小学七种，同时通知商务、中华、正中、世界、开明等书局准备课本，规定各校一年级必须采用新定教本。第二，在书局方面要重视这种办法，如期准备新的书本，原来印的旧教本暂时不妨存留着，因为这样依着选定本去印刷推销是非常合理的，可以免去许多盲目生产运输等的费用。第三，在学校方面要注意贫困的学生，图书馆里尽量多购买几本选定的教本。凡免费公费的学生由学校借给他读，读毕时还给学校。如在新书未寄到前由教师将选定本的课文印成讲义分别应用，也是很好的补救办法。如果毕业生在离校时，学校教他们把读过的教科书（限于选定本）赠给学校，以供新生借读，这是最好没有了！

当然，进一步的办法，我们希望几个大书局搬一部分到国内各省较安全的地方，分区供给中小学教科书，绝对不受敌人封锁的威胁。否则教行机关或学校本身只有自动的起来翻印教科用书了！

讲到运输方面，希望汽船、汽车能尽量减少教科书的运费。如果由书局或行政机关特备交通工作运送那更好了。

（载《福建教育通讯》1939年第4卷第6期）

怎样解决战时关于教科书的问题

站在战时教育岗位上的斗士们，我们何幸而生在这个大时代里，眼见着中华民族的复兴，身任教育战的斗士，在战争的大熔炉里润浴着，使我们身心的污垢涤除净尽。同时战争的火炬，照出我们的缺点，并指示我们一条光明的出路前进。这是何等的幸运啊！

教育同志们：我们内心固然感到无限的欣慰与愉快，敌人的炸弹，炸不完我们的园地，敌人的魔手，摧残不完我们的幼苗；我们的幼苗，千千万万地在园地里丰美生长着，我们灌溉着，一天天长大。我们胜利，不久是降临了。然而，你们当灌溉的时候，有没有感觉原料——教科书——价昂和采办困难的问题？我们现在正在感觉得这种困难，但是已想出一个办法来解决，不妨贡献出来。

在抗战以前，教科书的价目，曾降到三折五折。战争发生，各书局因纸张来源不易，工人召集不易，而且价目飞涨，运输困难，于是实价实售；后因求过于供，同行公议价加三成，到最近甚至于加四成。这样一来乡村里一般的贫寒的家长，那里负担得起子弟书籍费呢？因此我们一方面为减轻儿童家长的负担，一方面为整个国家在抗战建国时期推行节约运动，实行儿童读完了书收回供给下班儿童应用的办法，以解决"课本荒"的难题。

这办法是这样的：

(甲) 对家长——在开学之前，印发这样的信给各儿童家长：

径启者：兹因教科书价目飞涨（照价加四成），采办又属不易，为求减轻贵家长负担，及推行抗战期中节约起见，特拟订教科书适用法如下：

一、各级儿童所用之教科书，于学期终了时，由校方收回，供给下班儿童应用；但书籍费在开校时，仍须如数缴清。

二、收回后，视损坏之程度，得偿还书价。

(一) 册页毫无污损与书角未转折者，得偿还书费照原价五分之三。

(二) 册页微有污损或书角微有转折者，得偿书费照原价五分之二。

(三) 册页污残者得偿还书费照原价五分之一。

三、收回后之教科书，各在书页里面附用书单，以便照原价转售另一儿童应用。

教科书用书单

书名			
原价			
用书人	赵生	钱生	李生
转售价	年　月	年　月	年　月
	角　分	角　分	角　分

四、为求评价公允起见，由校方组织教科书评价委员会。

五、儿童课业成绩低劣，必须在假期内补习用者，不在此例。

除上列办法函知外，尚祈平日对于贵子弟学业加以督促，以免荒废，而有顾此失彼之嫌也。此致

贵家长　台启

湘师附小总务部启　　月　　日

（乙）对儿童——使儿童明白此办法与其原因：

一、先将敌人摧残我国文化并推行“奴化教育”，烧毁和删改我国教科书，对沦陷区的小朋友打麻醉针，我们对于教科书应如何宝贵而熟习等情形，作一番讨论。

二、然后对教科书所用的纸张油墨的来源、机器、工人的印刷、水陆的运输、书本加价等与抗战的关系作一番常识的研究。

三、从教科书来源的不易上，暗示教科书应如何的爱护，使它的运用更广，而决定教科书的适用法，达到“经济”、“多用”的目的。

四、此外，在学期中，除教师教学时尽量利用教科书外，还可举行这样的活动：

（1）课用品整洁比赛；

（2）教科书整洁比赛；

（3）教科书内容演讲比赛。

在学期将结束时：

（1）对各科举行总复习，使各单元得到一个联系；

（2）做综合笔记——把所授之各科，指导儿童做综合的笔记，如国语科令儿童找叠词，找对句……

这样把教科书内容精华，都滤清在儿童的脑海里，只余一些形骸，一些渣泽［滓］，是失其效用了。再生的滋养料，是应供给另一个儿童摄取了。

再如，万一教科书的来源断绝时，那末只有另找资源——自己编辑教材。本来我们采取教科书，是已经有些依赖性，而流于偷懒取巧；而且坊间所出之教材，是否合于各处的地方性？是否合于潮流的变迁？许多教育专家，已经批评得体无完肤，不过，为了减少老师的精力与自行印刷的不易，只得采用教科书。那么如果来源断绝了，自然应该自行编辑；即不断绝，我们也要编辑补充教材以适应时代的需要。不过关于编辑教材问题，并不是很简单的，我们在事前也须加以考虑。

一、教材的内容方面要：

（一）合于课程标准；

（二）有教育最高标准；

（三）有生产意义；

（四）能引起抗战建国的热忱；

（五）能启发科学的兴趣；

（六）合于儿童兴趣。

二、教材的形式方面要：

（一）文句浅显而易明白；

（二）组织及篇幅长短深浅，合于儿童心理；

（三）插图明白扼要；

（四）编排材料的先后次序，根据时令气候难易及其他情形。

这里，还有一个问题，即所编的教材，照坊间所出版的教科书式，各科分别成册，或是各科有联系地成一单元，而每一单元装订成册呢？关于这一点，徐则敏先生是极力主张后面的一种，因为教学时有不少的便利。

教育在炮火中前进着，幼苗在血泊中生长着，困难自然很多，阻碍自然很多，但我们应利用困难，改进教育，把阻力化为助力。我们遇到困难阻碍，只要"变"、"多变"，因"变"则"通"，这是不二法门，愿我们教育的战友们及时努力！

（载《进修》1939年第6期）

关于教科书加价问题

东

商务、中华、开明、世界、正中、大东六家书局，最近把中小学校民众学校所用教科书的价目，按教育部核定加三外再加三成，即是照码加六。这是一件很严重的事实，希望社会人士加以注意，教育当局予以合理的处理。

过去因为国民购买力低，而书局过分着重赚钱，无形中不知妨碍了多少新文化的发展。教科书为学校教育所必需，于是书局便都靠卖教科书赚钱，全靠这些大批生意，大批赚钱，各书店才有今天的发展。这同时却妨碍了学校教育的发展，许多家长都叫苦，说上“洋学堂”连书都买不起，民众们因此只好上私塾，买老书。新书店相形之下，恰恰给封建古书扩大了销路。

抗战到今天，全国同胞，拿性命、拿财产贡献给国家的，不知有多少。许多学校、许多教师都节用减薪，刻苦服务。在这中间，也更看到教育工作的重要，全国都要求着教育之推广与进展，而六个书局，却正在这时如此提高教科书价，这实在是只顾维持利率，不顾教育前途，教育当局应该加以制止。

目前纸价高涨，邮运费增多，诚属事实；但书店尽可改用国产土纸，减低成本。政府对教科书，可特准免予加费，以求书价不至过高，书店仍可支持。

抑我国教育，一向犯着头重脚轻之病。各省各市，大学所用经费与中小学校所用总数相等，或且超出。对中小教科书，亦缺乏详密处理。在目前抗战建国的紧要关头，我们希望教育当局拨出经费，一方面主持或帮助教科书的编著，以求不久有内容切合抗战建国之需要的新书出现；另方面，在目前则制止书价之过分提高，并拨款津贴各中小学校购教科书，以免书价太高，影响了国民求学的机会。

（载《战时教育》1939年第4卷第1期）

利用旧教科书

安　然

各书局对于教科书，已经涨价了。中学的涨五成，小学的涨八成。有人也许以为各书局存心不良，想在这百物涨价声中捞上一笔。然而我们略加调查，就可以知道各书局也有它们不得已的苦衷。别的不要说，就只是纸张一项，从前二三块钱一令，现在却已涨到十几元一令了，一令不过五百张，那末教科书的成本涨了多少，也就可想而知了。所以现在，我们除了希望各书局不会再涨价以外，对于学生必须备就的教科书，还当另想别法来补救才是。

补救方法中最好的，自然是利用旧教科书。听说光华附中的女同学会，已在发起这一个运动了。她们已在发出通函给各同学，请大家将用过的旧教科书交出来，并请说明每册要卖多少，而卖出后愿意捐助难民多少。这一个办法，我认为实在目前孤岛上各校学生当务之急，希望各校在这开学的时候，都会起而仿效。

这样的利用旧教科书，自然可以获得下列各种公益：一、不必多为洋纸添出路，我想各书局就是少做生意，少赚些钱，总也是愿意的。二、废物利用，节约物力，使本来用过就置之高阁，或弃之一隅的教科书，还能够尽其最后的用场，不致暴殄天物。三、使学生的负担减轻，稳定整个社会经济。因为卖旧书的，既然略有所得，不无小补；而买旧书的，出小量的金钱，获同样的应用，就更加节省不少了。

我所希望的，不但中学如此，大学也如此，而小学尤其非如此不可！因为小学教科书涨得最多，而小学生的家长，大都是中下等家庭，在这种生活压迫之下，经济最为困难。但小学生还没有自动组织以谋自身福利的能力，所以我尤其希望各小学校的教职员，肯起来主持这事。一些自私自利的小学校当局，如果还像去年一样，一定要叫学生买他所经手贩来的新教科书、新练习簿，旧的或其他代用品绝对不准用，那当然是应该受舆论的指斥的，希望这一个学期，不会再发见！（编者按：现南中同学已组织一个“旧书买卖委员会”，向各校推行。）

（载《申报》1939 年 8 月 25 日）

战时补充教材编辑工作之检述（一）

李清悚

一、引言

教科图书，乃教育之利器，为古今中外所重视。我国古代政教合一，有虞氏立庠序之制，诗书礼乐悉为教科。历代相传，率尊六艺。守教掌学，更设王官。当时“《易》掌太卜，《书》藏外史，《礼》在宗伯，《乐》隶司乐，《诗》领于太师，《春秋》存乎国史”，其后“天子失官，学在四夷”。孔子既殁，百家争鸣，下远秦斯，始一文字；汉武即位，更罢百家；降至隋唐宋明，不立于学官之书，士子皆禁传习。其选取教材图籍之严，亘古已然。至言教育儿童者三代调蒙之法，略详《大戴·保傅》，《小戴·内则》《学记》诸篇，《尔雅》一书，盖为训蒙之用。秦汉以后，首重识字，秦李斯之《仓颉篇》，赵高之《爰历篇》。汉史游之《急就》，扬雄之《训纂》所由而作。两宋之世，学重修身，乃有朱子之《小学》，自兹以降而《百家姓》、《三字经》、《千家诗》、《千字文》、《龙文鞭影》、《神童诗》、《幼学琼林》，皆为训蒙之要籍，柴萼《梵天庐丛录》载《三字经》为宋王应麟伯厚所撰。使其言也确，则《三字经》，以为儿童教育之用，几历千年，势力之伟，可惊！

晚清废科举兴学校以后，悉屏旧籍，乃有编辑新教科书之拟议，始之以京师大学堂之译编计划。其时李希圣任编局总纂，严复任译局总纂，筹画工作，略有所成。学部继之设编译图书局，袁嘉谷主其事，王国维等佐之，成绩斐然可观，宣统间更有较详计划，未实行而清亡，但已建中央政府编辑教科书之基础矣。民国建元后，袁世凯任大总统时及段祺瑞任执政时均曾试行官编而毫无成就。国民政府成立，十七年全国教育会议有请设编译馆编辑中小学教科用书之决议，教育部初设编审处，继成立编译馆，二十二年四月二十二日教育部曾建议于行政院会议自编中小学教科书，经议决施行。先后于二十二年五月起至二十三年七月完成小学国语、社会、工作、自然、算术等教科书及教学法若干种，民元至是乃有正式之政府主编之教科书也。其后又因商务、中华、世界、正中诸书局集款请教育部代编中小学教科书之举，部聘杨振声主其事，更进而编辑中学各科课本。抗战军兴，全稿未成，而时势又易，已成之书，或须修订，未成之书，则须另编。二十七年中央颁布《抗战建国纲领》有改编教材之规订，于是乃招考编辑员于汉皋，组成教科用书编辑委员会于行都，余适奉命参预其事。当拟订先编载时补充教材，继续教科书未完工作之计划以今年二月间开始，历四个月，成中小学补充教材七科十六种，惟以人力时间所限，所成未必当意，似无足讳者。但以编辑期间，亦曾稍费周章，且此项临时教材之编辑工作，则为整理与续编正式教科书之初步，其所用方法，是否适当，所成教材，有何缺点，评衡之处，足范将来。敢以工作者之身份，为自我之检讨，幸海内同志，垂教焉！

二、编辑缘起

编辑中小学战时补充教材之缘起，可分两方面言：

甲、法令方面

1.《抗战建国纲领》之规订。中央颁布之《抗战建国纲领》中第二十九条云："改订教育制度及教材，推进战时课程，注重于国民道德之修养，提高科学的研究，与扩充其设备。"奉此纲领，编辑战时补充教材，以为改订教材之初步工作。

2. 部订战时各级教育实施方案之规订。教育部根据《抗战建国纲领》曾订定战时各级教育实施方案，其实施要点第四条有云："对于各级学校各科教材，应彻底加以整理，使之成为一贯之体系，而应抗战与建国之需要，尤宜尽先编辑中小学公民国文史地等教科书及各乡土教材，以坚定爱国爱乡之观念。"战时补充教材之编辑乃适应此计划之一种工作而已。

乙、需要方面

战时补充教材之编辑自实际需要言，亦可分为二点：一为政治的需要，一为教学的需要。

一、政治上的需要。所谓政治上的需要，简言之，即政府应于战时予儿童或青年之统一的政治训练也。教育之事，于人类文明，则为传递之方法；于国家政策，则为推行之手段。我国往昔教育，虽亦注意及此，徒以国内外环境之牵制或人事之未成，卒未有明确之规定与普遍之实施；更对于此种训练方法与教材之供给，亦多付阙如。抗战以来，国内政治既因统一而单纯，对外方策亦因抗战而明确，于政治训练之需要，乃日觉迫切，于是《抗战建国纲领》与战时各级教育实施方案既明示原则于先，而《青年训练大纲》、《国立中学课程标准》等法令又确立方法于后，教材之供给，所以补其成也。析言之，其作用有五：

1. 阐明国策。国家为整个国策推行效率之增加计，随时对国民应阐明其政策，告述其意旨，若抗战之起始与每次会战之终结，总裁对国内外皆有一重要宣言之发布者以此，教师即应以政府告国民者告学生，既冀其本身对于国策之了解，复冀其有以教导其他民众也。

2. 统一意志。总理云："有组织始有力量。"又云："主义就是一种力量。"此意除"众志成城"之外，尚有"一德一心"之意，亦即"二人同心，其利断金"之意，但此中必有一种统一的思想资料，为教导民众之根据。统一的教材，即指此选。补充教材之目的亦在斯。

3. 振奋精神。抗战期间最惧民众战志之消沉与精神之萎颓，政府斯有不断之宣言，申明国策以图战志。盖志者气之帅也，三军可以夺气，而不可以夺帅，人民不存志，则亦不能振气。战时补充教材，亦即在于对于儿童与青年振奋精神激励志气，间接有利于全国之精神动员。

4. 增加了解。补充教材，本抗战建国之目的选取战时应有之知识以授学生，乃所以增加其对于国情与时局之了解，并借以养成抗战建国信念。

5. 发动民力。此次抗战为两国国力总和之斗。如何发动民力以充实国力，其责任，教育家至少应负其半。中小学学生虽不能直接担负抗战工作，而确能间接担负之。如何能以担负之？必有担负之道。如何能使其担负之？必养其担负之志。战时补充教材可以述其方法，可以动其志趣，故曰战时补充教材可以发动民力者以此。

以上五点为战时补充教材在战时政治训练上之作用，亦即政治上之需要也。

二、教学上的需要。教学上之需要，简言之即以适应战时之课程而补充现行教科书之不足。析言之其作用有四：

1. 适应的作用。根据教育部在战前所颁布之《中小学特种教育纲要》，指示各科课程中应补充国难教材，及抗战期间所颁布关于课程修订之法令内所指示者，例如二十七年二月二十五日部颁《国立中学课程纲要》第四项第十六条云："（一）公民科须于三民主义、建国方略、建国大纲、国民天职、国家民族之认识、本国政治经济及社会情况、国际现势及我国与各国之关系等项特加注意；（二）国文应酌选发挥民族意识、民族道德之文字及历史上成仁取义之模范人格之传说为教材；（三）历史、地理须注意本国部分，外国史地可酌量减少，历史教学须于本国史上过去光荣、抗战民族英雄及甲午以来日本侵略中国之史实等项特别注重，地理须注意历代疆域之沿革、总理实业计划、现时国防形势与各战区地域之认识……"补充教材即适应此种需要而编辑之。

2. 补充的作用。补充之义有三：一为不足者之补充，二为缺乏者之供给，三为修改者之更易。二十五年修订之《中小学课程标准》与现在时需之课程不尽相合，根据该项标准所编之各种教科书，自与目前之教学不尽符。其中所编集之教□，对于战时所需之资料或根本缺乏，或虽有而不足，或完全与时需冲突。缺乏者供给之，不足者补充之，冲突者更易之，此自然之势也。谁司供给、补充、更易之责欤？或责诸教师，或责诸著作者，或责诸政府，亦自然之势也。补充教材之编，应顺此自然之势，而应补充、供给、更易之需。

3. 统一的作用。部立课程标准，以范围教科书之编辑。颁审定教科书办法，以一各课本思想之异同，其目的无非在于学术思想训练之步调齐一，进而统一全国之意志也。然教科书采审定制而不采国定制，于统一之事，或未必尽其能。则战前政府或以习例之未能遽更，或事实之施行尚有困难，曾加采模范制以折衷之。抗战以来，全国意志之统一，各种训练之整齐需要尤切，尤其战时教材之教学，取材立言稍有不同，非独影响教育效率，抑且影响抗建工作。其统一之需要，较诸平时，更为迫切，此补充教材由一法定机关编辑之，而供给全国学校之应用者，即冀收此统一作用之效也。

4. 辅导的作用。辅导作用者，指辅导教师教学而言。辅者助教师力之所不逮，导者告教师知之所未周。我国幅员广大，交通利便险阻之不同，抗战以来文化利器若杂志书报之流传，未尽顺畅：或若干地区，病在集中；或若干地区，病在偏枯。教师搜集教材，显有困苦：或偶有所获，而乏选择余地；或偶有所知，而拘于一隅，不能窥其全豹。则其流弊，非不能畅达国策与政府意旨，即误中宣传，而减弱抗战效力，甚且增加抗战之困难。此补充教材之应统一编辑者，即冀有以稍尽辅助与告知之责。而解除教师在搜集上之困难，实际教师在抗战时期工作分量业已加多，亦难令人人于教学以外再负搜集编辑之责也。

以上四点为战时补充教材在教学上所具有之作用，亦即教学上所应有之需要也。

根据以上法令与需要两方面之分析，故有此战时补充教材之编辑，因此于编辑说明中特标注曰："教材之编辑，更为适应抗战时期之需要而以补充现行各种教科书之不足为主旨。"

三、编辑范围

战时补充教材之编辑，按照教学需要言，似应普及于中小学之各科，而此次所编者则限于中小学语文、社会等科。在中学方面，为国文、公民、历史、地理，小学方面为国语、社会、常识合为七科，而史地又限于本国者，其故有三：

一、根据部订《战时各级教育实施方案》所规订云："对于各级学校各科教材应彻底加以整理，使之成为一贯之体系，而应抗战建国之需要。尤宜尽先编辑中小学公民、国文、史地等教科书及各乡土教材，以坚定爱国爱乡之观念。"遵照此项规订，故先编中小学语文、社会诸科之补充教材。

二、中小学语文、社会诸科关系于公民教育者较确切。公民教育者，自广义言之，则各种教育皆为造就公民之教育，学校各种科目皆为造就公民之所必需。因为成一公民不仅使能行使公民的政治的职权（总理所谓的政权），并且有许多限定行使此等职权之基本的性质，亦应培成之。但自狭义言之，则公民教育之特殊目的，则在于造就政治之大团体（国家）的分子也。斯乃登（David Snedden）在其所著之 *Giving Education* 一书中曾分析公民教育的特殊目的为四点：

"1. 对于服从法律的及它种拘束的了解力所必需的增进鉴赏力理想态度①。

① 疑有误，原文如此。

2. 增进对于国家、市镇及其他政治团体的忠心之种类与程度，以保证社会之幸福。其中有所谓爱国心及其他。

3. 对于积极的从事于政党，志愿的服务及其他增进社会福利之活动的气质与能力，加以训练。

4. 对于在家庭内、职业的、宗教的及其他非政治的（社会的）团体内服务，以直接增进国家的气质，加以训练。”

以上四点，合言之：公民教育之特殊目的，即重在政治的训练也。惟语文、社会诸科，直接攸关此项训练，故于战时应特别注意之。

三、自各学科教材之内容言。社会学科随社会为转移，有其显著之时间性与空间性，不比自然学科在知识上有较固定之范畴。科学定律虽有时亦不能即谓之为不易之金科，但纵有变易，旷代难逢。一学科上各种原理、原则之诠释，每因学派与主义之不同，学者之见解各异而生差殊。且易断章取义，发为谬释，以致百家争鸣，处士横议者。专治社会科学之学者，固应以客观态度搜罗各家学说，相互发明，以发现真理。而中小学之社会科学教材，非仅为学术研究性质，尤具有政治训练之特性，则对于各种原理原则，非根据当前之国策与政体而为一统一之诠释不可。此凡世界各国在教育上采集权主义者，无不对此等学科加以统制也。譬如日本之小学课本皆为国定本，昭和九年以后对于自然科之课本虽得许民间编印他本发行，而语文、社会各科则在严格悬禁之中。今我编辑一统一之战时教材而先以语文、社会诸科为范围者，即此意也。

此次所编七科大体皆参照部颁《中小学课程标准》各科教材大纲内所示之范围或取材标准为依据而预订范围，而分别于各类中，选辑战时有关之资料为教材，曾拟订总纲十四条如下：

1. 有关抗战时期需要之教材；
2. 关于民族英雄等历史故事之教材；
3. 关于抗战时期各地人民罹难情况之教材；
4. 关于各地军民抗战情况之教材；
5. 关于鼓励民众应服兵役之教材；
6. 关于各地人民应尊敬伤兵优待伤兵之教材；
7. 关于优待出征军人家属之教材；

8. 关于国防方面之教材；
9. 关于开发产业增加生产之教材；
10. 关于组织与训练民众之教材；
11. 关于提高民族意识增强国家观念之教材；
12. 关于拥护政府与领袖之教材；
13. 关于增强科学信念与提高科学知识水准之教材；
14. 其他有关抗战建国纲领之教材。

（载《教育通讯》1939 年第 2 卷第 34 期）

战时补充教材编辑工作之检述（二）

李清悚

厥后又依各科性质，各因所宜，分订分科范围如下：

甲、小学部分

一、小学国语

1. 认识领袖的德性与意志，及抗战建国的意义等性质文艺；
2. 民族英雄的传记；
3. 军民抗战的故事；
4. 人民罹难情况的记载；
5. 鼓励服兵役与供献国家的文艺；
6. 养成儿童尊敬伤兵与优待出征将士家属习惯的文艺；
7. 关于汉奸与俘虏等记载。

二、初级小学常识

1. 家庭社会生活类

（低级）有“增进健康”、“奖励生产”、“节约资金”、“经济物力”、“防空常识”、“救灾常识”、“抗战和慰劳”等常识材料。

（中级）有“辅助生产”、“防空演习”、“后方劳务工作”等常识材料。

2. 乡土生活类

(低级) 有“乡村生活”、“人民自卫”、“后方职务”、“救济难童”等常识材料。

(中级) 有“兵役与自卫”、“经济与节约”等常识材料。

3. 民族国家生活类

(低级) 有“中国和日本关系”之常识材料。

(中级) 有“本国战时政治”、“战时地理形势”、“资源与开发”、“抗战史迹”等常识材料。

4. 世界人类生活类

仅限于中级有“日本研究”、“国际状态”等常识材料。

三、高级小学社会

1. 公民部分

关于“抗战意义”、“领袖认识”、“军备情况”、“战时政治”、“后方民众组织”、“后援工作”、“外交动态”等常识资料。

2. 历史部分

关于“我民族光荣史迹”、“中日过去关系”、“九一八以后之中日冲突”、“全面抗战史迹”、“全面抗战之形势”等常识资料。

3. 地理部分

关于“我国地理上之优点”、“东北地理”、“日本地文与人文”、“我国的国防与建设”、“抗战的地理形势”、“战区状况”、“后方建设”等常识资料。

乙、中学部分

一、中学国文

1. 政府及最高领袖的重要文告、宣言与训示；

2. 民族英雄传记及其作品；

3. 描写军民抗战情况之文学作品；

4. 鼓励民众服兵役与慰劳将士之诗文；

5. 关于人民罹难情况之记载；

6. 其他提高民族意识、增强国家观念之文学作品。

二、中学公民

1. 初中部分

(1) 关于解释抗战建国之意义与方略之材料；

(2) 抗战时期的公民生活及青年应有之观念与信仰；

(3) 抗战时期国家之政治与经济的新设施；

(4) 战时之地方自治工作；

(5) 抗战时期之农村情况。

2. 高中部分

(1) 关于解释抗战建国之意义与方略的材料；

(2) 关于抗战时期的社会问题之研究；

(3) 关于抗战时期我国的政治；

(4) 关于抗战时期我国的经济状况；

(5) 关于战时的各种法律概要；

(6) 关于抗战时期的伦理思想。

三、中学历史

1. 中华民族之构成与扩大之情况；

2. 中华民族历史上的光荣；

3. 宋明以来迄于清代御侮抗战之史训；

4. 中日两国之历史上关系；

5. 抗战两年来之各种史实。

四、中学地理

1. 我国地理上优越性的研究；

2. 各战区之军事地理形势；

3. 我国的重要资源与产业；

4. 边疆情况及其开发；

5. 各种经济建设；

6. 近百年来失地与国防关系；

7. 沦陷区域或战区情况。

四、编辑程序及方法

中小学课本之编辑，非易事也。因课本为运行学习材料之汇集所，而设施课程之一实际的努力。在学生为学习之工具，在教师为一良友。至少应有以下五种特性：

1. 积极性的

教育效用，在使学生为积极的发展，选取优良之人生经验，传诸学生，并以诱发其创造能力，而指示下代优良社会形成之途径。课本既为教育之重要工具，所以为知识之介绍、学习动机之诱起、反应之利导，故应永远为积极性的。

2. 选择性的

教材者，乃选择的人类经验。余于拙著《小学教材及教法》一书中曾释之曰："教育家根据人类的生活经验，取其精华，去其糟粕，组织起来，传授儿童，充实儿童生活经验，帮助他们去适应生活环境，并创造新的生活经验，这些材料，即是教材。"并因其具有传递的意义、适应的意义与生长的意义，故特别注意于选择。课本乃文字表达教材之具，则其同为选择性的，应无疑义。

3. 模范性的

教材既为经验之选择，已撷精取华异①。而文字表达之教材，又当为教材中之选择者，更应磨炼精准。且眼之记忆优于口耳，此心理学家有实验之证据在。文学为眼中学习之主要资料，其影响于记忆之深，可以断言。一词一句，岂徒能形成人之成见，尤易造成其意识潜流。故课文之特性，即为足资模范者，方可相称。

4. 普遍性的

"有教无类"为近世纪来教育上之伟大趋势。民治国家固无论矣，集权国家亦有同然。况以教育为一种政策，为推行政治之手段，则统一的训练，应为人所注意采行。课本之运用，必亦能符合此趋势无疑。则其应用，必能普及于全国，而适应全国一般情形。行之于陇蜀者，必亦能行之于吴越，斯为佳本。此故普遍性尚矣。

5. 适应性的

课本乃用之以教授学生，各级学校学生之生理年龄不同，教育年龄

① 疑"异"为衍字。

亦异。用之于此者，未必适于彼，此稍有常识者，类能道之，故必求适合儿童心理状态与学习能力。部颁小学课程标准中曾立教学通则若干条，其中有云：“甲、教材有改造经验功用，要能引起儿童的反应，增加其类他能力。乙、教材要能发展儿童思考能力，充分训练儿童思想的历程；而教材要能增加儿童研究的兴趣，能欣赏与享受；教材要能引起儿童创建思想，训练儿童发表能力。丙、教材要适合“反复律”、“联念律”和“满意律”……盖昌言对于儿童心理之适应也。课本之特性与所期之效用，即同于此。

此次所编补充教材，其严重性虽次于正式课本，然对此种特性则未尝或忘，其不能完全达到此目的者，则非人力之所不及，即工作时间之未充裕耳。事先对于编辑程序方法，固稍有规定焉。

（一）程序

1. 厘订各科要目

关于各科要目之厘订，有共同标准三项：（一）根据部颁课程标准；（二）根据本组所订之取材范围；（三）参考审查现行中小学教科书之结果。第一，由各编辑员分别起草之；第二，每科指定一人整理之；第三，汇集核定之，成草定本；第四，提交本会常务委员会议审核通过之。

2. 分配工作，实行编辑

就所订定之题目，以每一编辑员于某科内担任一个年级或一个阶段，或一类别教材之编辑为原则，而分配工作，实行编辑。计参加小学国语者七人，小学常识者二人，高小社会者三人，中学国文者六人，中学公民者七人，中学历史者六人，中学地理者四人，都三十五人。此三十五人如下表：

级别 科目 情况	中学				小学			共计
	国	公	史	地	国	常	社	
每科人员总数	6	7	6	4	7	2	3	35
专习该科者	5	2	5	2	7	2	3	26

续表

科目 级别 情况	中学				小学			共计
	国	公	史	地	国	常	社	
有该级学校教育经验	6	7	5	4	7	1	3	33
有著作发表者	5	6	4	4	6	2	3	30
有教科书编辑经验者	0	0	2	1	2	1	0	6

3. 搜集资料

关于资料之搜集，因战事关系，交通阻滞，文献不充。群拘一隅，更有耳目难周之处，斯为工作中最困难之点。搜集时大致应用下列数种方法：(一) 购置与借用必要书籍；(二) 剪裁报章杂志；(三) 通函调查；(四) 征求各机关资料；(五) 函询专家或私人（如向翁文灏先生索取关于政府经济之设施材料等）。凡时之所许，力之所及，皆尽相当之力焉。

4. 试行选辑写作

关于编辑方法，事先所加厘定，为以下四点：

(1) 创作：凡各项题材中，坊间出版物内，无相类资料可取，或相类而不适用者，创作之。

(2) 改编：凡各项题材中有相类资料可资采用，但其文字不适于中小学学生精读者，改编之。

(3) 翻译：凡古今典籍，文字艰深，或外国著作，其内容可以介绍小学学生精读者，翻译之。

(4) 选辑：凡古今文学作品，重要典章文告，总理遗教，领袖言论等，不能变更其原文，而应使中小学学生精读者，选辑之。

实际编辑时，后三种方法，多用于国文、国语之编辑，而公民、史地、常识诸科，则多用第一法也。

5. 集议与讨论

在工作期中为便于工作之接洽、问题之讨论、意见之商洽、材料之审定、文字之审阅起见，国文、国语二科每周集议一次，其他各科每二周集议一次。其中尤以小学国语一科在集议时，对于文字作共同之商订，其收效较宏。

6. 校订与整理

关于校订之工作，大致分初校、复校、总校三步骤。整理工作，则经初整理、总整理二步骤。初校时系由编辑员互相传校，复校则由主任任之。复校后即付清缮，缮正后再经于各科中制定一人为初步整理。之后送主任总校，主任委员总核、校核修订后再由主任加以整理。既成，呈部批准付印。

（二）编辑方法要点之提示

甲、取材标准

关于取材之标准有二：第一即为本教材之教学总目标，第二即为各科在此时期中应注意之特点。关于总目标者有以下五点：

1. 使学生了解抗战建国之意义与目的，以激发其爱国良知与热忱；

2. 使学生明了抗战建国时期中，我国政治、经济、社会各方面之变迁与新设施及国际大势；

3. 使学生明了抗战之策略与形势及其演变情况；

4. 使学生诵习抗战建国时期中政府重要公告与党国领袖言论及其他有关之文献，以明了政府之设施方针，而增强其拥护政府、保卫国家之信念；

5. 使学生了解其今后对于国家民族之责任，激发其努力于民族复兴工作之志趣。

关于各科特别注意之点多见于课程标准，不再述，但有为课程标准所未述者，会另举例。此种例述又大抵遵照总裁之意旨，如下：

（例一）中学公民补充教材编辑时应特别注意以下各点：

1. 遵奉总裁在《革命的教育》一文中所示，注意养成彻里彻外的现代中国的国民；

2. 以部颁《青年训练大纲》所示之思想内容为基础观念；

3. 注意提高民族意识；

4. 注意坚定民族自信心；

5. 注意坚定“抗战必胜建国必成”的信念；

6. 引起学生对于从事建设工作的兴趣及志愿；

7. 使学生充分了解各种抗敌后援工作的重要。

（例二）中学本国史依照部颁课程标准所分各历史时期为分期，并以《革命的教育》一文中所昭示历史教育之基础观念为观点，注意各项史迹、史训及历史因果等分析补充。例如各史期中华民族之光荣史迹、民族文化的特质、民族绵延的原因、现代对日关系及抗战史迹等选定题目。至于《革命的教育》一文中所昭示之各点分析如下：

（一）历史教学的目的

1. 使学生充分明了吾人生命之所自；

2. 激发爱国的良知与热忱；

3. 发扬民族自信力；

4. 对于过去有明确认识，对于将来有坚决自信；

5. 认识史实获得史训；

6. 继续祖先艰难创业的精神。

（二）历史教材特别注意之点

1. 绍述祖先公烈；

2. 阐明民族文化发达之所由来；

3. 说明我民族道德精神之伟大高尚及固有文化宏博优美。

此外从消极方面言，尚有为取材共同注意之点若干点：

1. 一切具有消极暗示之材料不取；

2. 敌人过分之暴行予儿童以残忍印象者不取；

3. 汉奸丑行，描写入微，足令儿童无意间而染于恶习者不取；

4. 人民罹难情况过于伤感，足以颓丧志气者不取；

5. 难有定评之人物与事实，根据不确之记载皆不取；

6. 我国过去一切政治经济建设上之缺点与以后不生十分影响者不轻述；

7. 与国策有抵触之言论与记载不取；

8. 有类谩骂、讥评、曲解等资料不取。

乙、分量拟定

本教材之分量的决定有二方面，一为每科课数之多寡，一为每课课文数字之若干。前者以补充各科原用课本，每学期之五分之一至三分之一为准；后者曾有一种拟定为："中学史地公民教材，高中每课至多以二千字为限，小学各科教材除国语因文体不同不能限定数字外，其他各科高年级每课至多以八百字为限，中年级每课至多以五百字为限，低年级每课至多以二百字为限。"但在编辑以后，事实上虽微有出入，而大致相合，在单元与课数方面实际情况如下：

部别 \ 科目 \ 项别		中学			
		国文	公民	历史	地理
高中	单元	6	6	26	7
	课数	40	35	66	52
初中	单元	4	6	23	6
	课数	40	30	51	34

部别 \ 科目 \ 项别		小学		
		国语	社会	常识
高级	单元	7	25	0
	课数	33	87	0
中级	单元	6	0	12
	课数	42	0	62
低级	单元	不分	0	12
	课数	68	0	58

丙、文字标准

课文文字关系表达教材，适用阅读①，一切行文修词，甚为重要，最初会有一笼统之规定曰："编辑本类教材之文字，除选辑之作品外，一律用语体文，以简明、通畅、练达、生动，从积极方面描写者为主。凡艰涩、冗长、欧化、讽刺、尖刻、颓废，从消极方面描写者皆所不取。"后又申述为以下四点：

① 疑有误，原文如此。

1. 课文文字以“简”、“洁”、“平”、“畅”之语体文为主，所谓“简”、“洁”、“平”、“畅”者，略示范围如下：

(1) 简：篇章扼要，造句简单，行文直率，无须转折跌宕，不冗长复杂，句无废句，字无废字。

(2) 洁：造句行文纯净而明白，勿堆砌典故、词藻、成语、统计字数，有因词害义之弊。并且篇章结构清楚明了，易造成学生概念。

(3) 平：行文造句，平易明白，读即了解，凡“先扬后抑”、“翻案文字”，故为隐涩者，皆所不取。

(4) 畅：辞能达意，通畅明了。

2. 文字在述理论时，应如述事实者同，求其平直畅达，不必多事征引，反致迷惘。

3. 课文语气，以积极者为准，批评谩骂、轻佻浮夸之文字固不宜取，消极与反暗示者亦应避免。

4. 文必言之有物，述之成理，力避空泛邪曲。

又尝用金兆梓氏之语，与一部分同人商订文字。其言以为课文之写作应有以下数标准：(1) 要鲜明生动有如图画；(2) 要音节和谐，便于诵读；(3) 要富于暗示性；(4) 要能吸引学生注意；(5) 要言不烦，不要用不相干的话来分散学生的注意力；(6) 要浅显而又亲切，犹如对学生对谈一样；(7) 每课或每一段落中，主意所在必须于适当的地位用加粗的语句交代清楚，使学生得一个真切印象；(8) 每课或每一段落中所有教材间的关系，必须衔接处用加重的语气，使它关系分明。

此外又特别注意语辞之选择。选择标准，系根据政治与教育两方面之目的，凡报章习见之名词，而未经审慎订定者，或虽经各图籍上习用，而其涵义不合于时代要求者，均审慎应用，或提出商订后再用，例如“华北”、“华中”、“中国本部”等为日人分化我国所创之词，应弃而不用。又如“汉民族”、“满民族”或“回族”、“藏族”有分化中华民族嫌疑，应改为“汉人”、“回人”……与湖北人、江苏人，同其涵义，以示为地方之不同，而非民族之差异。又如称敌人为“鬼子”，为“东洋人”，为“疯狗”，又或利用其习语曰“皇军”，曰“扫荡”，骂汉奸曰“忘八”，皆有不安之处，多摒而不用。其描写我军之勇敢，而开口“他妈的”闭口“丢他妈”之语，岂徒不足为训，且有侮蔑我军之处，更无论矣。

丁、写作方法

1. 普通以“创作”、“改编”、“选辑”、“翻译”等四种方法为主。中学《国文》以“选辑”为主，“改编”为辅。小学《国语》四种方法全用之，中学《公民》、《史地》，小学《社会》、《常识》，均以创作为主，改编副之。

2. 文章体裁，在中学《公民》、《史地》，小学《社会》诸科一律用说明文。小学《常识》，间用诗歌故事体裁。中学《国文》则记叙文、说明文、应用文、议论文、抒情文，诗歌、小说各体具备。而小学《国语》较为复杂，其情况可以统计如下表：

文体 阶段		低	中	高
记叙文	生活故事	8	7	1
	历史故事	5	10	7
	传记	0	0	1
	童话	2	0	0
	新闻报告	0	1	1
	参观记	0	1	1
	其他	2	1	3
说明文		0	2	4
应用文		1	2	1
诗歌	儿歌	3	0	0
	民歌	3	0	3
	杂歌	4	2	1
	诗	3	2	1
小说		0	2	3
剧本		0	1	1
共计		31	31	28

3. 文字程度及生字选用，在小学教材中关系较大。但本教材系以单元为单位，各个单位之间对于文字程度，并不能以深浅先后排列之，所以为教师自由选择应用之便利，故对于生字之选用及其发现次数与先后之排列，则完全不能顾及。文字程度，则以每阶段为单位，并以其中等程度为标准。例如在高年级者，其文字程度应用于五上则略深，用于六下则略浅。但在低年级国语则又以年级为单位而深浅其程度。中学各科教材之文字程度，仅分高、初中二种。

（载《教育通讯》1939 年第 2 卷第 35 期）

战时补充教材编辑工作之检述（三）

李清悚

4. 课文以外，在中学《国文》方面又有题解、词句选择与习题（其方法如提要、列表、画图、比较、缩短、伸长、改作、文语互译、圈点佳句、标点、分段、指出全文精要所在、提出心得、书后、问答、指出得失之点，等）；中学《公民》方面又有附注、课外作业题（其方法如 a. 研究问题；b. 参观实际情况；c. 调查某项指定事项；d. 绘制图表；e. 拟定计画；f. 阅读参考资料；g. 仿撰典章文告；h. 写作演说或辩论稿；i. 批评某项方案；j. 报告某种实践经历，等），并指定阅读参考书；中学《史地》方面与《公民》同，但在课外作业方面又加注意于绘制图表、制作模型及时事问题研究。小学《国语》，在低级方面每若干课，列一练习课，在中高级方面则有词和语之解释与习题之指定；小学《常识》与《社会》在中高级方面关于课文前列问题、提示课文纲目、课文后列习题（其方法如研究、阅读、制作、调查、参观、实际活动等）。

5. 在写作顺序方面言，大致可分以下步骤：（一）订定大纲；（二）抉择资料；（三）试写课文；（四）修订课文；（五）选制图表；（六）选择注释；（七）选拟习题；（八）表列参考资料；（九）选拟教学指引。

戊、各种习例

关于编辑上应用名词、数字、发音符号、度量单位，等，亦曾择其要者加以规订以资统一应用如下：

1. 学术名词。凡学术上专词术语一律须依照国家政治学术机关所订定颁布者为主，其未经颁布者，以采用习见者为主。

2. 译名。引用译名，先写译名，附注原文。译文概须根据国立编译馆各种学术统一名词，及何炳松氏新编订正之《标准汉译外国人名地名表》。

3. 统计。各项统计数字，应采用最近国家政治学术机关所公布之统计，如国民政府主计处之《中华民国统计纲要》、内政部之《内政统计》、教育部之《教育统计》等，如遇缺乏国家机关公布之统计时，亦可采及普通事业机关与学者之调查。凡应用某项统计，概须注明出处，以示责任。

4. 字汇。关于小学各项教材读物以用常用字为主，应根据教部二十一年五月七日公布之《国音常用字汇》及陈鹤琴氏所编《语体文应用字汇》二种。关于其他读物用字悉根据《康熙字典》、《中华大字典》及《词源》、《辞海》等书。

5. 检字法。检字方法，以部首法为主，四角号码法为辅。

6. 注音符号。应用注音符号，悉根据部颁注音符号及本部前编审处所编《注音符号传习小册》。

7. 标点符号。另有规订办法（大致参照部定《划一教育机关公文程式办法》中所引用之标点符号而取舍）。

8. 度量衡单位。应用度量衡单位，凡系本国材料，皆本国国家规订之单位为主，而附注世界通用之公斤、公尺等。如系外国材料或无本国度量单位可考者，以用公斤、公尺等为主，而下注原用单位。

9. 年代。凡系本国材料，以用本国年代为主，而附注公元年代。凡外国材料，以用公元年代为主，而附注本国年代。根据万国鼎编《中西对照历代纪年图表》、傅运森编《中西大事年表》、陈庆麒编《中国大事年表》诸书参考用之。

10. 人名称谓及生卒年代。凡文中应用古今人名以称某某人姓名为原则，如孟轲、王安石、洪秀全、丁文江等。有一人数名者用其习用之名，如用苏东坡，而不必用苏轼、苏子瞻。有仅以官名称谓著称者用著称名，如秦始皇、汉武帝、唐太宗、明太祖等。或官名与私名同用者，如燕太子丹、越王勾践等。对于当代人除中山先生及蒋委员长从国人尊敬之通称外，余不问其官职地位如何，应通称其名，如翁文灏、蔡元培等是。或政府另有令告规定者，当为例外。又除当代人外，凡已故之重要学者与功业家，均应于初见于本文时明其生卒年代，根据姜亮夫编《历代名人年里碑传总表》、梁廷灿编《历代名人生卒年表》、唐敬杲编《现代外国人名辞典》。

己、工作态度

此次集三十五人之力而编成此简单之补充教材，应用人力，不为不多。但人力多时有其效益，亦有其弊端。诸人之学养不一，习惯各殊，意见有异，勤惰不同；或则谨严，或则疏放，或则虚怀接物，或则固执成见。管理调处，谓有不周，则困难丛□矣。故于工作之始，曾立简约，以告同人，其言曰：

"本教材之编辑人员应共同具有左列态度：

1. 忠于任务；

2. 客观的搜集正确材料；

3. 力求文学修洁与充实；

4. 不固执自己的偏见，尽量接受善意的修改，修改他人作品者，丝毫不存人情，而忠于教材的本身；

5. 处处设身处地的代学生想一想，如何可以易于学习；

6. 处处设身处地的为教师做一打算，如何可以利用此教材，而收得教学上实际效能；

7. 时时翻看编辑办法，注意工作的连贯。"

（载《教育通讯》1939 年第 2 卷第 36 期）

战时补充教材编辑工作之检述（四）

李清悚

五、教材内容与应用方法之剖述

此次所编教材之内容，于前述编辑范围时已可略知梗概，兹再略提若干点，加以剖述，并及其应用方法。

甲、内容之编排

此次所编教材，以系补充性质，必适于教师之自由选择，故在编排方面不能完全求其系统，仅可于一阶段或一单元中求其自成条理则可。

乙、特异之点

此种教材在取材上与普通课本有诸多不同之处，其所以表现特异者，并非与普通课本有争优劣之处，以其性质不同遂不得不取异也，兹略述之如下：

1. 补充普通课本之所无。现行各种普通教科书系根据二十五年修订之课程标准而编，抗战以来之新发见资料，皆为其所无，其著者如公民科之战时政治设施，历史科之全面抗战史迹，地理科之战场地理形势等，或虽非新发现之资料而为课程标准中之所不具有者，如公民中之兵役法、军事征用法、战时国际法等可为一例。此次皆因适应时代需要，而列入教材之中。

2. 普通课本述而不合，具而病略，皆因需要而充述之。凡课程标准上所已列之项目，在普通教科书叙述不详，但为目前所需要者，皆分别充实之。例如公民科之各种社会问题，在战时情况，中国伦理思想与抗战精神等；历史科之中华民族之丰功伟绩，民族融合情况，宋明清诸代抗战之史训，蒋委员长与抗战建国等；地理科之全国重要资源总述，最近十年来之经济建设，开发边疆等；语文科方面之同仇敌忾作品，奖励兵役慰劳将士文艺等。盖在普通教科书中或为标准所拘，或为当时国家政策所限，或为时代需要之不同，而不具者，今皆补充之矣。

3. 普通课本中有与时代抵触之材料，应加修正者而修正补充之。普通课本多为战前之版本，取材观点不同，例如于敌人尚存睦邻之意，于其侵略之事，尚不无闪烁其词。在课本中或为隐语，或不昌言，设不获良教师之指示，则儿童读书观念不清，或不免有认敌为友之虞，此其一例耳。类此不正确之资料，应加修正者，于此教材中，皆正名定分，加以修正矣。

4. 凡一类资料因观点不同，表述方法有异者，悉更易之。此项教材所集之某类材料，与普通课本同其范围，但目前因时代需要不同，须另立观念以表述之。例如历史上之民族问题，昔为力求客观迁就史实，对于国内无所忌讳，而昌述金元与宋、明与清之互争，或汉与蒙、藏与汉之冲突，视汉人之外为其他民族者。其观点之错误，非校正不可，又如地理上昔者重一般形势之叙述，对于经济资源仅及其一般情况。对于如何引起读者之开发兴趣而不计及，亦不加指示者。此种立场则不适于现时，亦非改易不可。本教材皆以目前应有之观点，另加叙述也。

5. 采取一贯之主张以取材行文。现行各家教科书之编辑，其目的在于适应教学。甚少含政治训练性质，因之各书之编，尊重各科专家之意见，较尊重教育家之意见者为多。于是其上者仅能求知识之正确，而未必尽合教育之目的也。又各家编辑习惯，多于馆外特约专家，虽于编辑之始，有统一之规订，而编辑期间各专家无交互讨论沟通意见机会，编辑既成，又须求供时效，以应市需。是否能尽统一校订之书，则甚难言。于是一部书中，其时说或能自成体系，而与同出版家之其他部书中相校则不免有意见矛盾之处。此盖由于一贯之主张未确立也。本教材则有一贯之目的与主张，故取材行文，多取一贯，除疏忽外全体编辑者，未尝忘此。

6. 文字编制未求全体系统，而以单元为段落而富弹性，此种情形已详前述，盖完全为教师选择应用之便利也。

7. 资料力求符合时需。本教材所取之资料力求切合时需，凡政府可以公布之材料皆向主管机关说明目的，请求供给，凡所采取，在资料本身既求正确，在效用方面，亦求合时需。

丙、应用方法

应用本教材之方法可述者有二点：一为应用方法，一为教学方法。

1. 补充应用方法有三：

（甲）现行教科书中不适合时代性，或违背国策之材料，应行全课删除。不得再行教授者，应用本教材代替教学之。

（乙）现行教科书中有对于抗战建国所需要之材料，未尽适合，或述而不畅，须部分删除，或酌加补充之课。应行变更教授者，应用本教材参合教学之。

（丙）现行教科书中对于抗战建国所需要之某种材料根本缺乏者，应用本教材补充教学之。

2. 教学方法

关于本教材之教学会拟订教学通则若干条如下：

（1）语文社会科之教学，关系政治教育，教师对于各课之讲解与指导学生讨论，应根据“国家至上民族至上”之观念，以三民主义之理论为中心，领袖言论为依归，以求学生之思想与意志之集中。

（2）教师于每学期或学年开始之前，对于所授科目根据本教材并采用之教科书，通盘预算其教学时间与进度，制为本学期或本学年教学预定进程表，以免实际教学时发生时间不足，或不求详解之弊。

（3）本教材之选用，应以一单元为单位，非不得已时不以课为单位，庶免割裂不全之弊。

（4）应用本教材时最好与时事求得密切之联系，至少应以时事问题为背景，引起学习动机而增加学习兴趣。

（5）本教材既有其特殊目的，应以教材之内容为主，文字为辅。教师对于内容之剖解应力求详明正确，以养成学生之正确理解，不应专求诵习文字。

（6）教学时应充分利用情境，激引学生之讨论，不断地予以指导，而归结一正确之结论。庶以解析群疑，阐释误解，并以求对于当前之问题充分明了。

（7）本教材之教学，应在可能范围内，力求与课外实际行动联合。例如关于解释兵役、优待伤兵等教材，即可随时令学生宣传兵役与慰劳伤兵，以收即知即行之效。

（8）本教材所订课外作业或习题，均力求能具实际活动而应用有效者，教师应充分利用之。务求养成学生自动学习与广求实际知识的能力，免□于专事课本教育之弊。

（9）每学期中，本校各语文社会教师应根据实际环境，就本教材中之非关政府或领袖之训示者，共同商定一二专题，择期举行辩论，以增厚全校研究空气。

（10）学校之训育人员，自校长主任以至级任导师等，虽非直接教授本教材者，亦应对于本教材有相当明了，庶全校之精神训练，或政治教育，具有一种基本之共同意见，非徒增加学生对于学习本教材之效益，抑且对于全校训育有莫大之辅助。

（11）教师在教授本教材之先，应有充分之准备与参考，非徒于教学技术上收左右逢源之效。尤其对于学生思想能成为一真正领导者，庶使学生对于教师及本教材均获得深切信仰。

（12）本教材之普通教学历程，举例如下，以供参考。惟“运用之妙，存乎一心”，不必拘于一格，总以求活用而收实效为主。

1. 引起动机：从时事问题研究，或根据旧经验引起动机。

2. 提示中心：决定本课研究中心。

3. 讨论问题：自所提示之中心，或从本课课文中提出若干问题，指导学生讨论。

4. 研究课文：研究本课课文。

5. 比较总括：研究课文以后，与前所讨论问题之意见比较之，比较之后，教师指示总括意见，应暗示一正确兴趣。

6. 分配作业：依照教材后所附作业题，指定作业。

7. 订正批评：学生作业缴入后，应予以订正，如有错误思想，应加以批评纠正。

8. 联络应用：课外利用各种活动，将所已研究之资料，设法使学生尽量应用之。

（载《教育通讯》1939 年第 2 卷第 37 期）

战时补充教材编辑工作之检述（五）

李清悚

六、编辑经过与工作检讨

关于本教材之编辑，系于本年一月间订定各科题目，二月初开始编辑，五月底完成六科。其间因迁移办公地点，先后约消耗十日，惟地理一科因工作人员较少，成功较迟，五月所成，诸科教材，于五月间均经初校、复校，六月起开始总核，历三星期完成。地理科则迟月余续成，在编辑期中，赖全体同人之合作与努力，所成之工作，优良与否则为另一事，而能依原订计划进行，未致陨越，殊可庆慰。但集三十五人为一新团体，共同从事一新工作，其间切磋研究取舍出入之处，亦颇多可供惕厉参考者，兹择若干可资商讨参考之点述之。

一、资料供给问题

编辑教材首在取丰富可靠之资料。资料之来源有二：书报杂志一也，调查材料二也。本会初立，书报杂志皆须临时备办，一因经费之有限，二因坊间之缺乏，在采购上所感困难甚多，尤其于抗战以来所出版之报章杂志全份搜集为最难。京沪汉报纸搜集尤难，迁入重庆各家报社之本身所存有自二十六年六月起者亦仅一二份而已，经多方搜求仅借得《国民公报》、《新蜀报》二份。小丛书方面如《战时综合丛刊》、《抗战建国小丛书》、《战时民众训练丛书》、《战时文艺丛书》、《战时戏剧丛书》、《抗战丛刊》、《大时代文库》、《战时文化丛书》，以至于抗战中的《中国丛刊》、《黑白丛书》、《战时特刊》等亦不易全份搜集，杂志更无论矣。在调查方面更加困难，一由于我国调查事业不发达，二由于各方面对调查事业不能充分□作，有时对某学者私人询问尚可获得相当资料，而向其所主持之机关调查反不能获得回复。因此种种情形，于是对于资料供给上成为一极大困难问题。

二、资源缺乏问题

书报杂志之供给的缺乏苟假以时间与经济，尚可逐渐解决之，惟取材资源之缺乏问题，则不易解决。其缺乏情形有二：一为无优良与可靠之资料，例如中学《国文》拟选择抗战以来之诗文创作足资教材之用而可精读者，则百不得一，最为窘困，最后迫不获已而定选若干编，殊不当意，无可如何也。又如地理上采用各项统计数字除依据政府机关所公有之统计数字及各机关负责人之著述中所见数字外，有时一极需要之统计竟无法可寻考可靠者或认为可靠之文献。其推算亦有不同者，如以中国煤之储量言，据《中华民国统计提要》言占世界第三位，据《申报年鉴》言占世界第二位，如此则斟酌去取，每费考虑。二为无确切统一之定论，例如历史上之言我国国内各族间战争之史事，公民上对于各种原理原则之解释等，皆有感甚大之困难者。

三、行文问题

课本之编辑在写作课文时，最低限度应具两种标准：一、适应儿童心理及其教育程度，二、符合教育目的。与写普通论文显有分别。而同人中，普通著述经验多于课本写作经验，行文造词，或不免与时下一般著作者同其习惯，普通著述物不宜于课本之点有以下诸种情形。

1. 文字不易浅简——同人此项工作均拟努力负责，以致为力求材料之充实起见，每有求繁求深易，删繁就简，求浅求平难之感。

2. 文言死语不能悉去——规定课文悉用语体文，然今人之写作为习惯故，文言不能悉去，语体中不免杂夹死语（即不见于今人通用之口语者），此次初稿中亦有少数具此情形者。

3. 不免受“潜在意识”作用，接受他人宣传用语而不觉——报章文字往往为求时效，写者谋迅速，编者不暇择而误采不利于抗战之理论与名词。阅报者习而不觉，久之入于潜在意识，遂亦视为固然，甚且造为成见。无形中流露于著作中，倘此著作供专家之研究，尚有抉择机会，然亦不当，以之教育学生则殊不可。例如敌人谓我冀鲁晋察绥五省为“华北”，其意盖视蒙古与东四省为所谓“满蒙”而非中国地。吾人亦从而“华北”之，何不思之甚也？（报章已习见，有金某著书名曰《我们的华北》）。以纬度言，则我国北部亦为蒙古地方与黑龙江省；以名词言，言一广大地区则有以方位别之者，如言北美、南美、东欧、西欧、北非、南非之类，未闻言一国之地而以方位别者，仅有关东关西之称，无东日西日之词，盖敌人曾向世界宣传“支那者为一地理上之广大名词而非国名也”，故有此含有政治作用之立词。又例如国人述战功者每谓“我国武器虽不及敌人优越，而精神则过之”，或有曰“敌人凭其优越武器占领我交通地带”，其意似为我军武器之劣已为定论者，实则我国武器未必即劣，纵一时有优劣之不同，亦不应为此全称肯定之语，将来无反正此论断。凡此诸例，非精神屈服即误中宣传，偶一不慎，即入彀中，同人对此颇注意抉择之。

4. 喜立于超然或第三者地位而肆其批评者——国人著述，有一习病，即论时政国事，往往喜立于第三者地位，肆其批评。此盖有历史之传统影响，要知许由洗耳，对政治不合作态度，不应再见于今日；屈原作《离骚》，不获自由直言而为隐喻，今日已非昔时，情形不能一例。又有受外人著作影响，而自忘其为本国人者，实则在专制或军阀时代，政治不修，偶语弃市，为超然之言，作讥讽之评则可；今日之政治与其建设成绩昭在耳目，不应在习为其语，纵有缺点，应为诚意之贡献语，更不应自立于第三者地位，辄曰“中国人应如何”，其有不蹈某留英学生之“中国月亮没有我们英国的好”之讥者几希！普通论文已不应有此，更不宜以之入教材。此次所编教材虽不必即为代政府发言，而实有政治训练意义在，倘一则曰“政府对于某事办理之不善”，再则曰：“政府今后应如何如何”，实违背教学之旨，故同人对此等语气，无不力求避免之。

5. 喊口号式之文学。教材贵乎说理充畅，立词遣意，足资模仿与教训，有所激励，语简而有力，斯为上乘。今人有习为所谓宣传文字者，满纸口号，有下笔千言空无一物之概，在宣传上亦未必收效，况用于教学。此次教材之编辑，亦注意避免之。

6. 堆砌标语成文统计数。六朝骈俪之文，喜堆砌典故词藻，为世所诟病。今人有堆砌标语、名人语、外国学者言、统计数字，并不关宏旨，徒以自炫其博者，亦可谓之为新骈文。彼以文为生者以之获取字数之值则有可原。有价值之著述所不取，教材更无论矣。此亦为同人所注意删改者。

7. 构句喜故为曲折而不易条直之文。新文学作品，除自标明为欧化文字者不论外，有习用堆砌形容词者，如曰“在浮白而轻松像一个秋天将雨时候之浮云一般的软而且舒适的床毯上坐着的人们”如此曲折迂回之句，如何令学生明了，即不曲折，而遇有长语句，亦非所宜。

以上七例，皆荦荦大者，至于篇法章法之如何求其宜，题涉专门不克细论，姑从略，其余琐细者皆不赘述。

四、选字立词问题

昔孔子作《春秋》而乱臣贼子惧，何也？以其选字立词，皆有正名定分作用，丝毫不苟。如言“天子狩于河阳”当时实为晋文公召周天子之事，不言诸侯召天子，而曰天子出狩，以正名定分。又如“赵盾弑其君”当时弑君者为赵穿，而赵盾不能讨之耳，语此以重责任。吾人写教材虽不能尽学春秋义法，然名词则不可不正。今日之报章杂志词用过滥，往往不注意及此，而著作者习见□染，不免因之，今试举数例为吾人所注意校正者。

1. 敌人化分侮辱我国之谬误名词。如“支那”应改正为“中华民国或中国”，“华北华南……”改正为“东北各省、南北各省……或我国北部、我国东部”，“满洲”改正为“东四省”，“京奉路”改正为“北宁路”，新京”改正为“长春”，“皇军”改正为“敌军”，“占领”改正为“侵略”；敌对我称“扫荡”、“肃清”改正为“进犯”，敌对我称“开发”改正为“榨取”；其所自造之名词，如“东亚新秩序”、“建设新东亚”、“兴亚院”、“华北开发会社”等一律加括弧；自造名词而缩称者如“满铁”改正为“南满铁道株式会社”而加以括弧；如一切伪组织皆冠以伪字等。

2. 历史上名词而有分化作用者改正之。如“汉民族，满民族……”改正为“汉人，满人……”又如“猺民”“□□”去其“犬”旁改正为“傜人”“□□”；又如“班超征西域”改正为“班超经营西域或通西域”，“大禹平苗”改正为“大禹安苗”，“左宗棠平回”改正为“左宗棠定新疆民乱”等。

3. 谱用外人习称之名词改正之。如“华人”改正为“国人”，“华军”改正为“国军”，“华侨”改正为“侨胞或我国侨民”等。

4. 立意不妥近谩骂之名词改正之。

5. 立意不妥或谬误宣传之口号或名词改正之。如“中央政权地方政权”改正为“中央政府地方政府”；关于政府之设施近人喜称“中央”如何如何，改正为“政府”如何如何；“拥护抗日的领袖”改正为“拥护领袖”，“拥护领袖抗战到底”改正为“拥护抗战国策”，“救亡运动”改正为“抗战建国工作”，“抗日高于一切，一切服从抗日”改正为“国家至上，民族至上”等。

其他不统一之名词，择其一以统一之。不等量之单位名称，择其一以计算通称之。如“高度”、“拔海”、“海拔”三词取其一；如称石油为“桶”、为“加伦”、为“立脱”，概以桶称之等。余照规定之标准。

五、总校问题

总校工作有八：一、资料之总校；二、文字之总校；三、编辑方式之总校；四、名词之总校；五、总计数字之总校；六、标点符号之总校；七、缮写格式之总校；八、印刷清样之总校。编辑固不易，校订尤难。余喻校订工作为“撕棉捉虱”，捉一次有一次，仅每次之分量不同耳。此次编辑以时促，急于付印，在校订工作上，实未能尽最大责任，尚不乏余虱可捉者；又此次在校订上所发生之困难，有发于事实方面者，有发于人事方面者，前者如一稿而数人编辑，各人取资之来源不同，乏充分研究讨论机会，校正之时间太促等，后者不能尽人皆遵守各编辑条规，不免有少数不乐他人修改其文字者，中途稍有人事之变更等。但人事困难，多一经解释调处，无不悉解，此固由于发生者本极少，亦由于同人合作之力。而事实之困难则不易解决也。

七、结语

本文在对于战时补充教材之编辑工作，为一系统之叙述与检讨，亦述既往以惕将来之意。惜为篇幅所限，当有书不尽言、言不尽意之处。此次工作同人系以一新组合而共同努力一合作之工作，彼此输诚研究、努力负责实为难能。然编辑之事系一种学术工作，与行政事务不同，必具充分之研究工夫，学识修养与日俱进，亦即工作效能与学俱增。愚意以为一教科书之编辑者，至少必具以下之修养：

1. 对于当前国家政策与政治理论有充分了解与信仰；

2. 对于教育理论与目前国家教育政策有相当修养与了解；

3. 对于各专科学术具相当根底；

4. 对于本国文字有相当素养，至少能行之流利畅达者；

5. 有各该科教学经验；

6. 有著作经验，最佳者能有编辑教科书经验或至少能对于各现行教科书有相当研究。

流俗见解，均以为中小学之各科教师，仅须延用各科专家即能尽教学之事，实则不然，各科专家，仅足称某科学者，而非某科教师也。学校仅有学者而无教师，不足以尽教育之事，甚者或以反教育，此凡稍具办学经验者皆能道之。以烹调为喻：学者乃一菜社中之厨师，其所制之菜肴足供甘旨，为品味者所善；教师则一医院中之厨师，其所制之菜肴，必□于营养条件，具有卫生目的，与专供品味者不同。一为艺术的，一为卫生的，教师如此，课本之编者亦如此。课本编者，乃一不登坛讲解之教师耳。又教师譬如医师，而编者乃药剂师也，药剂师虽不临床，但必充分明了病理，如仅仅研究某药之培植与构造，上而则为药学家，下而则仅为植物学家或化学家而已。更不幸则杂罗药品，专供贩卖，随顾客之需，而为一药肆主人也。教科书之编者，固不希望其为一药肆主人，亦不希望其仅为一药学家，必兼为药剂师、医师。吾人今兹所之事工作，究为韩康乎？抑华佗乎？不自知也，愿明达者垂教，而今后知所勉耳！

二十八年，七月，作于北碚。

（载《教育通讯》1939 年第 2 卷第 38 期）

怎样编辑小学战时补充教材

盛克猷

一、编辑补充教材的重要性

我国旧有教科书，在抗战时期颇不适用；兼之敌人近来又在沦陷区域改编我们的教科书，我们这时若不编辑补充教材，以弥补教科书之不足，而协助战时教育之推行，岂非自侮自伐，中敌阴谋，甘心叫自己的子弟做亡国奴吗？去年四月临时全国代表大会所通过的《抗战建国纲领》第二十八条规定："改订教育制度及教材，推行战时教程……"并根据这一条，同时通过《战时各级教育实施方案纲要》，这方案上的实施要点第四条是："对于各级学校各科教材，应彻底加以整理，使之成为一贯之体系，而应抗战与建国之需要，尤宜尽先编辑中小学公民、国文、史地等教科书及各地乡土教材，以坚定爱国爱乡之观念。"同文第五条是："对于中小学教学科目，应加以整理，毋使过于繁重，致损及学生身心之健康……"所以改编现行教科书，以应抗战与建国之需要，已经为任何人所不能否认的事。教育部根据此点，现正从事于抗战建国教材的编制。不过编辑教科书，也不是一件很容易的事，在三两月内决不能完成，那么，从事于教育的人，不是仍旧要沿用旧日所编的教科书吗？不，我们在这个青黄不接的时候，只有编辑补充教材，充分应用。这不但是"以眼还眼，以牙还牙"的报复手段，而在未失之地，赶早使我们子弟明了一点抗战建国的大义，免得将来全受敌人的麻醉与支配，那时要想教育也来不及了。教育的同志们！"最后一课"的时期到了，我们再也没有怀疑、犹豫的余地，只有拿起我们的笔锋，拼掉鬼子们的头颅！

二、一个编辑补充教材的计划

（一）目的。供给儿童阅读，作为小学战时教材，藉以奋发儿童抗战情绪，增进儿童关于战时的知识和技能，以使小学的教材，切合战时的需要。

（二）方法。撮取重要并且适合程度的有关抗战的资料，制成图表，编做常识教材；再取和常识教材有关系可联络的片段具体而且有儿童文学趣味的资料，编成故事、诗歌、戏剧或信札等，作为国语教材。计分三种程度：

1. 低级用的——国语以连环图画和反复故事为主，常识以图说为主。

2. 中级用的——国语以反复故事和普通有结构的故事、诗歌为主，常识以半图半表为原则。

3. 高级用的——国语以故事诗歌为主，常识可表多于图。

（三）时期

1. 完稿时期——限于×月×日以前，将二年来的抗战资料，广事收集，编辑完成。

2. 出版时期——限于×月×日以前付印出版。

3. 未定时期——今后有适合需要及抗战价值的教材，随时编辑付印。

（四）内容

1. 取材范围

常识

关于抗战功勋人员的一生和功绩，例如阎海文、王铭章、郝梦龄、苗可秀、姚子青……

关于军民集团的抗战史实，例如八百壮士、平型关大胜、台儿庄大胜、空军远征日本、武汉空军大胜、空军十大功绩……

关于敌人和法西斯侵略者的一切实力、野心、暴行，例如日本的政治、日本的教育、日本的经济、日本的军备、日本的大陆政策、南进政策、三国防共烟幕、南京大屠杀、广州大轰炸……

关于抗战时期，国民以及儿童应有的责任和准备，例如参加游击战，防空，防毒，救护、爱护伤兵，协助军队，肃清汉奸，努力战时生产，协助运输，民众组织宣传……

关于七七以前，敌人给予我们的一切创痛，例如甲午之战、五九、五三、五卅、九一八、一·二八……

关于历史上对外抗战的史实，例如汉武帝平匈奴、唐太宗平突厥、淝水之战、虞允文逐金兵，戚继光平倭寇……

关于国际援华抗战的事实，例如苏联的援华、国际的援华、法英美的援华、各国民众的援华……

国语

关于抗战功勋人员的抗战片段故事或诗歌。

关于集团抗战全面史实中的片段故事或诗歌。

关于日军阀以及希特勒、墨索里尼等的一切丑行的故事以及遗闻轶事。

关于国民以及儿童抗战工作片段的遗闻轶事。

关于七七以前国耻纪念中的片段故事和诗歌。

关于历史上抗敌英雄的片段故事和诗歌。

关于国际友人对于援华义举的故事或遗闻轶事。

2. 质量支配

（一）关于国语常识质量的支配

内容	级别	百分比
公民	低	5
	中	5
	高	10
历史	低	40
	中	35
	高	40
地理	低	30
	中	30
	高	30
自然	低	25
	中	30
	高	20

（二）关于国语文体分量的支配

文体	级别	百分比
普通文	低	70
	中	65

续表

文体	级别	百分比
	高	60
应用文	低	0
	中	8
	高	15
诗歌	低	30
	中	25
	高	20
剧本	低	0
	中	2
	高	5

3. 文字排列

(一) 国语科——均采用直行式。

(二) 常识科——直行式或横行式斟酌采用。

(五) 形式

1. 教材式样：各级均采用白报纸，其大小与普通教科书同。

2. 装钉方法：每课教材左边，穿凿两个小孔并备有美丽封面及坚韧丝带，以便随时自动选汇与装钉。

三、一篇战时补充教材的实例

这一篇战时补充教材，是供给小学高年级儿童用的，述明王铭章将军临难不苟的精神和为国殉职的壮举，以激发儿童抗战情绪，而培养儿童牺牲性，原文如后：

(一) 国语课文

滕县之役

当敌人主力，逼近滕县东关的时候，这一场激烈战争，便渐渐地开展着。

这时，我们守城部队，只有八九百人，武器既然不好，子弹又告缺乏；但是，我军都抱着必死的信念和牺牲的精神，敌人用猛烈的炮火，向我军轰击了一天，肉搏了数次，结果，他们还是遭遇着惨痛的失败。

师长王铭章，是一位刚毅忠贞的将军，他早已坚定了意志，抱定了与城共存亡的决心，便把前方部队，陆续地调回。这时，连城内的警察，约有三千余人，这三千余人的总指挥，就是这一位王将军。

大概是二月十七日那天吧，刚刚是农历十五，一轮皓月，高高的悬挂在空中，敌人利用明亮的月色，终夜拿大炮和机关枪向我军攻击。拂晓的时候，炮火格外浓密，几个钟头以后，城垛子和各城楼都被扫平了，城内房屋也成了一片瓦砾，被掀起的尘土，把蔚蓝的天空掩盖着，使得天朗气清的春天，竟成了一个暗淡黄昏的世界，这就是滕县将被大劫的象征。十二点钟以后，敌人把大炮飞机集中，向我城墙轰炸，东南门一带，竟轰成无数缺口，敌人便从这些缺口爬城。我军沉着非凡，一面消灭顽强攀登的敌人，一面用沙包把缺口抢修复原，无奈敌人炮火太烈，城墙缺口太多，我军伤亡过重，无力支撑。敌人就从东门蜂拥入城，王将军这时，还站在城西督战，腹部连中数弹，他见大势已去，危城难守，便用手枪自杀。当他与世永别的一瞬间，仍然力绝声嘶的呼喊着："冲呀！杀呀！杀！杀！杀！抗战到底，中华民国万岁，万万岁！……"

我生存健儿，大为感愤，所以在敌人进城以后，又和他发生了一番猛烈的巷战。

第二天，据我方侦察机报告道：滕县城内的部队，还在那里和敌人混战；另有一批没有运出城的伤兵，也拿了步枪和手溜弹，与敌人恶战，他们至死也不甘屈服。

（二）常识表解

壮烈殉国的王铭章将军

类别　详情

姓名　姓王，名铭章，字之中。

籍贯　四川省新都县人。

学历　陆军部陆军军官学校步兵科毕业。

履历　历任排、连、营、团长。

民国十四年升任旅长。

民国十五年升任四川陆军第十三师师长。

民国十七年任国民革命军第二十九军第四师师长兼成都卫戍总司令。

民国二十二年任川陕边区剿匪左翼纵队指挥。

民国二十四年任陆军第一二二师师长。

民国二十六年出川抗日，转战于山东、山西和津浦线北段一带。

官级　民国二十四年授陆军少将。

民国二十五年授陆军中将，四等云麾勋章。

民国二十六年追赠陆军上将。

殉国　地点　山东滕县

时间　二十七年三月十七日

年龄　四十五岁

（载《教育通讯》1939年第2卷第25期）

国文教科书缺点

教育部中学教科书审查委员石中玉，最近审查各大书局出版中学国文教科书后，发表各书局出版之中学国文教科书，缺点如下：

（一）凡所选文言文太多，从《古文观止》和《经史百家杂抄》等古文选集里移来，并不是编者自己读过多少全集以后，用极新的文学眼光选取的。

（二）白话文太多是五四前后的作品，使人感到现在已经不是读这些文章的时候了，小说、戏剧、诗歌等，大多是距离很远的作品。

（三）翻译的文字作品很少，很奇怪的，很少有外国第一流作家的译文。

（四）文言和白话的比例，大都是遵从部定标准的，高中的文言本应该比白话文多，可是我觉得高中并不是专门研究国古学的，太多了文言文不会有什么益处。

（五）除汉族外其他中国民族的文字作品，几乎没有。

（六）世界弱小民族反抗压迫的文字很少。

（七）文章法则部分有的太简单，有的太专门，不能切合中学生的需要。

（八）高中国文的编次，多遵照部定标准，依照文字［学］史发展的次序，由古代至近代。

（载《现实》1939年第6期）

战时中学国文补充教材编辑问题

李绍曾

中学国文课本，坊间编印的虽是很多很多，但均各有其根本的严重缺点在，而始终没有一个善本，这大概是不可否认的事实。这事实，在平时虽尽管有人对其不满意，可是不满意还是不满意，很少有人提出来研讨或改革。即或有，也只是像闪电一般，一闪就过去了，始终没有成为事实。现在为了时代的刺激和需要，无疑地，原有课本的缺点更加暴露了出来。纵使目前不能将全部教材重新编订，然亦不能不设法急速补救。于是战时中学国文补充教材，便成为了当前救急的重要问题。

战时中学国文补充教材，既是针对着过去的缺点编辑的，那末，我们便应该慎重从事，才能补救已往的不足。可是大家在事实上现仍不免陷在原有的错误的圈套里。试以正在教育部编辑战时国文教材的戚君说，他在《战时中学国文补充教材》一文中，列举战时教材的范围是：（一）富于爱国思想者；（二）富于从军勇气者；（三）富于抗战情绪者；（四）勇于赴敌者；（五）富于奋斗精神者；（六）不为威屈者；（七）富于忠贞之气者；（八）富于果敢之气者；（九）富亡国之痛者；

（十）赞扬烈士者等十项。（见《正中青年》月刊六卷四期）这是关于思想方面的，当然没有问题。不过他所举的篇名的原文是否均可采用呢？换句话说，他在编辑的方法上是否跟过去一样，犯了一些错误呢？这却大有商酌的余地。因为中学国文教学的目的，除了指示学生以应有的正确思想认识外，还要训练学生的写作技术的。这就是说：凡令学生精读的文章，必要切合学生的程度，易于欣赏体会，而能明确地给予学生以写作上的暗示和帮助，这才是编选的正确办法；否则，便是事倍功半，甚且使许多中学毕业生，白话文言均作不通。这是铁的事实，这事实，那编辑教本的人也许不能逃避责任。基于这一点，所以我特提出这个问题来商榷。

戚君所举的篇名，在内容上是否均可采作教材，不是本文讨论的范围。本文所要讨论的，是编辑的标准及方法问题。我认为这位朋友与从前编辑课本的先生们犯了同样的错误，那就是忽视了学生的写作问题。何以见得呢？让我先就戚君所举的补充教材的时代、篇数及应否改编各点，列一简表如下，然后再加以说明：

时代	篇数	原文可用	节用	改编	附注
汉以前	15	11	2	2	包括《诗》、《左传》、《国语》、《史记》、《汉书》等
晋	1	1	0	0	
唐	2	1	0	0	
宋	6	3	2	1	
元	1	0	1	0	
明	3	2	1	0	
清	15	10	4	1	
民国	3	3	0	0	
译文	3	3	0	0	
不明	3	3	0	0	
共计	52	87	10	5	

上面这个表中，有两点值得注意的是：（一）汉以前的文章占多数；（二）所举的五十二篇文章中，除了五篇应改编外，其余都可用原文或节用原文。戚君对他所举的文章，那些作为高中的补充教材，那些作为初中的补充教材，虽未明白地说出，但他所举的却几乎全是清以前各代各家的古文，和《左》、《国》、《史》、《汉》一类的文章。虽然他末了声明“抗战中可歌可泣之事迹，后方民众慷慨从戎……和陷落区内敌军之暴行等等，都可采为教材”，甚且在事实上已经有许多人从报章杂志上找了不少的这类的教材，印发学生阅读。然而我总觉得这仅顾到了灌输学生以抗战期中应有的思想与正确认识的一面，而忽视了国文教学的另一目的——训练写作技术。这是民国以来定标准、编教材的先生们的最根本的通弊，也就是使许多中学毕业的学生写不通文章的根本原因之一。

教部所颁布的中学国文教材标准，虽经过几次的修正，但我总觉得仍是定得太高。尤以高中国文教材标准，希望于学生的更是太多。照标准规定，简直是想中学生在课目繁多的短促年限中，将我国几千年的文学都要有一个概念。这在事实上是否可能，即可能，一般的中学生是否均有这种必要，姑且置诸不论，即以指示学生的写作技术来说，今天讲一篇《诗经》，明天讲一节《左传》，后天又讲一篇《离骚》，纵令教者是万能，能将各种文章的音义、风格、文法详细的讲解，又试问学生能否体味？即能，而我国文学自唐虞而下，各代有各代的调格，造词遣句，各不相同，现在一齐拿在学生面前，让学生东尝尝，西试试，遂使学生口味夹杂，不知取舍。试问这对于学生的写作技术又有什么明确的指示和帮助？这种混乱的情形，不仅是高中的国文课本如此，初中的又何尝不是一样？在同一册课本中，第一篇是胡适的明确纯正的白话文；第二篇便是吴敬恒的滑稽式的文言腔调的白话文了；第三篇又换了样儿，是徐志摩的欧化的白话文了。结果，在学生的作文措词造句上，便有文言白话夹杂不清的；有有头而无尾的；有尾巴拉得很长，找不到主语的；至于滥用形容词副词的，更是比比皆是。课本中所有的文章，原是作为学生的范式的，如今在同一册课本中，在写作的技术上既是这样的没有中心，试问又怎能使起初作文的学生得着正确的门径？我说这篇话，并不是说某一家派、某一时代或某种风格的文章不好，尤不是说不应该选各种文体的文章，而要将课本中所选录的文章单纯化，比如说，文言文只选现代的议论文，白话文只选简明纯正的抒情文。不是的，我的意思是说，我们应该按照学生的程度，在某一个阶段，令其精读的文章，时代不要包括太广，以致杂而多端；而要能够明白地指示学生一个简易的写作方法。待他们学得了这个写作方法，然后再领导他们走入另一个新的写作阶段。我们在每一个阶段令学生精读的文章，大部分必要能够与他们的写作技术配合起来，才是国文教学最经济最有效的方法。过去定标准、编课本的先生们，只热望着如何使中学生在短短的六年中，每周五六小时的国文课里，便能了解中国全部的固有文化，因而理想着在高中“第一年以体制为纲，第二学年以文学源流为纲，第三学年以学术思想为纲，各授以代表作品”，而忽视了实际上教员与学生是否真能负担得起；尤其是忘记了学生的读文与写作的配合问题。这样，怎能不使很多由念“山、水、田，狗、牛、羊”出来的学生，陷入很深的泥坑中哩！

过去的错误既如上述，那么，我们今日编辑战时国文补充教材，如果只要与抗战正确认识有关的，便一律拿来作为教材，而不顾虑这种教材是否能与学生的写作技术配合，那就与过去犯了同样的错误了！

根据上面的理由，对于战时中学国文补充教材编辑问题，因提下列的三个建议：

1. 战时中学国文补充教材，应以改编为原则。战时国文补充教材，除开目前的不说，古籍中已是取不胜取了。如戚君所举的《汪琦执戈卫国》、《鲁仲连义不帝秦》、《岳飞传》等。但是《左传》、《史记》一类的文章，其功用只在增进学生的阅读能力，使学生能逐渐的了解或欣赏中国固有文化，若想让学生去学这一类的笔法，那是很显然的不可能的。唐宋的文章也不必说。就是明清的古文，高中毕业的学生能学得一二分气味，那已是了不起了。故古籍中可取的材料固多，可是绝不应全数采用原文，而应至少改编半数以上。至于抗战两年多来各报章杂志上所发表的各种文章，虽然全是白话文或近代文言文，似乎采用原文绝无问题。不过作家们写文章的动机，却在发挥他们的意见或记载当时的事实，并没有想到他们所写的文章，必被采作国文教材。并且还有许多文章是在特殊的环境下，仓卒写作的，当然是顾不到剪裁和修词。他们写文章的目的原是在刺激民众，唤起民众一致抗战，而不是拿来教学。这是确切的事实，决无问题的。故抗战以来各报章杂志上的文章，可采作补充教材的固亦很多，但应修正的确也不少。因此我主张战时中学国文补充教材，应以改编为原则。

2. 战时中学国文补充教材应由教育行政机关主编。补充教材既是以改编为原则，那末，如何改编？由谁改编呢？关于第一点，自然应该先要有个改编的标准。这标准不仅由教育专家或国学专家拟定，因为他们的理想往往与事实不符，而且希望太高，所以，同时应参酌实际教学者的意见，才不致使标准及教本和学生的程度隔膜。前面我已说过了，原有的中学国文课本，多数的教材不但不能与学生的写作技术配合，而且在同一册中，太着重于所谓“代表作品”，致令不能明确地指示学生一个简要的作文途径。因此我想补充教材的标准不妨照原有的降低一半，总要能使高初中的学生在写作技术上能得到帮助才好。关于第二点，我认为应由教育行政机关主编。过去的课本，几乎全由个人或由各书局特约一二人依照标准编辑的，而这些编辑的先生们，又多半是与中学生程度隔膜的人。虽是经过一度审定，但审定时的种种疏忽亦在所难免。何况我国的文学，至深且博，各人所欣赏的必不能一致。甲有甲的看法，乙有乙的主张，取舍又不见得有一定的标准，自难免陷于一己的偏见。总之，这种编辑的方法是很不科学的。补充教材既是以改编为原则，那末，这种工作自必较编辑更为繁重，决不是三五个人员所能胜任的。因此我主张由教育行政机关将改编标准及办法公布，一面公开征求作品，一面动员全国在写作技术上业已成熟的新旧作家，分担写作。这样，我相信一定会有空前的成绩表现出来。

3. 战时中学国文补充教材应由各方从事试用。定标准、编教材，虽是由集体的力量作成，但为收应用时的效果和可靠性，多方试用的步骤亦必不可少。加以教材的分配问题，是一个极其繁难的问题。同一篇教材，甲主张放在一年级，乙主张放在二年级，甚至这差数还不止此。试以朱文叔在同一书局中所编校的三部书来比较，就可窥豹一斑。如宋濂《送东阳马生序》、王安石《伤仲永》、彭端淑《为学》等篇，起初放在《初中国语》与《国文》第一册，后来便改放在《新编初中国文》第三册；《孟子取义》一篇，起初亦放在《国语》与《国文》第一册，后来竟改放在《初中国文读本》第五册。一个人在前后三五年中的所见便相差至如此之远，其余更可想见而知。朱氏将这几篇文章前后倒置的原因，是否系由于个人的实验或朋友的意见，以及这几篇文章现在编排的地位是否已经妥当，姑置不问；但也就因为这样，更可显示试用步骤的必要性。

因此我以为补充教材选定后，应由教育行政机关分发全国各中学实验，以一年为期，由各中学教员于试用后，拟具意见及报告，然后将这些报告分项的统计起来，决定某篇最适用，某篇应作为某年某期的教材，再正式编为教本，通令全国采用。这样，才可以杜绝“闭户造车”的弊病，而适合学生的要求。

上述三点，我认为是今日编辑战时中学国文补充教材的基本原则。因为今日的抗战，不是一个三两年的单纯的战争问题，而是更有着宏远的建国责任。我们在抗战建国的双重使命下，任何工作均不应浅视，均不应草率。教育是百年的事业，课本是教育的工具，而国文教材既影响学生的思想，又关系学生的写作，更不容草率将事！我们应痛悔以前过于“因循苟且”，过于“各行其是”，以致二三十年来，始终没有一部用科学方法编辑的教本，这是我们教育界的耻辱！抗战把我们过去一切的弱点都暴露了出来，我们今日明知过去的错误，难道还有意或无意地去犯那同样的错误吗？因此我们编辑战时中学国文补充教材，不应该只是很狭义的很浅视的解释“战时”的意义，而认为是一个目前的短时期的问题，只从字纸堆里找出些与抗战有关的文章，原本原样的拿来作为补充教材，就算是尽了责任了。我们应记住：我们一方面是“抗战”，一方面是“建国”。因此我们要从远大处着想，用科学的方法，用集体的力量，先编补充教材救急，再进一步用同样的方法改编所有的课本。而这种补充教材，也就是将来的正式教材之一。这才是教育界在“抗战建国”双重使命下应有的责任。

（载《广西教育通讯》1939年第1卷第7期）

战时修订本省初中国文教材刍议

王祥珩

（一）绪言

在这抗战建国期间，国内各部门的建设，都应该向着抗战建国这一大目标迈进，这是毫无疑义的。其中教育一部门，在这时期所负的责任更大，如果它的一切设施都能配合环境的需要，那么在抗战中它更能提高国民的民族意识，增强国民的抗战情绪；在建国期间，它更可训练成许多有专门技术的人才，努力于各部门的新建设。关于这点，我们的政府和许多教育界的知名之士早已注意到，并且有了不少的讨论和计划了，就是本省省政府，去年也曾通令所属各校，征集关于修订课本使适合战时需要的意见，可是直到现在，各校所采用的课本，差不多仍是抗战前所用的课本。这在政府方面，当然有其不能速行的原因，但我们从事教育的人，觉得所用的课本不甚适合目前的环境需要时，似乎也应该尽量贡献意见，使政府当局得以参考吧？

笔者现在正在广西教书，觉得本省的文化水准虽不算低，但教育行政的统一，却是外省所不可多见的。只就采用教科书一项来说，只要教育厅通令各校，就可收统一之效。为了这点，所以我选了这个范围较狭的题目，写出自己经验过的事实，并贡献一点浅陋的意见，希望修订战时课本这件事，能先在广西实现。又因为笔者是一位初中的国文教员，所以先讨论修订国文教材的问题。

笔者在这抗战期间担任国文，感觉到几点困难：（一）国文课本中，有一部分的材料，不适合目前环境的需要，往往不能引起学生的兴趣和注意。（二）教育厅照例要各校呈报授课进度表，各科的教员必须依照进度表授课。现在因在抗战期间，学生常要求讲授关于抗战建国的补充教材，最近教育厅也曾发下总裁驳斥近卫荒谬声明演词及五中全会开会词等补充教材，令向学生讲授。但授课的时间有限，同时还受了授课进度表的限制，以至对于教材不能有适当的支配。（三）因为战时交通不便，教科书的供给极感困难，所以在教员授课或学生自修时，都感觉十分不便。因此种种，我觉得现在所采用的国文课本，实有修订的必要，同时对于课本的供给问题也应注意。

我们现在所用的课本，是《修正课程标准》适用的《新编初中国文》，宋文翰编，上海中华书局出版。这课本的编制，如在平时，可说是相当令人满意的。原作者在该书的编辑大意中说过："本书选材，遵照《修正课程标准》所开七项标准，尤注意于次之三点：（甲）思想积极，足以发扬民族之精神者；（乙）内容充实，足以增进国民现实生活之知识者；（丙）体制完整，堪为学者写作之模范者。"

这种见解是很对的。现在试就（甲）项来看，似乎内容还适合目前环境的需要；可是这课本是在"七七"事变前编成的，当时为了抗战时机未到最后关头，对于取材方面，当然不无讳忌。现在我们英勇抗战已二十三个月，大家已认清了我们的敌人，所以我们需要含有更多抗战意识和建国知识的教材了。

现在我先简单提出修订的意见，下面再加以说明。在这非常时期，有些人主张即刻实行战时教育，甚至全部修改课程；但有些人却主张照行正常教育，仍采用旧有的课本。这两派的意见，都是机械的看法，不足为法，还有一点更重要的，就是教育部始终未颁布修改课本的明令，我们当然不能不用原有的课本。所以现在我提出一个折衷的办法，就是先由本省教育厅组设一个编纂委员会，将原有课本经过一番精密审查，每册约删去课文的一半，由编委会选择战时教材补充，连同原有课本保留下的一半课文，成为整部教材，各校均须填入授课进度表中，并按着进度授课。这是一个变通办法，可以各方兼顾，且有实行的可能，希望政府和教育界同仁，努力促其实现。

（二）原有教材删去的标准

上面我主张把原有课本删去一半，现在试拟一个标准，凡属下列各项之一者，都可删去，并举一二例（例子均由第五、第六两册课本中找出），以供参考：

1. 已失时代性者。各种知识，对于学生都是好的，但社会是不断地进化，我们必须跟着时代前进，所以需要现代的知识。原课本中，有时对于这点不甚注意。例如该书第五册《训俭示康》一课，用意虽佳，惟当时的社会情形离现代生活已远，不易引起学生注意；又如第六册《罗台山轶事》一课，意在写罗的英勇，却有“袖而占之，知有杀机”的话，这与破除迷信有点违背了；又同册《桃花涧修禊诗序》一课，用意虽不着重于介绍知识，但关于“修禊”与“上巳日饮酒赋诗”二事，与现代青年的生活亦格格不相入，似亦应删去。

2. 所介绍的知识，可用更新的材料替代者。我们既然需要现代的知识，所以选材应力求新颖适当。例如上面所举的《训俭示康》一课，如代以时贤论俭德的著作，甚至代以最近提倡节约的重要论文，则学生所得的益处一定更大。

3. 文字深奥，不适于学生阅读者。深奥的文字，学生能否了解还成问题，更谈不到给他们做写作模范了。例如第五册《尚朴》一课，首段的含义颇深，不适于初中学生了解，第五段引了《诗经·大雅·桑柔》“大风有隧，贪人败类”这两句话，也未免过于深奥；又如第五册《缺陷论》首段的一首诗，也不大适合初中学生的程度，似应节录原文，或全篇删去。

4. 取材大同小异者。我们既要插入一部分新的教材，原有的教材就不得不加以减缩，所以取材大同小异者，可删去一部分。例如第五册中，记景物的文字，计有《庐山草堂记》、《真州东园记》、《岳阳楼记》、《黄州快哉亭记》、《岱志》、《登泰山记》、《游龙门记》、《夜渡两关记》等八篇。其中取材虽有大同小异，不至重复，但为了上述的原因，似应删去一部。

（三）原有教材保留的标准

上面已举出原有教材的删去标准，现在再举出原有教材的保留标准，可以作一个对照。保留的标准约有下列三项：

1. 能增强民族意识者。关于这方面的教材，可以全部保留。例如第五册的《左宝贵死难记》、《书史阁部殉扬州事》、《张巡死守睢阳》、《〈指南录〉后序》等。

2. 有系统的论文，介绍较新的知识，适于学生了解及实用者。例如第五册的《学问之趣味》、《读书的方法》、《进化论浅解》、《民族的发生和发展》、《社会生活》、《为甚么爱国》、《山东底一部分的农民状况》、《农振刍议》、《康济录序》、《合作运动》、《说诗》、《戏剧》等。

3. 文字简洁而富有兴味，适于学生了解及写作模范者。例如第五册中的《岳阳楼记》、第六册中的《秦士录》等，前者简洁可喜，后者兴味盎然。

（四）战时教材的选择标准

选择战时教材的工作，较修订原有课本的工作困难许多，因为这不但要顾及学生的程度，更应顾及内容是否适合抗战建国的需要。现在试拟选择战时教材的标准如下：

1. 总理遗教。

2. 革命先烈的遗著及其事迹。

3. 我国最高领袖言行录。

（上述三项的材料很多，不必加以说明）

4. 抗战论文。内容包括领袖抗战言论，一般有关抗战建国的正确理论及意见，国际对我国的同情舆论等，可就国内各书局出版之国文科战时补充教材及杂志报章中选出。

5. 抗战文艺。内容须富有积极向上的精神、坚强的民族意识以及浓厚的抗战情绪者；同时更应注意写实作品，如历次战况的纪实、各游击区的建立发展等报道材料，可择优编入。此种材料，可由各书店出版的新书及杂志报章中选出。

6. 国内新兴实业的调查报告。可在杂志报章中选出。这可使学生明了国内一部分新建设的情形，并了解新建设对于抗战建国的重大意义。

7. 现代的科学故事。这可以使学生明了现代科学对于抗战建国有何关系，并借此养成学生研究科学的兴趣。

(五) 修订教材的编印问题

关于修订教材这件事，我主张由教育厅通盘筹画，并设编纂委员会来负起编纂的专责，这不但可收统一之效，还可希望有较好的成绩。

原有的课本，在每篇课文后附有题解、作者生平、注释、语文对译、习题等，这对于教学两方面，都很便利。这种编法很好，我希望编委会能够效法。

不过这里有一个急待解决的问题，就是当新教材编好之后，怎样去印刷？对于这点，我有两个意见：

1. 由教育厅托广西印刷厂代印，纸张装订应力求经济，以节物力，并减轻学生负担。如能将原有课本保留下的一部分同时印入，使学生只购一书便可，同时可解决教科书供给困难的问题，当然更是理想的办法。但如照原书排印，会涉及版权问题，所以编纂时应加以改编，或由省政府与原书的版权人商洽合作问题。

2. 如果为了经费问题，不能实行上面的一个办法，那么可由教育厅暂将新编教材油印，分发各校，然后由各校翻印，发给学生。并由编委会注明各篇出处，以便参考，而免谬误。

(六) 结论

上面已说过，我现在所提出的只是一个折衷办法，可是在新的课本未经编成、审定、颁行以前，这种折衷办法似乎有暂用的价值。

广西的初中学生，在这非常时期，不但要努力求学，还要积极做救亡工作。可是他们现在所学的东西和他们现在所需要的东西，太不适应了。例如学生需要做演讲词、编壁报、编救亡戏剧、写慰劳信等，可是国文课本中关于这类的文字真太少了！我现在提议修订本省的初中国文教材，最大的原因就在这点。并且在修订教材之后，教育厅可免随时印发补充教材之劳，各校也可依照进度表授课，不至发生支配教材的困难。至于战时教科书的供给问题，只要政府努力设法，是一定有法子解决的，现在只是附带提及吧了。

当然，除了修订初中的国文教材以外，各级学校的各科，同样的需要修订课本，使适合抗战建国的需要；因为现在求学的青年们，就是抗战的生力军、建国的中坚分子，我们对于他们所需要的知识是不应忽略的，但是全部改编课本这件事问题重大，在笔者个人学识及能力上，是不敢非份妄谈的。

（载《广西教育通讯》1939 年第 1 卷第 3 期）

乡土史地教材之研究

王镜清

我们实施乡土教育的呼声，已有二十多年的历史。原不自今日始，惟迄今无成效可言，值此抗战建国的大时代到来，对于乡土教育的实施，益觉格外的迫切了。中国国民党临时代表大会决议："……尤宜尽先编辑中小学公民、国文、史地等教科书及各地乡土教材，以坚定爱国爱乡之观念。"而国民参政会第二次大会亦通过二十一人之提案，其修正案云："为持久抗战，在教育方面，宜注重乡土、历史、地理、人物志及民族先烈事迹，以期提高民族意识。"教育部并规定县立初中学生亦须注重乡土教材，云："应特别注重公民常识之灌输、生产劳动之训练以及本县乡土教材之讲授，使其爱国而同时爱乡。"（《各级教育事实方案》）这是乡土教材在抗战发生之后，被各方面重视的事实，其重要性自不待言了。

乡土教材的范围，因乡土的含义，与儿童的学年，而有广狭之分。

实际上说起来，一个儿童的本乡本地谓之乡土，一个儿童的本县谓之乡土，一个儿童的本省也可以谓之乡土。儿童是乡土教材的中心，乡土教材好比一个继续不停向外扩大的圈子，儿童的经验愈多，学年愈高，则圈子愈逐渐向外扩大，由儿童最近的环境（学校与家庭），扩充到稍远的环境（城市或全乡）和更远的环境（全县以至于全省），最后乃至于全国。这是由近而远，由浅而深，不仅适合儿童的学习心理，抑且适合抗战建国的需要；因为儿童有了丰富的乡土知识与经验，靠一种类化作用，触类旁通，而且由爱乡而知道爱国了。《大学》云："物有本末，事有终始，知所先后，则近道矣。"而乡土教材就是一切教材之"本"，爱乡土乃是爱国家之"始"；不是要提倡封建思想的复活，乃是要使我们抗战建国的教育有更坚实的基础。也就是说，如使儿童对于乡土有正确的认识，必易使其进而对于民族有正确的认识；如能使儿童有真正的爱乡土的精神，必易使其进而有爱国家的精神，因为乡土与国家民族的关系，原属部分与全体的关系或互相依存的关系，断没有国家民族亡了，而乡土与个人尚可保持光荣的生存的道理。本文的目的即在专就历史与地理两方面的教材作一个粗疏的讨论，以作发凡。至对于各部分作精密的分析，则俟另为文说明。

甲、乡土历史是复活国魂的依据

乡土历史是活的历史

历史本应该是活的，只因教材选择不善，教法不良，对于人类极有教育价值的历史，往往变成干燥无味，一种毫无生气的材料，不但儿童不爱读，恐怕就是我们成人有时也提不起趣味来，去学习历史，鉴赏历史，运用历史以解释现在，预断将来。但是历史是一种研究过去人类事实的学问，凡属现已不存在无法直接观察的事实均属历史的事实。历史的事实与因果关系虽为吾人所不能复见，但为吾人所必需，以为指示吾人生活之明灯。哥伦比亚大学校长白特勒先生说："当一个人自称不受过去羁绊所拘束的时候，他宣布他自己的愚策，而且假使他能办的时候，他一定要将他自己减少到下等动物的知识平面为止……聪明的人，就相反了，他一定会在过去的记载中寻出他们的教训，使得他自己不至于再做什么已经证明是无用的、虚费的或者错误的。有学问的而且真正的历史的说明，应该将历史当作人类社会的、道德的同知识的、教育的记载……”清代史学家章学诚云：“史所贵者，义也；而所具者，事也；所凭者，文也……非识无以断其义，非才无以善其文，非学无以练其事，三者固各有所近也，其中固有似之而非者也。记诵以为学也，辞采以为才也，击断以为识也，非良史之才学识也……能具史识者，必知史德。德者何？谓著书者之心术也。夫秽史者所以自秽，谤书者所以自谤。素行为人所羞，文辞何足取重？……盖欲为良史者，当慎辨于天人之际，尽其天而不益以人也。尽其天而不益以人，虽未能至，苟见知之，亦足以称著述者之心术矣。而文史之儒，竟言才、学、识而不知辨心术以议史德，乌乎可哉？”此东西两大名儒对于史学所见略同。盖历史所以教训人者，乃因良史家将过去纯粹的客观事实记载下来，可以供吾人解决现今实际问题的参考耳。历史的材料如可以孤立自存，不能与现今的社会生活上之实际问题发生密切的关系，则历史的活力（The vitality of history）即已丧失。约翰·杜威教授在他著名的 *Democracy and Education* 一书上说：“过去的事情如仅视为过去，则过去的事情就不复有值得吾人注意的必要。假使过去完全成了过去，与吾人的现在不生任何关系，那么我们对付它只有一种合理的态度，就是，听任这种死的过去去埋葬其自己。但是过去的知识是了解现今的锁钥，历史所论述的虽是过去，但是这个过去就是现今的历史。”德国国防总长白龙培元帅说：“一切既往的研究，如果不切于现在及将来的事实，是没有用的。”利用良史家的历史，使学生容易学习，乐于学习，养成其读史的习惯与判断力，使其鉴往以知来，援古以证今，会通得失，创造伟业，乃史学教师之责，因为任何好的历史，在儿童的眼光看来，固无所谓死活，全恃教师的循循善诱。如将发生于千百年以前的事，教授生徒时，不从当时的与当地的情况指明彼此互相联络的地方，强以之为教授之资料，不惟不经济，抑且使儿童的头脑为此等死的零碎的事实所缠绕，而不能领悟。为儿童所不能领悟，食而不能消化的历史，就不是活的历史。乡土历史，是就学生当地的现实的情境入手，使其先注意本乡土上的历史，以便逐渐学习距离儿童较远的历史，而这种历史，就儿童的观点看来，比较易学易懂，既亲切又生动，以此为起点，为基础再学习其他各种应学的历史。而当地的历史上的物质的遗迹，更容易使过去变成为一幕“宛然在目”、“栩栩若生”的活的戏剧。哥伦比亚大学师范学院历史教授 Henry Johnson 先生的一段话，就是历史教学应从乡土教起，而乡土历史就是活的历史的一个说明。他说：“无论我们对于历史的观念如何，无论我们对于讲授历史的目的何在，我们要想在教室中使历史成为有效力的科目，重要的条件就是要使历史带有一种真实的空气……对于真实的感觉，最有力的方法当然是真实的本身。格林（John Richard Green）在他的《诺曼底同诺曼底的人》开宗明义章里面说：“我们走过了诺曼底，使我们对于我们历史的时代比世界上所有书籍还要明白。”“走过了诺曼底”是少数人的特权，但是走过了一部分诺曼底是人人可能的。各地方至少供给一个地方的本身、本地的环境、本地的遗迹同本地的习惯。无论什么地方总有材料预备在那里使本地的过去成为真的。虽然一个地方可以对于一般世界并没有遇到重要的事情……但是所有同人类生活有关系的地方可以说统是历史的地方；所有人类艺术同工业的出产品统是历史的出产品；所有人类的习惯统是历史的习惯。名誉的放射不是一个地方重要与否唯一的标准，甚至不是世界史的重要标准，无论那个地方的过去好好的使它成为真实了，不但对于研究较大的过去的真实有一种感情上的贡献，而且能够供给特种的元素，为重新建设较大的过去的材料。这不但是各地方的教师同学生应该知道各地方的过去同现在唯一的理由，而且是一个充分的理由。”

杜威教授分学生宜学的历史为下列数类：

（一）传记历史。儿童之学习历史最好由关于个人的传记起首，因为个人的传记，能使本是抽象的、不易领会的历史事实，变成具体的、生动的历史。

（二）原人历史。此法在美国小学中应用最广。原人历史的教育价值，即在其能帮助吾人明白关于社会进化之历史，因原人的简单生活，可逐渐的诱导儿童使其明白复杂的生活，明白人类演进之途径，而不至于感觉艰涩难懂。

（三）政治或军事历史。在中小学中欲养成忠君爱国的国民可以之为教育宗旨之基本。

（四）经济或实业历史。此类历史，系论述人类物质之生活。一方面能使我们获得许多前后相接的人类发明上的知识，明白我们社会进步的前后相接的原因；另一方面使我们明白，我们每个人所必须做的一件事是求生存，每个社会所必须做的一件事是使每人对于公共的福利，都有相当的贡献，并注意使每人从社会得到公平的酬报。

（五）智能历史（Intellectual history）即学术史或文明史等。照杜威的说法，增进人类幸福的英雄，并不是政治家，乃是艺术家与诗人。科学的发现者与发明家给人种种工具，使人借以扩充他们的经验，借以主宰他们的经验。艺术家与诗人能把人的奋斗、凯旋与失败，用图画、雕刻或文字来描写颂扬，因此使得他们的意义能普遍的传播与别人。上述的（一）（三）（四）（五）项历史，在我们这个有五千年历史的国家里，任何县都有其历史上的遗迹——无论是文字记载下来的或物质方面的，供吾人之珍爱与发扬！在国内的许多地方，甚至也可以实际看到原人式的生活。从乡土环境起学习历史，以明了我们在“时间”上的生活状态，最能使我们得到一种真实的空气，使我们一方面奋兴，怀念过去的伟烈事迹，一方面反省，明白我们尚有一部分同胞在时间上是落后了千百年！陈立夫先生说：“要培养民族的自信力，第一件事要使人人都知道我们的历史，以光荣事迹激发前进之信心，以耻辱事迹激发改过之勇气。过去无数的伟烈事实和学术发明，最起码的要求是要让受教育的人完全都能了解，使每一县的人民知一县之历史……这些史料应如何搜集整理与编制，以期从根救起，我们要赶快从事研究，一点再也不容忽略了。”这几句话，切合时代的要求。

乡土历史教材的目的在复活国魂

“从根救起”，这是一句一针见血的话。这座巨伟的老树——中华民族——经过了无数次的狂风暴雨而今日犹能屹立自存，自有其原因。这个原因就是中华民族这个大民族的躯干虽枯萎，枝叶虽残落，树根有活力，这个有活力的根，正在发生新的枝干。所以“从根救起”，不仅是必要，事实上也是可能的。我们希望呼吸着腊梅树花的清香，而忘记了培养老根，甚至于讨厌那臭腐的肥料，是不可能的。我们民族的根，就是我们固有的民族精神。“魂者，身之精也。”个人如此，国族亦然。我们固有的民族精神，简单些说，就是国魂。复活国魂，就是要恢复固有的民族精神，并从固有的民族精神上发出新的嫩枝，结出鲜的果实，而不是旧的礼教与一切不合时代的道德形式之复活；因为形式是一事，精神又是一事，形式应随时代的要求而改变，而精神因时代的变迁应格外发扬。以具有四千余年的历史与富于自尊性、独立性、创造性与艰苦卓绝精神的中华民族，到了这个风电交加的时候，是会自然的发挥其战胜艰难的本能，散出一种腊梅花幽香的。西哲尝以 Conquer 和 Endurance 两字为中国民族的特性，我觉得是适当的，何况有伟大的人类的导师孙中山先生已播下复兴的种子。至于国魂的发扬，那就是我们的责任了。发扬国魂的方法自然很多，但历史，尤其是乡土历史的教学，尤为切要，因为乡土历史最富于影响生徒实际做人的可能性。所以今后的历史教学应以乡土历史为教授本国通史的起点，而世界史的教学又应以本国史为中心，不可以再像过去给儿童以零碎片段的各种历史的死知识，要儿童囫囵吞枣地吞下去。乡土历史，对于愈缺知识与经验的儿童愈重要，各地方的儿童应先从各自的乡土历史起，范围逐渐扩大。各地方的历史变活了，有人讲了，有人学了，则带全国性的历史也就变活了，就不致徒成为一种供学生过考试得文凭，混饭吃的八股了。这不是说，因为乡土历史是利用学生自己的环境来做研究历史的起点，我们讲授历史就只应该始终由近而远，但是我们亦可以由远而近，最重要的关键在，无论由近而远，或由远而近，总要所讲的历史的事实与现今的实际的问题发生关系。所以杜威说：“运用历史的方法（genetic method）讲授历史，若认为现今的社会情况难与过去分开是唯一的真理，那只算一面的见解。同时这种方法的另一面就是过去也难与我们的活的现在分开，仍能保持其意义。历史的真正的出发点，总是从一些活的现在的情境开始。”

然而乡土历史教材之所以能复活国魂，是超越了纠纷不已的一般的历史的目的论，而有其自身的适合我们国家需要的至上的目的。要达到这个目的，一方面是乡土教材的选择，一方面是教者具有历史的才学识德与爱国热情，然后才能造成一个足以达到目的的教育过程。也就是说，教材要选择得适合目的的需要，教师要能善用教材，循循善诱，且以身教。所以庞锡尔（F. G. Bonser）教授说："历史之事实，如选择得当，则能昭示吾人以各种足资模楷之性质，如'忠诚'、'爱国'、'笃实'、'贞固'、'公平'、'雅量'及'黾勉从公'之精神。古人佳美之性情，足以唤起后人向慕之心，而足以影响其言行举止……从人类历史之记载中，教师应择其能增进永久幸福之活动而善用之。"但杜威教授说："我们若把历史视为许多轶事，拿来灌输特别的道德教训，使人实行这个道德或避免那个恶习等等，这样应用历史，固然也是可能的事情，但是这样教法，与其说是就论理方面利用历史，不如说是要想利用多少有根据的材料，使学生发生道德的印象。其实这样教法，不能得到这样的结果。这样教法，最好也不过产生暂时的情感的兴奋，讲到最坏的一方面，学生反因此漠视道德的训诲。"这两位教授的话是否相冲突？这是一个重要之点。讲授乡土历史，大约不外两种方法，一种方法是杜威教授所说的"历史的方法"（genetic menthod 亦可译溯源法），用这种方法讲授儿童本县的小史，如沿革史，或政治社会史等（当然要浅显而有兴趣）；一种方法是用这位老教授所说的"传记的方法"（biographical method），讲授儿童本县的乡贤故事，由这个进而明了本县的或本省的乃至全国的历史上的光荣。这样的方法，是否会果如杜威所说"最好也不过产生暂时的情感的兴奋，讲到最坏的一方面，学生反因此漠视道德的训诲"？为避免这一可能性，庞锡尔教授所说的善用所选的教材，与杜威教授所谓"利用历史以培养社会化的智慧"（the wise of history for cultivating a socialized intelligence）是值得我们深刻注意的。申言之，乡土历史教学应使生徒对于现在的社会生活具有一种"真知灼见"，俾生徒品格上所能养成的道德就不是消极的墨守道德条规或怀念着过去封建的礼教，而是有一种积极的道德的主张，与一种新的道德精神，应付随时发生的新的情境。前已说过，乡土教材的目的在复活国魂，那么，为简单明了起见，兹随便举出几个浅显的实例，以资论证。

例如关于影射到民族主义方面的乡土历史教材，讲到“忠”，这个“忠”的精神，总理中山先生对我们是解释得非常明白的，他说：“……由此便可见现在一般人民的思想以为到了民国，便可以不讲忠字。以为从前讲忠字，是对于君的，所谓忠君。现在民国没有君主，忠字便可以不用，所以便把拆去……如果说忠字可以不要，试问我们有没有国呢？我们的忠字，可不可以用之于国呢？我们到现在说忠于君，固然是不可以，说忠于民，是可不可呢？忠于事，又是可不可呢？我们做一件事，总要始终不渝做到成功，如果做不成功，就是把性命去牺牲亦所不惜，这便是忠。”这是中山先生于民国十三年三月二日讲的，现在我们都明白其意义了。再举一个关于“忠”的著名的人物来作讨论的实际的例子。今河南的汤阴县，就是岳飞的家乡，在县东周流村，有周同的墓。同以善射闻，岳飞初年的时候，学射于同，同射三矢皆中的，以示之，由是岳飞亦善左右射，并教士卒皆左右射。同死后，岳飞岁时拜奠，必尽礼焉。墓有刻石，为岳飞手题。城内西南街有岳忠武王庙，内有手书《前后出师表》等类之石刻。这是何等好的一个历史教学的情境！试一讲岳飞的传略，更可引起生徒的兴趣。他是本乡本土的人，字鹏举，事母孝，家贫力学，尤好《左氏春秋》，孙吴兵法，宣和中以敢战士应募，隶留守宗泽。绍兴初张浚请飞同讨李成，飞请为先锋，大破成军。江淮平，累授武安君承宣使。高宗手书“精忠岳飞”四字，制旗以赐之。历授少保，河南北路招讨史。讨平群寇，屡破金兵。既败兀术于郾城，遂进兵朱仙镇，欲指日渡河。时秦桧力主和议，欲尽弃淮北地以与金，一日降十二金牌召飞还。终被汉奸陷害而死。孝宗时诏复飞官，谥武穆，后改谥忠武。以今日之“忠”的问题为出发点，研究当时的历史，则吾人可知虽武穆之壮志未酬，一由于汉奸秦桧之矫诏，一由于高宗之昏庸，不能信任武穆。而吾人细读武穆之全部传记与考察当时之社会生活，则武穆定为一智信仁勇严兼全之模范军人。至若后人责其“忠”为“愚忠”，不应忠于昏君，而应忠于国家，是盖不知当时之社会生活为一纯封建专制社会，君权高于一切，不若今日国家意识之发达，以国家利益高于一切。所以就历史的纯粹事实而论，吾人无责其

“愚”之丝毫理由，而盼望其超越时代，而具有吾人今日之时代精神者。杨杰先生谓：“武穆一身系宋室之安危，东胡之族，蹂躏中原，当此之时，民族不亡，千钧一发，若令武穆成功，则胡元不能主华，金人岂能长有黄河流域哉？……武穆民族主义，昭如日星，志虽未竟，而南渡偏安之局，犹赖其百战功勋，以为□柱。是武穆者，汉族永永代代所宜馨香俎豆者也。故不知民族主义者，不足以研究武穆也。”杨氏对于武穆之研究，能从当时之整个时代着眼，故有此灼见。杜威说，从传记的方法学习历史是很自然的方法，适合生徒的心理。用这种方法的时候，如果只偏重少数个人所做的事业，而置他们所处的那个时代与社会情形于不顾，那就容易看错事实；所以乡土历史教学必须把历史上的人物与其时代弄明白，又要把我们所处的时代与社会情形，与过去的时代与社会的异同向儿童明白解析，才容易扬弃过去的渣滓，发扬先贤的民族精神。

或曰，河南汤阴县有民族英雄岳武穆，则乡土历史教学自然容易，但全国各县未必皆有民族英雄之事迹以为教材，则将如之何？这一问题实代表许多教师的心理，据作者整理乡土历史教材所得经验与感想，此大半由于今日之一般中小学教职员根本不知或不注意其本县本省之史地与古迹，而不在其有无乡土历史的教材。至于今日之不知与不注意，又实由于过去教育上未注意乡土史地教学之故。以我们有四千多年文化史的古国，任何一县莫不有其乡贤，以供后代子孙之学习；而所选之教材，不必尽属有战功之民族英雄，凡对于国利民福，以及地方上之幸福有贡献之乡贤，而与吾人今日抗战建国之主张相适合者，皆可采用。兹再就关于民族主义方面者，随便举几个不为人所注意的例，以见一般。湖北今日的安陆县在春秋时产生了一个令尹子文，他姓鬬名谷於菟，是鬬伯比的儿子，后为楚国令尹，曾毁家以纾楚国之难。《论语》上面说他：“三仕为令尹，无喜色；三已之，无愠色。旧令尹之政，必以告新令尹。”这样的人，真叫今日患得患失，不忠于国家与地方，不办清交代的贪官污吏，想借国难发财的达官贵人，富户奸商，愧死无地了。这个小县在宋朝末年产生一个读书人，名赵复者，元人灭宋，出师南征，安陆民众，多被俘虏，先生亦在其中。会姚枢奉命搜访人才，见先生大悦，携之北上。至燕京，元世祖尝召见，问曰："我欲取宋，卿可导之乎？"赵先生对曰："宋吾父母国也，未有引他人以伐父母者。"世祖感其言，因不强之仕。这又要愧死今日的一般文人汉奸了。这两个人忠于职务，忠于祖国，是关于"忠"的方面。还有"孝"的方面，这个县汉时的黄香，九岁丧母，事父至孝，夏则替他的父亲扇枕席，冬则以身温被，后博通经史，能文章，京师号曰："天下无双，江夏黄童。"和帝时，官至尚书令。祗勤物务，忧公如家。中山先生在《民族主义》上说："国民在民国之内，要能够把忠孝二字讲到极点，国家才自然可以强盛。"把这一类的材料用浅显的文字编为教材，既合儿童的兴趣，又富有意义，比讲毫无意义之鸟言兽语，不知好了几千倍！安陆一县如此，他县亦然。今嘉鱼县在明朝时候，有一个金声先生，是此县陆溪口金家湾的人。崇祯元年，及进士第，时值变乱，金声奉诏监中甫军，出驻柳林，忠心为国，以与奸臣极不相能，挹郁乞归。崇祯八年，任山东佥事，凤阳总督马士英构陷之，几及罪。旋京师陷，声痛哭不已。及清军破南京，声孤愤填膺，纠集士民保绩溪、黄山，分兵扼六岭。后清兵间道破绩溪，声被执解江宁，过芜湖时，乡人在芜者哭泣留坐，门人江天一坚请偕行。乡人哭送曰："先生旋，某等当恭俟道左。"声笑曰："再来不值一文钱矣！"抵南京，伪内院洪承畴迎见，公厉声曰："汝亨九（承畴字）耶？岂有受恩如亨九而犹甘心为贼者！"承畴愕顾左右曰："此老火气未除，不能复见之！"翌晨，衣冠出通济门，望孝陵再拜泣曰："臣力竭矣，虚负国恩！"返顾江天一曰："子有老母，不可使！"对曰："天一同公起兵，可不同公殉义乎？"遂偕死。各县似此类之可励士气，而扬国魂之事甚多，而张江陵（即今江陵县）一流之人物，已为全国所注意，更不必举以为例也。

湖北如此，他省之各县亦然。试随便以山东为例，山东各县出的中国大圣贤且不必谈，就是以武德武术与御倭武功著称，为全国崇拜的民族英雄戚继光（今蓬莱县人）亦不必举以为例，今只举不为人注意的莱阳县的乡贤为例。莱阳在明朝有一个姜正芳。崇祯二年，董大成作乱，劫正芳，正芳说以大义不可，佯应之，饮大成及其羽翼以酒，秘密分散其徒众，欲乘机执而杀之。事败，一家十八口遇害，以此益莱城一日之修备，得不破陷，而活十数万之人民。此县又有一个左懋第，明进士，事父以孝闻，宰陕西韩城。甲申国变，清兵入关，弘光即位南都，遣懋第北祭先帝梓宫，阴窥满清虚实，欲联山东、河北义士藉复恢复，为同行者所卖，被扣留。清廷奇其才，欲降之，不可。系之狱，公题院门曰："生为大明臣，死为大明鬼。"明年闻留都陷，诗云："寸丹冷魄消难尽，荡作寒烟总不磨。"清廷百计诱迫，均不为动。临刑，摄政王多尔衮曰："尔勿误，今日降，今日富贵矣。"公不答，遂遇害。这又叫我们今日不知救全城，只救全家；不知为国尽忠尽节，反要拿钱买汉奸做的人愧死无地了。这样举起例来，举不胜举。这就是说，各县的乡土历史教材是很丰富的。

最后，还举一个一般人认为贫穷可鄙、暗然无色的西北为例，那晓得在中国历史上适得其反。西北在我们的祖宗手里，是既有文治之美，复具武治之实。唐朝的文治武功，我们现在该不致完全忘记罢！但那位开国的民族英雄李渊，就生在今日的甘肃省甘谷县城西四十里之永宁铺，他是隋上州刺史李虎之孙，隋柱国公李昺之子。嗣李渊称帝，号唐，遂都长安，平群雄，而一天下，在位九年，传位太子世民，自称太上皇。贞观九年崩，庙号高祖。"从传记的进路到历史"是历史教学的一个自然的方法。甘肃的儿童与青年若能先注意他们的乡土历史，他们学历史的基础，就可以比较稳固了。格林说："我们走过了诺曼底，使我们对于我们的时代比世界上所有书籍还要明白。"我们今日的陕西——历史上的汉中，是我们古代帝王宅京之地，在历史上异常重要，到了那个地方，只要是有眼睛、有历史知觉的国民，想不致不会比格林所说的到了诺曼底所得的知识少！有眼睛的人在陕西，就可看见满地是古迹；而渭水泾水一带，帝王功臣的陵墓弥望皆是。汉武帝的茂陵在兴平县东十七里，而茂陵的东西有两座可纪念的墓，一是卫青墓，一是霍去病墓，这两位民族英雄都是帮助汉武帝征伐匈奴的大将。陵墓的地方有许多伟大朴实的雕刻物，生动有力，表现出汉民族的勇往奋斗与艰苦卓绝、所向无敌的精神。唐太宗的昭陵则在醴泉县东北六十里九峻山，规模宏伟，史迹尤多。可惜后代子孙不肖，连祖宗的一点历史遗迹也不知保守，以致毁坏不堪！有历史知觉的人，当然可以明白西北尤其是陕西真是中国民族的一个发祥之地，周、秦、汉、唐的极盛时代，都在陕西，周公、秦始皇、唐太宗都生长在陕西。而陕西就历史的眼光看来，是我们提倡民族主义最好的实征，因为我们凭陕西这一类的地方，最能使我们过去的光荣活跃的呈现在我们的眼前。

以上都是就影射到民族主义的历史材料举例，至于影射到民权政治与民生贡献的乡土历史材料，亦甚丰富，勿庸列举。一句话，乡土历史的目的在复活国魂，恢复我们的自信力，创造精神，独立精神，以我们固有的民族精神为基础，产生一种新的文明。今日的抗战建国，一方面是由上而下，上面有领袖负责领导；但一方面也贵由下而上，在下面的人，能够被领导得起来。所以一般的国民最要紧的就是要胸中都复活着我们的历史上的光荣，蹈着先贤的足迹，由内心中发出一种自动的建国的力量，以实现我们的革命的主张，而乡土历史教材就是一个重要的依据！

乙、乡土地理是建设新中国的起点

地理教学必从乡土起

地理教学从乡土起是教育与心理的原因，也是为适应我们抗战与建国的需要。前一个原因是中外共同的，而后一个是我们特殊的原因，两者不惟不相冲突，实对于生徒之学习与建国之需要有一致之利益。兹先就教育学方面讨论。

地理教学之必从乡土教起，在外国虽已为确定之主张，但在我们的一般中小学教师似未能明了其根本的意义。推士教授（George R. Twiss）在其所著《科学教学法原理》一书上对吾人指示甚明白，说：“何种地理学知识最有价值？最有价值之地理学知识，第一当为本乡之地理，次之为本国之地理，又次则为与本国有密切关系之他国地理。其理似甚明了。”按推士之意，所谓最有价值，系指从教育心理或地理教学法的观点而言，不是就政治的观点而言，所以他在论地理学之方法时说：“如教师之观点，与吾前章所述者相同，则彼必知研究任何种地理学，无论其为物理的、政治社会的、经济的，皆当自熟悉之局部问题入手。”他的意思，最好之地理教学问题，或为吾人之饮水及洗水俱自何处来？此问题如在乡间，即可引入水井水池之问题，以及水之如何不涸？水源从何处来？地中的水如何运动？于是复引起沟渠问题、收成问题与控制乡村田野生命的问题。与沟渠极有关者，则为土壤问题。本地的土壤如何？何种土壤与何作物相宜？土壤何以不同？何物造成？有此种问题，然后可引入田野研究，以观察雨水及河流之侵蚀现象，及泥沙之产生与输运。于是必有岩石及成岩石材料之实验室、研究室研究。因须解决此种问题，于是须研究河流，察其源之所自出，流之所注入。因研究河道之流域，则遇旱必引起全区域之地文，及全部与各部之生命关系。因研究水源，推而至于雨量，推而至于空气中湿度之分布及凝降，推而至于空气之运动与气候，及地形与气候之关系。每一问题可牵引另一问题，而每解决一问题，即增加一学问。于是组织之使成小统系，以后学生之智识渐增，又可加入大节目中。

用普通教学法是如推士教授所说，以乡土为起点，就设计教学法而言，更以乡土为中心比较相宜。布蓝农在其所著之《设计教学地理教授法》上说：“本章内所拟地理之课程，不仅合于论理的系统的方法，且亦依学生兴味及经验之发达而组织之。首使学生知乡土之环境，以至他方人民之乡土环境；复使研究地方地理，以明各种环境之特征；既知各部分后，则更进而研究部分之全世界关系及其对于人之影响。此种地理课程盖使儿童自乡土起渐至于世界也。”彼以为自心理学之自觉律而言，儿童之意识，全赖其四周环境为之促起，故第一步之地理，宜注重乡土环境，以乡土地方生活，为组织之中心点，俾所取之教材为儿童所熟知，或即能与之接触者。第二步之地理，在以本土所需为放射之中心，进而明了他方人民之乡土地理。因儿童对于远方之兴趣，实不仅因其所知事物多产于彼地，亦因远地与己土有联络之关系也。第三步之地理在以学校所在地为研究之起点，研究地方地理，一个地方有政治的与自然的区域之一部或全部，因研究一个地方所得之概念，即能为解释全国其他地方之基础，以期明了全国之地理。第四步之地理在使生徒有国际的大眼光。

不仅普通教学法与设计教学法是以本土为起点，即就教育哲学的观点而论，亦复如是。杜威说："……本地的或本乡的地理，虽是向前改造，向前发展的，自然环境的自然出发点，但也是学习地理的人的'智慧的出发点'，由此伸入未知的事物，不可把这种地理的自身视为重点，不再向前探讨。其实本乡的地理教得其法，也有很好的功用。譬如在本乡所习见的篱笆，虽是区分村庄地主的地界，也可用为记号，引人了解各国的国界。这样一来，就是很习见的本乡篱笆，也有更深的意义了。"

而且，无论就上面的那一种观点看，还有一个要点为我们所必须记得的，就是所采用的教材，必须以个人与社会关系为导线。而杜威教授特别注意这一点，说教育的重心在看这门功课对于人类或文化方面的关系如何。由这个重心，任何材料，只要是必须用来助人深明人类的活动与人类的关系，便是合用的材料。

地理教学虽然必从乡土起，但从乡土环境起并不一定就是乡土地理。关于这一点，巴克女士（Edith P. Porker）对于乡土地理的意义与内容，曾作一分析的研究。她认为乡土地理这个名称在美国至少用来指出下列的六件事：(一）关于家乡的许多事实，包括一个人能观察到的各种各样的蝴蝶起，直到本地社会消防的需要和从公共图书馆借书的方法止。一句话，包括了在"我们的社会"这一题目之下所能包括的事实。(二）关于各地方人民的衣食住的许多零碎的事实，带有很少或甚至于没有地理上的关系（with few or no geographic relations）。(三）研究一切人民的家乡。(四）关于天气、四季、河流的形成等等的许多自然的事实与观察。(五）对于上述一类的事的自然的事实与观察，以及相关联的人文活动的事实与观察，包括这类的意思，如在秋天做罐头，以便保存食物等事，但是没有详细描写一个地方显著的文化特性或领略其地理的特性的打算。(六）利用乡土的许多人文的与自然的事实，以发展儿童地理的观念，俾可依此，就儿童的了解能力之所及，使其对于一个地方的地理特性得着一种正确的观念。据巴克女士的解释，只有第六类的材料才算是真正乡土地理所需要的材料。第五类的材料只能说是"副带的、零碎的、地理的经验"，但不就是地理，因为那些经验只概括的供给一种适当的背景，俾可以说明一个地方的地理特性，儿童容易了解。凡对于第三、第四类那样明白的事实仍用“乡土地理”这个名称的人，就不是把“乡土”当作儿童自己的社会解释。凡用“乡土地理”这个名称以包括前面列举的第一、二、三三种材料的人不是缺乏现代地理学与其他科学区别的标准，也就是不能依据这些标准分析我们所处的环境（situation）。

我个人的感觉，不仅是地理教学必须从乡土起，并且地理教学必须特别注意乡土地理，因为乡土地理一方面是学习全国地理的基础，一方面也是养成我们爱乡爱国的实际起点；况且抗战建国，如求其必胜必成，全赖全国各地方的支持，而各地方的人民如对于各地方的地理特性都没有一个正确的了解，换句话说，各地方的人民不知道以特有的人力与物力贡献国家，或不知道自动的从地方上建设起，使建国的工作早日完成，全赖中央代替地方做，则建国工作的完成，就很渺茫了。但要地方的人民自动的做起来，先要使其“知”。知道什么？知道历史与地理。布蓝农谓：“地理与历史二者，一论空间，一论时间，可谓已网罗人类全部经验。故其他科目，仅不过为教育上某种目的而设。视地理、历史二者之‘智识’科目，称之为‘工具’科目可也。各科目既以时间、空间为根据而存在，故其中地理、历史二者，自宜占基础地位，智识科目虽尚不止此，然其他仅为特殊目的而设……历史与地理，使人知空间与时间上之生活状况，由此乃有其他科目之需要……质言之，授地理，使人知某种状况也；授其他科目，则使人得有工具，养成习惯，以适应此状况也。”布氏之语，实系至理名言。当此抗战建国之时，未有不自知其在时间上与空间上之生活状况，而能达到必胜必成之目的者。历史部分，前已论及。今日注重地理，适所以明吾人在空间上之状况，以国防为中心也。乡土地理实为全国地理之基础，未有吾人不知一个地方的人文的与自然的事实，能够正确的把握其地理的特性，而能谈国防者。故乡土地理之提倡，不仅是为儿童学习比较容易的缘故，抑且是为了抗战建国的原因，因此，不但儿童必须注重，而且我们成人也必须特别注重。今日之现象则为一般小学及初中毕业生多不知其本县或本省之地理的特殊性，莫谈初中毕业生，即担任地方教育行政之县督学或教育科长或中心小学校长亦所知者仍为皮毛。此无他，由于过去未受到严格的地理教育之故，而其根本原因又在中学及师范教员或未受到严格的地理专业教育，或由自身不知努力自修。负教育文化之责者犹且如此，则地方上负其他责任者可知矣。故必须乡土地理受吾人热烈的与普通的提倡与研究，则抗战建国之自信力始可无限的加强。最近法国军事杂志载，前德籍军事顾问福根霍森将军谈话，据云："世界任何国家，均不能征服中国，至于日本财源有限，尤不足以言此。实则中国之无限潜力，中国人自己亦不能估知。日本某军人曾谓，日本准备与中国作二十年持久战争，中国实可答以'不必作二十年计算，作五十年打算可也'。盖以中国之资源，即令从事五十年战争，亦足以维持尚有余裕"云云。若吾人舍乡土地理而不研究，则吾国在空间上之潜力，实不能估知也。兹将乡土地理教材与抗战建国之关系申论如下，以说明在本节开始所说我们需要乡土教材的特殊原因。

乡土地理教材与抗战建国之关系

我们新地理教育根本不发达，而所谓乡土地理尤未能树立起来。地理是自然科学之一，注重事实的解释，注重因果关系之阐明，注重正确切实。上文曾举出巴克女士对乡土地理的解释，但在国内尚未见用这个名称用到正确的地步。据我们所搜得的许多乡土地理课本，实在是陈腐错误不堪，与所谓科学的地理相差太远。其实乡土地理不过是以科学的地理的方法，来解释本地本土的人地之关系，其范围自家庭或学校所在地的小环境起，推而至于一县几个县乃至于所属的全省。乡土地理，实包括了张其钧先生所说的新"县志"、"区域志"、"省志"。这个"新"字是作者加上的，所以与旧的志书有所区别，因为张先生是要以纯粹地理学的方法去作县、区、省志，把各省的旧式志书改名为某地之史。所谓乡土地理，换句话说，就是"每个人本乡本土的区域地理"。区域地理就是"就一特定区域，而观察地理事实之各方面，凡本区内天时地利人和种种现象及其相互关系，一一疏通而证明之，而说明本地风光或地方景色"。区域地理（regional geography）与通论地理（general geography）实际上并无截然可分之界限，不过为研究的便利，始有此区别。张其钧先生谓："通论之优点，在对于某一事项彻底明了，但若无方志（即区域地理）以为之辅，难免有管窥一得之讥。方志之优点，在对于某一地方整个了解，但若无通论为其基础，亦难免有泛滥不精之弊……现代之方志学，因有分类地理（即通论地理）为基础，其面目遂焕然一新。旧方志之缺点，在缺乏基本知识，仅注意于个别之事实，而忽略寓于个别事实中之原理，或仅注意于事实之发生，而昧于凭借而生之背景，今则必须矫正之。新方志当以世界眼光观察局部，又以过去事实解释现在。世界一体之观念，为地理学之主要方法，故因小可以喻大，由近可以及远。此方法若善于利用，则方志学之收获常有裨于通论之研究。"所以，乡土地理，就是每个人的故乡的区域地理，是一个相对的名称。我的乡土地理，不一定就是你的乡土地理，你的乡土地理，不一定就是我的乡土地理，为了儿童学习的便利，为了成人研究的便利，所以有提倡乡土地理之必要。不是研究乡土地理，就可以不注重地理的全国性或世界地理，反而我们要以世界眼光与国家至上的观念来观察地方，以求新国家之新设。国家由土地、人口、主权集合而成，未有各地方的地理未弄清楚，可以空谈建国的。但以纯粹地理学的方法所作的关于一县或数县联合为一区域，或一省的新地方志实在太少，仅在一个发轫时期。张其钧先生只举出了他在方志出版的《拉卜塄专号》，即甘肃省《夏河县志概要》，以为县志之例，《呼伦贝尔》一书为区域志之例，胡焕庸先生所著《江苏图志》一书为省志之例。据作者所知，虽不止此，但是就全国的省县而言，在量上既然太少，在质上亦须充实改进。至于全国志，诚如张先生所说："理想中全国地志之著作，自尚有待于将来。"所以乡土地理尽管十分重要，其奈根本缺乏合乎科学的地理教材何！教育部长陈立夫先生关于地理教育有一段演讲词，值得我们深刻反省。他说："自对倭抗战以来，在我们方面露出来的弱点，最明显的，莫如地理知识的缺乏。军略上重要的地点，我们所知道的，并不比日本人还多。许多富藏和特产，最高明的专门学者，也未必明白。至于各级学校所研读的东西，真是令人言之寒心！多少学生能缕述伦敦、纽约之如何豪富，巴黎、柏林之如何繁华，但他自己本省本县有甚么出产，竟瞠然不知所对，尤其是当沿海省份被敌寇占领以后的现在，因实际的需要，始遑遑然派遣人员到后方各省去探查资源。我们骂人家急来抱佛脚的可怜，其实地理教育与军事生产完全脱离关系，乃为无成就之主要原因。欧美各国儿童没有一个不会唱若干首‘祖国可爱’的歌词，讲几件本国史地的故事，我们的儿童则不然，在租界内居住的，非但国家观念毫无，竟然连贵州、云南都分辨不清。这样的结果，我们还能诿过给谁？记得两年前有几位专家大发西北不能开发的议论，甚么雨量不足，土壤多盐等等，好像是言之凿凿、无懈可击的样子，随后引出几个似是而非的人口论者，竟大发其节制生育的谬说。我当时心中虽然怀疑，但自己没有考查过，也不敢加以否定。后来因事去新疆去走了一趟，在那边停留了半个月，凡是所经过的地方，知其富藏之丰饶，出产之繁庶，内地许多省份，直不能与之比拟，地广人稀，所差者人数不足、人力未尽而已，而交通水利实为建设之先决条件。所以我们要使人民知道爱护国家，必定要将我们所有的宝藏，通通以实际报告材料，让人人都能够明明白白的认识，然后可望地尽其利，物尽其用，货畅其流……”这一段话，把地理教育与抗战建国的关系是说得如何明白。但要将全国各地的宝藏形胜和出产，通通以实际报告材料向国人报告，那就是全国各地方的任务，也就是乡土地理的任务；至于以统一之原理，分类的统括全国各地的实际报告材料，那就是分类地理或通论的范围了。

当世界大战发生之时，地理学之引人注意倍蓰于平日。盖不独大战中新发生之许多重大问题，有关于国利民福者，胥待明了地理上之关系，然后可得适当的解决，即战后之各国整理与建设，亦莫不于地理知识是赖，以地理学上之新知，为复兴与建设之导线。地理与国家及人生之关系既密切，而研究地理之方法与所用之教材愈为注意。战前仅知注重于地理之叙述者，战时始觉此种方法实不妥善，于叙述各地方之位置、面积、地势、土壤、气候等等而外，特别注重解释人与自然环境之关系，解释人生的活动以及如何可以以人力巧夺天工，征服而利用之。以美国为例，自大战发生，美国人士对于欧洲状况即极注目。及美国加入战争漩涡，于是注目更甚。以美国之天产，悉举所应保持美国理想之用。因社会上每个个人生活与儿童生活均受战争之影响，地理教师则谋学校功课之适宜于儿童之兴味与经验，以期教学效率之增加。战前地理教学，则用一般普通教材，至于此等教材对于国家社会之影响若何，置诸脑后。战后则不然，平时所讨论之问题至此时均无暇顾及，所列为首要者，多为战争中发生之问题，与社会生活及国家生存有重大关系者。所以布蓝农说："战争使各地生产变动，工业中烧窑等均停止，其他能助战争之胜者，则尽量扩张，于是国中各项工业均一一受国人之注意，而其与胜利有关之原料，则务加意重视之也。因关心于地方情形切，遂连及于与此有关之国家及国际情形。本国地理因需要加甚，愈益重视。地理教师于此时知地方上原料之重要，且知解释远地情形，亦非先据于地方不可，则专注意于地方之地理形势、地方工业及地方问题。因此，大战之结果，地方地理则扩大进步，而研究世界问题亦每引地方上事实为例证焉。为教师者以儿童所有地方智识，为研究远地问题时之旁证，益细心研究而善用之矣。"大战告终，教师因已受战时的教训，对于教材多愿采用新闻杂志上的新材料，竭力利用地方上的工业、地势等等以为教学之动力，使生徒对于地理的学习愈觉生动，将地理上之问题引为自己之问题而求其解决。

我国自抗战军兴，教师所采用之教材往往仍为一般为学生所不愿学之教材，教育方法亦不注意，学生纵知地理之重要，徒因教师不善启发诱导，遂把地理变成为一种死的功课；至对于乡土地理，则尤认为鄙陋浅易不足道之物，教者、学者两不愿意，好高骛远，本是我们之通病，若以之学自然科学如地理一科，就更糟了。其实地理教学与科学的乡土地理之建设这个问题，并不是"能"与"不能"的问题，是"诚"与"不诚"的问题，如果我们有诚意，对于一切学问总可以有一点办法，最初不免幼稚与错误，只要诚意的去干，总比不动作要好得多。只要动作，还可有成就的一线希望，若是不动作，那就绝对的毫无希望。我们今日合乎科学的各地方的地理教材之缺乏，未尝不是由于过去我们的行动太少之故。前几年张其钧先生说："言西藏则有斯文海定（Sven Hedin 瑞典人），言新疆则有斯坦因（Aurel Stein 匈牙利人），言蒙古则有安特鲁（Roy Chapman Andrews 美国人）诸氏……"这虽说是过去的话，至今未见吾人有何大的进步。地理为自然科学，自不能自私不许外国人研究，且外国人之研究如吾人善为利用自然于吾人有益。徒以吾人对于本国各地方的地理的研究，不比外国人高明，实为我国学术上之耻辱。如要国家独立，而学术不能独立，则我们的建国基础是放在沙滩上的。最近《大公报》载半官机关德意志通讯社称：“国社党党军探险队，由著名喜马拉亚山探险家解弗领导，在西藏边境从事探险工作，已六月之久，顷应西藏当局之请，前往拉萨城，正式聘问，计程当于来年一月底到达该处，参加新年庆祝典礼，勾留二星期，然后转往西藏各地考察，须俟一年之后，始乃返国云。”国社党党军的探险队到我国领土作长久的考察，其意义可想而知了。他如英国对于康藏，法国对于云贵，俄国对于蒙古、新疆的地理研究，都特别丰富而详细。倭寇不仅对于东北四省地理在未占据之前研究得特别好，在其既占据我东北四省之后，对于我黄河与长江流域亦复派人考察，深入内地，凡穷乡僻壤，莫不有其足迹，以为进行侵占之准备。自八一三抗战军兴，敌人对于我后方情形所以特别明了者，大半由于平时对于我各地方的地理有相当的考察与明了。拿破仑说：“各国的政策，在其地理中。”我们要贯彻我们抗战建国的国策，首先就要特别注重本国的地理，而乡土地理又是小学生学习本国地理的基础，要把基础打好，我们就要有一套新的合乎建国需要的乡土地理教材。旧的乡土地理教材既不合用，新的又未产生，倒是一个困难。为适应这个需要，中央政治学校研究部曾于二十六年向全国征集一部分乡土教材（地理、历史、胜迹、习俗、文艺、娱乐等）资料，以供编制乡土教材与小学教师者之参考，惟因战事发生，全国约有一千九百三十七县，仅获四百余县之材料，不能齐全；且国土无故被倭寇侵占，如欲齐全，必须根本上驱逐敌人出境也！

（载《新政治》1939年第1卷第4期）

怎样改编中学公民教科书

夏贯中

中学公民科，自民国二十五年教育部颁行新修课程标准后，商务、中华、正中、世界、大东各书局即依照新修标准编辑教本，以备全国各中学采用。试行将近三载，我们自不能否认修正后的校本比较过去为进步；但与预期的效果，仍相隔悬殊。检讨过去，策励将来，我们今后改编中学公民教科书时，似不能不注意下列各点。

（一）要认清读者。中学公民教科书的读者，不待说是初中和高中的青年学生。"青年为革命之先锋队，为国家之新生命，举凡社会之进化，政治之改革，莫不有赖于青年之策动，以为其生力。"因此，我们对中学青年所实施的人民教育，也可以说就是青年训练。过去各书局所编的教本，大都只偏重于灌输学生以党义、政治、经济、社会、伦理种种零碎的知识，很少涉及于青年学生的行为学业、身心摄卫及服务社会的指导。甚至部颁《高中公民课程标准》《伦理大意》篇内，本规定有"中国青年之责任与义务"一章，但各书局所编的课本，亦未能切实的予以发挥。最奇怪的，有某书局所编的初中公民课文内每涉及中学青年，即用"他们"一字代之，一若课本的读者不是中学青年，我们教课的对象也不是初中学生，此种错误，影响于中学公民教育，实非浅鲜。我们今后改编公民教科书，应时时不要忘记了我们的读者——中学青年，我们要纠正中学青年过去的缺点，我们要指导中学青年今后努力的途径。我们不仅传授学生一些公民知识，并且要他们凭这些知识为国家和社会效用；我们不仅授与学生一些人生必须的修养，而要使他们能切实的体会，不断的力行；我们不仅希望学生像普通公民一样以奉公守法为已足，而要训练他们成为前进的公民，社会一般人民的领导者、宣教者。故《党员十二守则》、《军人读训》及领袖历次对青年的教训，是中学公民教科书最要的教材；教部所颁布的《青年训练大纲》、《中等学校特种教育纲要》、《中国童子军战时后方服务训练办法大纲》、《高中以上学校学生战时后方服务组织与训练办法大纲》是改编中学公民教科书时最适当的参考资料。这是我们所应深切注意的。

（二）要重视我们历史文化的价值与本国的国情。中国有中国的历史和文化，中国有中国立国的精神。我们不能"只是盲目的接受外国的一切，凡是本国的都可以随便唾弃，毫不顾惜；凡是外来的似乎都可以随便模仿，不加别择。而且只讲表面，徒袭皮毛，浮动浅薄，随人俯仰，完全丧失了独立国家的国民精神"。可是我们试检阅现有的中学公民教科书，却不少犯了这个毛病。比如某书局出版的《初中公民》，在叙述家庭生活，极力主张小家庭制度，几乎暗示学生非推翻大家庭制度不可。殊不知中国的大家庭制度，实由农业社会所产生，有经济的背景，有悠久的历史，有缺点，同时也未尝无优点，我们何必定要工商业社会制度下的小家庭制呢？正如某书局出版的《初中公民》，在叙述社会财富时，只叙述中国社会财富不均的现象，而对于中国生产落后的情形则少提及。其实在中国社会内，分配不均的问题尚小，而生产落后的问题则十分严重，那里能与欧美资本主义的国家相提并论？再者部颁《高中公民课程标准》，在《伦理大意》篇，有《中国伦理思想之特点》与《西洋伦理思想之特点》两节目，而编辑教科书的人，也只对于中国伦理思想及西洋伦理思想同时予以简单的叙述，而不知对于中国伦理思想的特点加以阐明，加以发挥，使青年学生认识中国固有思想的伟大。"中国人是有我们祖先遗留下来的固有德性，是有我们中国人确乎不拔，独立不惧的特性和品格"，这都是忽视了中国历史文化的价值与国情的缘故。领导最近在中央训练团第一期毕业典礼训示有云："我们今后在消极方面，一定要肃清并预防这种制造汉奸奴隶、无廉耻无血性的教育；而积极方面，一定要将中国国魂培植在一般受教的人心坎之中，使人人具有中国固有的道德和精神；尤其要使人人都具有表征中国神圣不可侵犯的独立自尊心和天赋优美的民族性。"这种恳切的训示，不足为我们今后编辑中学公民教科书的南针吗？

(三) 要增入有关抗战建国的教材。教部颁行的《中学公民课程标准》及各书局所编辑的初高中公民教科书，本来都在抗战以前。当时中国对外正是忍辱负重的时期。编辑公民教科书的人，为遵从国策计，为"敦睦邦交"计，所以明明看着敌人——日本——欺凌中国，我们只好说是"某国"、"某帝国主义者"；明明有一·二八之役、长城之役可歌可泣的抗战史实，我们只好避免不谈；明明知道敌人一贯的加紧的进攻中国，我们也只好在公民教科书中以"非常时期"、"国难严重"几个字轻描淡写一下。因此学生读教科书时疑窦丛生，教师亦不便详加解释，甚至愈解释而学生的疑问愈多。凡是过去教公民课程的人，恐怕都曾深受这个痛苦吧。现在我们既已树起"全民抗战"、"持久抗战"

的大纛，并已与敌人奋斗二年之久，我们非得到全民族的解放、主权的独立、领土的完整不能中止，我们还有甚么顾忌？还怕甚么“有碍邦交”，所以关于暴日过去及现在欺凌我们的史实、我们抗战的起因、抗战中敌我情势的比较、抗战与国际形势、抗战中我国内政外交的进步、抗战中我国颁布的重要法令、抗战建国的关系、抗战必胜建国必成的理由以及中外公民尤其是中国青年学生在抗战建国当中应尽的责任和义务，都应该要一一增入公民教科书中，以激起中学青年同仇敌忾的情绪、爱国救国的热忱，而发挥其智、仁、勇的精神，踏上我新中国光明成功的大道。

（四）要灌输学生基本的正确的认识。中学公民教科书既包含有党义、政治、经济、社会、伦理各种知识，我们要将这些知识编为教材。如果误认为是学术研究，像大学课程政治学、法律学、经济学、社会学、哲学一样，搜罗许多抽象的名词、多少的定义、正反杂陈的理论，不独是篇幅所不容许，同时恐怕中学生读完了教科书，听毕了教师的讲授，不是坠入五里雾中莫明其妙，便是得着不正确的认识，误己误人兼以误国。所以中国公民教育，不是一种纯粹的艺术的研究，而是灌输中学青年基本的认识。使学生有此基本认识，而后怎样爱国齐家，怎样接物处世，怎样立业治事，怎样服务人群。因此我们编辑教科书时，叙述要简明，思想要正确；我们要以总理遗教及领袖言论作为理论的中心；我们要时时顾及此时此地及青年思想和行动上的需要；取材不可庞杂，立言不能武断，这是我们编辑公民教材人应有的态度。可是我们试一审查现在各书局已出版的初高中公民教科书，常不能注意及此：有的在初中公民“民族与国家”章，讨论国家发生，引了许多神命、契约、历史、武力各种学说，一如政治学课程然；有的在初中公民“中华民族与中华民国”章，大谈其中华民族融合的演进，一若中国历史讲义然；有的高中公民“伦理之意义”章，对于道德的定义、道德生活的进化、道德的本质、道德的判断、人生理想与至善，重复的叙述得占第四册全册篇幅二分之一。分量如此之多，如果教者不设法寻求线索，扼要讲授，高中学生恐怕越读越糊涂，终不明其意旨之所在。诸如此类颇多，可以说是编辑教科书的人没有认清公民课程的使命，没有顾及中学的理解力，同时也似乎是缺乏编辑教科书的技术，我们今后当然要设法避免的。此外，有的公民教科书不知道我们农工并重的国策，而主张先农后工，或先工后农；有的不观察国际情势中的演变，而侈谈阵线的对立；有的不了解中国现行政治制度而妄言中国政治制度系采取独裁政治之意；以及像前面所说的不认清中国农业社会的本质，而反对大家庭制度，不明了民生主义的真谛，只记着分配问题而遗弃生产问题。编辑人自己认识不正确，再以不正确的认识写入教科书中，使青年又印入脑海，“以其昏昏，使人昏昏”，更是我们今后所应切戒的。

以上几点意见，均属平凡，不过只要今后负责改编中学公民教科书的人注意及此设法改进，我们虽然不敢肯定的说，能编出一部十分完善的公民教科书，但从时代的需要、国家的需要、青年的需要而言，比较过去的教本，总要稍胜一等吧。

（载《现代读物》1939 年第 4 卷第 9—10 期）

1940 年

四十年来之中国出版界（上）

——王云五昨晚在本港播音台演讲

王云五

中国出版事业发达最早。木版印刷，始于隋唐，至宋已很兴盛。保存至今的北宋本，刊刻之精，今人见之，莫不惊讶。即以活字印刷而论，据可靠的记载，北宋时已有泥塑的活字版。比诸欧洲的活字印刷，创自十五世纪中叶的，要早了四五百年。在中国这样长久的出版历史中，我现在只讲它的最近四十年：一来因为这四十年的出版事业和新中国有极密切的关系；二来因为利用机器和新的方法，能够大量生产。所以在短短的四十年间，中国出版物的数量或者抵得上过去的一千多年。

最近的四十年系以二十世纪开始的公元一九〇一年为起点。其中可以分为：（1）革新运动时期；（2）新文化运动时期；（3）图书馆运动时期；（4）促进学术独立时期；（5）抗战时期。而五个时期之前还有一个酝酿时期，要明白革新运动时期的来源，必须先把酝酿时期略为叙述。现在请依序讲下去：

酝酿时期

本时期起于一八四二年雅片战争之结束，迄于一九〇一年《辛丑和约》之签订，共六十年。自雅片战后，中国渐知西洋之船坚械利。其后洪杨举义，清朝险些被推倒，曾国藩、李鸿章等借外力把太平天国平定，更觉西洋武备和制造的重要，因此，于一八六七年在上海制造局设立了一所翻译馆，把西洋格致、化学、制造的书籍译为汉文，先后出版的共有一百七十八种。可是那时候中国政府所注意的西学，只限于上述的格致、化学、制造等科，而于欧美的政治学、社会学等仍存轻视的态度。只看驻英使臣郭嵩焘所作游记，谓西人亦有二千年文明，而清廷竟下令毁其书，便可知其狃于故习。但那时候却有一个突起的异军，以译印西洋历史、伦理、宗教等书为主，这就是一八八七年创办的广学会。该会出版物迄于十九世纪之末，多至二百五十余种。初时我国读书人因该会系以传教为目的，颇多歧视；然自中日战争后，该会刊行林乐知氏的《中东战记本末》，持论公允，记载翔实，国人争相传诵，一变向来态度，对于该会出版物，极表欢迎。

革新运动时期

本时期起于一九〇一年《辛丑和约》之签订，迄于一九一八年新文化运动之开始，共十七年。自《辛丑和约》签订后，中国政府方面对于国势的衰弱已有更进一步的认识，于是把戊戌年间流产了的维新运动变相的再搬出来。而其第一件事即于是年八月复命各省将所有书院在省城的改设大学堂，在各府厅及直隶州的改设中学堂，在各州县的改设小学堂，并多设蒙养学堂。其次年即一九〇二年七月，管学大臣张百熙奏进《学堂章程》，内分《京师大学堂章程》、《高等学堂章程》、《中学堂章程》、《小学堂章程》及《蒙学堂章程》，而将前定各省会所设的大学堂改为高等学堂。同时国民方面，大多数固以自强当从新教育下手，而感于国势之贫弱，也多认为非改革政治不为功。于是欧美、日本关于政治经济之著作纷纷译印为汉文，而适应新教育需要的教科书，亦应运而生。其肩荷此项责任最多而最有力者则为新兴的商务印书馆。该馆创立于一八九七年，然初时仅属新印刷业之一。至一九〇二年，即本时期开始之第二年，因张元济先生之加入，遂由新印刷业进而为新出版业，设立编译所，编辑中小学师范、女子各学校教科用书，并编译政治、法律以及其他各科参考图书杂志。我国第一部的完全中小学教科书，名为《最新教科书》者，即于一九〇三年至一九〇四年间由该馆编印完成；我国具有长久历史的《东方杂志》即于一九〇四年为该馆所创刊；此外如《日本法规大全》、《欧美各国宪法》、《德法日等国六法全书》等均于本时期之初期编译印行。其继该馆而起的新出版家，则有一九〇二年创设的文明书局，该局曾编有蒙学读本，亦供彼时教科之用。而南洋公学亦以学校而兼出版家，编印初等小学读本。所以前清学部于一九〇六年第一次审定初等小学教科用书时，其目录中，计有商务印书馆出版者五十四册，文明书局出版者十三册，南洋公学出版者四册。其后一九〇八年学部编成《国民必读课本》及《简易识字课本》若干册，这是政府所编教科书的最初两种，但是没有发行。因此，自本时期的初期迄于一九一二年民国成立之时，除了文明书局和南洋公学的教科书供给一小部分的需要外，全国学校的教科书几尽为商务印书馆所供给。及至一九一二年民国成立后，除商务印书馆为适应共和国民的需要，另行编印《共和国中小学教科书》全部外，还有那时新组织的中华书局编印一部《中华教科书》。从那时候起，出版物的范围益广。商务印书馆除继续其出版主体之教科书外，于其他方面亦甚积极进行。我国第一部而且流行最广的新式辞书，就是该馆编印的《辞源》，系于一九一五年出版。本时期中出版界还有值得提起的两件事：其一就是我国最初的《著作权律》，系于本时期中之一九一〇年十一月由前清资政院奏准施行，可见那时候出版颇多，已有保护著作权之必要；其二就是一九〇九年学部奏设编订《名词馆》，以严复为总纂，可见那时候翻译外籍颇多，各科名词已有统一之必要。

（载《大公报（香港版）》1940 年 5 月 10 日）

四十年来之中国出版界（中）

——王云五九日晚在本港播音台讲演

王云五

新文化运动时期

本时期包括一九一八年以后接连的几年。自民国元年孙中山先生手创民国后，数千年的专制政体为之推翻，人民思想上与言论上的自由也就蓬勃起来。因此，七八年后，便发生所谓新文化运动。其内容分作两部：一为批评旧制，一为变更文体。批评旧制的主旨在打破一切因袭的传说，对于文物制度一一重行估定其价值；变更文体的主旨，在以口语代替文言，使人人有较易发挥其思想的技能。此运动起于蔡元培先生所主持的北京大学，渐渐普遍于全国。此运动的媒介和结果，最显著的就是出版物。这些出版物，分别说起来，第一就是杂志，如新刊的《新青年》、《新潮》、《少年中国》、《解放与改造》等固然是宣传新文化的机关；即商务印书馆印行多时的《东方杂志》、《学生杂志》、《妇女杂志》、《小说月报》等，也都改变其论调与形式，协同推进新文化。第二就是丛书，其时最著名的《尚志学会丛书》、《共学社丛书》、《北京大学丛书》、《世界丛书》等，都从一九一八年起，陆续由商务印书馆印行。第三就是语体的教科书，其最先出版的为商务印书馆编印的《新体国语教科书》，时在一九一九年十月。及一九二〇年，该馆继续印行全套的新法教科书，也都是用语体文编成的。同时中华书局及新兴的世界书局也都相继以语体文编印小学教科书，以适应本时期的需要。本时期的出版范围颇广，几乎无所不包。查酝酿时期的出版物以制造局的自然科学与应用技术为主；革新运动时期的出版物，以教科书及法政小说等为主；本时期的出版物，则除教科书多改为语体外，更于自然科学应用技术及法政小说之外，特别注重关于思想的书籍，如哲学、心理学、社会科学、文学、史学等外国著作之汉译；同时并将我国固有的白话文学，如《红楼梦》、《水浒传》、《儒林外史》等，加以标点及整理。商务印书馆则更进一步，将所藏善本秘籍，前此为一般人所罕见者，以经济的方式，辑印为《四部丛刊》公诸社会，以为校读古书、整理国故之助。我本人就在本时期中的一九二一年加入商务印书馆，担任该馆编译所所长之职。我的最初出版计划，就是一方面广延学者，编著各科的门径书籍，陆续成《百科小丛书》四百多种；他方面分约专家翻译欧美基本名著，陆续成《汉译世界名著》二百余种，以及《现代教育名著》、《经济名著》、《世界文学名著》、《科学丛书》、《文学丛书》等十几个分科丛书，每一个分科丛书所包括的多则百余种，少则一二十种。同时并和全国学术团体合作，把他们所编译的丛书二三十种都收为商务印书馆出版。于是商务印书馆向以教科书为出版主体的，现已将一般读物与教科书并重了。

图书馆运动时期

本时期包括一九二八年以后接连的几年，因为民国十七年国民政府大学院在南京召集的全国教育会议，通过请政府通令全国各学校均须设置图书馆，并于每年全校经常费提出百分之五以上为购书费。于是以前数年间教育界提议将美国退回庚款三分之一，办理图书馆若干所，分布国内各要地，以为各该分区图书馆模范的意见，以及伴着这种意见而起的广设通俗图书馆的意见更加具体化，而图书馆运动的空气也就弥漫于全国。我本人就是对那回全国教育会议提出这个议案之人，但我认为专靠政府的命令还未必有多大的效力，于是更从出版界方面力图赞助。当这个议案通过的第二年，即一九二九年，我就利用我所担任商务印书馆编译所所长的地位，为这个新兴的图书馆运动，供给整个图书馆的基本用书，这就是我所主编的《万有文库》。我在该文库第一集的缘起中有以下一段的说话：

"本文库之目的，一方在以整个的普通图书馆用书供献于社会，一方则采用最经济与适用之排印方法，俾前此一二千元所不能致之图书今可以三四百元致之。更按拙作《中外图书统一分类法》，刊类号于书脊，每种复附以书名片，依拙作四角号码检字法注明号码。故由本文库而成立之小图书馆，只须以认识号码之一人管理之，已觉措置裕如，其节省管理之费不下十之八九……"

本来图书馆运动感觉到三种困难：一是经费支绌；二是管理人才缺乏；三是相当图书难致。自《万有文库》出版后，这三种困难，都可以得到相当的解决。《万有文库》第一、二集各二千册，合为四千册，连同参考书数十巨册，现在不仅为全国图书馆所必备，而且靠着《万有文库》而成立的新图书馆至少在一千五百所以上。因为该文库包罗中外新旧的学术，并为整个图书馆而计划，故其收效之宏如此。至于局部上可以补充图书馆需要的，商务印书馆和其他出版家在本时期出版者为数也很多。旧学方面，实以商务印书馆之《四部丛刊》初编为其前驱，该丛刊之出版虽在图书馆运动时期以前八九年，但其第二次发售预约与其续编、三编、四编之发行均在本时期内。中华书局继《四部丛刊》之后，亦有《四部备要》之辑印，且亦于本时期内将该丛刊续售预约。其后商务印书馆有《四库珍本》及《丛书集成》之印行。前者就文渊阁所藏《四库全书》中选印二百三十一种，分装一千九百余册，多为世所罕见；后者选辑最实用最名贵的丛书百部，汰其重复，实存四千一百种，分订为四千册，我国历代学术专著咸备于是。新籍方面，除商务印书馆对于各科均有大规模的丛书在本时期中创刊或继续编印外，中华书局、世界书局、正中书局、大东书局、开明书店、生活书店、法学编译社等也都曾作补充图书馆用书的相当努力。至对于儿童图书馆用书方面，商务印书馆于本时期中出版的，有《小学生文库》五百册、《幼童文库》二百册；中华书局出版的有《小朋友文库》四百五十册；世界书局有《儿童文库》二百册。此外儿童书局、北新书局等也都有类此的出版物。

（载《大公报（香港版）》1940 年 5 月 11 日）

四十年来之中国出版界（下）

——王云五九日晚在本港播音台讲演

王云五

促进学术独立时期

本时期从一九二八年国立中央研究院各研究所次第成立而开始，孙中山先生曾经说过：“我国现有文明皆从外国输入，为从古未有之大耻辱。”又说：“唐都西安时，外国学生三万余人，其中有日本人万余，暨波斯、罗马、印度、阿拉伯及其他欧洲人；今虽不能比美唐代文明之隆盛，亦宜渐求学术之独立。”我在商务印书馆遭一·二八之役，创深痛巨之后，因担任该馆总经理及编审部部长，鉴于民族复兴，端赖学术独立。而学术独立之初步，至少当使国内各大学有本国文之相当图书可供阅读参考，俾矫前此不能不采用外国文图书之弊。于是邀集国内各大学及学术机关代表，组织大学丛书委员会，在整个计画之下，分请专家编撰各院各系用书。第一期四百余种，于一九二三年四月开始出版，迄今已出版者三百余种，多为精深之作。同时各学术研究机关，如中央研究院各研究所、北平研究院各组以及著名大学之研究所，种种研究结果与心得之著作，大都委托商务印书馆陆续印行。当此过渡时期，这些专门研究的出版物中，虽大多数仍不脱欧美学术界的落［藩］篱，但具有独特见解的也不在少数，假以时日，将不难渐臻于学术独立之境。

抗战时期

这是从一九三七年七月七日卢沟桥事件发生后迄于今日及今后的时期，更肯定一点，或者可说是从同年八月十三日上海战事发生后迄于今日及今后的时期。因为中国出版物，据我的约略统计，至少有百分之八十五是在上海印刷的；而其编辑印刷机关大多数也设于现在沦为战区的闸北或公共租界的东区北区。所以上海战事发生后，中国出版家所遭的损失：有些几至一蹶不起；有些为着处境的困难，将编辑印刷机关缩小或裁撤；有些因丧失工作场所，暂时停顿出版。商务印书馆此次所受的损失，表面上虽没有像一九二一年①一·二八之役所受者那样的重大，但是重创之后甫经复元，又遭重大打击，其处境困难，不言而喻。然而上海战事发生后，最先恢复出版工作的就是该馆。该馆自一九二二年十月起发表其“每日出版新书一种以上”的方针，五年之间，未尝一日间断。一九二七年八月十四日后，因其设在闸北及公共租界东区之工作场所均陷于战区，不能工作，但阅时仅一月有半，便于十月一日开始恢复每日出版的新书。迄今两年有半，除继续将战前出版的图书照常重版

① “一九二一年”应为民国二十一年。

供给外，其在本时期内新出版的书籍计共二千零七十四种，合二千五百三十四册。除大部丛书系继续战前原计划出版者外，其每日出版之新书，按性质分别之，则战时读物占百分之二十强，总类占百分之二弱，哲学占百分之五弱，宗教占百分之一弱，社会科学占百分之二十三强，语文占百分之二弱，自然科学占百分之九弱，应用技术占百分之十强，艺术占百分之六强，文学占百分之十一强，史地占百分之十弱。商务印书馆在战前数年间每年之新出版物种数，均占全国百分之五十以上，而在本时期内，则该馆一家之新出版物与全国同时期新出版物之比较，虽因全国新出版物还没有可靠的统计，然至少当占全国新出版物百分之六七十，这实在因为中国出版家于本时期内多遭直接或间接的损失，加以经济紧缩，运输困难，原料涨价种种的原因，其新出版物实较战前同时期大减。商务印书馆在战时的新出版物实亦较其在战前同时期减少，不过因该馆力排万难，继续努力，故所减较少。因此，在全国的新出版物大减的总数中，商务印书馆所占的成分反较前更高。该馆战前出版物的中心专在上海，而在抗战期内，则分为三个中心，除上海仍占其一外，更于香港及西南内地各成立一个中心。至于其他出版家在战前大多数系以上海为中心的，现在除一部分仍留上海外，有迁入西南内地的，也有迁来香港的，不过同时兼具三个中心的只有商务印书馆一家。此外新都的重庆也有不少的新兴出版家，不过规模都不大，其出版物多数为适应战时阅读之小册子或期刊。

以上所讲，因限于时间，仅能示其概略。末了，我还可以概括的下一个结论，就是四十年来，除抗战时期因物力关系，出版物不能不经济化外，每一个时期的出版物，无论在质的方面或量的方面，都较其前一时期有长足之进步。关于质的方面，不仅程度由浅而深，而且近年出版物中，确有不少精心研究之作；关于量的方面，不仅范围随时益广，而且逐年新出版物的种数册数无不递增。举一个具体的例子，商务印书馆的出版物，不仅在教科书方面由小学程度扩充至中学程度，再扩充至大学程度，而且在任何一类的书籍方面，都有日益求精的趋势。而就数量论之，则商务印书馆自创立迄于战事初起，恰满四十年，前三十年的出版物约共五千七百种，一万三千三百二十册；后十年的出版物约共九千六百五十四种，一万八千零三册。如以最近十年而论，则前五年（一九二七至一九三一年）的出版物为二千六百十四种，四千四百八十册；后五年（一九三二至一九三六年）的出版物为七千零四十种，一万三千五百二十三册。换言之，即该馆于约一·二八劫后复兴五年间之新出版物，种数约当一·二八以前三十五年全部出版物百分之八十五，册数约当一·二八以前三十五年出版物百分之七十六。中国出版界既由商务印书馆率先努力，于是其他出版家，亦多当仁不让，努力追踪。最近两三年间，苟不因战事之影响，自必都较战前数年有进步；然虽处战时之困境，仍维持相当数量之新出版物，实亦难能可贵。预料将来获得胜利的和平后，中国出版界自必仍依加速的原理而进行啊！

（载《大公报（香港版）》1940年5月12日）

一年来出版界略述

黄警顽

中日战事发生以来，中国出版界起了极大的波动。被毁图书尚无统计，内政部虽在注册图书方面作过简单的统计，可是中国出版物的全数量和注册图书的数量比较，相差太多，不能作为依据。生活书店编成《全国总书目》，读书者便利供应不少，但也不完全，新出的书就没有。现下上海新旧书肆约有三百多家，出书印刷的不满百家，新兴的露天书摊约一百多处，也是特殊环境下畸形的发展。今夏欧战发动，纸张来源日减，纸价飞涨，加之内地交通不便，去年各家出版数，因此大为减少。连同学术机关、文化团体、图书馆、政府机关、研究学会、民众团体以及个人私家之出版物推算起来约得三千余种。其中仅就商务印书馆出版者计一千余种，占全国出版物总数百分之四十一。若以类分，则总类的图书占第一位，社会科学占第二位，文哲占第三位，史地占第四位，宗教占第八位，其彼此不同的只有语文、艺术、自然科学等类，可证战时读书界的程度和国人的趋向有关系，因时代的需要，应用技术出版物的增加，可谓国人注意实学的明证。去年间究竟出版了多少新书，此刻虽尚不能作准确的统计，大约在上海方面，编辑印刷发行的书约在五百种左右。另外翻版外国文的书店，有十余家，分别影印英、法、俄、德的课本和参考书、世界科学名著约有千余种。内地新书出版较战前为多，尤以定期刊物为夥，因文化亦与抗战同向内地移动也。

（载《申报》1940年1月1日）

战时出版事业

赵建新

一、什么是出版事业

所谓出版事业，所包括的范围实在广泛。以各国的立法例来说：广义的解释，是指新闻纸、杂志、书籍及其他出版品而言；狭义的解释，是仅指书籍及其他出版品而言。关于杂志一项，各国立法都未一致，如德国的出版法，限于一个月以内；英国的新闻纸法，限于二十六日以内；美国的第二种邮寄物规则，限于七日以内；日本的新闻纸法，限于六个月以内；凡在这个限期以内，继续间隔发行的出版品都是新闻纸，否则，就是普通出版品。

新闻纸与杂志，在理论上与实际上实在难以划分得清清楚楚的，各国大抵都是着眼于本国出版事业的特性与惯性，来规定这两者的区别。至于出版事业的法律，有些国家只有概括的制定一种出版法，有些国家却于出版法之外，另有一种新闻纸法。

中国关于出版事业的立法，系采全体主义，凡“用机械印版、或化学之方法所印制，而供出售或散布之文书图画”，均应遵照出版法去办理。在出版法中所规定的出版品的类别，分为下列三种：（一）新闻纸，指用一定名称、其刊期每日或隔六日以下之期间继续发行者而言；（二）杂志，指用一定名称、其刊期每星期或隔三月以下之期间继续发行者而言，但其内容以登载时事为主要者，仍视为新闻纸；(三) 书籍及其他出版品，凡新闻纸、杂志以外之一切出版品属之。

我们明白了出版品的类别以后，就可以知道所谓出版事业者，是指经过编辑、印刷、发行三个过程，以经营新闻纸、杂志、书籍及其他出版品而言的。

在这里，作者还有两点附带的声明：

(一) 通常所称的出版事业，往往将新闻事业除外，因为新闻事业在性质及理论上，均有独立的可能性。所以本文虽名为“战时出版事业”，实际则劈开新闻事业而不谈。

(二) 战时与平时，固然有所不同，不过战时的出版事业，基础还在平时。本文所论仅仅将战时出版事业的特点与现状，略予说明而已。至于统计材料的难得与战时一切事业的需要因时因地因人而制宜，想必为一般阅者所能体验得到的！

二、战时出版事业的重要性

英国名记者李特 Lorter 说过：“在战争的准备上，必须具备金钱、铜铁与纸三大要件。”李氏所称的“纸”，具体的说，便是所有一切出版品。

现代战争，乃敌对国家国力的总决赛。在这个总决赛的场合下，国家的文化力之厚薄，恒把握着胜败的主要关键。文化的力量，不仅要综合过去的，尤要适应现时的。一个国家的文化，应该时时在前进之中，应该时时在战斗之中，这样才能保持历史的文化与创造时代的文化。出版事业是国家文化事业的主要部分，它一方面是以表现国家的文化水准，一方面更能促进国家的文化水平。所以国家无论在平时或战时，对于文化事业的主力军——出版事业，必须尽力以谋维护与发展的。

国家在对外战争时期中所实施的宣传政策的目的，第一是在击溃敌人精神上的作战力量，第二是在鼓励民众的战斗意志，第三是在使军民协力，举国一致为战争动员，第四是在防止军机的泄露。出版事业在这个目的下负荷的使命很大，因为一颗钢弹与一颗纸弹，在战争的时空里，是能发挥同样的威力的。当上次欧战时，协约国方面时常利用小册子、传单之类，或由飞机装运，散发到德军防线里去，或装在迫击炮内，向敌方战壕中发射出去，或用其他方法传送到德军的前哨及小部队的士兵手里去。德国军官曾对士兵说，美国对待俘虏，一概杀戮。美国在谍报工作中知道了这个消息，马上发出了小型轻汽球，使之飘扬于德国阵线上空，散发德文传单，传单上摘录《美国远征军优待俘虏之第一〇六号命令》，下面附着俘虏的标准菜单，如牛肉、白面包、豆及牛油。德军经过了四年战争，裤袋已经一再紧缩，每一个接到这种传单的士兵，无不垂涎欲滴，因此，海军在前线各处，时常举手呼喊友人，然后由美军行至后方，饱尝其牛肉、面包生活。美国所散发的传单，意义简单明了："不要为威廉作奴隶，协约国对德国人民并无怨仇，如你们追随自私自利之领袖，战事可继续数年。现在你们眷属在家里饥不能饱，你们援助他们的最好方法，就是缴械。"希特勒在《我的奋斗》中，曾沉痛地指出德国失败的原因："欧战中德国的败绩，非军事之咎，而是由宣传技术的不及人。"看了这几个史例，就可以估量到出版事业在战时宣传战中所处地位的重要了。

我们这次的对倭抗战，不仅要求军事的胜利，并且要在这个革命战争的最后阶段中，同时完成建国的伟业。我们要建设现代国家，必须先发扬民族的固有文化，更进而为科学的发明，以迎头赶上的急步，使中国今后在世界文化领域中处于不败之地；一边尤须善用文化的力量，与敌寇为思想的、精神的搏斗。今日中国的出版事业，在这文化与战争两大指标之下，实宜同时并进，相辅相成。

三、抗战期间出版事业的经营

1. 几个原则

无论那一种事业的经营，必须要有几个基本原则，出版事业当然也不能例外。

中国这次抗战，在时间上是持久战，在空间上是全面战，在性质上是民族的、革命的解放战。在这神圣战争期间，我们的出版事业应该怎样才能使之配合，这是每一个服务于出版界工作的同志心中所时时想念的问题。

记得总裁在中央政治学校新闻专修班训词中，曾经提示了今日中国新闻界所应共同奋勉之四大目标：（一）善尽普及宣传之责任；（二）善尽宣扬国策之责任；（三）善尽推进建设之责任；（四）善尽发扬民气之责任。我以这四大责任，不仅仅是今日中国新闻界所应负，并且可以推及于今日中国的全体出版界。

总裁这种指示，是说出了今日出版界同人所时时想念的问题的答案，同时也无异给抗战期间出版事业决定了应循的几个原则。

2. 组织、资本与人才

战时出版事业的创设，并不与平时有所异致。一种事业的成败，全视组织之是否健全、资本之是否宏厚、人才之是否获得，如果三者健全，事业未有不蒸蒸日上的。

战时出版事业的组织，以现状来说，可分为下述三个形式：

（一）依于公司法组织的——如战前已成立的商务、中华、世界、正中、开明等书局，战后所产生的国民出版社、独立出版社等是。

（二）由机关团体所经营的——甲、附属的：如中央宣传部所直辖的中央周刊社、军训部所设立的军事杂志社……是。乙、兼经的：如各机关团体组织中的编辑科、发行科——这种组织，并非独立的出版机构，因为它是构成机关或团体的一部门，不能抛去机关或团体的全体性能于不顾，而被视为出版机关。

（三）由私人所经营的——这种出版机关，有的是个人所设立，有的是集合若干人的组织。

（至于出版机关的内部组织，大致不外编辑、印刷、发行三部门，在本文下节中当另为说明。）

经营出版事业所需要的资金，可大可小，在法律上原无一定之规定。（在《出版法施行细则》内曾规定创办报社、通讯社之资金额数，但对其他出版品则并无列举。）惟出版品在发售以后，往往是不容易立刻收回现款的，而存书之累积，印刷原料与纸张之贮备，以及日常开支的必不可少，处处需要资金力量宏厚，才能应付裕如。而纯粹宣传本位的出版机关，因无丝毫利润可得，更非有充足的经费不办。

论到人才问题，无论宣传本位的出版机关或营业本位的出版机关，均须要有相当的专门人才，始可克尽厥职，无负使命。为编辑者固然需要学识渊博，才可使出版品内容丰富；即印刷技工、发行人员，亦须技术熟练，市情了然，然后可以达到提高生产效率、发展营业范围的目的——为宣传品的散发者，尤须熟谙传递的路线与方法。

3. 编辑、印刷与发行

抗战期内出版事业的编辑、印刷、发行工作，因受环境限制，其进行的困难，工作的艰巨，有非平时所能想象得到的。因图书馆的播迁、书报寄递的不易，使资金收集万分困难；因海口的被封、印刷材料价格暴涨，土纸供不应求，在出版成本既经倍增之后，尚不能达到印刷醒目、编排新颖、装订美化的目的；因邮路的受阻、寄费的日昂，使发行区域不能为全面的扩展。凡此种种，皆为战时出版事业的阻碍，所以我们的编辑、印刷、发行工作，必先对准这种阻障，以求其克服之道。

就编辑方面言，在理论上，必须遵照总裁所指示的四项原则。在技术上，应该力求其通达明畅，务使人人可看，人人要看。资料固然不易获得，必须尽可能预为贮备；苟非学术研究之作，犹可以凭常识事理，以为详尽之分析。综合战时出版品的类型，略约可分为：一、专门著作——高深的，学术的；二、教科用书——标准的，教育的；三、宣传专刊——启发的，大众的；四、其他——一般的，社会的。一个出版机关，如果能够认清其自身所负的使命，把握国家民族现阶段的需要，那末他编辑计划中所列的项目，决不会发生错误的。

就印刷方面言，关于印刷方面，有两个重大的问题：第一是材料的贮备，第二是员工的管理。材料的贮备，有消极的——节约的，积极的——购藏的两种手段。员工的管理，必须使其技术、时间与工作能够配合适当。这样才可适应战时，提高生产效能。

就发行方面言，第一必须使售价相当低廉（印刷费、编辑费、发行费、管理费等，宜有一定的适当比率），第二在发行网的建立，第三须要明了社会的消费量。这三者互为连环，出版机关能为适当的估计，妥善布置，详细的调查，则出版品必能畅行无阻。

编辑、印刷与发行，为建立出版事业的三大干骨，其工作范围与进程，必须相互联系，才能求业务的合理发展。战时的一切，原非平时的一切可比，经营出版事业的人所最紧要把住的，便是适应时间！克服时间！

四、抗战期间出版事业的法令限制

中国国民的出版自由，为宪法所保障。训政时期《约法》第十五条规定："人民有发表言论及刊行著作自由，非依法律不得停止或限制之。"而《宪法草案》第十三条，亦有"人民有言论著作出版之自由，非依法律不得限制之"之规定。宪法所以为"限制出版自由"之法律，留一退步者，其目的在于保障国家之自由及个人之自由。盖出版自由如无限制的扩大，势必侵入个人其他自由，如妨害名誉等是；亦易侵入国家的自由，如煽乱叛国或泄露军事机密等是。

《出版法》第四章中，对于出版品登载事项之限制，曾有如下的规定：

（一）出版品不得为下列各款言论或宣传之记载：

1. 意图破坏中国国民党或违反三民主义者；

2. 意图颠覆国民政府或损害中华民国利益者；

3. 意图破坏公共秩序者。

（二）出版品不得为妨害善良风俗之记载。

（三）出版品不得登载禁止公开诉讼事件之辩论。

（四）战时或遇有变乱及其他特殊而必要时，得依国民政府命令之所定，禁止或限制出版品关于政治、军事、外交或地方治安事项之登载。

《刑法》关于出版自由限制之规定，散见于分则各章，而与《出版法》所规定的，多有重复之处，惟文字较详。

甲、为保障国家利益、社会秩序而规定者：

（一）关于颠覆政府损害国家之言论或宣传，构成《刑法》上的内乱罪及外患罪；

（二）关于破坏公安之言论或记载，构成刑法上的妨害秩序罪；

（三）关于妨碍风化之记载，构成《刑法》上的妨害风化罪。

乙、为保障个人之名誉与信用而规定者，就是刑法上的妨害名誉信用罪。以散布文字图书犯诽谤罪者，刑法加重其罪。

《出版法》与《刑法》所规定的限制，战时与平时同样有效，惟在战时，政府得颁发命令，以限制出版品对于政治、军事、外交或地方治安事项之登载。

抗战以还，中国出版法令中最重要的，便是《图书杂志原稿审查办法》。人民的一切言行，应该以"国家至上、民族至上"为鹄的，个人的自由要以国家的自由为范围。《图书杂志原稿审查办法》，系保障国家自由的一种手段，于情于理，都是无可非议的；而且实际上还有几种益处：（一）原稿审查与事后审查，其限制人民言论出版自由是一样的，而且原稿审查的优点，是在使谬误言论、反动言论没有发表的机会；（二）原稿审查可以减少作者或出版者的损失；（三）可以间接的提高文化水平，使色情的、低级趣味的图书，无由印行。

关于图书杂志审查的标准，如审查机关是遵照《修正抗战期间图书杂志审查标准》办理的。这个标准中，列举了谬误言论七项、反动言论八项，这十五项都是应该严禁发表的。

关于办理原稿审查的机关，中枢有中央图书杂志审查委员会，各大都市有地方杂志审查委员会。浙省除省会所在地成立省图书杂志审查委员会外，并于文化发达出版繁多之县份设立区图书杂志审查委员会。

关于送审办法及处罚：（一）各地书店及出版机关印行图书杂志，除自然科学、应用科学之无关国防者，及大中小学与民众学校教科书之应送教育部审查者外，均须一律呈送所在地审查机关，审查许可后方准发行；无地方审查机关，得径呈中央审查机关办理；纯粹学术著述，不涉及时事问题及政治社会思想者，得不送审查原稿，但出版时须先送审查机关审核后方准发行。（二）请求审查时，须检送原稿一份或清样二份。（三）审查机关如发现重大谬误，应予停止印行；一部分谬误者，应指示修改或删除。（四）不遵照指示修改或删除而擅自出版者一律查禁，其言论反动的依《出版法》处罚之。（五）许可印行的图书杂志出版时，应将审查证号码用五号铅字排列底封面上角，并应先检查送两册，送原审查机关复核后，方可发行。

五、抗战期间全国出版事业概况

中国的出版统计，向无准确数字足为根据，处此战时，更以局面的变化，人事的不定，即使要得一个概括的、比较接近事实的推算，也是不可能的。这里所说的“概况”，不过仅仅凭借作者个人观念中的一点事实，略为叙述而已。

1. 原有出版机关的坚强

中国出版事业的巨擘，向推商务、中华、世界、正中、开明五家。“七七”事变以前，商务、中华、世界、开明四家，都设编译所、印刷所、发行所于上海，正中则设在南京。

自我军退出京沪之后，商务等在上海的原有业务，仍然依旧进行，正中则将南京的归并于上海。及广州、汉口相继沦陷，有的增强了香港的原有机构，有的则在内地另立据点。迄乎最近，上海的出版界，虽在敌伪严重的威胁下，还是坚守着岗位，不屈不挠，为抗战建国效命。

2. 内地新组织的勃兴

为了敌人的封锁，为了精神食粮的需要，战后，内地新出版机关的设立，正如雨后春笋，勃然兴起。其中规模较大的，如重庆的独立出版社、中国文化服务社、青年书店，金华的国民出版社，江西的力学书店，福建的改进出版社，上饶的战地图书出版社，广西的新建设书店、文化供应社等。这种新出版机关，有的是本身具备了编辑、印刷、发行三部门分机构，有的是仅仅从事于编辑或发行。而其中发行系统建立得最完整的，当首推中国文化服务社。该社总社设重庆，各区有办事处，各省有支社，各县有分社，层次井然，脉络连贯，可谓普及全国的战时出版机关。

3. 杂志与小册子出版数量的增加

抗战期间，出版界中有一个特殊现象，便是杂志与小册子出版数量的实增。这种杂志和小册子，有的是出版机关所发行，有的系各机关团体所出版，而其内容，大致宣传性的居多。兹根据王文莱君的《全国期刊调查》，将全国重要杂志数量，统计如下（小册子统计付阙）：

地区	数量	地区	数量
重庆市	六七	河南省	五
上海市	四二	贵州省	四
湖北省	二〇	浙江省	一五
湖南省	一三	福建省	一〇
广东省	二七	江西省	七
广西省	一二	安徽省	四
四川省	一〇	江苏省	三
云南省	三	山东省	一
陕西省	九	香港	五
甘肃省	二	总计	二五九

附注：1. 王君的调查报告，以民国二十八年一月间刊行的为标准；2. 这是一个全国重要杂志的统计，凡发行不广，完全地方性的，概不列入。

4. 教科书供应的困难

教科书的供应问题，是目前出版界与教育界同样感觉棘手的事情。出版界中以成本的高涨、运输的滞缓、进口的不易、学校的分散，每每有欲供给而无从之苦衷。教育界中以书价太高，教材缺少战时性，赶不及开学时间，有时且以书店缺货无从购得诸种原因，使学校当局用之则问题殊多，不用则无以为教的烦闷。现在教育部虽有“大学教科用书编辑委员会”之组织与正中书局将全部教科书版权奉献教育部之举，但是实际上，欲求内地有一足供教科用书的印刷场所而无由，当然谈不到解决现状的教科书的供应问题。

5. 对敌伪宣传的不够

现代战争系全体性战争，所以攻心之战力量不亚于武力之战。徐州会战期内，我们的空军虽则一度到敌国去散过大量传单，我们在前线虽则也时有俘虏优待文件传递过去，我们在沦陷区内虽则也有若干出版品发行，但是一般说来，三年以来的中国出版事业，在对内宣传上确已尽了相当的力量，对敌伪还是没有发挥更强大的力量。

六、今日中国出版界所应努力的方向

上段所指出的几点，不过将现阶段的中国的出版事业予以一番检讨罢了，其中有足为我文化阵线愈战愈强的象征者，也有足为我今后应行积极设法补救者。回顾过去，瞻望将来，在这胜利接近的今日，我们不可不更大的努力，以完成出版界对国家民族的本位任务。

在战时，物资缺乏是必然的事实。但是，在目前的出版界中，尚有许多不合理、不经济的情形发现，这是战时文化阵线里一个最大的缺陷。譬如以全国所刊行的小册子与杂志而论，在数量上不可谓不多，可是如果仔细地检阅一番，其内容则彼此大多雷同，一般的、综合的居多，而特殊的、专门的较少。为适应战时的物资供需起见，我们深深地希望着这种畸形的、冲突的发展，能有一个适当的方法来调整。

出版与教育有牢不可分的关系，我们在抗战期内要完成建国的大业，除应设法解决教科书的供应问题外——如由教育部与已有各大书局合作，在内地分设教科书编印据点，或由政府另拨巨款，协助已有各大书店实行内迁——并应注意文化水平的提高，提倡学术的科学的出版品，使中国的学术基础，借此可以稳固建立，这是我们所希望于出版界能够在业务上放开眼光，为国家民族前途做久远打算的一点。

至于对敌伪宣传力量的不够，这在争取胜利的条件中，应急起直追、积极补救的一回事。我们深深地感觉到对敌伪宣传的技术与工具，都有加以改革的必要，而最要，还是在确立对敌伪宣传的机构。出版界当然应该负起对敌伪宣传的重大使命，不过在事实上出版界是只有执行使命，不能决定政策的。因此，我们更企盼中央宣传部与军事委员会政治部能够妥决善策，确定步骤，详示办法，使全国出版界能够遵照命令，一致动员。

二十九年九月二十日于金华。

（载《浙江教育》1940 年第 3 卷第 6 期）

抗战期内出版业突飞猛进

自抗战以后，中国各地对于文化食粮的需要，比前增大，文化水准亦比战前提高，前方将士及后方军民，对于报纸及各种读物的需求，如渴如饥。因此，新闻纸及期刊便如雨后春笋，在各大城市以及战地敌后僻远之区茁生，书籍出版亦异常旺盛，但仍有供不应求之势。据内政部最近调查，现经向该部登记之新闻纸计一千九百〇五家，通讯社八百一十八家，期刊一千七百七十四家。未向内政部登记之日后，港沪及华侨报纸通讯社尚不在内。即以此而论已比战前为多。据民国十四年的内政部所发表统计，当时报社不过一千家，通讯社仅五百三十三家而已，增加几及两倍。至于书籍出版数，剧增尤为可惊，据内政部统计，由民国二十一年五年内送该部备案审查之书籍，合计不过八千一百四十八册；然自战争爆发两年以还，书籍出版刊计有一万〇十四册。内社会科学类最多，计二千二百九十六册，次为文学类，计一千七百五十二册，以下则为史地类，一千〇六十五册，自然科学类八百二十三册，应用科学类七百八十八册，语言学类六百七十三册，艺术类四百五十一典［册］，哲学类四百十一册，字类四十八册，其他二千六百〇六册。

（载《时事文汇》1940 年第 10 期）

怎样发展出版事业

夏　冬

文化与出版有密切的关系，要发展文化就须发展出版事业。自然，站在出版方面看，当此非常之时，那里谈得上发展？但站在文化立场，却有力谋发展的必要。

为甚么呢？事实很显然的是中国文化落后。只要你在文化界上一展望，确实是见不到中国。这是除开从未理解世界文化的复古派和夸大狂外，没有人不知道的。

那么怎样发展出版呢？从量方面说，我觉得是要多多出书。

书店是出版的中心，自然要多出书。对于它，我觉得任从那方面说，都当予以扶助。即不能，最低限度，也得实行这种政策：Laissez faire，Laissez passer。这样，它没有损失，也就能够完尽其出版的机能了。

书店之外，我觉得有很多机关和团体等，都当负一部分出版的责任。

首先我们谈学会吧。学会以研究或鼓励研究为事，最宜努力于出版活动。中国的学会很多，大的小的，普通的专门的，几于应有尽有。然而不尽皆有出版事业，有出版事业的亦多迹近敷衍，不过撑撑门面而已，否则既集合了很多学者专家，为甚么不努力于出版事业？我觉得每个学会，均当以出版来表现成绩。至少应该有一个机关杂志，两部丛书——以一部翻译世界名著，以一部容纳会员创作。

其次有致力于出版之责任的是研究院和编译馆一类组织。

再次可以在出版上负起责任的，是学校。尤其大学，是应该同学会一样，须有机关杂志和出版译著之丛书的。其教授皆学者专家，并以研究为事，自当发表其研究所得。并且要这样，才足以证明其所教人的不是贩卖知识。

学会、研究院、编译馆和大学，若均能努力于出版，不让书店单独负责，那末出版事业的发展当可迅速。这样，文化也就进步了，中国便可从落后状态中走出来，不辜负其为文化古国。要复兴文化么？我想当从发展出版事业起。

至于从质方面说，我觉得应该力求进步。这里，我把我的意见分成几点来讲。

第一，不应该多出中国古书。中国古书在了解中国过去的种种进化上，自须专家去读，然而为量有限。若像现在的旧货翻新，实在不是办法。出版界应该站在推动文化的立场才是。而且现在的古书不止是量多，并且一书数出。在外观上，虽然花样翻新，我看在这几年中，有价值的，只有《古今图书集成》。其它大概是架床叠屋，巧立名目来卖钱而已。

第二，我觉得倒应该多出外国欧洲各国古书，因为它在研究上有充分的必要。我们对于外国的政治经济之制度，应该“迎头赶上去”，以新为佳。只有对于哲学科学之理论，则一面应该“迎头赶上去”，一面又应该随后跟着走。所谓迎头赶上去，即学习他们最新的东西，俾好向前创造。但在这时，回顾从前，吸取他们的传统以深厚我们的泉源，却非读外国古书不可。还不仅为历史，实在于现实的研究亦有必要。

然而这在中国出版界中，却是非常稀少。很多哲学史和科学史上的名著，竟没有出版。我很盼望专门的学会，每一个能够把它那一门的名著编辑两部：一部古典的，一部现实的。中国过去虽自有其哲学科学，然而从近的欧洲发展说来，它却是没有哲学科学的传统。以介绍西洋文化为事的人，应该注意这点。

第三，应该多出科学一类书籍。无论从理论上说和技术上说，这都十分需要。它对于我们的思想、行动乃至整个生活的现代化上，关系很大。这是发达文化和改造社会之一起点或要事。

在普通的和高深的两方面，我觉得均需要。没有普通的哲学科学之大量的出版，不能把多数人提高到现在世界的一般文化水准上来。没有高深的哲学科学之大量的出版，不能把少数人提高到现在世界的专门家理论程度上来，使我们走进创造之门。所以普通和高深的两种哲学科学著作，都是出版界致力的所在。

第四，因为这样，现在是需要专门的书店来分工并进，包括万有，这样也出，那样也出，要大书店才可以。小书店特别应该选择一种学术门类作出版方针，以造成它的特色；或者依思想性质来分，也是对的。过去的小书店，从一九二八年以后好几年间一面竞出新思想著作，一面在文学和社会科学方面专任一门，确于中国文化有很大的贡献。如果中国的文化运动，从思想性质上分，以“五四”为一期，“一九二八”以后为一期，那末这期的出力者就完全是小书店。一般大书店太保守，全然没有丝毫贡献。它们纵使营业不曾遭受任何压迫，然而这一点确是他们的耻辱！

从质方面来谋出版事业的发展，我一时所想到的就是这些。

出版关于文化很大，所以无论量方面或质方面，都当有一个打算。否则原因造坏了，结果就难保其好，未来文化便会黑暗起来。

（载《三通月报》1940年第4期）

出版界的出路

夏　公

我国的出版界原来自始就不曾有过出版的计划，全凭市场的需要，随机出书，这种情形恰与市场的投机相似。这原因由于大书铺不曾想到有计划的出书，而小书铺则虽然意识上要想有计划，以限于资力，势不可能，何况一般的小书铺，又都以大书铺为规范，亦步亦趋，模拟惟恐不肖。所以我国的新书业由商务启其端，以后起来的许多家，莫不与商务相似，很少能专出一种书籍，别树一帜者。而以此故，彼此在市场上的竞争，形成非常的激烈。这在市况活动时，固尚可应付，但一遇反常时，却就感到无书可出了。

因为书籍缺乏销路，于是想到了出书的计划，但此所谓计划者，往往是一种因陋就简的办法，意义还是脱不了投机，所以有计划还是等于无计划。然而即此种无计划的办法，也非具有相当资力的大书铺不办，至于小书铺则根本不可能。

为今之计如欲创造新局面，为自己的营业、为文化的立场都尽一点相当的力量，那末第一，我以为首先应该打破那种一窠蜂的习气，看见一家出什么书有销路，于是也来出什么书。第二，每家书铺要能自标异点，专出某一种书。盖凡生产事业，分工愈细者，愈为精良，我以为出版界亦当如此。尤其是小书铺，能力所限，正不必以商务为模范，贪多务得，兼收并蓄，如此则彼此间的竞争可以缓和，而有通力合作的可能。第三，在生产合作的今日，照例凡生产者必与分配者分工，断无自己生产自行贩卖之理。故我以为小书铺如欲求存，为节省开支，集中经营，实有联合开设共同门市的必要。且惟如此，乃能在外埠防止中间商人的操纵，而有利于读者的购买。

至于大出版家，则我以为凭其雄厚的资力，大可不必与小书铺争胜，而自定出书计划。老实的说，现在我们是什么书都零零碎碎，没有系统地编印，譬如文学，我们现今有一部包括古今中外的文学史与作品吗？所以如各国各时代文学史以及各重要作家作品的介绍，都是事实上最为需要的。且不仅文学，其他如政治、经济、哲学、科学等，亦莫不如此。在纵的方面，我们需要系统地史的介绍；而在横的方面，则亟需有分门别类地明白的认识。而这是非大出版家的能力不办的。

（载《三通月报》1940年第3期）

出版界的沉寂

张乙帆

目前的出版界已经渐沉寂，无复年前的欣欣向荣的景象了。许久以前预告过的书籍，到现在似乎没有“兑现”的消息。在书店里看到的新书，除了极少数是着实的著作之外，大部分都是些投机牟利的东西，对于文化建设上没有什么意义。而一些巨型著作，更早已绝迹了。最近还听到一个老牌子的杂志也有停刊消息，不觉令人为文化前途忧。

出版界自然是多少受战争的影响的。曾一度猛涨的纸价，使它发生极大的波动，“加价”之风，立时高涨。自然，加价是为了弥补成本的增加，是不无理由的。不过借口成本增加而想多赚些利，正是普遍的现象，只要一个有点“印书”经验的人，都可以知道清楚的。可是矛盾又来了：加价可以牟利，而读者的经济力却负担不起，因此大家对于书的购买力减少了，非必要的书便不去买，结果使书的销路受了打击。这使出版家头痛得很，便索性少印书，把那些读者不多的书搁置起来。首先受影响的便是社会科学的著作，这几月来，你可看到一部大型的社会科学著作出版吗？投机的书，迎合小民口胃的书，还可有不错的销路，所以这些书便大量的印下去，陆续印下去。相信等到这些书也没出路时，出版界便可以完全停止活动，这也并不会“言过其实”的。

也有一些自费出版的书刊，因为目的不在牟利，定价便可以低一点。不过，他们出了钱印书，却没有发行的机构，结果也要把书送到书店去，书店便打了一个大大的抽头，占了书价的可观成分。这一方面使定价也不能过低；一方面使他们觉得白白替书店工作，自己劳苦，钱却流到书店的柜台里，未免不值，因而心灰意冷，没有继续下去的心情了。

这么说来，这也不行，那也不好，形成了出版界的沉寂，也就是文化上的大损失！

怎样才能打破这沉寂的现象呢？怎样才能有一个“民主”的建设文化、推广文化的方法呢？这是一个并不细微的问题，希望文化界密切的注意。

（载《大公报（香港版）》1940年8月27日）

出版界与国民教育

悠　思

教育不仅为学识技能的范围，还要注意精神的教育，涤荡激扬，发挥民族的精神，使能运用学识技能与精神，以卫国家。即所以培养国家元气之道。

醇化民族的精神，陶冶民族的性情，又要靠着艺术方面的影响。

艺术地完成，先从思想着手。我以为应该有一个民族精神的大运动，对于民族耳目观感作一次大检举，施以伟大的艺术运动。惟有艺术才能深入人心，变化气质，陶冶性情，发挥精神，然而艺术的精神，尤应注意未受过普通教育的民族。

连环图画，许多人认为对孩子的教育是有害的。其实不然的，只要有实际考据，有辅助教育主旨的材料，怎么不好呢？但凡廉价的印刷物、无线电广播的音乐、有声电影，都是传播艺术的唯一利器。

不过廉价的印刷物，像连环图画，中间又有许多劣本的，尤其是所画的为吐光的剑侠、放宝的神仙、变化的妖精、捉怪的天将，全没意识，一味虚谈，越出常理以外。其影响民族的意识，遗害甚大，是积存在民族精神里的一种化脓菌。

这种情形，以小学至中学的学生受毒最深，其次则为资产有闲阶级。这种毒害，如果任令延蔓下去，结果则任何学识技能，均将为其诱导而腐败了。

彻底扑灭的方法，应该由全国智识阶级，教育界和出版界的人，积极设法防止不良的读物出现（图画、音乐、电影均在内）而促成优良的读物。尤应注意到良好的艺术作品之传播，以深入民族的脑际，而为民族建立精神的基地。

有许多人说："若如此，将于出版业不利了，影响到他们的营业利润。"这是根本的错误，因为并不一定是无稽和越出常理以外的神怪东西才有销路，反之，有智理的趣味读物，或是有考据的作品，出版物的销路愈好。

电影界也是一样的道理。足资借镜的日本映画界，映片的制作，百分之八十都是有智理的趣味作品，或是古代事迹的武侠片，有根据，有证例，所以能够养成国家民族的武士道精神，而强化国家民族的组织，利害均衡，既大且巨。

音乐的效力，又更甚于印刷物和电影，传神入化，事小效宏，在短期内能够洗移人们的思想，转移人们的意志。所以怎样能使人们激昂慷慨，神志兴奋，而不流入俗调的虚情丧志，这是作曲家的责任。

记得我未进一中以前，在日语学校研究日语，蒙先生教了数阙的日本歌调。而能够唤起全校学生的兴奋的，要算是《爱马进行曲》和《出征兵士送行曲》了，其意味固深刻着忠君爱国的思想，而其歌音又铿锵可诵的。

从前的广州，是给一部分不良的出版商和一般唯利是视和堕落文化界以引着民众向低级堕落的途径竞走，致造成今日国民教育的脆弱的现象，这是多么的痛心疾首的一回事呢！

时至今日，广东更生后两个年头，教育界、出版界，已有跃进的活泼姿态。小学、中学、大学的纷纷设立，各种读物如雨后春笋般的产生，这是藉得吾人庆幸与期望。我们不希望，像从前的循例敷遗，得过且过，那未免可惜了国民教育的广大性。

举行国民教育大检举，即可以□荡污秽，激励人情。而济之以学识技能，然后才能使民族有组织，有精神，推而广之；才能与友邦民族，共肩东亚建设的大任。这是作者的一点微见。

（载《新亚》1940年第3卷第5期）

西战场的出版事业

华而实

（一）

敌寇是特别仇视我们的民族文化，摧残我们的出版事业的。但历史专门和那些“聪明”人开玩笑，事实上，我们的民族文化，我们的出版事业，不但没有在战争中毁灭，反而在战争中得到更进一步的发展。的确，炮火把许多人的眼睛都打开了，抗战要求着许多人迫切地需要对于各种问题的了解。特别是在前方，千千万万执干戈以卫社稷的抗日战士，更需要着革命理论的武装，以指导其革命的实践。于是前方需要文化食粮，战地需要开展文化工作的呼声，很早就从前方传到了后方，并且引起了各方的注意，与针对着这个需要设法解决。于是我们看到了在政府方面，有着战地文化服务处的组织，在民间方面也有着战时书报供应所的设立，加上各书店、各出版家、文化界的努力，对于这方面的工作是相当地做了一些。但是，由于战区的扩大，由于交通的不便以及方法上的许多问题，并没有完美地解决了这个问题。

于是，许多地方就在焦盼后方供应之余，以自力更生的方法来自给了。在战地，特别是西战场的许多文化工作者，就在敌寇的炮火下，在汉奸伪组织的围攻中，在欺骗宣传的环境中，以艰苦卓绝的精神，展开了战地的出版事业，建立战区文化堡垒。三年来，在西战场的出版事业，由于军政当局的正确领导和极大的帮助，由于文化战士的不断努力，已经有了很好的成果，不仅相当地解决了战地文化食粮的恐慌，而且奠定了前方文化据点的基础，指出了新中国新文化的方向。下面记者把三年来西战场出版事业的成果简单介绍给国人，兼做其他战区的参考。

（二）

首先我们介绍西战场报纸的编印和出版。

在抗战爆发以前，西战场的文化出版事业都很落后。报纸方面集中在几个大城市里，而数量又是非常之少，如在山西仅太原出版有《山西日报》、《晋阳日报》、《并州日报》等，但当敌人的铁蹄踏进了黄河岸边的时候，这些报纸便都相继停刊了。可是，在西战场却有着几十万大军、几千万人民，需要着正确消息的报导和正确言论的指示，但在那时，除了敌伪的汉奸报纸在活跃以外，看不到我们方面的报纸。于是适应着客观环境的需要，西战场的军政民各方面便都注意到这个问题，并竞相出版报纸了。据概括的统计，现在已经有了二百多种之多，下面我们简单的介绍一下：

铅印报纸，在晋西，有第×战区司令长官司令部编印的《阵中日报》，对开一张，除国内外要闻战报以外，并有《火线》和《民族革命》、《敌区工作》、《政治工作》等副刊，因交通关系，发行三千份左右。在晋东南有《黄河日报》上党版，四开一张，《战斗日报》四开一张和《新华日报》华北版，四开一张，为间日刊。该三报言论均极正确，内容亦丰富，在战时宣传鼓动组织教育等工作，都尽了极大的努力。

油印、石印的报纸在西战场获得空前的发展，这是因为油印轻便灵活，购置容易，移动方便，而石印机则普遍存在于各大镇市，易被利用的原故。现在由于油印、石印工作者的不断努力，编印技术异常美观，不亚于铅印报纸，有的更可以套三色版，刻漫画题字，有如锌版；而印刷数目，一张蜡纸可印两千份，好的油印报纸的销路，也常达两三千份。兹仅能就其编排、印刷、销路特别良好者举出一些来：如晋西的《战斗二日刊》、《大众抗日报》、《老百姓》、《战号》、《曙光》，晋西南的《中条日报》、《条西战报》、《战垒日报》，晋东南的《战讯日报》、《太行山报》、《活路报》、《大家看》、《抗战画报》、《救国报》、《抗日报》、《战斗报》、《民生报》、《新长城报》、《先锋报》，晋西北的《新西北报》、《抗□日报》、《临县战旗》、《前线报》、《政治日报》，绥蒙的《奋斗日报》、《动员日报》、《临河日报》等等，统计不下二百余种。

各报的新闻来源，除地方新闻由各该报广聘通讯员及采取“民族革命通讯社”（为第×战区司令长官部所办，分社遍设西战场）稿外，国内外要闻，则多半由收音机收听中央社广播，《阵中日报》、《黄河日报》及《新华日报》等则装有无线电收报机，可以收得更多的中央社播发的新闻。

（三）

在期刊方面的出版，也非常之活跃。在晋西，第×战区司令长官司令部的周围，有许多大型刊物的出版，计有：西线社主编的综合性的半月刊《西线》和纯文艺的月刊《西线文艺》，前者已发刊至第一卷第二期，后者曾刊至第一卷第六期，因承印该刊之民族革命出版社迁至后方，曾一度停刊，现闻《西线》不日即可复刊，仍在前方编辑。有民族革命大学文化前锋社编辑的《文化先锋》，为西战场唯一高级的理论学术刊物，销路达五千余份，除销在西战场各地外，并及于陕甘各地，现因某种关系，出至第四期即停刊。有黄河战旗社出版《黄河战旗》周刊，原名《政治周刊》，系××绥靖公署政治部的机关刊物，内容以讨论西战场的政治民运为主，并兼论国际国内形势，富有战斗性，对汉奸妥协分子的打击不遗余力，出至第四卷第十一期。有××绥靖公署政治部编印的《政治工作》及《时事半月》，前者为月刊，以指导各级政工人员为目的，后者为分析时局的刊物，前者出版至第三卷第六期，后者出版至第四卷第一期。有黄河文艺社编行的纯文艺两月刊《黄河》，内容极丰富，印刷亦精美，只出一期。此外还有牺盟会的《机关报》、《牺牲救国周刊》和教育资料社的《教育资料》半月刊，上述各刊物，均因某种关系，于二十九年一月间相继停刊。现在兴□附造还继续出版的有民族革命社编辑的《民族革命》，民族革命教育社编辑的《民革教育》和四新社编辑的《四新》等，但由于这些刊物内容稍嫌穷乏，所以销路都不很多。

上面所说的都是比较大型的铅印刊物，至于油印和石印的则出现在战地。在晋西有《战斗半月刊》、《政治周刊》、《动员周刊》、《洪流半月刊》等比较著名。

在晋西南的刊物，则均用石印油印出版，计有：《三角地带》半月刊，为综合性刊物，历史很悠久，内容亦充实；此外像襄陵的《前进》、新绛的《奋斗》、稷县的《斗争》等，内容也还充实。

在晋东南，期刊的出版也很多，如以阐释抗战理论、传达经验教训为目的的综合刊物《战地生活》，牺公上党中心区出版的《上党战旗》，胜利社出版的《急潮周刊》，销路都很好，内容亦颇充实。文艺刊物则有文化哨社编行的《文哨日刊》、《文艺轻骑》，鲁艺路社太行分社出版的《青年文艺》。

在晋察冀文化界抗日救国会统一领导下，刊物的出版更是非常之多，如《诗建设》半月刊、《前卫月刊》、《战地月刊》、《文艺前卫》

等，都是油印刊物，编排印刷都很精美。

在晋西北有《动员半月刊》、《战地动员半月刊》、《战线》、《前线生活》、《大众周报》、《青年战号》等。

据非正确的统计，西战场军政民各方面出版的期刊，不下一百五十余种。这些刊物虽然在内容上没有后方的刊物充实，但还大都能站在团结进步的立场上，服务于神圣的抗日战争，因此，这些刊物都拥有广大的读者群众，一般的都可销行三四千份。

（四）

这里说到书籍的出版，并且附带介绍几个战地的出版机关。

还是从×战区的军事中心××说起，在那里有着三个出版社：一个是民族革命出版社，是第×战区文化抗敌协会的一部分。出版有大量的丛书，如《西线丛书》、《战地文化丛书》、《民革丛书》、《民大丛书》、《民族革命通讯社周年纪念丛书》、《民革政治丛书》多种，每种差不多都出版几种至十数种之多。据该社统计，现已出书至七十余种，二十二万余册。可是在今年三月间该社迁至后方的三原，并完全改为营业性质，名为第×战区司令长官部后方印刷厂，实则仅代印外活而已。

还有一个是黄河出版社，在过去《黄河战旗》、《政治工作》、《黄河》、《时事半月》等刊物都在该社印刷，机器字模都很新，印出来的东西不亚于桂林的科学印刷厂。黄河出版社出版了不少的书籍，计有《黄河丛书》、宋劭文著的《我们怎样在敌后建立抗日政权》、李公朴著的《走上胜利之路的山西》、徐端著的《抗日民众运动的实际问题》、石宾著的《从牺盟会看山西民众运动》，都是从实践中得出来的理论。此外还有《兴集丛书》两种，通俗读物十种，其他书籍五种，以之比民族革命出版社，出书数目为少，但内容则比民革出版社为精彩，现因某种关系，于二十九年二月间该社即停止工作，所有工作人员亦均赴前方。

现在还存在××并且继续工作的是抗战复兴出版社，但因该社机器是《阵中日报》的，而出版的书籍又多系阎锡山氏的民族革命理论方面的，如《按劳分配物产证券》等书籍，所以，在事实上不能对战地文化工作和文化供应有什么大的补益。

除了××附近的几个出版社以外，在前方各地也都有出版社的，大多都能站在坚持团结、坚持进步、坚持抗战的立场上，为开展战地出版事业、建立前方文化堡垒而奋斗。

（五）

最后我们应该在这剩余的篇幅里来谈一谈西战场出版事业的经验和教训。

第一，西战场出版事业的所以发达，主要由于西战场军政当局的正确的领导和帮助，也可以说是由于西战场客观环境的需要和政治上的进步所致。因此，我们要想西战场以及全国的出版事业和文化工作的向前开展，首先必须政治上的进步，必须实行民主政治，给人民以抗日的言论版的绝对自由和必要的帮助。当然，由于出版事业文化工作的发达，也可以推动政治的进步。

第二，由于西战场出版事业的发达，证明着在战区在敌后方建立文化堡垒、地方的出版中心的可能和必要。新中国的新文化要在战斗中建立，尤其要在战地建立，“前方决定后方”，希望西战场的出版事业继续发达，其他战区和敌后方的出版事业也努力开展。

第三，西战场的出版事业，有着优良的作风，有着正确的目标，那便是不妥协、不退让、艰苦奋斗，和一切进步的势力相渗合，坚持团结、坚持进步、坚持抗战，因此，西战场的出版事业是在战斗中壮大发展的，也是最富有战斗性的。

第四，西战场出版事业的发达，相当地解决了西战场军政民的文化食粮恐慌问题。不过，由于物质条件的限制，人力的不够，参考材料的缺乏以及在战斗环境中不可能尽满人意的发展，而且整个出版事业，还缺乏统一的领导，有些时候会发生重复浪费人力物力方面的现象。这些缺点有待于后方的援助和本身的克服，当缺点克服过了以后，西战场的出版事业必定会更往前发展的。

在抗战进入相持阶段，敌寇政治进攻重于军事进攻，扫荡敌后重于正面进攻的今天，我们应该更加努力开展战地和敌后方的文化工作和出版事业，以建立正确抗战理论，发扬民族意识，提高民众抗战胜利信心和民众自觉情绪，使自动的参战，并粉碎敌寇政治进攻、奴化政策、欺骗阴谋和肃清汉奸倾向的言论。这和准备并进行胜利的反攻，驱逐日寇出中国，建立独立、自由、幸福的新中国的伟大任务是分不开的。

（载《反攻》1940 年第 9 卷第 4 期）

上海作家与上海出版业

尔　宜

上海的作家目前是生活在日伪、物价等交相煎迫的狭缝中。自国军西撤后，煎迫的势力逐渐增大，逼得作家们难以立足，只好离开上海。但因为上海虽成为孤岛，仍有着四百万以上的同胞，他们需要精神食粮，热望知道祖国的消息，同时也需要一盏明灯指导他们的路向，并告诉他们走那方面去为祖国努力。这使命落在了作家们的身上，所以环境虽这样困难，可能留下来的作家仍旧留下来。回溯过去三年的历史，已做出了很多辉煌的成绩，但最近压迫的势力越来越紧，虽然作家们永不会屈服，但困苦是较前更增大了。

随着欧战的发展，法国屈服了，英国无力兼顾之今日，日赝乘机向租界进攻。前因租界的特殊关系，上海得保持孤岛状态，但自从六月二十日起，法军从徐家汇撤退，由日军进占，并于二十七日又与日方签订了所谓“警察协定”，自此日警宪可随时入法租界搜索及逮捕所指的抗日分子以后，上海租界之特殊性，几已消失殆尽了。

六月二十八日，赝国民新闻社社长兼职赝中央宣传部特派员穆时英在公共租界遭人击毙后，日赝嚣然万分，汪精卫竟下所谓通缉令，“通缉”上海租界内的抗日分子数十人，其中多数是文化人作家。近日，日宪兵和法巡捕在法租界内四处搜索，被捕有数人。公共租界也早有同样的“警察协定”。虞治卿路也有人被认为抗日分子被日宪兵所捕。在此种情形下，上海作家的生命，已完全失去保障了。

物价上升，生活费的高涨，对作家也是一大威胁。国军自上海撤退时，米价每石仅十二元，但三年来天天上涨，从十二元而十五元、二十元、三十元，最近涨到了每石七十六元，即比本来增高了六倍以上。房租情形，普通亭子间一间，在战前是六元到八元就够了，现在则非十元或三十元不可，在静安寺路一带竟有涨到七八十元的，简直吓人。再说吃饭，一菜一汤，战前不过二角，但现在涨到了六七角，而白饭限制只有两碗。平均起来，现在上海的生活程度比“八一三”事变前约高达百分之四百。

生活费用高涨了，但稿费的情形怎样呢？稿费的情形仍和战前一样没有变动。如某著名大报副刊，它的稿费是每千字五角或一元！有人这样计算过写一篇千字的稿子，须支出稿纸、笔墨等消费约五分，送到报馆来回的电车费是一角二分，稿子用了取稿费时又花费车钱一角二分，则一千字稿子的支出是二角九分，若稿费五角，则实收入仅二角一分，这二角一分钱有何用处？粥八分一碗，喝三碗粥还少三分！

即使是名作家的作品，如另一大报的社论，每篇也只有五元，且有几个人能够写社论，一个月又能写几篇？

试问在这种环境下，作家将如何生活？

上海的书店，现在还收稿的可以说是绝无仅有。最大的商务印书馆，早停收稿，听说稿已堆得满满的，都是些古代史、经学、伦理之类，这些书却是抽版税的。但在这非常的时代有几个人研究经史？有几个人能买这类书？于是这些书出版后，几个月卖去三五本，版税是几角，要靠这种版税来吃饭，那比某大报的五角一千字还要不如。至于中华的情形，连经史之类都不大出版了。开明等书店，收稿事也无所闻。此外如生活，这是过去上海出版时代性书籍最旺的一家，但重心已在抗战后内移，目前在上海也偶然收稿，但数量是极少了。新开的书店如株林等，以资本太小，每月仅出一二本，所以上海的书店出版状态，已陷于停滞中，书店和作家的关系因之“不绝如缕”了。

目前的几家报纸，稿费虽少到极顶可怜，但收外稿者仍很少，所刊载的通讯等文章，大多是从香港或内地报纸剪来的。香港或内地报纸在上海是看不到的，转载稿费一文都不必花费。

杂志方面，能用外稿而且有提拔后进作家之意的《上海周报》，稿费每千字二元，现在也被宣告“再见”了。

书店、报纸、杂志的情形检阅一遍就必然的得到这样的结论：上海文坛荒芜了！作家生活的源泉也干涸了。

但是目前上海仍存在着相当数量成熟的文化人、作家，他们不离开上海，不放弃在抗战中对上海的任务，然而，他们怎样生活呢？

汪派乘着上海文化人困难的状态，大施威胁利诱手段，中学毕业生到南京可以做赝省市政府的科长，月薪数百元。但这种引诱力虽然相当大，而汪派得到的只是失望，没有一个有地位的作家被诱投到南京去。

大多数作家他们都找一个职业，如商行、保险公司等等，下办公室以后就把全部的力量用在文化上。在法国没有打败仗以前，他们尽可能的创办刊物，义务写稿，现在出版的情形停滞了，但他们仍在用着种种的机会和方法争取出版和教育后进者。

没有兼职业的人，多半是生活暂时无问题的。他们埋首于长篇中篇的著作和翻译，把很多当前切要的问题剖析成三四万字的小册子，每册售价数角。在读者购买力低降的目前，小册子的销路比较大，所以小册子的出版是很适合于当前的需要。写作的时间也不太长，出版快，可以使生活费有持续的收入。

另外还有一条路可以有些收入，那就是替港桂写稿，如某新闻社，就特约着上海的稿件，每千字普通稿费六元，算是目前较高的稿费了。

游击式的出版或翻译，是上海普遍的现象。如不几天以前出版的汉德森著的《使德辱命记》，是英国的白皮书性质，但因为时新，所以很快的分工翻译，很快的就出版了。

不过，以上所说的这些生活方法，在夹缝中仍不断努力于上海文化的方法，只是少数有地位作家的一部分才能这样办得到，至于一般中级的作家，是无这种可能的。我曾把上海文化界目前的这种情形问于某有地位的作家，我说：“像这样的情形，作家们简直难以立足和生活，后进作家更难培养。但不能令上海四百万的同胞没有精神食粮，后进的作家也不能不成长，这怎样办？”那作家说：“当然，目前上海的文坛是荒芜了，作家的生活与环境是异常艰苦，但在艰苦之中，仍将奋斗不息。回忆自国军西移后的上海文坛情形，受摧残已不止一次，但仍能多次兴起，出版多种有价值的和正确的书报。目前这一逆浪比较过去，虽属最大，但在艰苦中只要内部坚持团结和进步，在这夹缝里将见鲜花开出来。”

这答案代表着上海艰苦斗争中文化人的心理。

（载《大公报（香港版）》1940年8月7日）

上海商业特写——书业

杨德惠

吾国书业，历史悠久，惟其跃进革新时期，仅百年内事耳。查逊清乾隆年间，所谓老书坊者，咸用木版印刷，出版经史子集等书，畅销国内。同治年间，国内新兴出版业，渐见萌芽。光绪年间，科举已届末路，商务印书馆，首先宣告成立，开书业新法经营之先声。而一般书局，亦群由苏州，移设上海。沪市书业，乃日形蓬勃，而成该业荟萃之地。民国元年，中华书局等先后开设，书业遂呈突飞猛进之象。自后有世界、大东、开明、北新等继起设立，迄八一三战前，全市书业，大小合计，不下七八十家之多，惟较大者，仅商务、中华、世界、大东、开明、北新、儿童、生活等数家而已。

沪战以后，该业以环境关系，如商务、中华、生活等，均将总管理处分迁港渝等地，以谋发展，而沪市原有范围缩小，改为分店。至营业亦以战局之扩大，一般购买力衰落，远不如昔。战是之故，新书之出版，数量颇见减缩，就商务、中华、世界、大东、开明、正中等六家言，新书之出版，自廿九年十月至去年九月，计出一般用书七七三种，较战前一年减少九〇四种，教科书一二七种，减少一一六种，大部书七三四种，竟减二一六五种，若以上述三种并计，较战前一年，总共减少三一八五种。于兹可见该业新书出版之受打击为如何矣。

自物价高涨后，纸张、印刷、装订、运输以及其他种种费用，较战前增加数倍以上，成本加重，虽售价比例上涨，但除教科书外，其他一般用书，以销售狭隘，殊少盈利，故各家营业，困难倍昔。然其经营精神，不以环境关系而自馁，为文化而奋斗，虽威迫利诱，不为所动，为各业所不及，殊堪令人钦佩。至在战时期中，该业遭受损失，亦殊重大，一时尚难估计也。

至古书业自民元科举废弛以后，营业每况愈下，较有史料性质及哲学等书，如经史子集，销路极微，迄今古书店以印行碑帖等类为其主要营业。现时较著者，仅扫叶山房、文瑞楼、千顷堂、尚古山房等，战起以来，营业仅能维持而已。

（载《商业月报》1940 年第 20 卷第 2 期）

希望于上海书店老板者

厥 振

还在一个月以前吧，我们就听说上海书业也随着一般物价高涨而把所有图书售价增加了五成。当时虽然也会有人发出了不满的呼声，认为图书这样增价，必使一般读者不胜其负担而望之生畏，且亦有碍文化之发展。然而不满尽管由你，增价则却已实行。

图书增价，在目前纸张、排刷工、装订工都涨了价的今天（注意写文章的人的稿费并没有涨价），说来也是难怪的。不过许多人不能同情的是：这书价似乎加得太高了，尤其是很早以前出版的旧书，也一律涨价五成，这似乎有背增价的原意，而把发展文化的任务置诸利润之后太远了。虽然书业中也有人能为读者着想，尽量在成本上使其减轻，把定价尽可能定低，但是在一般读者的购买力非常低弱的今天，对于这种书价，仍然感到太贵，而我们的书店老板们，却未能更进一步设法使成本减轻，以免读者们加重负担。

据三日各报载：国立中央图书馆有鉴于图书售价增高，有碍文化发展，乃拟订抑制图书增价办法五项，业已呈准教育部通令各省市教厅转饬各书业一体参照办理。我们根据该办法看来，上海书业有几项诚然可以参照办理，尤其是第一项“纸质装订不必求其精，或可改用土产纸张，以使成本减轻”，更可为上海出版界乐予接受。

书店老板开店经营，为的是营利，我们不用多说，但是我们希望书店老板，在营利之余，千万不要忘了协助发展抗战文化的使命！

（载《职业生活》1940年第2卷第16期）

一张小报出版的经验

周天籁

我们每天早晨起来第一件要事便是看当天的报纸，大报中如《新闻报》、《申报》等等，每天由送报人手中“拍达”一声从门缝中掷进来，我们接在手上可说厚厚的一叠，打开来起码五六张，有时八九张，逢着纪念节还有特刊一叠奉送，可是我们何曾从头看起，一直看到煞末一张过？我们何曾点点过上面登的新闻若干则？计算计算过多少字？上面登的广告，共有几家？我可以知道决没有这个人，也决没有这个呆徒，翻一转来说，便是这份报纸从采访，从编辑，从出版，可想而知是不知经过多多少少人的心血，多多少少人的脑筋和繁重的麻烦，工作，而后才得由送报贩送到我们面前，接在我们的手里阅读。关于这一方面的情形，局外人决不能明了，决不能知道办一份报纸的艰难。过去在军阀时代，一份报纸的言论，尚须受到当地官厅的制止，所以不得自由：有依租界为护符的，有挂洋商招牌的，有拉拢外股的，才得苟且生存。有几种报纸内地不得去，其中就如《新闻报》，在当地摧残新闻事业不遗余力时候，惨淡经营至八九十年历史之久，煞费一番苦心的了。年来革命成功之后，新闻界一度有振刷现象，上海更为商业政治的枢纽，各报尽可发扬舆论的真精神，但仍格于环境，还是无法发展。时局不宁，工商凋疲，亦未始非一最大原因。反不如一纸短小精悍的小报，例风行很盛。现在撇开大报不谈，笔者来说一说办一份小报的出版经过。

小报的经济情形

办大报非有巨大的资本不可，有数万元以至数十万元不等；有了经济的力量，没有人才，也是一无办法的。所以办报纸第一是经济，第二是人才。然而办小报亦何尝不然？不过办小报因范围狭小的关系，资本究竟有限：一则因为人少；二、毋须自备印刷机器；三、用不到发行部。然而一份报纸，不是一本单行本的书，只出过一次，毋须再出第二本，它是每天要出版，所以是否有销路，或销路旺与不旺，因为维持信用起见，非要每天出版不可，所以经济虽然有限，但要维持长时间的出版下去，亦非要一二千元不可。如果销路没有起色，广告拉不到——因小报的广告大都靠情面拉来，情面要用有完的一天——那末广告没有把握，销路又无发展，再加上调度不当，这一二千元也很快的蚀完了。所以外行人办报，存心来赚一笔钱的，结果无不白费了精神心机，还是蚀得走投无路，终至关门大吉。如果经济有力量，不怕蚀本，而宁可蚀本，情愿家里搬出一笔钱来办下去的，兴之所之，这又当别论。不过依照内行的人来办一张小报，虽然用不到这几千块钱，可是他对销路上是否有把握，还是不能够肯定，足见办小报并不是一件容易的事。要使一张小报风行垂久，销路始终在水平线上，虽不能求其上涨，但不下跌已经是了不起的一件事了，所以许多办大报很有经验的人以为小报好办，便轻易尝试，终致失败完结。倒不及几个熟于此道的人办小报来得精明，而且只需四五百块钱，处处挖打，节省一下居然一张小报出版。只须基础稍能打定，便可以周转灵活，这是个什么办法呢？因为主办的人须有才学，又能干，可以吸引一部分读者，自己拉稿，自编自写，手下只用一个助手、一个校对、一个茶房，广告又有把握拉拢，白报纸可以打个保单给纸头行家做账，否则每天用多少买多少，买半令、买一令都可以。印刷又可以先付一半，还有一半到月底再结，或者五天一结，都可以。编辑部设在一个亭子间内，自己家里不怕小团烦，更加好，一张写字台，足够派用场。助手的薪水，打他三十只老羊，一个校对，打他十五只老羊，一个茶房，打他十只老羊，不过一律要供给膳宿的，否则人家不肯做。再开销到稿费，小报稿费素来菲薄，大都朋友帮忙性质，主办人常常请请客，喝喝老酒，也有不计稿费的。不过报纸是日长世久的东西，朋友帮忙，暂时可以，长久便假痴假呆，即使有稿子来，也是敷衍塞责，报纸便失精彩。所以稿费宁可要打出一笔钱来，朋友管朋友，帮忙管帮忙，稿费，打他一块钱一千字，已经算是了不起了。什么跳舞版、跑狗版、跑马版、回力球版，素来没有稿费的，可打稿费的稿子每月约它三百块钱至四百块钱光景，已经非常阔绰了。可是不到这数目的，自然很多，不过这张小报决没有好文字给读者读着。假定依日销二千张算法，计付出项下：稿费四百元，薪水五十五元，白报纸四百五十元，印刷费二百五十元，其他零星五十元，共计一个月付一千二百零五元。收入项下：广告费四百五十元，售报费一千六百元，共入二千零五十元，两相抵过，有八百余元盈余。如果再把它打个折扣，五百元一月，坐定可以到手的。不过这是办小报一个大概经济情形，能做到这一会已经可说登峰造极的了。

小报的拉稿和编辑

前面说过，办报第一是经费充足，第二便是人才。小报的撰稿人才、编辑人才，完全不同于大报。我们买一张小报来一看便明白，上面的文字，着重于通俗、趣味、轻松、流利，更要迎合一般人心理。所以小报文章很难写：如果过于低级，一般人又不要看；过于高深，又不能普遍；如以肉感文字来号招，更不能立足。所走之路已错，读者见之摇头，如此悬空，乱说西游记，没有一点事实来写。现在的读者邪气调皮，明知这张报瞎造谣言，又不来买你看。如以专门个人身边琐碎的事写在报上，作为这张报上重要文章，每天登上好多篇，又是使读者讨厌。果然文章很好，但都是作者个人的事，说来说去，只有说的人自己知道，局外人完全莫名其妙，也是要失败，奄奄无生气。如以社上桃色案子为这张小报的立场，专以特写出来详详细细告诉读者，欢迎果然受欢迎，但桃色案子不是天天发现的，惟有杜撰出来。编者虽一时卖弄聪明，读者未必不知道这张报在鬼话连篇，便就失了信仰，报的销场自然又受到打击。所以办大报，无非注重新闻迅速，详细可以用钱去买，特派记者去探听，总觉容易。唯有办小报之难，才是真难，要求一张小报销路不跌，而骎之高涨，这实在不是一件轻易的事。可见这张报的编制和内容，至少各个篇数之中，都迎合各部分读者的心理，也决不是其中一篇的力作，才得吸引住读者的。归根结底一句话，便是主编的人脑筋聪明，编制活泼，样子玲珑，采用稿子有眼光，知道现在一般人要看什么东西了，便设法转求恳托。交情买得到便用交情，特为邀他吃酒、吃饭、送礼，总之务必要拉到他的稿子而后已；交情够不到的，便用钱来买他稿子，一块钱一千字，知道可以打得倒，便预先送他稿费，如果一块钱一千字打不倒，加到一块、三块、四块都情愿，不妨将他文字每天少刊些，合下来不是一样不吃亏？还有一种是包写的，不论字数，不论篇数，每月送他四十块钱，五十块钱不等，只须每天到他府上取稿。办小报拉稿，切忌拉名作家稿子，因为名作家稿子并非是好，也许他看在你小报，不把得意的精作给你发表。要知道名作家的作品，只卖一个名，不过崇拜一个偶像而已，作品未必是好。与其拿钱买名作家作品，不如买无名作家的文章，倒是写得很好的。上海尽有不少小报，上面登了许多名作家的文章，反不及无名作家写稿的小报来得有销路，这是什么道理呢？因为无名作家肯努力的写，肯下死劲的写，不像名作家已经践登龙门，身价十倍，早就不肯聚精会神的来替小报写稿，而编小报的人以为只买他三个字，可以抓住一批读者，不问文章的内容，其实大错特错。所以主编一张小报，拉稿很难。可是专门在无名作家中徘徊，也是没有用的，其中亦有作品纯熟和没有纯熟，自己不知道，最好托相熟的人介绍，比较靠得住。稿子拉到，第二步是着手编辑、剪贴、编排，替来稿装题目头子，用几号几号铅字发排。说到编辑先生，本领高低大有分别：好的编辑先生能够自己动手写稿，补稿子的不足；能改正来稿中的讹字；能纠正来稿中小毛病的地方。如果没有本领，当时看不出，明天报上登出来，闹出笑话，不说写的人，而反骂编的人；即使发生旁的枝节，或有犯刑事，有犯风化，也是把主编的人抓去。所以主编不容易做，要负全部对内、对外的责任。再次要便是划的编排样子，要别出心裁，要排得非常醒目、别致，切不可看人家的样，步人的后尘。一张小报在手，没有读内容，先看见这样子很漂亮，内容充实，自然使读者得到一个良好印象，那末不愿买的，也带买一张回去看看。读者的眼光都很凶，只须几张小报一比较，立刻分明那一张最有精彩。不但是这样便可以永远做下去是对的，还需要日日月月不断的改良，要精益求精，稿子愈选愈有精彩，务使读者时常感到这份小报精神百倍，始终不偷工减料。

小报的印刷和发行

这里便说到印刷和发行了，这是一张小报的出版第三部份麻烦的工作。小报的印刷不像大报那样有力量自备机器，都是包在专门印小报的印刷所里代印的。讲定当每日出多少份报以内印刷费多少钱，排工多少钱，订下合同，付下一个月定洋或半个月都可以。规定每日下午几点钟发稿，如脱期和错字应罚洋多少，都订在合同内的。印刷所接到你的稿子和排的划样，他们工人便分头去合作，二三个钟头内便样子打出。这时候没有并成一张报的式样子，还是一篇一篇分开的小样，校对的人根据这样子，一字一字细心的对下去，看见排错的字立刻用笔划出，而后由工人再去改正，再看复样，看好复样，而后并成大样，这才看出一张报的眉目。统统看好之后，一字不错了，才版子上架，较好油墨，开足马达，“拍达拍达”的一张一张像飞的印刷出来了。我们看小报，总是发现许多错字，这是什么缘故？如果依照同印刷所订的合同上假定是错一字，罚洋一角，那末印刷所印费不是统罚完了。原来这是要怪报馆请的校对员失察，错字忽略过去的关系，因为校对都是半夜里工作，人也疲倦得糊里糊涂了。如果说是一张小报没有错字，实在难能的，不过多少上的分别。我们看见一张小报，印刷总不醒目，这是当初接洽的这印所是家腐败的人家，那末非要赶快改换一家不可。报纸出版，有时在下半夜一二点钟，有时快天亮了，那末天亮没有亮的当口，经它批发的报贩头子一部黄包车来把它统统车去了，一叠一叠摊在望平街地上，全上海所有的报贩像潮水一样抢着来批发，这时候天也亮了，不过太阳还没有出来呢。报馆十点钟光景，派一个茶房到望平街向报贩头子一五一十结账。多下报纸带转来，到月底装合订本，每本又可售洋一元二角。

（载《上海生活》1940年第4卷第2期）

文章出处

阚西文

上海自经沦陷后，文化事业和出版界遭遇空前未有的低潮，有一时期几乎陷入于停顿状态中。这当然是可惜的，但为了国家民族，受这样微小的牺牲，是极应该的事，何况以上海的文化资力，散布于文化落后的内地，就整个国家说来，也说不上损失，更何况上海文化的前途，正未可限量。所以我们并不该因遭遇这样空前的低潮而灰心，还应该努力奋斗。

但自最近二三月来，上海的出版界忽然有了复苏的现象。这现象为好为坏，我且不去管他，只从马路旁报摊所见，出版物种类之多，五花八门，多得令人数不清楚；而且当此纸价及印刷材料奇昂之日，居然都印得非常考究漂亮，实在令人佩服他们不惜牺牲为文化服务的毅力。

出版物如此之多，总不能不印上黑字吧，于是稿子的需要也求过于供了，常常喜欢动动笔的“作家”们，于是也多了机会。但我不知道这是否是好机会。

在许多出版物中，仅翻翻目录，有时也会发现我所熟悉的人物。我深信他们天真无邪，仅为发表欲的冲动而写作文字，不过也按捺不下我的惊奇。倘使我是一个杂志的编辑人，则此后对他们投来的稿子除文字之外，又得加一重另外的考虑了。

我觉得写文章，固然是一件很有兴趣的事，但写了却不必一定要发表（虽然我写了这篇文章，是非发表不可的），发表对于一个写作者并无什么好处。一个谨严的作家有写了十年文章而不肯发表的，但一待发表，便一鸣惊人，他的文名立刻不胫而走了。但这样的办法当然不是一般人所能办到的，我们不能以圣贤之道治众人，无已，则也应该考虑一下发表的处所。此即古来士君子的所谓“出处”，“出处”不慎，即为终身之玷。我们写文章也应如此，何况又在这艰难的大时代中。

（载《申报》1940年3月5日）

一年来北京出版界

李灵子

一九三九年是北京出版界在事变后比较稍热闹的一年，我们可以由连珠式的书名中，联想到北京出版界的活跃状态。

虽然在一九三八年已经有数种刊物出版，而来打破了出版界的沉寂，那就是江汉生先生以最大的牺牲来创办的《沙漠画报》和陆离先生以严正的态度来编辑的《朔风》和另一种作风的娱乐刊物《立言画刊》。

这三种刊物，在一九三九年北京的出版界中，仍是占着相当的地位。自然并不能说这三种刊物是北京出版界的先锋，但至少我们应该钦佩他们在艰苦的环境中的热情的努力，为出版界加浓了空气。何况这三种刊物在意识与技巧上都洽合了它的立场。

《沙漠》可以说是以最新的姿态出现于北京的出版界，内容极力介绍国外的佳作，同时对于创作和美丽的图片都尽量的贡献给读者。在工作努力方面，主持人的苦干精神是值得称赞的。

《朔风》是纯文艺半月刊，主编者陆离先生仍以过去编辑《论语》的态度来处理《朔风》的编辑方法，出刊以来是颇为惊人的。如果不夸张地说，《朔风》的风格恐怕是在北京初次出现的一种刊物。

至于十足的代表了小报风趣的《立言画刊》，在主持人金达志先生的努力之下，把这周刊造成了综合的游艺刊物，在意识上不大注意，为满足了大多数人以娱乐为主旨的需要，在格调上是比较轻率的。

但是我们不能抹杀这创始者的功绩，因为他们给予了北京出版界一个大的威力。于是，在一九三九年的新的序幕展开的时候，第一个就是《长城》画报的出版。

我们对于《长城》觉着是一颗奇异的果子，在它的本能上，我们可以看到他们是在怎样地尽着力，编辑者运用了他的正确的观念。它的出生曾获得了大量的读者，几乎褫夺了其他刊物的读者。后来编辑易人，内容经过一度变更，目下仍在继续着八开的大型书报，但是我们从它的内容上再找不到一个确认的意识。

此外几个稍带些宣传意味的刊物也在出版着，如《首都画刊》、《新民报半月刊》和《新中国》等，也替出版界增加了很多的热闹。

于是，北京的出版界更形澎湃起来，相继问世的有《中国公论》，主持人喻熙杰先生站在反战和平的立场，也颇能获得了一部分读者的信仰而形成了本年中一般舆论的代表刊物。

在本年九月一号出现于北京出版界的一个较大型的文艺月刊杂志，那就是《中国文艺》了。许多人像是抱着一种希望：一块肥沃的土地，总该长出丰富的果实的吧？然而它的滋长并没有如人们所希望的那样快，于是人们对它便渐渐的又冷淡下来。

武德报社对于出版物也非常努力，一年来竟发行了十几种刊物和民众丛书，其中《新秩序》和《妇女画报》——（即现在《妇女家庭》的前身）及最近出版的《时事画报》最努力，在形式和内容上都是向艺术的范畴的迈进。

另外完全以妇女问题为中心的《新妇女》也是本年度新生的一颗果子，编辑者林慰君女士也非常努力。只是我们很难从内容上找到新妇女的精神，这是一件很遗憾的事情。

和《新妇女》性质关系多的是《妇女家庭》，前数期很努力，后来渐渐松懈，我相信将来一定还可以复原的。

和《立言画刊》格调相似的有《三六九画报》，月出九期。在取材与编排上，都非常新颖，所以出版不久，现在便也拥有了大量的读者。

《秋季》、《朔风》因主编易人，在内容上给予了它一个重大的改变，造成了一种不定型的内容。虽然在文艺上还保持了过去的作风，但大部分已经失掉原来的风格了。

于是便有新的刊物出版，如《学文》月刊，是仿着过去的《朔风》而编辑的，自然又是一个很有希望的刊物。

《华光月刊》是小说家陈慎言主编的，内容与技巧上都很古气，甚或说它和一本《红玫瑰》相似也无不可。其中有一部分是很新的，但并不为《华光》本身所重视。

此外，就要说到出版不久，而获得读者最众的《艺术与生活》了。不客气说，虽然在内容上仍有充实的必要，但是在它的过去的风格上，已经带来了微小的果子，撒布在艺术园里，让读者饱餐一顿。的确，《艺术与生活》在质量上都相当的丰满，在意识上又是高尚的，我们期望着它的光明的前程。

最后，还有两种应该特别提出来的纯文艺刊物，这是由两个教会学校师生所主办的：一个是辅仁大学文学院编印的《辅仁文苑》季刊，一个是汇文中学出版的《覆瓿》。

《辅仁文苑》现已出了两辑，第二辑约有十三万多字，大部分是该校教授如林庚、杨丙辰等及同学们的作品，是一个内容充实而纯净的刊物。至于《覆瓿》，就比较贫弱了些，但它是被一些爱好文艺青年热诚的在耕种着，将来自然也会有相当的收获。

以上随便把个人的印象写了一点，算不得批评，只是来记一记本年出版界的账，希望原谅！

下面是北京一年来出版界的总账（本想连报纸和书籍都列下，但是为了时间的限制，仅把除以上已提到的外，还有一些带有专门性质的定期刊物附记一下）：

《侨声》月刊，总编辑徐德兴；《反共战线》月刊，总编辑翁羽公；《商业》旬刊，总编辑赵管侯；《义风》旬刊，总编辑苟无恶；《古学丛刊》两月刊，总编辑寿石工；《农学》月刊，总编辑晏孝来；《国医砥柱》月刊，总编辑陈述先；《燕京新闻》月刊，总编辑张师贤；《艺林》月刊，总编辑秦裕；《新民报》半月刊，总编辑王野农。

（载《艺术与生活》1940 年第 2 卷第 1 期）

北京出版界之一面

柳　浪

文人之于刊物，是只管写而不必管推销的。

推销，是营业部与书贾们的事。刊物在畅销的时候，自然本本分分，无话可说；不幸是一个滞销，或简直销不通的刊物，那便不容当事人不转个念头了。

记得卢变后，北京（想不只北京）各商店民宅都遭到强迫订阅报纸的事情，这事情设若维持到今日而不变，我们或者还糊涂着呢！只是无何，当地报纸刊出严禁派销的启事，于是明白这是宵小用一种常套来借势骗人的。

过后继起了几种刊物，都名字伟大题目堂皇，虽然装帧葳蕤，文字恶劣，但当强销到门上的时候，不由你不肃然。再要等他威严地吐出：“不看吗？啊——”那才令人惶恐而觉到不敢造次。

可是“叛逆”终于把这事报告当局了，当局似乎明白这种风气不可长，于是一道禁令颁下，仍是严禁，这拆改一翻的老套，至此又不可行了。

怎办呢？推销就没有方法了吗？

（载《华文大阪每日》1940年第5卷第6期）

桂林出版业巡礼

邵公文

两年前武汉撤退以后，一批人马退到了重庆，还有一批人马就退到了这山水甲天下的桂林。同时，广州的许多人也退到这里来了。因此，在这两年中，桂林已成为西南的中心，不论在政治方面、交通方面、文化方面……尤其是文化方面，更显现着非常活跃的气象。光是出版业一项，这里就有四种日报、一种夜报、三十余种杂志和三十多家分店，真是蔚为大观了。

我们现在且先来把这里的出版业巡视一遍吧：

先看报纸。这里有《广西日报》、《扫荡报》、《力报》、《救亡日报》等四种日报，还有一种夜报叫《自由报》。《广西日报》是一向在这里出版的，所以历史最久；《扫荡报》和重庆的《扫荡报》是一家，这是在这里编印的桂林版；《力报》从前在长沙出版，它是（长沙）大火后搬来的。以上三种都是日出一大张。《救亡日报》最初在上海创刊，后迁广州，再迁桂林，日出四开一张，消息较少，但颇有杂志风味。《自由日报》亦日出四开一张。

其次是杂志，这可多了。让我们来一个一个的看下去吧：

《建设研究》，月刊，出至四卷二期，广西建设研究会编。这是专门研究建设广西的刊物。建设研究会的会长是李宗仁，副会长是白崇禧、黄旭初。最近一期有提倡研究风气及研究自由的主张，并且经常有千家驹、姜君辰等写的文章，这是比较能表现广西的一个刊物。

《中国农村》，月刊，出至六卷十二期，千家驹编。这是个历史较久的刊物，专门研究中国农村问题。最近几期上正在开展关于乡村建设的问题，同梁漱溟的论战。

《青年生活》，月刊，刚出创刊号，樊克昂发行。这是一个新生的青年读物。

《广西妇女》，月刊，出至七、八期合刊，广西新运会妇女工作委员会编。这是一个综合性的妇女刊物。

《抗战时代》，月刊，出至二卷三期，广西绥靖公署政治部主编。这是一个军事、政治、文化的综合刊物。

《野草》，月刊，出至第二期，宋云彬等编。专登杂文、散文等内容的文艺刊物。

《自由中国》，季刊，复刊号即将出版，孙陵编。文艺刊物。

《戏剧春秋》，月刊，创刊号即将出版，田汉等编。戏剧刊物，创刊号的内容很丰富。

《新音乐》，月刊，出至二卷一、二期合刊，李禄永（即李波）等编。音乐刊物。

《每月新歌选》，月刊，出至第八期，六艺总经售。音乐刊物。

《中国诗坛》，月刊，出至第五期。诗刊。

《诗月刊》，出至二卷二期，婴子等编。诗刊。

《少年战线》，月刊，出至二卷一期，陆洛等编。少年读物。

《音乐与美术》，月刊，出至第九期，广西艺术师资训练班编。音乐绘画理论及图画、木刻、歌曲等综合刊物。

《国民公论》，半月刊，出至四卷五期，张志让等编。政治、经济、文化等理论刊物，内容丰富，立论正确。

《中学生》，半月刊，出至廿二期，叶圣陶等编。在国内已有长久历史的青年学生刊物。

《国际英文选》，旬刊，出至六卷十期，张琦编。是将英文杂志上的佳作选集而成。

《新道理》，旬刊，出至十一期，曹伯韩编。通俗读物。

《十日文萃》，旬刊，出至第八期。集纳各刊的佳作，内容颇精审。

《乐群周刊》，出至第六期，乐群社编。会报性质的综合刊。

《农村生活》，月刊，出至第七期，临桂农业实验院编。给农村工作者阅读的大众读物。

《干部生活》，旬刊，出至十二期，地方建设干部学校编。系该校机关刊。

《建设干部》，月刊，出至二卷六期。同上。

《东方战友》，月刊，出至廿二期，朝鲜友人编。

《时论分析》，月刊，出至廿二期，建设研究会编。

《西南儿童》，出至二卷七期。儿童读物。

《中苏月刊》，出至四卷七期，长沙中苏文化协会分会在此印的刊物。

《音乐阵线》，旬刊，出至第二期。音乐杂志。

《公余生活》，月刊，出至二卷六期，省政府公余进修社编。

《广西教育通讯》，半月刊，出至二卷九、十期合刊，教育所编。

此外，还有在重庆等地出版的《全民抗战》、《读书月报》、《妇女生活》、《理论与现实文摘》、《宇宙风》、《群众》、《中央周刊》、《新西北》等在这里翻印发行，数量也不少。

再其次是书店了。在这里有商务印书馆、中华书局、世界书局、生活书店、新知书店、读物出版社、上海杂志公司、大华杂志公司、拔提书店、军用图书社、大时代书局、时代书局、建设书店、创作出版社、科学书店、南方出版社、开明书店、正中书局、青年书店、中国文化服务社、前导书局、生路书店、新生图书公司、东方图书公司、石火出版社、文化供应社、写读出版社、新华日报馆、三户图书社、北新书局、武学书店、供应书店、合众书店等三十三家。其中一半是在这里有出版书刊或翻印书刊的。

我们对这一地区的出版业已巡礼了一周，一定会惊叹三年多来的确是在飞速地发展着。现在我们还可以分析一下为什么桂林出版业会这样发达。

首先这里的政治环境还可以，政治上的压迫没有其他地方那么苛刻，出版书刊还比较容易通过，因此各方面都有些便利。

其次，印刷条件优越。这里有科学、三户、西南、建设、广西、干校、建国、大同、青年、中国、华光、国光、典雅、三联等十多家印刷厂，每月约可印二千令纸，排七百三十万字，并且纸张来源地也较容易而又便宜，如湖南、江西出产的浏阳纸、赣纸等都可以供给这里的需要而不会断货。

第三，交通便利，水路、公路、铁路、航空都可以畅通。它是目前沿海东南各省与华西、西北的必经要道。因此不但当地有许多出版物，就是上海、香港和重庆出版的书刊运来也较容易。

有了以上这些优越的条件，桂林出版业的发达，自然就是必然的结果了。我们希望文化出版界的朋友们，在抗日战争时期在这块已经有相当收获的土地上，再不断努力，使得这些正在生长中的出版花果更加茂盛更加丰满起来。

一九四〇年十月 桂林

（载《店务通讯》1940年第104期）

桂林的出版事业

仁 之

自广州失守以后，桂林就成了中国的文化中心，为了环境的需要，桂林的出版事业就有了飞跃的发展。

在这里报纸一共有四家!

(一)《广西日报》。它是由广西当局主办的，它每天出纸大概一万份，读者的大多数是各机关团体和下层乡村乡公所，版式是两开一大张。省内消息，特别丰富，这是它的特点。副刊也很多，有“青年团”编的《广西青年》、“国际反侵略分会”编的《反侵略半月刊》、“省青年宪政促进会”编的《青年与宪政》、“国防艺术社”编的《艺简》，每星期日还有《星期拾萃》，转载国内书报上的文章。(二)《扫荡报》。由军委会主办，它是重庆《扫荡报》的分版，每天出纸也在一万份左右，虽然是武汉退守后才在这里发刊的，但在短短的时间，已经争取到不少的读者。版式也是两开一大张，副刊方面，除星期五的“广西省府编译室”编的《编萃》，星期的《文艺周刊》和注重趣味的《星期版》外，此外四天，都是政治、经济、军事等综合性的副刊。(三)《救亡日报》。它的社长是郭沫若，每天出版八九千份。版式四开一张，星期日则加出半张，副刊《文化岗位》和《介绍及批评》由林林和周行主编，都相当精彩。另有一版专登各地通讯，这是它的特色，读者的大多数是智识青年。(四)《力报》。这是四月才创刊的，因为时间太短，发行的数额还未超过二千，不过在市内的读者，已经一天天多，这预示着它的前途的光明。副刊《新垦地》由聂绀弩主编，因为相当尖锐，颇能吸引读者，每天还有半页专登通讯，内容也相当充实。星期日有《七日文粹》，转载书报文章或其他专论，每期集中一个中心，这是它的好处。

(载《文化服务》1940年第1卷第3期)

三年来浙江的出版事业

孟锦华

一、引言

在抗战前，浙江的出版事业是一向依存于上海，而无独立性。抗战爆发后，上海沦陷，文化重心便随着军事的变动而转移，由南京而武汉而重庆。浙江处东战场的前哨，距重庆过远，交通梗阻，与上海的海陆交通线又为敌寇封锁，因此精神食粮顿成供应脱节的状态。外来的至不容易，而且货色不多，供不应求；内地的生产机构因省会沦陷，多遭敌寇的摧残破坏，又失去其原有的生产力。为解决当时严重的饥荒问题，最好的办法只有一条，即“自力更生”。所以自给自足的生产运动才针对着客观环境的需要，经由浙江省战时教育文化事业委员会的倡导，顿如朝阳凤鸣。在文化人回乡服务的指挥旗下，的确有大批的文化人舞动着他们的笔杆，努力于精神食粮的垦植和开拓。这个运动不但使全省的文化人受到极大的激动和鼓励，而且使东南邻近各省也受到很大的影响。直到现在浙江的出版事业，在全中国的东南角上，已崭然露其头角，它除自给外，且供应东南各省。兹将抗战三年来的发展状况概述如下。

二、期刊杂志方面

（一）量的发展——自七七抗战以至省会未沦陷前，在这阶段当中，浙江的定期刊物为数寥若晨星，据调查不到十种，而且都集中在少数的城市，如杭州、宁波、永嘉等，对于抗战宣传，除报纸外似乎还未被视为有力的利器，而且大多数是在“七七”以前出版的。迨省会沦陷，党政各机关播迁浙东，于是金华乃蔚成文化的中心，代替了往时杭州的地位而崛起。全省最高的文化总司令部——浙江省战时教育文化事业委员会也应运成立，在它的统一指挥下，各县定期刊物如雨后春笋，风起云涌。据调查，二十七年出版的有一百零一种，二十八年出版的有九十六种，今年截至六月底止又出版二十六种，合计三年来的总数达二百二十七种①之谱。这记录实为浙江文化史上空前未有的。

以区域分配言，金属各县最多，达五十二种；绍属次之，计四十种；处属又次之，计三十八种；更次宁属计二十八种、温属计十九种、杭台两属各计十六种、湖属计十一种；最少的衢属六种、严属七种、嘉属四种。但是这二百二十七种刊物总数当中，截至本年六月底止经陆续停刊的共达九十四种，所以现存的刊物尚有一百三十三种，差不多平均每县各有两种刊物。

（二）质的改进——就上面一百三十三种的刊物内容来说，大多数是综合性的刊物，专门性的可说绝无仅有。在文字方面来说，通俗的又居其少数的少数，简直可以说，这许多刊物和老百姓没甚关系。所以调整和充实内容问题才引起一般人浓烈的兴趣。据现状观察，分布区域实在太不平均了，有的县份太多，竟达二十余种，有的地方太少，少得一种也没有。同时浙东和浙西又显呈贫富不均的现象，在浙西方面名义上虽有十九种，但油印的占了三分之二强，和浙东比较起来，简直有四十与一之比，岂非咄咄怪事！调整的合理办法，应该是刊物集中的地方移植到荒落的地方去，在后方的没法移植到前线去，使文化水准高的地方以推动文化水准低的地方，以浙东过剩的精神食粮以救济浙西的贫乏，期求全省文化普遍的平均发展。同时战时凡百物力财力人力都要实行节约，所以刊物内容，应该重质不重量，抱定宁缺毋滥的原则，不可徒求量的发展，而忽视质的改进。本来每一种刊物有它的中心、有它的特点，论理应该把握中心、发挥特点，但事实上各刊物大都内容相同，性质相同。换句话说，都是“差不多”的。在经济上为浪费，在供应上为多余。此种不合理的现象，应由当道妥筹方策，分别归并，归并的标准，保存精华，淘汰糟粕，务使全省刊物在性质方面、区域方面、输送方面，应有整个的适当的配备。在过去浙江省战时作者协会曾经拥有调整并充实刊物内容草案，内分原则、重心、方案、编辑、发行五项，虽

① 此统计似有误，原文如此。

然这个草案尚未成为成熟的意见，但也值得参考。其关于方案一项中比较重要的兹摘录数条如次：

一、由各刊社各推一人，联合编辑“综合杂志”，即定名为综合月刊（或从作者通讯着手试办）。

二、每一刊物，每月应提供一中心问题，以供研讨。尽力避免雷同，使具特殊性质，抓具独特对象。

三、增刊铜锌版及木刻的插画，以及每月时事之简明图解。

四、同一性质之刊物不能归并时，宜多方联合，凡值纪念节日，尤宜联合发刊。

五、编者与编者，作者与作者间，定期互相交换意见。

六、常川召开读者会，请读者指出应兴应革之点。

同时浙江省临时参议会第一次大会中也有关于调整刊物的决议案，后来这个决议案由省政府转交省动员委员会、战时教育文化事业委员会办理。经该会拟定调整本省期刊办法八条，其间重要的几条录在下面：

（一）本省各期刊之出版除游击区内刊物外，其余规定如次（原文第二条）：

1. 旧府属各县及省会所在地一般性之期刊不得超过三种以上，出版日期不得相同。有三种以上及刊期相同时应设法合并或调整。有特殊对象及专门研究之期刊，性质相同者亦应合并。

2. 其他各县一般性之刊物，以一县一种为原则，有两种以上时应予合并。有特殊对象及专门研究之期刊与上条同。

（二）本省各期刊之内容应以下列各项为重心（原文第四条）：

1. 强调抗战必胜建国必成；

2. 鼓吹有钱出钱有力出力；

3. 倡导节约与增产运动；

4. 倡导科学化运动；

5. 揭露民间疾苦；

6. 促进军民合作；

7. 推动兵役工役要政；

8. 纠弹贪污不法；

9. 暴露敌人的狂妄暴虐与汉奸傀儡之丑恶无耻及二者覆灭的必然性；

10. 分析国际情势与我国抗战之利害；

11. 力量集中，意志集中，并滤清毒素的宣传，执行“思想善导”的任务。

前一条是重在调整，后一条则重在充实内容。我们甚望这个调整的办法，能见诸实行，在实行前希望把全省各县的期刊作一次精密的调查与统计，然后依照“旧府属及省会所在地一般性之期刊不得超出三种以上”及“其他各县一般性之刊物，以一县一种为原则”的规定切实做到。这样质量兼重，自然浙省出版界的阵容为之一新。

三、图书出版方面

有人曾经比过这样的譬喻说，刊物和报纸犹如杂粮，而图书才是正粮。这话虽可权衡刊物和书籍的缓急与重轻，其实二者是应该相辅以行，在正粮缺乏而不敷分配的时候，杂粮也可以充实，即在正粮足够时，杂粮何尝是可以缺少的呢？不过刊物的生产率比较书籍为快。浙江自杭州沦陷，战局西移时，社会秩序颇形紊乱，文化顿成静止状态，而各种刊物乃首先冲破这沉寂和苦闷的僵局一跃而出，展开他们雄健的姿态，而负起抗战宣传的大旗。接着图书也跟踵以起。首先，浙江省战时教育文化事业委员会和浙江省党部便出版大批抗战建国有关的书籍，同时各县抗日自卫委员会和不少作家各就其本位的力量所及，也纷纷出版单行本。那时只要有书，不管它的内容优劣和价格贵贱，便都有销路，有的较优书籍，一经出版，在极短期间即行售罄。虽然上海、香港方面的书籍也时常藉外轮的掩护从海道源源入口，但来货不多，所以在接近交通线的少数县份外，其他各县简直无书可读，甚至较好的刊物和报纸也不容易看到，尤其是游击区各县更闹着饥荒。到了去年七月间国民出版社成立，浙江的出版事业更呈蓬勃的气象，他们的任务是负责供应东南各省的精神食粮。可是出版书籍必须成本轻，生产快，才能书畅其流，人尽其用。但事实上因为印刷条件的不齐备，使生产率不能加快；

同时纸价的飞涨，又影响成本的加重；且交通的不便，寄费的负担，每每一本薄薄的书籍，在战前一角钱可以买得到的，现在都非一元不可。所幸本省出版的书籍较之外来的如上海、重庆、桂林、香港等处出版的，总要价廉多多，所以销路畅达，遍及东南各省。这点不但是浙江出版界对抗战建国的重大贡献，同时也是加惠于一般智识人士者实非浅鲜。三年来，据调查，全省出版的书籍总数达二百六十九种（截至本年三月底为止），发行数凡一百六十二万一千册，计民国二十六年出版的三种，二十七年出版的八十三种，二十八年出版的一百六十二种，本年截至三月底止出版的二十一种。

这二百六十九种的书籍中，除有一部分是翻印外，其余都是自行编著印行的。在种类方面，大都属于抗战建国宣传的作品，关于学术方面的可说没有，其间浙省战时教育文化事业委员会曾于二十七年冬间编印《中学生国文活页文选》，今年又和国民出版社合作编印高初中《国文活页文选》六种，以应各中等学校国文课的需要。就质的方面说，也有少数文化人篡窃他人著作及粗制滥造；以攫取金钱为目的者，更有别具怀抱的份子，假借某种文化社团的名义出版传播错杂分歧思想的书籍，而逃避图书杂志审查的法网。但这是浙江出版事业中的渣滓，希望当局设法加以滤清。在量的方面说，虽然出版的机构，几达二十单位，但专门出版的机构却只有国民出版社一家而已，省战时教育文化事业委员会和省党部虽也经常编印书籍，但并非专门出版的机构。此外杭州正中书局出版的为数又极少，次如商务、中华等书局根本为一贩卖所，而且他们的总局所远在香港、上海，来货极少而又不易。所以我们唯有转而希望省内负有出版责任的机构，加强产量，并扩大生产品的种类，以供应社会各方面的需要。

四、结论

从上面就刊物和图书两方面来观察，除图书尚须就量的扩充外，刊物在量的方面需要调整，在质的方面需要改进。在输送方面更希望能使浙东、浙西打成一片，而浙南偏僻各县亦应大量输入，务求文化平均的发展，而谋民众普遍的总动员。同时更使东南各省紧密的沟通，使整个东战场的文化以配合军事上的需要，而发动文化的总反攻。我们应该深切的记取，忠实的履践：“精神胜于物质，宣传重于作战。”如果这两句名言能够十足兑现时，便是抗战必胜、建国必成的来临。

（载《决胜》1940 年第 5 卷第 1 期）

不要再绊文化的脚

自南昌、武汉相继沦陷之后，东南和西南的交通大感不便，江南和江北的交通更加不便。西南的印刷品寄到东南，或江南的印刷品寄到江北，真是难乎其难。行旅往来，除了牺牲几个钱不在乎的有钱人外，谁敢携带书籍？邮局寄递，邮费之贵，贵到异乎寻常。不要说私人不敢寄，即以赚钱为命的商人，也不敢多寄。虽然书籍可以加价，把邮费拉回来，但书价太高，买者却少，卖不出去，奈何！私人不能带不敢寄，商人不敢多寄，这样不是把文化的脚绊住了么？文化的脚可以绊住的么？人怕鬼，是有的；怕飞机掉炸弹，躲进洞里去，是对的；怕自己，怕自己的人聪明起来，这样的人不至于有吧！即使有之，也不应该有。人大都是想聪明起来的，即使有人怕也无用！文化的脚，到底不可以绊。我们希望交通当局，对于书籍寄递携带特予便利，寄费特别减轻，即使汽油太贵，也未尝不可另谋他法递送。法币流进沦陷区，是不对的，书籍流进沦陷区，却愈多愈好。敌人对我们的文化进攻得很厉害，我们不可以作一次大反攻么？现在，我们不但不反攻，反而绊住它的脚，这真有点不成道理！

战争的胜败，并不是全取决于坚甲利兵。二千年前，就有人说过：“天时不如地利，地利不如人和。”人和就是“万众一心”，就是“团结”。团结，不是武力所能促成，精诚的团结，必须文化出马方能实现。所以在战时，必文武两化并肩作战方能取胜。文化的脚，终不宜绊。

（载《新文化》1940 年第 1 卷第 3 期）

书所关连的

燕 歌

看到一个朋友写的漫画，对书商不绝的无理加价表示了很大的讽刺，这真是痛快极了！读书人大抵都是恨书商的，尤其是那些执笔人，他们的被剥削是够深重的了。

读书人不能不买书。执笔人不能不卖稿，这么一来，书商便居间牟利得要命。读书人终皱着眉头拿钱出来买，执笔人绞着心血拿出稿子来求售，书商们反而眉飞色舞笑嘻嘻地，只一阵工夫他的腰包便与其脑满肠肥的躯体一致肿胀起来了。目前的情形，就是饿死作者，吓死读者，只留下那些为文化“服务”的先生们舒舒服服的活着。

清炖作者脑，红烧读者肉，这种新时菜唯有书商们才有福大尝特尝，其他小子无与焉。

近来偷书的人好像又多起来了，这种事情是经古不变的，今后大概也不会绝迹。我十分同情他们，只要他们不是为着偷来转卖，而是偷来满足他们的智识欲，这种算是“雅贼”，不特得到区区的同情，而且也必会得到更多的人拥护。

一个刚发疯的诗人朋友，他本来是一个“藏书家”，一个无书不读的书虫。据说他是最擅长偷书的，一偷就是好几本，大抵他的书籍的一半，多是前前后后偷来的成绩，这点本领应该佩服。他实在穷困得很，如果每回都要自己掏腰包，这痛苦恐怕抵受不住，而且他实在已没有这能力。这些妙手空空儿，能够更多些，不是更好？这会给书商们一个多么好的报复。我实在也屡屡想做成功一个偷书贼，失败也是光荣的。

书商们都是些很聪明的家伙，他们是绝不肯吃这样的亏的，因此苦心积虑地去想防范的办法。君不见进出各书店时，有许多目灼灼的警卫军在巡逻，在觑视，在把守，如临大敌一样的紧张场面吗？慢一步也许出入要施行检查才来得彻底哩。

他们的加价真是方便不过的事，欢喜怎样就怎样，一日数变，一点不感到手续烦复，然而作者们读者们怎样来抗议这些呢？作者们的稿费迄未见增加，连排字工友也不如了。读者呢，每每呆呆地对着一本新书摩挲至再，到后来摸摸口袋，结果惟有神情沮丧地走开了。

然而，书商仍然大批大批的卖书，廉价特售时更像慈善家冬天施棉衣施热粥一般，一切都没有遇到什么质疑。前后方对于精神粮食是太饥渴了，宁愿不吃一顿饭，而必须去抚摩一下它，这现象也着实惊人！

一块钱一本幽默杂志，两三块钱一本画报，都有很好的市场。对于文化和购买力，我们该乐观还是悲观呢？

（载《野草》1940年创刊号）

想望中的拉丁书店

上 行

中国字拉丁化运动，早在一九三六年，已经有自己的书店了，到今年五月四日，它要纪念它的四周诞辰。这四岁的小孩，已经在运动中尽了很大的力。它看到运动底蓬勃发展、出版物的增多，一定要笑颜逐开，欢迎它的贺客哩。

但是最使它高兴的，恐怕要算规模较大的拉丁化书店，正巧在它四周纪念日前不久成立的这件事吧。新文字书店，一向最懊恼的，就是因为当初创立时环境的限制，没有能够更广泛的征求许多热心份子的参加，因此力量薄弱，开办后不久，就不能大量出书，到现在已经满足不了运动的要求。而拉丁化书店呢？它是上海和香港两地的拉丁化者集体筹划的，资金预计要收足五千元，这两点就远胜过新文字书店。

对于未来的拉丁化书店，谁都抱着一个很大希望。希望虽然不尽相同，但是大家都希望它能够在运动中多贡献一点，多起一点作用。怎样才能达到目的呢？

我觉得拉丁化书店要完成它的任务，无论创办者（股东）和工作者（职员）都要把它作为一件事业去经营，一般的拉丁化运动者也必须把它作为运动中的一件事业来维护。如果创办者把它当作一件普通的营业来看待，不但这书店不会有光辉的前途，在运动中也失掉了意义。书店的组织章程中应该明白规定，营业的盈余，大部分要拿来发展事业，只有极小的一部分才给股东作红利。这样一规定，就决计不会有人为牟利而投资了。书店的每一个股东将被认为是运动中的一个光荣者；同时书店创办的本意，也就很容易被人了解了。书店的职员，不要把他的职务当作职业去干，因为职业的涵意，就是“雇佣、被动和敷衍塞责”。书店应尽可能减少开支，对于职员的待遇也只能是最必要的很低的待遇。但是每一个职员，都不能因为不是职业而不守纪律、自由主义，恰恰相反，要充分发挥自动、积极、负责、守纪律等好的作风，这才能叫人钦佩，被人看待作献身于运动的模范战士。读者呢？也要把书店看作运动中重要的一部分。首先不能漠不相关。每一个读者，都要经常注意书店的工作，鼓励它，纠正它，帮助它——推销出版物，对出版物作批评，帮助招股等等。这样的读者，才是运动的支柱。讲到作者，也是一样。作家同书店的关系，比读者密切。因此作者要首先来帮助书店，做读者的榜样。我们要把一般书店和作者之间时常发生的纠纷一扫而空。书店要尽一切可能好好出版作者的著作，作者对于书店，也不要有过分的要求，要明白事业还在初创，基础没有稳固，一切不能同大书店去比较。总之，一切人都认识书店是运动中的重要事业，书店就能够建筑在股东、职员、读者、作者四者的紧密团结的基础上。这样的书店，就是理想的书店，能达成任务的书店。

其次是营业方针。我们这书店应该不应该赚钱？创办人说：“我们开店不是为了赚钱，所以不应该赚钱。”读者说：“我们受商人的剥削也够了，当然希望不赚钱，尤其是拉丁化书，读的人都是穷措大，所以书愈便宜愈好。”又有人说：“书店就是蚀掉点本也不碍事，因为在经济上虽然蚀了些，在文化上却赚得很多了。”这样，似乎我们应该作结论说，不应该赚钱了。

可是我却认为不是这样。在目前的社会中，钱愈多，事业就愈大，因此对于运动的贡献也愈大。为了事业，赚钱是必要的，蚀本是要极力避免的。因为店蚀光了，我们运动还要继续进行，运动需要店存在。因此必须做到拿营业来养活事业，拿营业来发展事业。

但是赚钱并不是要加重读者负担。我们的书要尽可能便宜，至少不能比一般的贵。书店要用扩大发行网、推广销路、减低成本等等方法，来争取营业发达，多多赚钱。

要做到这一点，就要靠读者的协助，靠职员、编辑、作者的努力。

因此我想到，书店要有坚强的编辑部。编辑部要有坚定的计划，不受感情冲动，不为情面所转移。也要有严格的标准，杜绝粗制滥造，欺骗读者。当事业刚萌芽，拉丁化出版界还很幼稚的时候，尤其应该如此。书店出版的书，要每本都有价值，有意义，要有可能继续销售好几年的价值，要有对运动发生重要的影响的意义。

目前我们缺乏完善的初中级课本，详备的检字，最起码的真正的词典，真正是大众看得舒服的读物。我们也缺乏深入的理论著作、方言研究、文法研究、写法研究、教学法研究等等的专著；我们也缺乏真正的大众语文学作品；我们也缺乏拉丁化速记、电报、旗语、手语等等技术问题的著作。一切一切，都在等待拉丁化书店的建立。

拉丁化书店的任务是大的，我们盼望它成功！

一九四〇，二，二五。

（载《中国语文》1940 年第 1 卷第 5 期）

有关文化建设的言论自由问题

徐获权

(一) 谈文化界的“紊乱”

中国知识分子的痼疾就是“无可无不可”，这风气一直流传到现在，还未曾湮没。“此亦一是非，彼亦一是非”，是非是混沌的。“公说公有理，婆说婆有理”，公婆争吵甚或女的给男的打死了，道理还是大家都有的。这种现象在政治上尤其明显。

《中学生》十八期上黄达三先生给青年同学的《如何拯救你自己》一文中，有云：“蒙蔽、紊乱，几乎成了现代中国文化界最流行的现象，又是我国教育制度上最深重的病症，而在这下面受害最大的，就是青年同学。我曾眼见许多青年同学在一大堆杂志刊物之前，感受着迷惘的苦恼，因为很多刊物，大都是带着宗教的意味在向读者说教，知识见解未曾成熟的青年，有时不免要受着它的迷惑，信以为真。但聪明一点的，常常提出疑问：‘为什么对于一件同样的事，竟会有各种不同的难以使人相信的说法？’即使是诚实一点的一时受着迷惑，然而只要经过相反的客观事实的证实，在其矛盾的情况下，依旧很容易使他们进入怀疑。因为真理是蒙蔽不了的。”

自然，“现在流行的刊物，很多带着宗派的意味，他们站在各自的立场，对我们青年说教。宣传原是免不了的，宣传并不是罪恶。各人凭着自己的认识，对真理效忠，阐扬真理，维护真理，对一切自己认为错误的理论施行攻击，这是对的，而且是必要的。但为着维护自己宗派的政策或政纲，遂致抹杀事实，指鹿为马，那并不是宣传，而只能说是造谣。我们青年如果不用自己的头脑去思考，其危险恐怕还不仅是朱光潜先生所担心的‘误认旁人的意见为自己的思想’，甚至误把别人的谣言当为真理，则‘自己的头脑，便让别人跑马’去了。”

文化界的“蒙蔽”、“紊乱”，依桂林《救亡日报》四月廿三日的

《文化岗位》谈起来，并不认为是“深重的病症”。它讲：“如果文化界清一色了，也就是天下太平了，那时青年同学固然没有‘迷惘的苦恼’，然而却要作奴才了，满清就是一例。所以有骨气点的青年都宁愿这一种‘紊乱’的存在，不希望思想立场都格杀去的‘大一统’。”

“但所谓‘紊乱’并不好像‘彼亦一是非，此亦一是非’般一团糟。文化界里面有是非，也有黑白，一大堆刊物杂志之间，自然什么都有，这里面当然也有着是非黑白，不都是‘谣言’可以抹杀的。宗派和立场纵然有很多，但真理和是非只能有一个。这个真理是客观的真理，不是‘凭着自己的认识’去认定的‘真理’，合乎这个客观真理的政策政纲不能目为‘宗派的政策政纲’。‘指鹿为马’是有的，但并非每种‘宣传’都‘指鹿为马’，它们有分别，而且真正‘肯用头脑去思考’的青年是看得出这分别的。”

（二）文化建设与言论自由之关系

文化建设之目的，不外是提高大众的知识水准，与夫在学术上有新发见、新创造。欲达到此种目的，自然需要许多方面的条件，而最重要的，李任仁先生认定，则为言论自由。怎么呢？李先生要我们首先明了：“事物之理是多面的，而人们因为环境和个性的关系，往往特别注重于一面或两面，因而对于同一事物就有种种不同的见解，……必须种种不同的意见，自由发展，经过综合的讨论，方可以丰富人们的认识，使人们获得事物之真理。”其次“不同的学术思想存在着，相互竞争，才容易进步。……如果只容许甲方存在，不独乙丙两方无从进步，连甲方自身也不能进步的”。最后指出“不同的学术思想虽不免互有非难，但同时是互相启发。……各家学说皆有其长处，必须经过自由讨论，吸收其精华，如黑格尔所谓扬弃，而后可使自己的学说更充实更发展。如果只许在自己原有的圈子里探索，终归是成就很有限的。”

李先生讲明了他的理由以后，在结论上主张：“现在我们要从事于文化建设，要建设三民主义的文化，然而如果对于言论划定一个很狭窄的圈子，越出这狭窄圈子就不准言论，结果是‘愚民’，怎么样的文化也不能建设起来的。”所以李先生对国民参政会所通过的《保障讲学自由，以使学术展开而促学术进步》的议案，认为对于文化建设很有帮助。(氏著《文化建设与言论自由》见四月廿日桂林《救亡日报》)

就上文李先生的论著来看，自然只从正面讲到言论自由在文化建设上的重要，没有讲到言论不自由对于文化建设之危害。这点，《广西日报》于四月廿四日著论有所补充。

它讲，今日中国所要建立的文化，当然是三民主义的文化。三民主义思想之所以能够深入人心，自有其客观社会基础，不必赖权威力量来强迫推行。因为这是示人以隘，反足使信仰尚未坚定的人对于三民主义本身发生反感与怀疑，而三民主义的文化建设，更无从谈起，这是一。

其次，三民主义文化的本质是独立自由的，是反奴化的、非奴性的。独立自由民主精神的培养，必以言论自由为前提，否则束缚思想自由，实与三民主义文化的精神背道而驰的。

再讲到自由也根本是有原则的，不是无原则的。这个意见，是《时代思潮》第十五期《总理哲学与自由》一文的作者提出的。他认为：“现实的自由，在世界上找得出来的自由，全都如此。英国底自由，以个人主义为原则；意国底自由，以法西斯主义为原则；苏联底自由，以社会主义为原则。这就是说，世界上只有个人主义的自由、法西斯主义的自由、社会主义的自由，没有无原则的自由。那末中国底自由应以什么为原则呢？三民主义，因为三民主义合于中国情形，为各种党派所拥护故。于是中国底自由就是三民主义的自由了。”总理的意思正像这样，所以主张“用这个主义去统一全国人民底心理”。那末，所谓言论集会结社自由，就是三民主义的言论集会结社自由了。再说一句，自由是有原则的，以一定的思想为原则。

(三)要看准怎样建设我们自己的文化

人类的行为，一面是具有浓厚的历史的彩色，他方面又是完全受着他所浸润的文化的支配。我们可以从一国家的历史与文化，去推知其未来的行动的性质与结果；一样的，我们也可以由其已表现的行为，去检证其曾经受过的文化的性质与历史的特点。从前一种看法，可以大致推测自国的将来，使远虑深谋的人物，可为国家的前途，引导一稳健的道路；从后一种看法，可以使人特别看重文化与国运的重要性。

我们的抗战，已经不觉将满三整年，在这三年中，日本的侵略姿态，我们已经是看得很清楚了。我们应该以自己所受的一切，去看清日本文化的深沉的痼疾，并用来自己警惕。所谓惩前毖后，借助他山，来作当前的文化建设的参考。此周太玄先生在重庆《大公报》所以有《暴日侵略行为与其文化的因子》一文的发表，以下系周先生对日本文化的观察，借以说明前面他所讲的一个主旨。

从唐宋以来，我们中国人所可能认识的日人面目，只是沿海的残酷侵扰者。这种半官式的海盗行为之能一再发动，实根于其国内的低下的政治状况与文化水准。近代的日本，虽然是犯上作乱，阀阅专横，奇怪的是他们从那种状态进到现代建国，其间并未经过一番文化上的开明运动。就是在悠久的阀阅幕府割据征争期间，并未能激刺人民的反感，淘成伟大的思想家与政治家，如我们的春秋战国和三国鼎立时代所收获的。他们就这样的在封建意识未能清醒摆脱之下，拖泥带水的便迅速的来建设起他们的现代国家，这是由于时势所威逼。正当欧美资本主义挟着船坚炮利的突袭，带着唯利是视的目的，来扣开了他们的国门，使他们在有毅力而无远识的明治维新臣佐的领导之下，急遽的来从事现代国家的建设。

起初，他们是消极的，但求免于危亡，并未尝具有民族的自信心，来高瞻远瞩的从根本作起，建立一理想的国家；他们所接受的西洋文明，也只接受其所能接受的一部分，所谓军国主义、工商建设、科学技术等等，都是至多只能做到安定国家、厚生利用，而对于人民身心的享受、襟怀的陶冶，是无关的，就这样的在旧封建积习的上面，便硬按上一层新功利主义的外衣。在过去他们听说过有所谓王道，但未见过何者为王道；在现代他们也知道有所谓文明，但不知道如何方能为文明。

以他们的历史和现代文化的建设，惨酷的使他们无机会去养成民族上、思想上的导师与人道主持的巨人。没有把日本民族从根本去变化他的气质，没有把政治的机构与行动建筑在民众的开明意识之上，让若干社会及文化上的矛盾存在着，并坐视其尖锐化；让半野蛮的封建黩武、残人以逞的意识继长增高，立国于和平的东亚，而不解亲仁善邻、修己安人之道，只知有浪人、流氓、鸦片、娼妓及一切不堪的把戏，尽以邻国为壑。就从侵略的作风上说，比之于过去及现在所有过的事例，也是其中至不堪至下流的一种，在受者不过是一种深刻的激刺，在施者实将自食其悲惨的后果。所以在这三年所表现的侵略行为中，日本已充分暴露其文化的贫弱、人物的匮乏与其善良大众的无能。这都是日本民族宿命的悲哀，而是我们所当深考熟察引为我们的建国伟业的参考的。

我们现在不知道日本的大众对于这种历史上的错误行为如何纠正，什么时候起来纠正；我也不知道日本的教育、文化、学术思想与他们民众所培成的所留下的可觉悟性到了甚么程度。他们的执迷愚蠢的军阀，过去以军事的得手来箝制民众的意识，现在仍继续施行其障眼法，使民众的意识不能为有力的表现来及早纠正这个错误。这真不能不说是日本民族宿命的悲哀！

（载《时论分析》1940 年第 22 期）

上海的翻版西书

夏　雨

前天看到一份二月六日的美国《基督教科学导报》远东版上登着该报上海特派员高尔特长长的一个电报，这是他游了南京以后到上海来拍发的。这个电文底下是一节“花边新闻”，是该报另一特派员所发，讲上海西书业的困难，焦虑愤慨，溢于言表。他说第一个困难是美国来的书籍和杂志报章有被某方检查而扣留的危险；第二个困难倒也不小，便是上海的翻印西书。他说，中国翻印西书非自今日始，而且中国不曾向世界版权协会注册，所以也无可奈何。从前多少还可得到中国当局方面一点合作，现在却完全是任其自然。这些翻印家非但翻印新出版的西书，而且翻印新出版的通俗杂志。他所讲的是事实，现在上海专门翻印西书的书局很多，比较著名一点的新出著作，一到上海，他们就拿来照相版翻印一下，售价不到原版的二分之一，甚至不到三分之一。生意兴隆，所以干这买卖的人也多了。我们知道战前也有所谓翻印本，但大都是教科书和字典。据说北方还翻印一些小说之类，我就看见过北平翻印的劳伦斯的《却泰莱夫人之恋人》。战后外汇高涨，要想买几本西书来看看，简直贵得吓人。例如最普通的《读者文摘》，战前只要一元，现在却要三元二角半了。美国的“一元书”战前只卖三元半，现在要卖十元，而翻印本的《读者文摘》只卖八角。一册《随风而逝》也只要七块钱，毋怪想看西书的人要趋之若鹜了。他们从翻印字典辞书一直翻印到林语堂的《生活的艺术》、赛珍珠的《爱国者》、约翰·根塞的《亚洲内幕》和克朗宁的《卫城记》。著作者当然损失一点，不过我想损失并不大。因为他们的书，如果只有原版可卖，十分之七八的读者就不想买了。因为西书究竟不是米和柴，是必需品，而且真的要看，实在也看不胜看，索性一概不看了也罢。

聪明的作家想出了一种聪明的方法：他们在外国出书卖的是外币，专销中国的他们出了一种中国版，售价以国币计算，比原价便宜得多。如林语堂的《瞬息京华》和赛珍珠新作“*Other Gods*”都特别出了一种中国版。这是很好的办法，因为印刷纸张都和原版差不多，而恶劣的翻版书究竟印刷太坏，容易看坏眼睛。这样一来，出了不贵的价钱，有印刷清楚的西书可看，实为我辈“经济”读者造福不少。

（载《杂志》1940 年第 6 卷第 6 期）

上海的翻版西书

春　明

上海，不单是吾国一个首位商埠，同时也是全国文化的中心地。所以全国较大的文化机关，大部设在上海，如各大书局、学府、报纸等等。

大概易于同西人接触的关系，通商大埠一般人的英文程度，确较内地高明。他们在大学甚至初高中念的书，课本有十分之七八用的是外洋原版，尤其是十余年以前。这理由很是简单，实因国内没有适合的教科书，教师陈陈相因，学生也以多念洋书为荣，于是造成了不能不用的风气。在那时，商务、中华的西书部与伊文思书局等替各校定购教科书，列为一宗主要营业。

但是照目前汇价折合起来，往往一书七八十金，用西书无论如何非一班普通学生所能购买。好在近十年来的出版界，已尽了他们最伟大的责任：译本或自编的新书时有出版，可以不必采用原版书了，但量还不十分够；同时语文方面的书，或许仍有非采用不可之处。所以原版书，还是有着它相当的地位。

翻印并非把原书重排，他们很巧妙地把一本原版书一页一页地涂上药液，落在石上而石印的，既不需排版，更不劳校对，印后交装订人用各种颜色的布或纸面订成，根本与原书一般无二，只是字迹较原书略毛，是其缺点。

最初有龙门联合书局专事翻印英文原版教科西书，八一三以后，四川路又多了一家东亚书社。他们并不专印教科书，主要的却是介绍最新欧美名著，无论小说、专门技术书……总之是大众所欢迎的新书。甚至欧美著名的杂志，也有印售的，出书相当的丰富。外滩一带的西人、华员、外舰的水手、中外学生等人物，是他们的常川主顾。

当然，后来者大有人在，于是一家一家的开设起来，竞争渐趋于白热化。他们遍设情报网于英、美、日本等处，尽量探听最近出版的书目，购寄国内，尽先翻印，以争先着。所以往往专售原版书的书商还未运到，翻版书已发现在市上，原版书所受的打击，也就不浅咧。

选书的来源，有时或根据最新欧美各大杂志的新书介绍，如 *Life*（《生活杂志》）、*Current History*（《时事史料》）、*Reader's Digest*（《读者文摘》）、*Literary Digest*（《文学摘要》），各杂志内都有这一栏，除书名、作者姓名履历以外，对该书都有简略的推荐与小评。可是从此中选出后，还须购求原书，再事付印，究不若由欧美争先购得寄回的快捷。

每本书在欧美都有著作权，若无出版人的特许，当然是不许翻印销售的。可能是吾国尚未加入万国出版人公会，法无明文，不能禁止。但因为大家可以翻印，不免像本市各电影公司争摄民间故事片一般，闹成双包案了。最近的例子便是"*The Failure of A Mission*" By Sir. N. Henderson（前英国驻德国大使汉德森爵士著《使德辱命记》——或译作《使德回忆录》），这本书翻印的，据我所知道，至少有两家以上。

不过翻印闲书，比较教科书有时间性。譬如这本《使德辱命记》，被东亚书社争到最先出版的机会，以是销数大概不恶，但还是借重于《新闻报》和《申报》，在东亚未出版前，译登了一部分的帮助。假如没有这番义务介绍，我想多少要少销的。所以抓不到这时机，不宜出版。同时到明年此时，也许书也已被人遗忘而无人问津。还有三年前出版的《乱世佳人》（或译《随风而去》）"*Gone With The Wind*"要是没有大华大戏院在开映前大事宣传的话，此时出版，实为大愚了。教科书则不然，二年三年还有学校会采用的。

论理翻印人家有版权的作品是不道德的，所以西人不称为翻印书（Re-Printed Books）而称为剽窃书（Pirated Books）。但我们基于挽回漏卮的观点立论，我们实不忍厚非，尤其在目前外汇高缩的时期，省费不少。我询过《使德辱命记》的原价，是七先令六便士，而东亚书社的翻版书只售五元，至少可便宜十五六元（惟纸张系报纸，原书用毛道林）。

本市出售翻版书者现有十余家之多，在上海，已有了他们的地位，这是无可否认的了。

（载《上海生活》1940 年第 4 卷第 7 期）

谈书报介绍

非　秋

《书报介绍》一栏，是将出版界之出版物，一一为之评价，使读者依着这评定之价值，作为购买书籍之参考，这是再好也没有的事。因为，出版界的出版物良莠不齐，设非有人来为之立出标准，一一评价，则购买的读者，免不掉买了不少的莠书，耗费着有用的金钱、宝贵的光阴，实在太不合算。所以，《书报介绍》虽然在每种刊物上所处的地位是附属的地位，然而其紧要也就不言可知了。

书报介绍的作者，他所负使命很大，他站在批评作家的地位，指导着著作家应走的途径；他握住了出版界赚钱蚀本的枢纽，做着文化列车的司机者，指示着出版界应走的方向。所以，书报介绍的作者，不是张三李四任何人能够胜任的工作，因为他必须明白社会的情形、时代的趋势、出版物详细的内容，更用不偏的、忠诚的、客观的态度作确切的介绍，使读者读了他的文字，能够知道一本书的确切的好坏；使著作家读了他的文字，明白自己著作的缺点而有所改进；使出版界读了他的文字，明白出版界自己对于文化是否有贡献。一个书报介绍的作者，他所写的文字，如果能够完全达到这一个地步，那可以说他所写的文字，真是字字珠玑了。然而现在一般书报介绍的作者怎么样，不是去着这一个期望很远吗？

现在书报介绍的作者，不是和著作家有着亲戚友谊的关系，便是和出版界有着金钱的关系，所以他所作的介绍文字，大都说了些滑头的敷衍话，对于出版物毫无痛痒之关系。他作介绍文章之先，也不化一些精力把出版物从头到底详细地看一下，最多看看目录，看看序文，把出版物的头尾大略地看了一下。因为他们不是忠诚地写介绍文章，所以对出版物无细看之必要；因为他们对出版物并不细看，所以所写的文字，不痛不痒滑头地敷衍了一回算了。这种的介绍文字，有等于无，徒然弄污了几张白纸，对于文化界是根本没有利益的。

每一种出版物，要说其完全无缺，似乎很少很少，这等于绝世美人，面上不免有一个疤痕或是有一粒黑痣。现在，我们翻翻书报介绍的文章，十有九是称述该出版物是良好的。明明是译者错误百出，而介绍文字总是说其“译笔忠实”；明明作者的文字艰涩得很，而介绍文字总是说其“文笔流利”。这样的书报介绍的作者，无异为人介绍婚姻的旧式的媒婆，凭其三寸不烂之舌，花言巧语，把一个黑皮麻姑娘，形容得如天人再世，令人目迷神眩。人家信了他的介绍，上了一两次的当，以后再也不会上当，因为读者对于介绍文字失去了信仰，再也引不起购买的热忱。有许多出版商人明白到这一点，所以新书出版，广告文字只说该书大概的内容，不把该书加以过分的褒奖。是的，今后书报介绍的文字，把一本出版物一味恭维是不对的，必须要改革一下，不要抱了为著作人和出版界谋销路之广宽而作介绍文字，必须为读者购买书籍不上当而作介绍文字。换句话说，介绍文字之作者，要站立在读者方面才对，不要站立到著作家和出版界方面去。我很希望执笔写书报介绍文字的先生们，能够有悟于这一点，这不仅是单纯的读者之幸，乃是整个文化前途之幸！

（载《三通月报》1940年第4期）

保障作家不是豢养奴才

丘　垤

作家为什么要求生活保障？那是因为作家在抗战建国的伟大事业和艰巨过程中，为了可以安心替国家多尽一点力。作家所要求保障的生活的内容，不仅只是物质方面，同时也是精神方面，即不仅使作家能够吃得饱饭，穿得暖衣，同时也得使作家写作自由，思想自由。必须这样，作家才能像一个作家；必须这样，作家才能达成他可能达成的任务，才能对国家贡献出他最宝贵的精力。

然而作家绝不是那样的“小人”。实利主义者说，国家保障了我的生活，国家给了我恩惠，我当然替国家出力；否则，如果国家对我不保障，哼，那就对不起，我要去“反动”了，去“暴露国家民族阴暗的一面”了，去“剽窃某一种主义作为灵魂而乔装起来”了。假如真有这样想法的“作家”，我们必可叫他是一条狗。

对于怎样保障作家生活，有位先生却提出了“一个具体的建议”，那一“具体建议”就是这样说法的——中国的作家，过去没有受过政府的注意，于是“一部分渐渐地与国家相去日远，而另一部分则渐渐地变为浅薄。前者是毫无建设性地只暴露国家民族阴暗的一面，后者是剽窃某一种主义而乔装起来”。“怀怨国家而甘于走上反动的途径”……那么要怎样才好呢？曰：除了像苏联那样重视和推崇作家而外，也要像意大利——“邓南遮有政府为他修造别墅，他的著作，汛系党曾用‘华贵版’给他印行，然而意大利政府在他的笔尖上也就成为至高无上的偶像”，这种道理——请洗耳恭听呀！叫做“君之视臣如手足，则臣视君如腹心”！

中国不是苏联，当然也不是意大利，修造别墅，印“华贵版”，大抵是没有希望的。中国的作家——我说的是真正的作家，不是狗——其实也并没有希望过。中国的作家——我说的是真真的作家，不是狗——是认为抗战建国不仅是“国家”或“政府”的事，同时也是作家自己的事。在抗战建国的伟大事业和艰巨过程中，竭尽自己的心力，甚至贡献出自己的生命，使得胜利的加速到来，建设的早日成功，是作家自己的神圣的天职。作家克尽这种天职，是无保留的、无条件的；作家要这样做，是由于作家的良心，由于时代赋予作家的使命；作家并不看风扯帆或讲价发货。作家要求国家保障生活，自然是作家应有的权利，但作家绝不因为国家保障了他的生活，他就觉得“皇恩浩荡”，应该“鞠躬尽瘁，死而后已”。反之，如果国家并不能满足作家的要求，他便“衔恨在心”，准备“反动”了。可是——请洗耳静听呀，据说凡暴露国家民族阴暗面的作家，都是在与国家相去日远，都是在“反动”！那么自今以后，倘使这位先生的“具体建议”真被政府所采纳，则作家们都会歌颂国家民族的光明面，而与国家“相去日近”了，或者都变成意大利的邓南遮。在他们的笔尖上，“政府是至高无上的偶像”了。

其实作家有他自己的认识、自己的思想、自己的骨头的，作家是“富贵不能淫，贫贱不能移，威武不能屈”的，作家怎么能够为了国家的保障与否而决定他的“反动”或“正动”呢？那位“具体建议”的先生，无疑地他是在侮辱作家，把作家看成这种没有灵魂、没有气节的废料，而且他把抗战建国这一全民族的神圣事业，看成只是“国家”或“政府”的玩意儿。作家原来是在看情形决定他对“国家”或“政府”的“帮忙”或“不帮忙”，所以“君之视臣如手足，则臣视君如腹心”，反过来当然是“君之视臣如草芥，则臣视君如寇仇”了。同时，那位“具体建议”的先生，也太看不起“国家”或“政府”，以为它“保障作家”其实是在“豢养奴才”。

我们说，“保障作家”绝不是“豢养奴才”，除了建议者自己，我们绝不稀罕这样一种“建议”！

（载《笔阵》1940年新第1卷第1期）

保障作家生活

作家投入到大时代的漩涡里，把肚皮上的带子束束紧，从事文化工作，那也有限度的。就收入的水准讲，中国一个作家，平时他的收入比不上一个都市中的有固定职业的工人。因为工人只要有工作，他的收入是经常的，而作家的收入，要看到的作品生产量的多少及这些生产量的能否“销售”而定。所以收入的本身就不可靠，没有保障，也没有其他补助，可以解决挨饿的危险；更没有像普通都市的工人一样，有集体讲价的力量，可以和资本家来要求改良待遇。中国作家比较工人唯一的特长，就是他有一张嘴，可以从他的嘴中，喊出他所遭受的痛苦。但是从抗战以后，在前方后方活动的作家，他所看到的，已不是他个人流离挨饿的痛苦，而是整个民族的受压迫、受摧残的痛苦。他早已把他的嘴扎起来，把他的肚带更束紧，为着他个人小圈子以外的大众的痛苦而呼喊，而奋斗。个人的哀怨，在他自己看来，认为是可耻的，是落伍的，同时也是多余的，而唯有替整个的民族呼喊、奋斗，从民族的解放中获得个人的解放、生活的有保障，那才是时代文化人应有的观点和立场。所以在这大时代的漩涡中，中国作家都愿意站在时代的前哨，而把他们的唯一武器——那就是他的一张嘴——也闭起来不呼喊了。这并不是他们因为抗战的到来，像其他人一样，发了国难财，可以生活优裕，用不着再来呼喊；也不是他们吃了疗饥丸，根本已解除了挨饿的问题。其实他们也像以前一样，有父母妻子要养，而其赖以养活父母妻子的收入，还是靠他们一支笔来维持。其中自然也有许多作家，因为从事军队或者政治工作，可以有一笔正常的收入，不一定再需要“笔耕”来糊口，但这些人只占其中极小一部分，而大部分的作家仍要他们靠着他们原来的行业——卖文为活。

自从抗战以来，生活的程度是早已不知高涨了多少倍；而文章的市场，却因战事的影响，及许多重要城市中的文化刊物，因日人的侵略而告停顿，弄得愈变愈狭，并没有随着物价的高涨而稿费的价格也随之提高。反之，更因市场的缩小而反例的大减。卖文为活，而文章的出路固然成了大问题；即使文章有了出路，而其所得，较之战前也大有逊色。其他如以前作家的在书坊中所出版的书籍，本有版税可支，可是因为战事一发生，书坊老板借口销售不佳，或者其他理由，减削版税，或者干脆地赖掉，一毛不拔的，根本也不少。这样一来，不但把现在的商品打了一个八折九扣，并且把过去的老“店底”也来替作家来插上一个大贱卖的草标。在这种情形之下，作家那有“生路”可言。现在要向文化商人低头，叫他们放出了一些良心，对于文化人慈悲一点，那是与虎谋皮。自然我们承认，文化商人的生财之道，是寄生在文化人身上，可是文化人单枪匹马去与文化商人个别谈判，那无有不遭失败，而仍为商人剥削，到了骨枯血尽而后完结的。因此，一方面文化人应有自己的坚固的集团，与文化商人作集团的斗争；他方面也应有出版贩卖的机构，来自己创作、印刷与贩卖自己的作品。讲到这里，所以文化人应该有印刷合作社、贩卖合作社的组织，集中一笔资本来为文化事业奋斗。而其盈利，以合作社的方式分配，作家获得百分之几，从事合作社事务的人获得百分之几，这样一来，可以免去那些中间的文化商的剥削，与有货品而无出路等等现象。

当然仅恃文化人自身集中力量来解决自己的生活问题还是不够，这还需要政府帮助。目前政府对于保障文艺作家生活，已商定办法，将设立文艺奖金保管委员会，负责办理全国文艺奖励金补助金事宜，闻中央已允拨款四万元办理此事。不过四万元的数目并不算多，而仅限于文艺界，也并不普遍。再就其办法讲，如果仅限于奖励及补助方面，也欠积极。目前国内应积极进行的战时文化工作，其范围极广泛，其需要也极殷切。比如教科书问题，战时教材，应有新的配合，过去的教材，虽不至完全不适用，但至少有一部分应该改编，这就需要大批的文化工作者从事这样的工作。退一步讲，就是这一方面可以暂时迁就，而内地对于教科书的十分缺乏，却为目前急待解决的问题。沿海各未沦陷城市中书坊出版的教科书，因交通的不便，不能输往内地供给需要，而内地又无这样的机关可以适应需要。如果国内召请一批文化人从事这样的工作，不但可以解决目前的需要问题，也可以解决许多人的生活问题。当然编印教科书，不是草率可以从事的，这需要长期间的工作，然后才能有精良的作品出版，这又非国家集中大量基金不可。再从另一方面言之，沿海各城市的刊物报纸有过剩的现象，而在内地，却是无刊物无报可读，人民及士兵都感到精神食粮的缺乏。推动国内文化的向上进展及士气的提高，政府应该向这一方面而努力。所以与其消极的救济作家，不如积极的与作家以有意义的工作。文化的壁垒和军事的要塞有同样极重要的意义，忘记了前者而只注者后者，那只把两面利口的刀应用了一面。这是目前政府和作家都应注意到而急谋补救与进行的问题。

（载《上海周报》1940 年第 1 卷第 20 期）

保障作家生活之理论与实践

李长之

一

先说第一点，什么是作家？我不以为写诗、写小说、写剧本、写散文、写批评的就可包括了，实则一切精神文化上的工作者、建造者、计划者、指导者，统统在内。保障作家生活的意义不止在让他们当时能供给前线士兵以精神粮食，也不止在让他们当时能用文字激发各地的抗战情绪，虽然这二者已经是丰功伟绩，却还在建国——还在树立一个独立自主的民族所应当有的文化创造!

我不知道人类历史假若抽掉了文化还有什末，我不知道文化史中假若抽掉了表现人类最崇高最内在的精神的文艺以外还有精华抑是糟粕。敌人为什末遭我们看不起？打开窗子说亮的，就因为他们没有孔子、杜甫、曹雪芹、莎士比亚、但丁、歌德。他们没有第一流天才。但是我们有。所以我们自信，所以我们觉得以产生第一流天才的民族之聪明才智定然可以打退那没有这份聪明才智的。照优胜劣败的道理讲，我们应当有击败敌人的能力（可怜敌人不明白，还来死撞）；照价值哲学的观点讲，我们的确有独立生存的充足理由。

我们抗战必胜的信念有一大半建筑在对过去文化的成果之认识与情感上。但是过去是过去了，我们不能白白享受祖宗的大业就算了事。一方面保卫这大业，一方面还要光大它。抗战是保卫，光大就要靠现在养护和播种。保障作家生活的意义乃是在此。

我们希望抗战胜利了，同时建国也完成了，不止在物质上，也还在精神上。到那时，不惟我们的政治经济独立了，文化上也独立；到那时，我们不必低首于其他民族的理论和作品了，我们将有可以充分代表中华民族的刚健崇高的心灵的纪念碑在。我们留再有一个周秦，再有一个汉唐，□文化和国运并隆，但是假若有，养护和播种就是在现在。保障作家生活的意义，其所以重大者乃是在此。

二

怎么样可以保障作家生活？这是我第二点想要说的。我以为不能靠商人而需靠政府。

我不敢菲薄现在的商人，他们在抗战中也有了不少贡献。但是在现在社会制度之下，既为商人，就不能不想赚钱；既想赚钱，就不能不想多赚。起初我以为因为中国人国家观念薄弱，所以有些人乘机发“国难财”，后来看到鲁登道夫的“全民族战争论”也早料到这一种现象了，就可见国家观念之强如德国也不免。书商固然也有知道文化重要的，但倘若文化和钱二者必取其一的时候，恐怕只有舍文化而取钱了。

在这种情势下，如何能望他们保障作家们的生活？充其量，不过有一种妥协办法，作家们帮着书商多赚些，书商对作家们少克扣些。但是倘若作家们如是操纵于书商之手时，文化的命脉却只有不绝如缕了！①

商人不可靠，应当靠国家。国家的最大价值原在推动文化，正如柏拉图所说，政府应该担任起保障作家们生活的事来！

政府如何保障作家的生活呢？这有待于专家们的设计。我以为这是教育部的事，现在凭一时思想所及，提出几个具体的办法，以为当局参考：

（一）最理想的办法，可以仿效苏联，书籍由国家印刷，以版税支付国家。

（二）在不能实行理想办法前，政府可以举行出版贷金：只要审查书籍有价值，就帮助作家出版，政府先垫付印刷费，并订偿还或在某种情形下不必偿还之法。

（三）应设一个经常的作品评奖委员会，由政府负责人员及专家并作家按比例分配组织之。在一定期间审查出版物之内容，优异者予以奖励。未完成之原稿亦可交由审查，如果有价值，可以支给生活费，俾竟全功。但这种委员会必定由政府组织，性质应为超然，否则一涉商人之手，便又会是生意经的变相，由他赚了钱完事，也不能衙门化，衙门是空有名，不做事的。

（四）我也不妨像其他专门学科一样，举行考试。考试内容及方法当约专家商定。

（五）为目前计，稿费应依生活程度增涨的数倍而增；政府所办的报章杂志，当先以身作则。这是最低限度的要求。

（六）书价的随便抬高和版税的随便不给，书商往往借口运输困难，这有时也是实情。关于这，希望邮政交通机关及教育部方面能有一免费或津贴办法，这不但是为保障作家生活，也是为战时精神粮食上的救饥。

---

① 疑有误，原文如此。

三

话虽如此，政府肯做这些事么？作家们或不免疑问着。作家之所以这样疑问，乃是因为过去政府有些措施，或不为作家所了然故。这样疑问的结果却不好，因为，倘若作家不找政府就找商人了，找商人便免不了我们上面所说的文化上的危机。政府看到这一点，便应当取得作家的信赖。取得信赖之道，首先在于合理范围内予作家们以最大自由。这就是我要说的第三点。

作家们凭感情，逞幻想，有时越轨，应当原谅他。所以，我觉得只要他的文字不动摇国本，就任他自由。

世界上从来没有危险思想的，只有危险的政治。

（载《星期文摘》1940年第2卷第1—2期，转自重庆《大公报》）

关于“保障作家生活”

冰 莹

自从在重庆的文艺工作者发出了“保障作家生活”的呼声以后，各地的杂志报纸，都争先地登载这类文字；或者举行座谈会时讨论这个问题；许多报纸的社论，也在大声疾呼地请求政府保障作家们的生活，中央早已允拨十万元作为文艺奖助金。可见这一问题的严重性。

这是一种特有的现象。中国的文人自古至今，除开一两位特殊幸运者而外，其余都是些贫无立锥之地、临死没有板埋的穷光蛋。不说远的，就拿三月二十三日洛阳《阵中日报》发表叶紫夫人的信来看，一字一泪，令人不忍卒读：“……我死后，你和孩子都要饿死的！长篇小说还没写出来呵！……朋友们快快救救我吧，快快救救我的孤儿女吧，在阴司里我会感谢永记不忘。”这是叶紫临终时向他夫人和朋友发出来的凄惨的呼声。

再看叶紫夫人的信："……我几次要自杀，眼看孩子太小，太可怜了！想了又想，如果死了，他们又去依靠何人呢？……而且又无人处理叶紫丧事……钱也没有，衣服棺木一切用费一百二十余元，那是向左右贷用的；现在又要吃用。没有办法，先生，你接到这信后，请你在报纸上登个启事说叶紫死了，请朋友们来救济我们吧！"

我想只要是有心肝的人，谁看了这样的信都会感到凄凉，感到一种说不出的难受。一切从事文艺工作的战斗员，虽不见得个个会有叶紫一样的结局，但十有八九是穷的没有衣穿，没有饭吃的。不说别个，就拿在中国文坛最负盛名，坐第一把交椅的鲁迅先生来说，他一生也没有舒服地享受过物质生活，死后某书局还该他十余万元的版税；其余的作家，更不要说了。

笔者是最受书店老板剥削的一个。过去写文卖过五毛钱一千字，这不足稀奇，最痛心的是我在□□书局出版了《从军日记》、《前路》、《麓山集》三本书，至今整整地十年了，总共还没有拿到五百元版税。光就《从军日记》来说，在一九三六年就发行到九版了，每版以两千计算，也有一万八千本，按照再版百分之二十版税来算，那么一本的卖价是五毛，我可得一毛，一万八千本，应共得一千八百元版税，这是单就《从军日记》的最低价格，最少销路来说；至于《前路》我记得是卖八毛一本，《麓山集》六毛，九年来两本书的版税，至少也有两千余元。但我每次写信向该店老板要钱时，不但没有钱付给你，而且连信都不看。抗战三年来，我也不知去过多少次信，邮资总在二十元以上了，但对方仍然置之不理，可是跑到重庆的书店里一看，几种书都是从上海新运来的，据店员说，销路很不错。翻到后面一看，也没有我的私章了，可见不知他们已加印过多少。许多朋友在战前就主张我请律师起诉，但我觉得人与人之间，总可用感情来解决许多纠纷，不必动不动就拿出法律来制裁。尤其是我是个最怕什么法律法庭的，总觉得为人应该有良心，而且这所谓良心也者应该是仁慈、善良，以博爱、牺牲为怀的。退一万步说，纵使不能为他人牺牲自己，也应该以不利用别人，不吃亏别人、剥削别人为原则！殊不知有些商人，重利不重义，这就无法和他们谈什么良心问题了。这是一件事。还有《一个女兵的自传》和

《湖南的风》也遇到同样的情形，他们在问你要书出版时，什么条件都答应，而且合同上写的冠冕堂皇，可是书一出版，对不起，合同就成了废纸。《女兵自传》，我只拿到二百八十元，《湖南的风》我只拿到一百元，朋友们见了我总是开玩笑，以为我总不致那么穷的连一件布衣都穿不起，而不知道我是个这么被人剥削的弱者。其实能够拿到一二百元还是好的，像《军中随笔》一般，别人不得你的允许，竟擅自替你出了书，不但不给你半文稿费，连一本书也不让你看到。前年夏天我病着躺在武昌同仁医院时，潜修曾替我写信去请求他们寄点医药费来，结果连一封回信都没有。唉！不说了吧！越说越生气！我早说过这样的话：文人如果等着稿费来维持生活，最好首先买好棺材放在身边，什么时候饿死，别人只消把尸体往棺材里一丢，抬出去完事，否则一定会曝露尸骨，无人掩埋的。

以上算是发了许多牢骚，底下再说我对于政府保障作家生活的希望。

老舍在重庆《大公报》的星期增刊上说："我们没有本领一方面画方，一方面画圆，一方面写文章，一方面还去抬轿子。"蓬子也说："一个二等兵也还有七元五角的国难饷，今天的精神战士的生活保障在那里呢?"赵清阁女士在《中央日报》的《教育文化》第六期上也说到出版界计算字数竟除去标点、题目、空白和目录，于是她伤心地叫道："我的天！这不简直是'揩'起'血'来了吗!"手里拿着稿费通知单，眼里不禁气出泪了！

过去我不相信社会有人吃人的事，现在却眼看着许多喝人家血汗的大嘴在张开血唇，等待着榨取人家，剥削人家，吞噬人家。这不是好现象，而且也是一个新生的有希望的国家不应有的现象。我希望政府从此提高作家的人格，重视作家的生命，对于保障作家的生活至少请做以下几点：

（一）确定出版法：禁止书商剥削作家，版税按照规定时间付给，不得拖欠，不得多印书，少报数。如有不清手续或欺骗狡诈之处，作家得依法控告之。

（二）优待作家：最有价值之作品，可由国家印刷，版税归国家所有，作家生活由国家供给。

（三）增加版税：书价既已太高，版税也应增加，以前初版百分之十五者，现在应增加至百分之二十，再版应增加至百分之三十或三十五。

（四）提高稿费：现在百物昂贵，纸笔墨水飞涨，生活维艰，稿费千字至少由五元起算，首先可由政府所主办之杂志报纸上倡行。

（五）由政府及专家、作家组织作品评奖委员会，在一定期间内审查已出版或未出版书籍原稿之内容，优良者予以奖励，未完成者，可由政府借支生活费，俾克完功。

（六）设立文艺救济金：凡极穷困或患病之作家得向政府无息借贷若干，以维持生活，如病没后无钱埋葬者，得由政府负责掩埋，并拨款维持其家属生活。

以上六项，不过是我一时想到的，还有比这更好更周详的计划，政府和作家们当有通盘打算，用不着我多说。

在抗战时间，我始终承□笔与枪是同样地负着保卫祖国、歼灭敌人的重要使命，那么一个拿笔杆的战士，他应该以全副精神，整个生命来为国家出力，为民族流血流汗，国家也应该爱惜他们和他们的家属。文艺战线上的同志们，不要悲观吧！只要我们同心协力，团结一致，前途永远是光明的。

（载《黄河》1940年第3期）

所谓保障作家生活

静　和

由于物价的继续高涨，生活程度一天天的提高，增加薪给，改善待遇，遂成为社会上一种普遍的要求。重庆的许多作家们，也一致提出了“保障作家战时生活”的口号，于是成都、昆明各地都先后响应。似乎在这抗战当中，久已沉寂了的一些作家又要来一个新的骚动。

在重庆经过了好几次的讨论，有规定最低限度的稿费、如何切实保障版权及设立文艺作家生活救济会等办法，同时政府亦注意到这个问题。一班拿笔杆讨生活的作家们，在平时是已经是绞尽脑汁，天天在穷困中挣扎。在这抗战当中，因为社会上所需要的不同，有一部分写作家的稿子，简直无法脱售，于是收入骤减，生活益艰。为了要救济我们这班无法维持生活的作家，对于保障作家生活这个要求，我们不能不在良心上发出深切的同情与热烈的赞助。

但是从另一方面说，在这抗战当中，正是我们每一个国民尽力发挥出他伟大力量的时候。只要真正拿出了自己的力量，对于抗战能发生很大的效果，难道会连最低限度的生活费都拿不到么？我们看抗战将近三年，有几个有专门技能的在饿饭？至于要求待遇优裕而不愿刻苦穷干的，那当又作别论。我们这班天天耍笔杆的所谓作家，固然要穷，但是能够写出适合于现代需要的文章，恐怕还是可以换得相当的代价。尤其是现在，在那一个战区不是感觉到精神食粮缺乏的恐慌？那一处不需要大批的作家们去埋头苦干？恰恰事实是相反的，不要说在前线找不出一个像样的作家，就是在各战区又那里有一个作家的影子！天天只听到喊文艺上前线去，文艺到农村去，然而我们所能看得到的，还不是汇集在各个繁华都市里，一批一批的在关门在写战地通讯或者是抗建八股。要是不健忘的话，我们会联想到当上海、南京退却时，武汉的出版物曾经像怒潮般激起兴盛了一个时候。在抗战当中，无论那一种职业，都尽了他最大的努力，而我们所谓作家呢？“兴念及之，不胜惭愧！”

对于保障作家生活这个问题，站在一般的立场，固然不应该反对，但是我们这些自命为作家的，不应当有这个念头。因为写文章不像其他职业是受别人聘请的，或受机关委任的，有一定的薪给，写作完全是凭自己的技能，去取相当的代价。只要他的文章能够适合当前的需要，绝对不会被社会所摒弃，更不需要别人来给予生活上的保障；要是他的写作不通，甚至在现在还来一套陈腐烂调，那自然是无人过问的。自己没有相当的技能而去要求给予生活上的保障，那未免亦滑稽了。在现在物价高涨，生活困难穷苦的作家，生活是日益艰苦，但是在这抗战的洪炉中，正是锻炼我们坚强毅力，艰苦奋斗的时机。谨致十二万分的诚意，希望我们这群作家们，不要要求别人给予我们保障，还是需要自己刻意忍耐，用自己的技能发挥出我们笔杆的力量，在抗战的阵容中，以完成我们的责任。

（载《西北角》1940年第2卷第6—7期）

替文艺作家呼吁

文艺作家在过去被人轻视为社会上的渣滓，而三年来在民族革命战争的行程中，文艺作者又变成了抗战的至宝。无论慰劳伤兵、励行兵役、记录战役，即便是一般人的精神营养，以及任何一个宣传场合，小说、诗歌、戏剧是无时无地不在当着头阵或压着阵角。所以在南北慰劳团和作家访问团回来以后，有一位素来不相信文艺有力量的团长，很惊讶地对人说："我没想到前后方的文化工作，竟是文艺的世界！"这种惊叹的原因是无论在任何角落，都可以看到有诗歌、小说的壁报，有文艺作品的小册子，有文艺人在活动；无论大兵、军官、政训工作人员，甚至于老百姓都热烈地欢迎文艺人。为什么？这自然不是一句话可以答复的。总之，文艺工作之在前后方展开它的雄姿，因其本身富有深入，广泛，永久性，会使每一篇作品作为它的联络员，给千万人的感情交流。

可是你只看见或知道文艺作品和它的作用，但谁顾及文艺作者的生活呢？大家只知道写文章可以卖钱，但能卖多少钱呢？只知道文章登出来有荣誉，谁知道一篇文章需要绞多少脑汁呢？因为一般生活程度提高，百业都提出救济，只有作家仍在饿着肚子写，写……而他们拿着的一枝笔还说要当枪杆使用！给作家离不开的稿纸、笔、墨水、信封、信纸都变了价，但作家们的产品仍须贱卖，原因是生意经往往使一只瘦羊吃青草而必须挤出奶汁来，这种可怜相，也可以说是不公平的待遇吧。已影响到只重庆一地的成名作家已经不少了，但这些作家仍站在自己的岗位上，甚至于不乐意消极停笔不写！可是事实上一个生活问题摆在眼前了，就照过去最高的稿费来说，每人每月鼓着劲写上一万字，而所得不及一个人力车夫，自己只顾吃，就别穿，孩子老婆则要演“吊锅”。所以在前天的文艺界同人对于“如何保障作家生活”一问题的讨论会上，大家都一致很严肃、很悲痛提出了保障作家生活的要求方案，希望政府各主管宣传机关、文化机关，社会上各出版家、商店以及报馆，对于这个呼吁表示同情与注意。

在这个谈话会席上，使我们听到许多近于“虐政”的剥削方法，和吃肉不流血的惨剧，接受书店稿件预计有销场的稿子不让你抽版税，必须出卖版权；不时兴的稿子则一定要你抽版税。结果劳力是你的，便宜归出版商。这且不谈，书究竟印多少，没人确知，也没法子确知。你贴上版权印花，他们却可以把你的书送到南洋或上海去卖，你算版税，他说书没售出，再不然推辞总店不在此，请到上海要钱！请问那个作家有这笔路费去到南洋去查或到上海去算账呢？

老舍先生说，他有五六年没拿过版税了，反正是有人拿钱。他说出版家固然有他的困难，可是写文章的人困难更多。出版家没办法只有剐作家的皮，作家没办法剐谁呢？只好上吊！这种沉痛的幽默，说明出版事业的不合理。

有人更指出书店老板计算稿费的苛薄，标点符号一概不计算在内，把一万六千字的稿件，会给你“除去下余”净剩四千字，比喻的话。

胡风先生更述说在上海一个时期“倒找”书店的珍闻，这真是文艺界同人永远不会忘的耻辱！

写诗的作家们更争着诉苦，一篇一百行的诗不过几百字，要按字合算，写诗的人就应该自杀。更有人说出版法并没有为作家着想。

结果把大家通过的方案交给文协，预备一面请求政府注意，一面请求与出版有关的各书店、报馆采纳方案的意见。

所以今天提出“保障作家生活”一个问题，不是普通的慈善事业，不是仅关乎几百人的事或者几千人的事，而是一个推进文化运动的先决问题，击破出版界黑暗幕和不平的问题，更是为了抗战建国滋养现在并培植未来文化事业人的问题。全国同胞们，伸出你的热烈的手吧！

（载《大公报（重庆版）》1940年1月29日）

响应保障作家生活运动

潮

在日常生活中，精神粮食的重要，并不在物质粮食之下。但目下生产精神粮食的文化工作所遭受的境遇是如何，却似乎是很少有人关心。

最近的生活程度，有些地方高战前十倍以上。但是稿费和版税，并看不出有什么增加，所以有许多优秀的作家不得不投笔另找出路。在这样生活紧迫之下，自然不易产生伟大的作品。

作家生活的困难，有时固然是由于书贾的榨取，但在许多场合之下，也是由于当局尚未尽到扶导之责。出版业的原料，大都仰给于舶来品，成本过巨，很难有利可图，加以时受种种限制，因而常常遭遇意外的损失。譬如以本市来说，由于经济支绌和印刷困难，有些刊物不是停刊大吉，就是不能按期出版。所以当局一方面固应对作家给与种种直接的保障，同时对出版界也须给以种种的保障。我们口口声声高喊文化抗战，但是对文化抗战的支持者所遭遇的悲惨情形若熟视无睹，则难以支持文化上的长期抗战。

（载《南方》1940年第3卷第6期）

再论保障作家生活

罗　荪

作家乃是从属于这社会活动的一个分子，和其他的构成分子一样，他需要生活，他也必须劳动，因此，他是作家，同时他是一个公民。他应该享受和其他公民同样的权利，但他并不需要获得超过这权利的优异待遇，同样也不甘心受到比其他公民苛酷的待遇。一句话：作家是以一个人的地位站立在社会间的。

由于作家是人类精神领域的领导者，是民族文化的创造者，他的影响是广泛的，他的工作是繁重的。因此他的责任，并不仅仅在于谋求个人生活上的优越，乃更在于贡献于人类文化的进步。

假如一个作家所要求的仅仅是狭义的生活保障，那么，可以改换他的职业，可以找到生活更好的位置。但是作家的意义却是有着比职业生活更高的理想和作用，这更高的理想，乃不是金钱或任何代价所能换取的，也不是任何权力与手段所能获得的。为什么古往今来的伟大的作家，不惜牺牲生命的尊重着他的作物？正是说明了作家为了自己的更高的理想而从事写作。普式庚为什么没有变成沙皇豢养的宫廷诗人？德国的许多进步作家为什么被纳粹政府放逐出来？假如他们所要求的仅仅是生活的保障，那么，普式庚便不会那么短命的吃一颗阴谋者的子弹；被放逐的作家们早就变为希特勒的号筒了。但是现在德国的文化除了大炮之外还有什么呢？据说有一次德国出版界举行读者运动周，有几个勇敢的莱布锡市的书商，为了讽刺希特勒独裁的“文化政策”，他们从动物院里牵出了一头驴子，陈列在热闹的街头，驴背上贴着这样的标语：“我们是驴子呀！我们永远做驴子呀！我们不读书呀！”（见《文艺新潮》黄峰：《意大利的黑衫文学》）

这里说明了一种事实，就是如果保障作家是和保障文化同意义的，那么给予作家的不是单纯的生活问题，而是自由的问题。

要求生活合理的保障，是正确的。

要求提高稿费，保障版税，是正确的。

比如，此次许多人注意到了出版法的应该修正，但是怎样的修正呢？是否单单列举了应规定百分之几的版税便为妥当呢？不是的，因为出版法之应该修正乃是由于在立法的当时，并没有考虑到作家的问题，没有考虑到怎样保障作家的出版物的问题，在主观上，就先预有了如何限制防止的观念。所以在出版法中，从第二十一条到第五十二条止，几乎完全是规定如有违反则按条文规定处罚之的章则。

在提出保障作家问题中，最基本的意义，实际上乃是一个公民权的问题。

比如，一个棉织工厂从甲地把出产品运到乙地销售，他除了完纳应有的税律之外，是不应该遭到任何侵害的，这是做为一个公民者的权益。

不必超过了这个问题来讲，作家所要求的，正是一个公民权的保障的问题。

我们从《五五宪章》和《抗战建国纲领》中，都曾看到了对于出版言论自由的规定，如："人民有言论著作及出版之自由，非依法不得限制之。"及："在抗战期间，于不违反三民主义最高原则及法令范围内，对于言论出版集会结社，当与以合法之充分保障。"

而言论自由，乃正是一个民主国家的公民的权利，也是一个国家发扬民族的文化的最低的原则。

因此，在今天提出了保障作家生活的最基本的意义，必然是与保障文化的民主有着密切关联的。因为一个作家之成为人类精神领域的领导者，一个民族的文化的创造者，是必须在保证文化运动的民主性的基础上，在言论出版发行的合理的原则上，才能得到发展，才能得到进步，才能使作家成为真正的民族精神的技师。也惟有在这样的基础上，才能真正的完成保障作家生活的意义。

（载《抗战文艺》1940年第6卷第1期）

怎样维持写家们的生活

老　舍

怎样保障写家生活这个问题，在今天，还大不易谈，因为社会上对这问题还没有多少的准备，一旦提将出来，就难免不发生误会。所以，我用了"维持"两个字。先解释一下：

所谓保障，必有法令的根据。假若我们已有了一部相当详密的出版法，能使写家们按照法规去索取应得的酬报，那么写家们就用不着向社会上饶舌，因为法律已给了他们保障。可是，我们现在还没有这么相当详密的一部出版法，所以写家们便没法向书商们据理交涉，只好人家说怎样就怎样了。请求政府修正出版法自是正当而切要之举，但法章的重修另定是需要时间的，快饿死的人是等不了先改良稻种再吃饭的！快饿死？至于那么严重？啊，的确是那么严重；不然，我们就还不愿说话。以我个人说，自七七事变以后，十分之九的版税是停止发给了，稿费由八元落至五元，甚至于二元一千字。生活程度呢，先不说别的，只说我天天必用的毛笔已由一角五涨到五角一枝。二元千字的报酬，除去纸笔的成本而外，不够吃一顿饭的，更不用提还有少于二元千字的时候。因此，我们所谓保障写家生活，决不含有其他的意思，而是直截了当的要求吃饱，吃饱才能写作！

你们不会改行吗？是的，我们可以改行，而且已经有改行的了。可是我们没有一手画方，一手画圆的本领，不能一面去抬轿子，一面还写文章。同时，抗战宣传，责在吾党，在精神食粮普遍饥荒的今日，我们实在不甘心扔下笔去抬轿子！我们这里所谓的写家生活，就是使写家能生活得下去，还能继续供给社会以文艺作品，不是只担个写家的虚名，而事实上以卖瓜子为业。写作能成为职业，才能有职业的写家；职业的写家增多，精神食粮才可丰收。可怜，整个的文艺界已没有多少可称为职业写家的了，饥饿是不会支持文艺热心的！写家们，说来好像是废话，也有父母妻子，也有时候生灾闹病，并不是金身的罗汉，既无家庭之累，又无生病之虞。为了家庭，为了生命，他们不能不含着泪去另寻生路。写家无罪，罪在制造精神食粮的得不到物质食粮。

还有，较长的作品是需要较长的时间的。今天，大家都在喊，缺乏剧本啊，没有长篇小说啊！可是作家的酬报既低，低得不能吃饱，他怎能去用半年或八个月的工夫去写一部作品呢？他能活八个月才能关上门写八个月的文章，否则他只好把文艺凌迟，今日卖二千字，明天卖八百字，从手到口的对付着活下去。若说，干脆以文艺为副业，而另打吃饭的主意，那就等于说种地的可以不拿锄而收获。文艺并不是打打台球、洗洗澡那类的事儿。

以上的一点解释，第一是说明了作家们应享的利益并没有法律上的保障，所以因生活的困迫，不能不向社会上申诉。第二是作家中已有因穷困而另谋出路的，作了别的就没法再尽力于撰著。假若大家还不想办法，势必至作家越来越少，精神食粮的供给也就越来越困难。第三是社会上切莫以为一天挣八角钱就足够作家喝粥的，有了粥喝就应当埋头苦干。要知道作家也有父母妻子，也有时候和旁人一样的闹病。最后，而是最要紧的，是作家今日的要求，还不是保障，而是维持，只要能维持生活，大家就必能体谅时艰，尽力于抗战宣传工作。作家们不是不会去干别的，不是不知道干别的能使生活更舒适一点，所以不愿抛弃了这劳力大而酬报少的工作者，纯出于他们晓得文字的力量在抗战中有多么大，而不肯轻易的离开岗位。假若作家很容易补充，今日走了一批，明天就能补上一军，那么他们也就可以放心改业，让别人来换班；但是事实上，一年半载中未必有一位新作家出现，旧的走开，新的未到，文艺便得脱节！

我再说一遍：今日作家所要求的是怎样维持生活，正如同物价高涨，车夫、轿夫、工人、仆役便也增高工资一样。顺着这个意思，我想出几条办法：

（一）提高稿费。在战前，我自己能卖到十元或八元一千字；自从流亡出来，最高的——也是偶尔的——得到五元千字，最低的是八角。平均来说，是二元至三元千字。一天，我最多能写散文两千字，若是写诗歌便只能得二三百字。假定我能每天必写——事实上决办不到——就按每千字三元说，一个月的收入不过一百元。我须住房、吃饭、喝茶、买纸笔，还得给家中寄生活费！我有八十四岁的老母与不到三岁的弱女！我没法活下去！且不管我有什么成就，我十几年的心血是花在文艺上却一点也不假。也许是靠着面子吧，我还能拿到二元千字，我的朋友中就真有干一个月而拿不到三十元的！写诗的朋友们就更苦，诗是不容易作的，即使是十行八行，也许想两天而仍难满意，费两天的工夫，按现在的市价，他只能得两三毛钱！一首歌，能从塞北唱到珠江，在每个抗战军人的口上，而写那首歌的人哪，只得了两毛钱！再来一首歌吧，啊，万难了，那写歌的人已饿死了！

公公道道的，我们要求至低的散文稿费须是五元千字，韵文是两毛钱一行。我说，公公道道的，就是说作家们并不要求起居舒适，只求能维持生活。我们有良心，我们也希望别人公平。现在，有的地方只算字，有的把标点除外，难道标点就不用心思么？有的地方只算本文，不算标题，不算引言，标题难道是不必要的？难道是可以随便安上去的？即使是随便安上去的，就忍心的非把那么几个字除去不算价吗？这类的事实还很多，我不愿再多举，我只求大道公道一些——显然的，不算标点与标题这类事是太不公道！

（二）恢复版税与确定版税。有些书局虽还卖书而停止了版税；有些书局在抗战后，把版税成数减低。我们要求恢复版税，并确定版税的成数。在战前，一般的是初版给百分之十五，二版以后给百分之二十。起码，这个成例不能破坏。现在，书价增高，而版税仍按原价发给；可是书价减落的时候，版税又照着减低的算账。不公平还有个限度没有呢？

（三）一二两项，据我想，决非所望过奢。可是作家自己没法向别人交涉，因为没有法令可根据。出版法的修正是必要的，但为了救急，应由政府与出版家和写家们妥商办法，一致遵守——有了这临时的办法，或者到修正出版法的时候也就容易找到事实的根据了。

（四）文艺贷金。有不少文艺工作者，已在前方或后方搜集了抗战与建设的材料，想把它们写出来。可是，正如前面提过的，他们需要较长的时间，而自己的肚子与一家大小不能长期绝食。假若政府能有一笔贷金，按照写家——诗人、小说家由文艺协会，戏剧家由戏剧协会证明——的所需，贷以款项，然后再由版税及稿费中偿还。有了这个办法，写家们才可以有计划的、安心的创作，否则始终是给报屁股赶活，把文艺全零卖贱售出去。

（五）救济金。文艺协会应设法筹得一笔钱，专作为救济写家之用。有的写家生病，一家断炊；有的写家死亡，全家也得跟着饿死；有的写家自前线或沦陷区域逃来，无衣无食；有的写家惨遭不幸，家破人亡。这些，都应当救济。而文协无钱，爱莫能助。文协应马上设法，务期得到些款子，由理事会保管支配。

写家的生活能维持，抗战文艺便有了着落，抗战文艺怎样的增高了抗战力量，谁都知道，用不着再说。我自己是个职业的文艺工作者，我知道我做了什么，也知道我所受的痛苦。同时，我知道假若我的待遇与酬报还没有改善的办法，我只好去另找活路。不用希望我改了行，还能以文艺为副业，我不能给人家修脚，又带剃头！我所提的办法也许有欠详密妥当，我不过是希望具体一点的提出，好使讨论与实施的距离更接近一些。

（载《大公报（香港版）》1940年2月11日）

作家的生活保障

史　意

偶然在旧书店里翻到一本二十五年以前出版的杂志，看到征稿条例上明明写着“来稿一经发表，每千字致酬三元”。但是在二十五年以后的今日，一切物价高涨到二十五年前的十倍，二十倍，三十倍的今日，我们写文章的劳动者，却在要求三元钱一千字的稿费，这几乎有点像神话，但是我们的资方，却正是这样的待遇着我们的。

出版商人嚷着纸张贵了，排工贵了，印一本书的成本贵了，向读者要求五成，十成的增价，但是他们从读者那儿增加所得的钱，不但没有一文增加到作者的报酬上，而且在以成本的贵加紧对作者的克扣！读者忍着痛苦出高的代价，到底是买纸张，买排工，还是买作者的文章呢？

不得不拿着精神劳动的产物，当做商品出卖到市场上去，来维持简单的生活，在这样不合理社会下生活着的作家，已经是太悲惨了，然而更悲惨的是甚至连出卖了之后，也依然维持不了生活。许多人饥饿而死，许多人不得不找另外的工作，而社会、读者大众却以很高的期望在期望着作家的精神的供输。

许多有着完备印机的大书店，是宁使替香烟公司印广告，替纸箔店印冥国钞票，不大喜欢替作家印书的，据说印书挣不了大钱。但好多出版的小商人却眼看着也一天一天的肥胖起来，即使他们在嚷着成本贵，运输难的今日，我们也还是看见他们很豪奢的享乐着。他们不应该从自己的豪奢中，记起来作家们的寒酸么？但他们是最懂得作家们的忠厚和傻劲的，他们早经认定这是最理想的劳动奴隶。

书店并不卖去了书再付纸店的纸费和印刷所的印费；即使是最受压迫的工人，做了一月工也可以拿一月工钱，不必等工厂主把货色卖掉再领钱；但是作家书籍的版税，却必须待卖去了书再算。而且据我所知，除了很少的几家以外，也几乎没一家书店按时把印出卖去的数目通知作家的。而向书店取稿费，领版税，差不多总是比讨陈年的债务还难，他们甚至会对你诉说别的用途，要你暂缓支取，仿佛付稿费和付版税是一种额外的支出。

稿费照字数计算，常常得除去空格、除去标点，把标点写在格内的文章是很难计算的。几家大书店甚至因此雇有专人，一天到晚在那儿一个一个的数字，这又是多么滑稽的剥削的方法。

肯付钱买稿的还算是忠厚的出版家，许多无聊的书贾，已经学会了剪报纸，剪杂志，偷印和翻版，那是没有了作家也一样可以开书店了。

……在如此种种的情形下，作家是没有方法可以存活下去的了。如果社会对于作家还有丝毫的重视，如果作家自己还想把工作继续下去，保障作家生活的方法，是必须立刻共同起来筹划的。一个有理想的作家，一个为人群的进取而战斗的作家，他做他的工作，并不是为了商品的目的，出版家是看清了这一点才敢于放肆的压抑剥削他们的。但作家和一切的人一样，他需要生活，只有在生活得到保障的时候，他才能正常的进行工作。对于作家的生活的保障，这责任首先应该由出版商人担负起来。从抗战以来读书大众的激增，以致他们忍痛担负高价购书费的情形，我相信我们的读者是并没有负于作家的。我们的文化出版事业，事实上在成立为一种相当有力的社会生产部门，但是作家的依然不能获得生活保障，实由于出版商人的居间的剥削。精神劳动者必须以本身的团结和社会的制裁的力量，使文化资本家减低他们不劳而获的利润，甚至我们也可以大众的罢工来斗争。我们一点用不到顾虑这对于文化会有什么伤害，因为保障作家的生活，也即是保障文化的前途！

文化写作是国家的、民族的事业，它担负着比学校教育更广大的社会教育的任务。从全民族的斗争中，由于文化写作所贡献的对国家的巨大的力量，向来被当做顽皮孩子的文化工作者，也已逐渐取得政府的重视。我们也应该使政府的目光，注意到作家们在社会生活中所遭逢的这种悲惨的命运，要求政府文化当局，用法律以至具体的物质的力量，来保障作家们的生活。著作物的登记，不应有那种严厉的限度与繁重的手续。由政府对于作家所组织经政府所承认的作家团体（如全国文协等），应赋与权力来执行文化行政中这一部门的任务，并有经常的物质的支助，帮助一切为作家谋福利的设施——要实现这一切，又首先得加紧作家本身的团结。

（载《文艺新潮》1940 年第 2 卷第 6 期）

作家生活问题

陈　畸

作家这两个字，的确有些人曾经给予过尊敬和景慕，但也的确有些人不把它放在眼下。因为谁也知道，所谓作家，就必定和贫困站在一起；除非你能够改行做官。“文人潦倒”自古及今都是一样的。

为什么作家必定贫困，不善于经营，甚至也不屑于去经营；所谓“清高”，几乎就是作家的一种传统的品性。这种品性，我们应该承认是作家的可贵的“美德”之一，没有“清高”，在现在这样的一种腐化的环境里面，他就会变成庸俗，由庸俗渐渐变成市侩。

市侩我们是厌恶透顶的！但自视“清高”，以至于把自己应该获得的生活权利也抛弃了，却不是一种忠于自己工作的正当态度。作家必须生活，才能够去写作，“穷而后工”并不是做为越贫困越能够写得好的解释。肚子饿着，执笔的气力也消失了，你还能够写下甚么东西来呢？

因此，说到作家生活问题，首先是作家自己应该执拗的，要求他正当的生活权利。譬如现在，写下作品来，交给报纸杂志或书店出版，一千字应该有若干稿费，作家必须要求照付，并且是“锱铢必较”。（把一篇一万五千字的作品，交给报馆或杂志社刊出之后，除标点折扣，结果你只能领到一万二千字的稿费，遇这类事你曾经向报馆、杂志社交涉过吗?）必须这样，才可以使报馆老板、杂志发行人、书籍出版家，认识作家对于这一点并不是“可以猫猫虎虎的”！

作家必须认识并且承认自己是一名生产者，正像任何普通生产机关的一名工人一样（只有斯大林说过作家是“灵魂的工程师”），他没有领得清高的权利。作家的劳作一定要获得可以维持作家生活的最低报酬。倘使不能够，作家就得像工人罢工反抗资本家的剥削一样，大家在一个组织底下来实行“罢写”！

自然，我相信没有一个作家愿意走这条极端的道路——尤其是在抗战建国的进程之中，社会和国家也不愿意有这样的现象发生。那么，问题就在于：社会和国家是否有不让作家容易生活的打算，是否愿使他有较安定的日子去写作。如果是，就得寻求一个解决办法。

作家要求提高稿费，要求订立出版法，这是必要而急切的。我相信稿费将被提高，新的出版法也将被订立起来。但这还不是全部问题真正的中心，主要点仍然在于社会和国家有没有改变对于作家和文艺作品的根本观念，在于报馆老板、杂志发行人、书籍出版家是否确认他们的事业为一种文化事业，是和作家联结在一起的。因此他们应该尊重作家和作品，要不然，报纸副刊可以停刊，杂志可以不出（像现在居在香港的不少作家一样，因为没有了“地盘”，虽则愿意“廉格”，也售不出他们的作品）。书店尤无需乎趁火打劫，假传布文化之名，行剥削作家之实。

我们明白了帝俄时代作家生活和苏联作家生活之可惊的差异，这使我们想到：作家生活的解决，是需要在整个国民生活的解决中去求得最后答复的。“民族的命运，也就是我们文艺的命运。”（《中华全国文艺界抗战协会成立宣言》）换句话说，人民大众的生活问题，也就是作家的生活问题。

（载《大公报（香港版）》1940年3月13日）

一个提议

森 兰

保障作家生活运动，已获得了充分的开展。中央党政机关曾与作家交换意见，决定治标治本两项办法。治标办法与文协总会提出的相同，主要为恢复版税和确定版税，举办文艺贷金和生活救济金。治本办法为修改出版法和制定保障作家战时生活暂行条例，提供各文化机关查照办理。最近中央又决定拨国币十万元充文艺奖金和补助金。这自然是值得庆幸的事。

生活有了保障，就是工作有了保障，工作有了把握，工作有了充分开展的可能。阳翰笙指出："现在中央倘使能够拿出一部分钱来，不仅可以帮助作家的生活，也可以扩大□□文艺运动和精神总动员运动的影响。"这自然非仅一人之言，而是所有的文艺工作者都这样说的。

我们文艺工作者不是斤斤于口腹问题，更不是追求一种优越的生活。我们每一个人都知道："在今日的社会里，要生活得有意义，就不能生活得好！"我们追求有意义的生活，断不妄求生活得好。我们求的是生活的最低限度的解决，求的是生活条件许可我们站在写作的岗位上，以笔来当□，以所写的字来作□□——而且要这样意味着的□成为真正的，这样意味着的□□也成为真正的，最善地服务今日的民族革命战争。

这是我们要郑重指出的。

现在，我们的运动已经接近了成功，为了扩大□□文艺运动和便利作家执行宣传教育的任务，中央对于作家生活已经定下了切实保障的办法。现在，该是文艺工作者以光辉的努力，以光辉的成绩，来回答我们的政府和领袖的美意的时候了。那末我们首先要怎样做呢？

民众文艺读物、士兵文艺读物的缺乏，成为过去两年九个月间文艺工作的最不够的地方。文艺要成为宣传教育的武器，它就要能够深入民众和士兵。而事实上又已充分证明这是可能的，民众和士兵以极大的热情来接受我们的一部分优秀的通俗读物。只是我们文艺工作者没有大量的创作通俗作品供应各方的需要，这也就使□□文艺运动还不能成为一个群众运动。

然而这不能完全归咎于文艺工作者的努力不够，经济贫乏不能不是一个重大的原因。一方面文艺工作者势不能写作不能卖钱的稿子，一方面稿子的印费势不能叫写作者自己掏腰包。在这两难之下，通俗文艺运动便做得很不够了。

现在，我们若果获得了生活的保障，我们觉得马上要把这方面的缺憾补救过来，从这方面来回答我们的政府和领袖的美意。这里我向文协总会提议发动一个五百种通俗作品的写作运动，一个广泛的通俗作品的写作突击运动。从这里我们很足够表现我们刻苦服务□□的忠诚哩！

（载《大公报（香港版）》1940年3月26日）

救救文化食粮的恐慌

徐获权

自从去年九月欧战爆发以来，后方因为种种的原因，逐渐的发生了文化食粮普遍恐慌现象。这种恐慌到现在是与日俱进，这对于国民的进修与意志关系都十分的重大，可是一般人都只是熟视无睹，比之甚嚣尘上的有形财货问题，在大家的心中真是渺小得可怜。在这其中曾引起了政府与民间注意的，不过只是教科书的问题，然而距圆满解决的境地都还很远。至于一般的文化读物尤以有系统的较高深的进修参考书籍，则现着极度的贫乏和衰萎。这真是建国工作中隐伏着一个无人注意而又十分严重的病态。

这个问题，系重庆与香港《大公报》于十月四五日著论提起，的确非常紧急而且万分重要！这一呼号已引起此间报纸之响应。兹就报纸所指出文化食粮恐慌的原因与调整救济的办法而加以分抒。

（一）事实的症结与需要

“查我国自来出版力量即非常微弱，在抗战中逐渐受着汇兑与物资的影响，更形衰萎不堪。在出版物的生产量上，自然是极度的低减，而质上尤为十分的单调。就出版业的自身言，自不能不顾到成本与销场，于是文化食粮就这样的由紧缩而极度的消沉下去了。我们不能推诿为战争中应有的景象，建国工作，千头万绪，无不需要专门知识与正确精详的参考资料，这差不多是不能责之于出版业的自身，应当是由政府去提倡和资助的。这事并不十分艰巨，所需的资金也并不是高额，只须发现了他的必要性，便很容易奏功的。

出版业的原料是仰给于著作人，但是现在的编译著作方面，也是十分的萎顿。纯粹靠写作谋生的，在现在如果不真正的流为文丐，继续工作几乎是不可能的。版权脱售的价格每千字与战前无异，而售出且远较为困难。版税虽可以随书价增进，但书价的增涨显然较物价的增涨为低，而销场又不旺盛，愈专门而质量愈高的书愈是滞销。而版税结算之期又远不济急，所以现在事实上除了兴趣的和副业的以外，文化食粮的生产可以说是极度的恐慌。我们也知道在这样的经济物价情形之下，根本的改善是不容易做到的，但长此推演下去，民族文化建设便根本成了问题。

国民的教育和一般智识的增进，并不能单靠学校，而学校中的师生，亦不能只靠教材便能达到自修的理想阶段。所以适应的读物，对于他们以及一般大众都是十分需要的；并且有日新月异的读物，也可以去改革社会许多的不良风尚而使读者的口味兴趣日趋高尚，以代替其一部分低级兴趣的娱乐。至于在被占领区域以内的文化大众与前线士兵及工作人员，对于一般的文化食粮的需要，尤为殷切，这在质与量上都差得很远，并且又缺乏有系统的组织。这都是目前从文化立场与抗战立场上看，不可轻视的问题。”

（二）调整救济的办法

“我们以为在此时，政府对此问题当密切加以考虑，以大规模切实而易行的办法，来大量的充实文化食粮的生产与出版。在这里似乎可以与经济建设相同，来一个文化建设的公债，吸收游资以从事于各种文化建设事业，一方面既可以救济失掉生气的文化著作出版界，他发面亦可以轻减无归宿的一部分游资在社会经济上的作祟。即以这等资财来补救及发展文化事业，既可使从事出版的人可以放手迈进，而从事于文化工作的人亦可以激增其工作的兴趣，以免其逃避于追逐工商暴利的园地中，这不啻从事业上保障了不少已经成熟的可宝贵的文化人，而同时文化食粮的恐慌问题，亦可以迎刃而解决了。

现在虽是海外交通困难，但无论从哪一方面，这外国书报的输进，事实上并未成为问题，不过受着汇价与销路的阻碍，所以流进不旺。而国人对于外国语素养的缺乏也是其原因之一，欧美各先进国文化食粮已是席丰履厚，尚且对于新出版之国外著作的翻译非常活跃；而我国对于此事自来即缺乏有系统有魄力的努力，在抗战期中尤为黯淡。我们以为国立的编译机关，对于此事应当高瞻远瞩的加以分外的努力，不当只囿于目前教材和参考书的问题中，或只是被动的以销路为标准而工作，应当采选有价值而为一般读者所不易购得的作品迅速从事迻译。这种人弃我取的根本工作，实在只有由国立的机关去从事，方能针对需要，以补出版业的不足。”

上面《大公报》贡献了两个顶具体的办法，主要在从经济方面来解决这个严重的问题。桂林《力报》认为，要使文化食粮能够适应抗战建国的需要，不是简简单单的从经济方面可以解决的，而是首先要使得一般出版业与文化工作者获得政治上的充分保障，不至于受意外的打击，然后从事出版业的人才可以放手迈进，而从事于文化工作的人也可以激增其工作的兴趣。

所以《力报》关于怎样做的问题，申述了它的意见如后：即就经济方面而言，我们想要使文化食粮日新月异地增加生产，并且普遍地到达社会各阶层，到达前后方大众，那末一方就要使物能尽其用，人能尽其才，一方就要使地能尽其利，货能畅其流。

文化食粮生产的物质条件，如印刷机器、纸张等，目前虽然十分缺乏，但也未必已经把现有的东西充分利用。即如印刷机器，在某些大城市沦陷或被灾时，许多机器都会迁移到偏僻的乡村去，搁置不用；还有一些印机，因为不适合于土纸印刷（土纸纸幅过小，且不坚牢，故全张机不能用，卷筒机更不能用），也搁置着等于废物。如果政府能设法帮助印刷业，集中闲散的机器于某些适宜地点，设立专门研究机关，研究土纸改良，同时奖励民间之土纸改良，使适合优良机器之用，一方由国家建立大规模造纸工业以补其不足，则就这一例子说，物便尽其用了。至于使人能尽其才，则唯有使文化食粮的生产者能够自由发展，使他们无论精神上、物质上都享有确切的保障，受到帮助（如国家于适当地点集中研究资料供给他们应用等）、鼓励（如对成绩卓著者给以奖助等）而不受到阻碍；其次则在文化事业发展中尽量改良他们的待遇，也是题中应有之义。

所谓地能尽其利者，是因为在战时，交通不便，文化据点不能集中在一个地方，而必须分散。这许多据点因为环境的差异，而生产各有其便利，例如接近前方的据点宜于出版士兵读物，接近工业区者宜于出版工业技术书等，这在出版界与著作界都应当有确切的认识，而合理地加强文化生产的特定方面，使发挥较大的效能。至于货能畅其流，即文化食粮的分配问题。现在交通虽甚困难，但对于文化食粮的运输，似乎不宜有所限制，而是应当尽量设法克服困难的，否则即使大量生产，也无法达到部队中、农村中以及各方面的文化饥荒区域中去。不但运输机关的协助，即一般行政机关、军事机关对于文化食粮的分配的协助，也非常重要。即以通俗文化食粮而论，广西省政府编印民众图书五千套，临桂县政府号召全县镇乡，大批订购，于是风声所播，各地农村中与部队中的负责人员购买通俗图书，以供民众士兵之用者也逐渐增多起来。行见此小型图书馆林立于各乡村与各部队中，这便是行政机关提倡有效的明证。

总而言之，为了文化食粮的调整，政治力量之适当的运用（奖励、保障、扶助等），正和经济上的条件一样，是非常必要的。

（载《时论分析》1940年第27期）

精神食粮的供给问题

李惟果

据某一批评家说，第一次大战打了四年，文艺界得到的赐予，仅仅是《西线无战事》一部小说。战争愈是近代化，莎士比亚和哥德的候补人死得愈多。我想战争所造成的知识贫血，不仅限于文艺方面，其他方面也是一样。这也难怪，因为一个民族正在倾其全力以争取胜利之时，凡能缓办的事，当然是从缓了。从表现上看，一般的文化事业虽然是与争取胜利没有非常密切的关系，然若没有一般文化的培养，而欲发展专门知识，便不见得容易。一个人有了基本的健康，那末，拳击固好，赛跑也好，学起来总比旁人快些。就是应用科学，乃至国防科学，它的基础总是建筑在一般的科学之上。具备普通工业的国家，加强国防就比较的方便。有了能驾驶汽车的国民，训练他们为空军战士是不十分费事的。在战争之中，若干科学部门自然特别发达，这尽管是时势所造成，究竟不是正常而健康的现象。因此，我们的结论是：无论战事如何延长，牺牲如何重大，环境如何艰苦，而对精神食粮的补充与储备，必须同时尽到最大的努力。

我们现在是为民族的自由与独立而战，当然异于一般的作战。在这抗战过程中间，我们所要立志保卫的，不仅仅是政治上的主权，同时还要顾到整个文化的命脉，故更须在可能范围之内，经常不断的培养知识元气，至少也得维持我们固有知识的水准。

三年半以来，我们的知识仓库横被敌人摧毁或掠劫的不知有多少。即在战事发生的前后，陆续向着内地迁移的学术机关，或因时间匆促，或因交通困难，也未能把所有的书籍仪器全部运出；至于一再迁移的学校，损失尤其重大。生活的压迫常常使教员和学生不能十分安心讲求学术。坦白的说，三年六个月的抗战，在民族意识的发扬方面，在刻苦精神的培养方面，在主义和领袖认识的建立方面，至少赶快了五十年乃至一百年，然而学生中一般知识的水准，则确比较战前低落了。这是一种不可避免的结果，似乎不必讳言。好在我们地广人多，容易分工合作，否则目前读书的人，恐怕有许多早应该转到工厂或军队里面去了。我们感受战争的恶影响，究竟还比其他任何国家轻微，这不能不说是种不幸中的幸事。

话得说回来：问题还是存在！精神的食粮问题，必须与物质的食粮问题同时解决，当前的抗战和将来的建国才能顺利成功。我们今天所最不能放心的，不仅是一般的书籍和仪器之缺乏，就是那和争取胜利最有密切关系的学术，也不能得充分接济。因为抗战而发生的若干问题，不是单凭我们的理想和经验所能有效解决的。即使可以解决，也必须费许多时间，经由试验、错误、修正，以臻完成，手续殊不经济。实际上，这些问题有的是别人家已经解决了的，有的是别人家正在努力解决的，有的是别人家无法解决的，如果我们能够不断的得到这些参考资料，岂不是可以省掉许多麻烦与时间？人家现成的东西，我们为什么不去尽量利用？想要办到这点，必须保障书籍杂志和仪器的来源！

举一个例来说：上次欧战结束以后，英国曾经编成一套丛书，分门别类的研究种种战时及战后问题。前不久有人向伦敦最大旧书店福尔公司购买这一套丛书，找来找去也找不到一部，后来福尔公司又替他向各处收买，也得不到一点线索。这是多么奇怪的事！打听的结果，才晓得这些书籍已被日本人收买尽净了。敌人为什么买？他们因为想学聪明些。为什么买得干干净净？因为他们不愿意旁人学聪明。我们固毋需把人家的珍藏，完全当作自己的家私，但是落在路旁的桃子也不妨拾起来充饥！我们最大的困难就是拾不起来，拾起来了，也是送不上口。

运输是一个必须解决的问题。有许多书籍是西洋人已经送给我们或预备送给我们的，只因为运输困难，现尚不能到手。牛津、剑桥两大学和王家学会已经允许送我们八千镑价值的新书。这三个学术机关，自己都有印刷厂，每年出版的书籍，种类很多，也一律奉送，不必花钱去买。此外，他们还替我们搜集了旧书的副本，这也不在八千镑内计算。他们送来的书，尤其是旧书，虽不限于英文著作，法文和德文的也有，但其送书之目的，究在沟通中英文化，所以他们想在每本书里留下一句可以纪念的话。他们的建议是“四海之内皆兄弟也”。一年以来，运到的共有两批：第一批五十箱已由中央图书馆分配给各大学；第二批五十箱则尚停滞在海防。美国也陆续有书送来。前不久，美国图书馆学会又送来了二百箱书，可是到了香港以后，便无法再运！德国曾表示过愿意赠送书籍和科学仪器。教育外交两部和中宣部会同组织的战时征集图书委员会已经发信到国外去征求书籍，愿意送书的团体随处都有，杂志也一样的可以征求。现在的问题不是有没有书，而是可否运输。

我们这样打算：如果交通当局能够每月设法运输一辆卡车的书，问题就可解决至于相当满意的程度。一辆卡车可以载书二十箱，一箱至少可以装书四十本，总数就有八百本。学术界每月能得新书八百本，则在战时环境之下，宜可相当够用了。

第二个问题是经费。送来的书籍杂志，当然不完全是我们所最需要的，最需要的资料，我们还得自己购买，尤其是有时间性的书籍和杂志，更不能不花一点本钱去买。政府如果每年在一般教育经费之外，增加五十万元的图书购置费，据专家估计，按照有计划的购买方法与分配方法，这价值五十万元外汇的精神食粮，已经可以保持我们知识上的健康。我们是穷国家，一文钱也应该节省，然而五十万元的外汇，绝不是白花的，我相信从这许多资料之中，我们可以找到解决当前问题的答案或启示，尤其关于经济和技术方面的问题。如果能够充分利用别人家费了重大代价而得来的经验，我们所得的利益何止五十万元？解决社会性质及技术性质的问题，时间的因素非常重要；解决的时间差上一年半载，物质和人力的消耗，常常相差到几倍。有些特殊问题，如果不在一定的时限以内解决，以后也许永远无法解决，损失更不可以计算了。

第三个问题是分配。以有限的交通工具和外汇得来的东西自然有限。以有限的东西供给无限的需要，分配的方法自然必须十分经济。关于这个问题的解决，我们愿提三种建议。

第一，普通性质的书籍，无论是中文或西文的，其已经由各图书馆或各大学搜藏者，仍听原主自行负责保管，至于将来蒙赠或购买的书籍则应另行责成一个或几个按照区域需要而新成立的图书馆去保管。现有及将来收到或买到的普通书籍，必须备一详细目录，由中央图书馆主编，分存各大学图书馆。因研究而需要的书籍，可以在确切保障之下互相借用，珍贵的书籍虽不便于出借，但亦应予研究者以一种便利，使他们能到存书的地点去参考。

第二，富于时间性或与抗战建国直接有关的书籍，无论是别人赠送或政府购买的，应该详细分成门类，看那一个大学特长于那种研究，我们就把那种图书分配给它，同时责成它去研究几个问题，由教育部通盘筹划。平均分配的办法，绝不适宜于战时。彻底的说，岂特图书仪器的分配，应该依据客观的需要，集中于几个学校，就是今天学科的研究，也应该有分工必要。现在的大学不能算少，学科也不能说不多。但是条件具备的大学究有几个？大学与大学之间，都有同样或类似的功课，甲校没有的课程，乙校也不见得有。这样的把人力和物力来消耗，很难获得代价！年来教育当局对于这种不合战时需要的现象，已经在那里逐步改善，确是非常难得。我们希望这种改善的努力，能够继续下去。我们相信图书的合理分配，不特可以同时举办，而且可以加速达到教育当局最后的目标。

第三，政府机关购买及保管图书的方法，也有改善之必要。政府机关所负的责任，当然偏在实际方面，因此，其所购买的书籍，当然是和实际问题有关系的。目前的现象是：有不买西洋书籍杂志的机关，有买了而互相重复或彼此都缺乏的机关，有买了而不知道充分利用的机关。政府机关需要精神食粮，同学校完全一样；食粮买到之后，需要管理调剂及消化，也和学校一样。同性质的机关应该成立类乎联合图书馆的组织，普通性质的东西，不必两个机关同时购买或同时不买，彼此之间也应该商筹一个交换借阅的办法。这点如能做到，现在要看书而无书，不要看书而有书，或一两个人看得到书而许多人看不到书的种种恶劣现象，都可逐渐减除了。

上次欧战刚刚结束的时候，德国因为被敌封锁的关系，物质的食粮固然缺乏，精神的食粮尤其发生恐慌。当时普鲁士教育部长鄂图雪密德氏认清了复兴祖国的第一步工作就是补充精神食粮，便集合了德国的工商界领袖和图书馆的专家，合组一个“学术协进社”，并约全国知名学者，共同成立一个评议会，议定应该搜集的书籍，或者设法用钱去购买，或者向美国去交换。他们同时又详密的审定了各大学内特长的学科，书籍运到之后，应该送给哈莱大学的立即送到哈莱大学；应该送给海德堡大学的，立即送给海德堡大学。如此，经费节省了，学术的研究也集中了。从一九二〇年至一九三〇年，雪氏的计划完全实行，各大学的精神食粮逐渐充实，德国的学术亦赖其力以得欣欣向荣。学术界的人物，深感他的功德，在他年满七十的时候，编了一本纪念册——《德国五十年来的学术》——来祝寿，由各部门最高的权威分别阐述本部门内学术发达的经过。这本纪念册的本身价值很高，曾经商务印书馆译成中文，以飨国人。我们现在的处境，比较当时的德国好得多。雪氏为德国所做的伟大工作，希望我们也有人做，集体的或单独的。

上面所讨论的只是西洋书籍杂志和仪器的供给问题，至于国内出版界的工作，当然也很重要，也很希望大家能注意到。

为了争取胜利，我们固然需要知识；为了完成建国，我们更是十百倍的需要知识。今天是个斗智而不斗力的时代，我们是很迫切地需要斗智的资源！

（载《星期评论》1940年第5期）

文化食粮亟须调整救济

《大公报》社评

现代战争是有全体性的，就是要综合全国政治、经济、文化、军事、各种力量而尽量利用之，方才可以和敌人周旋求胜。自从第二次欧战发生，交战国双方都在努力发挥全力战的能率，作生死的搏斗，其中主要的枢纽，尤在于科学之竞赛、工业之争雄，这是铁一般的事实，最值得发我们的深省。

试看以英国文化之高，科学之发达，到了今天还要计划设立"科学局"，调整及鼓励各方面科学之研究与发明，而将研究结果，提交首相实用，这可见科学的重要性。再者中国与日本打了三年仗，我们凭着广土众民的先天优越力，重以上有伟大绝伦的领袖，下有斗志火炽的民众，方能撑持至今。然而，显然的我们科学落后，实为战争上最大的弱点。而以日本数十年提倡科学之成效，至今仍感缺陷，因此近卫内阁最近尚要设一综合科学院将以二万万至三万万元的建设费，和五千万元经常年费的巨资，从事科学研究之充实设备，这一点愈益可以促起我们的警悟。

反观我国，不但科学研究，够不上说有宏大的规模，即普通的文化食粮的恐慌，到今日已是与日俱进的进展，而一般人似乎还不甚重视，这是非常可虑的一件大事。我们现在姑不谈科学研究，惟愿提出最紧急的文化食粮普遍恐慌的问题，唤起国人的注意。

查我国自来出版力量即非常微弱，在抗战中逐渐受着汇兑与物资的影响，更形衰萎不堪。在出版物的生产量上，自然是极度的低减，而质上尤为十分的单调。就出版业的自身言，自不能不顾到成本与消场，于是文化食粮就这样的由紧缩而极度的消沉下去了。我们不能推诿为战争中应有的景象，建国工作，千头万绪，无不需要专门知识与正确精详的参考资料，这差不多是不能责之于出版业的自身，应当是由政府去提倡和资助的。这事并不十分艰巨，所需的资金也并不是高额，只须发现了他的必要性，便很容易奏功的。

出版业的原料是仰给于著作人，但是现在的编译著作方面，也是十分的萎顿。纯粹靠写作谋生的，在现在如果不真正的流为文丐，继续工作几乎是不可能的。版权脱售的价格每千字与战前无异，而售出且远较为困难。版税虽可以随书价增进，但书价的增涨显然较物价的增涨为低，而销场又不旺盛，愈专门而质量愈高的书愈是滞销，而版税结算之期又远不济急，所以现在事实上除了兴趣的和副业的以外，文化食粮的生产可以说是极度的恐慌。我们也知道在这样的经济物价情形之下，根本的改善是不容易做到的，但长此推演下去，民族文化建设便根本成了问题。

国民的教育和一般智识的增进，并不能单靠学校，而学校中的师生，亦不能只靠教材，便能达到自修的理想阶段。所以适应的读物，对于他们以及一般大众都是十分需要的，并且有日新月异的读物，也可以去改革社会许多的不良风尚而使读者的口味兴趣日趋高尚，以代替其一部分低级兴趣的娱乐。至于在被占领区域以内的文化大众与前线士兵及工作人员，对于一般的文化食粮的需要，尤为殷切，这在质与量上都差得很远，并且又缺乏有系统的组织。这都是目前从文化立场与抗战立场上看，不可轻视的问题。

我们以为在此时，政府对此问题当密切加以考虑，以大规模切实而易行的方法，来大量的充实文化食粮的生产与出版。在这里似乎可以与经济建设相同，来一个文化建设的公债，吸收游资以从事于各种文化建设事业，一方面既可救济失掉生气的文化著作出版界，他方面亦可以轻减无归宿的一部分游资在社会经济上的作祟。即以这等资财来补救及发展文化事业，既可使从事出版的人，可以放手迈进；而从事于文化工作的人，亦可以激增其工作的兴趣，以免其逃避于追逐工商暴利的园地中。这不啻从事业上保障了不少已经成熟的可宝贵的文化人，而同时文化食粮的恐慌问题，亦可以迎刃而解决了。

现在虽是海外交通困难，但无论从那一方面，这外国书报的输进，事实上并未成为问题，不过受着汇价与销路的阻碍，所以流进不旺，而国人对于外国语素养的缺乏也是其原因之一。欧美各先进国文化食粮已是席丰履厚，尚且对于新出版之国外著作的翻译，非常活跃。而我国对此事自来即缺乏有系统有魄力的努力，在抗战期中尤为黯淡。我们以为国立的编译机关，对于此事应当高瞻远瞩的加以分外的努力，不当只囿于目前教材和参考书的问题中，或只是被动的以销路为标准而工作；应当采选有价值而为一般读者所不易购得的作品迅速从事迻译。这种人弃我取的根本工作，实在只有由国立的机关去从事，方能针对需要，以补出版业的不足。

总之，我们许多有形的财货问题，固然亟待调整，这无形的文化食粮，也亟待调整。而这种调整事实上是不困难，且易收功，而对于文化建设的前途关系，又是非常之大。所以盼望政府不再漠视，立即着手！

（载《大公报（香港版）》1940 年 10 月 5 日）

旧书买卖

学　余

开学了，大家正要买书的时候，书价忽然飞涨起来。教科书起码加五成，无疑的一部分同学就感到一层严重的威胁，但是为了学业，别的可省，教科书省不得。同时大家也觉得读过了的书，一些也没有用处，弟妹年纪还小，真是所谓置之无用、弃之可惜。根据同学们的需要，我们便想到“旧书买卖”的办法，而设法把它实行起来。

这次所搜集的书籍共有四百多本，售去的只有一百六十多本光景，共售银六十元贰角六分光景，献金的有二十元四角四分，其余的都归出书人所有。

这样的成绩自然不能够使人满意，对于同学的帮助实在太薄弱了。或许有人在想：“只有二十元的献金要花这许多气力，还是我一个人捐捐吧！”的确我们也是这样想，我们原来的希望和事实的结果相差实在是太远了。但是这次成绩的不好，也有它的原因，最大的是时间的匆促、地位的限制和办法的欠佳。我们虽然花了时间，花了精神，花了金钱，所获很小，但是对于国家和一部分同学的帮助总是还有一些的，我们也以此作仅乎的自慰。

我们希望下期有人再来发起，把它办的更完善，对于同学有更大的帮助。有了人开过头一炮，大概可以便当些吧。

（载《华东联中期刊》1940 年第 1 期）

买旧书

清　君

还是前年的圣诞节吧，学校放假了，我很厌倦于学校里充满着宗教意味的圣诞夜，便跑进城里去了。白天在公寓里同C君聊了半天，午后两个人便跑到旧书摊上去看书。先从西单市场看起，所有书摊都走遍了，却一本没买。又顺着西单、长安街、天安门走下去，到东安市场书摊上巡礼，有几家熟人，直问我要什么，他们可以替我找，可是我们没有目的，只是胡乱翻，嘴里说我们要的你们未必有，挑挑罢。

几家卖西文的铺子也都走到了，几年前我见到的书到现在还没卖出去，可是标价却长了。在这些地方买书，就是碰巧，专心去买未必买得到。四年前无意中曾花了两块钱买了本当年出版的《莫斯科戏剧预演》(*Moscow Rehearsal*)，那本书内容很精彩，记载一位美国人旅行苏联参观各剧场的调查，有许多照片很美丽，场面也伟大。这本书看完了以后，曾经翻译了一部分，发表在某刊物上，承编者送了几十块钱的稿费，也是颇可纪念的事。我专心想买的，有Furniss及Whitaker的《国际汇兑》，寻了一年多，也没寻到。其实这两本书都是很普遍的，应该在旧书摊上买到的。后一本在前年冬天，Y君曾花了三块钱左右买了一本半新不旧的原版，很叫我羡慕。

我同C说在这种旧书摊上买书，实在真不容易，真正合于理想的书籍简直太少了，C问我什么书最理想呢？我随便顺口说譬如J. M. Keynes的*A Treatise on Money*。这种书哪里有呢？他说当然不会有的。

这本书是一九三〇年出版的，作者的见解非常独到精彩，可以说是这一年经济书籍最好的一部书。一九二九年世界经济突然的没落，引起了学者的注意，热烈讨论。这本书专讲货币方面的情形，怎样合理化，怎样推行，上卷是纯理论的，下卷讲到应用。作者对于储蓄、投资种种问题，都有极新的见解。虽然后来又出了本*General Theory*，见解稍稍更动，然而这书也仍旧是经济学的宝典。我第一次看这书时是在一九三八年，听货币银行学，讲到管理货币，*Monetary Reform Fundamental Equations*，才跑到图书馆里去翻翻看的。同时×××先生也开了门高级货币学，主要的是讲这本书。我对这书的好感便是从这时起的，以后朋友们问到货币理论的书，我总是告诉他有工夫看看这本。去年冬天诗人×××兄想看看现代的这类书，我建议给他除去Hayek，Robertson固然是最新的，Keynes的这部同*General Theory*都是必经的关口。这本书美金开价约五元上下，要是新书的话总在百元左右，非我辈穷措大所能担负。这种书既买了也不愿意当旧书卖，所以这种买部旧的希望恐怕不易达到吧。

暑假放了，回到T埠，非常寂寞，就不时跑跑市场的旧书摊子。可怜的很，这些摊子很难找到真正学术气味的书，所谓违禁的艳书倒是不少，中文版的形形色色，应有尽有，就是英文的也有几种，什么*Peaches's Cream*，《金瓶梅》译本之流，这与北京古城东安、西单来比，气味又是别有一番。北京这些低级趣味的风流书，不及这里买得方便，但是在T埠买有学术气的书，在旧书摊上实在困难。

可是，想不到的事碰见了。在一个旧书摊上巡礼以后，伙计问怎样，拿两本么？我说要经济的书，他说想起来了，邻居有一家新买了一批，可以领我看看，于是我去了，经过介绍以后，就检阅书籍，结果竟发现了这部书籍。问了问价钱，书主要这部四十元，可是还有商量让价的可能性。后来让价到三十六元，当时因为带的钱不够，所以订好第二天来拿。

第二天下午，我将钱凑齐了以后，就去那书摊，伙计告诉我已经卖出去了。这真使我怅然，感觉到遗憾。我问伙计是什么人买去了，他说是一位二十多岁的女士，看那样子好像英文挺好似的，她看那书新，所以买去了。

这一部患得患失的，给我一个看见的机会，刚要拿到又失掉了。

（载《三六九画报》1940年第5卷第5期）

买卖旧书运动

东 山

在米价高涨到四十元一石的今天，一般人都感到吃饭大难，谁都在为着肚皮打算。而同时我们的精神食粮——各种文化书籍也莫不较战前涨起数倍。即以我们母校当局立信会计师事务所所编纂的《会计丛书》

而论，现在商务出版发售的各书，都飞涨得使一部分同学感到难以问津，因而便影响到了他们继续求学的意愿，这是多么可惜而使人痛心的事！

不过在目下每一样物品的价格都在飞涨着的时候，我们当然也不能过于责怪书局方面的贪图厚利。唯一的办法便是能够设法购取旧书，庶几价格方面可以便宜一些以减轻负担。但这显然是一件很困难的工作，到旧书摊上去搜寻不但很不便，而且说不定一个不留神会买来了未改订过的老版子书本，那时反而因不合用而受到损失了。所以同学会几位负责人员便肩负起这一件工作来替同学们服务。现在已经筹备完毕了，最困难的经费问题也已经有了下落，现正在向各班同学及离校的老同学们开始征求，视各种书本的新旧程度而出相当代价收购。以后待整理完竣后，便再转卖给需要的同学们。当然这中间同学会方面也收取一些利润，以作为经费的补贴，不过愿意卖出或买进的同学方面而论，这的确是对他们十分便利的一件服役。

关于这一件工作，我认为至少有三种好处值得向大家宣扬：第一是节省了纸张的消耗。我们知道印刷这种书籍的道林纸和白报纸都是用“外汇”，向外国买了进来的。在现在的时候，能够省下一些物力便是增加一分力量，同时替国家保存了一分元气。第二是替一般经济力比较不宽裕的同学们打算，他们买进稍为旧一些的书籍，于阅读方面毫无不便而价格却至少可以便宜三分之一。第三方面在卖出者方面而论，他们把本已搁置不用的旧书籍卖出去，一方面又可以买进所需要的书，于经济方面也不无小补。而同学会方面也借此开一个源，借以补救这竭蹶的经济收支。

这是同学会方面今年开始的第一件工作，希望全体立信的同学们都来和我们携手合作，帮助我们、指导我们，使这一个买卖旧书运动能够健全地组织起来！

（载《友讯》1940 年第 37 期）

旧书是传染疾病的媒介

元　瑛

旧书能传染病菌，这一件事久为医学界所怀疑。到了现在，这怀疑已由著名的卫生学家连续的试验而证实。据卫生学者的研究，旧书能藏积细菌至惊人的长久时期，尤其是藏在纸张的折痕及钉装的缝隙处。旧书之所以容易积藏细菌，还有一个原因可以证明，这就是因为书籍常时被放在近于暖炉，或其它发生热气的来源的书架上，因此细菌就能够活动和繁殖。

据医生的证明，猩红热是能由信件传染别人的，即使病者痊愈后三个月，亦能由信件传染及别人。天花亦由病者将皮屑遗留在书籍里，虽经过病者痊愈一年之后，还能传染别人。肺痨杆状细菌能保持它的毒质至一年之久，白喉菌能保持六个月，这两种病都是很容易由书籍传染别人的。

研究结果，最不好的一点就是学校的儿童传染最多，因为儿童借阅图书馆书籍最多，并大量的采用旧的课本与杂志。

近来有一法文杂志 *La Vie Medicale* 曾邀请许多有名的医生参加讨论书籍传染疾病的问题。某几位医生，如 Lereboullet 和 Lamy，则以为人的传染为唯一的最危险；其他的人则觉得微菌的毒质与个人的抵抗力都是主要的因素；另有其他的人，如 Clerc 与 Navarre，除了同意上述两观点外，还有第三个理由——尤其是在细菌仍然活动的时候。

实际的说，我们怎能知道，我们给予学童的书籍，以前到底有没有被患猩红热、白喉、麻疹或肺痨的人接触过？这个回答就是如此：我们不能确定。不过仅就这一点已足给我们证明，使我们唤起学校和负有公众卫生责任的当局设法保护儿童，最低限度，也应设法免除传染的危险。

为了这个理由，我觉得我们必须要将一切买来的旧书籍消毒。这个意见与那 *La Vie Medicale* 杂志讨论所得的结论是一样的。那参加讨论的医生，大家都同意那最后的意见——只有用适宜与完全的消毒方法，才能使旧的书籍于人无害。

为了避免传染疾病起见，凡儿童或成人想用的旧书，都宜先行消毒，然后应用。一般的无识与误解都应要除掉。

对于旧书籍的消毒，有两种妥善的方法，不过这两种方法都是很危险的——因为它是要用绿萤石（chlorophane）和青酸（hydrocyanic acid）的。至于用硫黄酸酐（anhydrate of sulphur）来消毒，必会损坏书籍。

还有其它的一种方法是安全而满意的，那就是用九十五度（95 degrees Centigrade）热的福马林（formaline）。巴黎市立卫生试验室，每每将可疑的书籍放在箱内，用福马林熏之，至少四十八小时。

但这一个方法，也有一个缺点。这必需要把每页书仔细翻开，才见功效，若书籍太多，所用的消毒费，必定很有可观的了。

用福马林消毒，除了纯为卫生的问题的重要利益之外，福马林还可以使书籍不发生霉蚀，并且不会损害装订的式样。

在一九三〇年，有名沙佩罗者（Chapiro）将这整个的问题提出巴黎政市当局讨论，结果议决将所有学校图书馆的藏书与学校的旧教科书按期予以消毒。

另外还有一个名 Mathiaud 的人提出一个重要的补充建议。他只劝告学生注意他们的书籍是否有被传染的危险。同时更劝告为父母的，应该购买新的书籍给予儿童。他又劝告爱阅书的人，为了自身和朋友安全起见，不宜向有病的人借书。

许多大城市的卫生当局，对于患传染性的病人，所用的从图书馆或学校借来的书籍，都加以消毁。同时不许患病的人向图书馆借阅书籍或杂志，以防传染。

自然，如果一切旧书摊以及一切校图书馆与阅读室，都没有将书籍消毒，那末学校的图书馆，即使完全将所有的书籍消毒，也是不见得有效力的。

然而在这一切未能办到之前，最好的方法，是毁去一切污旧的书籍，另行购置新书。最低制度亦应购置新书给学校的儿童应用。

购置新书的费用，如果以之与从医药费省下来的钱比较，必定是微乎其微的。其次，各校常常购置新的学校用书，并能令出版家因有大量的销数，而减低价钱。

——本文译自 *Magazine Digest* 一九四〇年一月号 L. Tanon 作的 "*Used Books are Carries of Disease*"

（载《女铎》1940年第29卷第1期）

旧书和病菌

路 影

旧书是能传递病菌的，这在医药界方面，久已有此推定，至今已由不少著名卫生学家的实验加以证实。原来他们已发现旧书是能长时间庇护病菌生存的，尤其在病菌潜入书页层内的时候，它们的生存时间更属遥无止境。藏书架时常是置放在放热器的邻近，这又是加强病菌繁殖的因素。

医师知道猩红热常因信札的传递而传播，即使患者痊愈已臻三个月期间；天花甚至在一年后仍可传染。肺痨的杆状细菌能够保持施虐时间达一年之久；白喉细菌可达六个月。上列两种病症，现悉系由书籍为媒介而传染的。

最不幸的，旧书籍和杂志的惠顾者、图书馆的借书人大部分是学龄儿童，因此这种研究的结果，证明这些疾病在学童中最为猖獗。

近有法国杂志 *La Vie Medicale* 社举行一个讨论会，若干极著名医师亦参与其事。彼等所研究的，是书籍传递疾病的问题。有几位医学博士，像楼莱波勒特（Lereboullet）和勒梅（Lamy）等，以为人类自己传染疾病才是唯一严重的危险问题，其他的人觉得细菌的毒性和个人的抵抗力，都是主要因素。还有几个，像克勒克（Clerc）和纳佛勒

(Navarre) 二人，除承认以上两种见解外，并发表第三种意见——细菌生存的时间。

实际而言，我们所给予儿童的书籍，怎能说它没有经过猩红热、白喉、淋浊症或甚至肺病患者的传递？即此一端，已足使我们承认，学校卫生行政当局，必应设法保护学童，至少勿使他们受到外来的传染危险。

关于这事，我承认是有赖于消毒了。该杂志社所举行的讨论会的结论，也是如此。所有参与的医师，都不约而同的有这意见——唯有正当及完善的消毒，才能使被人用过的书籍没有害处。

为求发生效能起见，凡是儿童浏览过的书籍，都须加以消毒；假如情形可能时，成人用过的，亦予消毒。目下一般人对于这事的茫然无知和缺乏了解它的危害性，必须亟谋辅助。

能够使人满意的消毒方法只有两种，同时这两种方法，是有极度危险性的运用绿萤石和氢氰酸。

另外一种方法，安全而效宏，是施用摄氏九十度的热福马林。凡是染有病菌嫌疑的书籍，巴黎卫生实验室规定，须置入特制箱内，令感受福马林气味达四十八小时之久。

这消毒法，唯有一个缺陷，即在实施时须逐页翻检。如所需消毒的书籍不止一二册，费用亦颇可观。

从纯粹的卫生观点以外，利用这方法尚还有一重要优点，即福马林亦能杀灭细菌，而不损伤书籍的装订。

一九三〇年石丕洛氏（Chapiro）把整个问题提出于巴黎当局，结果图书馆及学校书籍定期举行的消毒制，赖以建立。

麦苗奥氏（Mathiaud）的补充建议颇关重要。他仅仅劝告学生，务须慎防他们的书籍勿为病菌寄居及吁请做父母的为儿女购买新书。同时他又要求酷爱书本的人，拒绝出借图书。

当然，单纯把学校和图书馆书籍消毒，而任令旧书摊以及其他公共阅书处所依然故我，不施行消毒手续，当然是没有用处的。

虽等到各种书籍能施行有系统的管制时，至少能为学童销毁所有旧书，令购新书替代，这是最上策了。

因此所省的费用，倘与所用的医药费比较，当犹觉渺乎其微，加以按期采购学校用书，亦能使书局减低售价的。

（载《健康生活》1940 年第 19 卷第 5 期）

北平的古书业

自抗战发动以来，北平虽告沦陷，但北平确是个文化之城，多量的文化宝藏还留在这个城中。若干年来，收藏家的目光多集中于此，实物向西洋流去的亦不在少数。仅以古籍一项而论，多少善本孤本，现在仍在欧美各国的图书馆里珍藏着，国人要研究某项学术，必须到美国或法国的国家图书馆里才能看到我们自己的书籍，这实在是我们中华民族可耻的一件事。

北平的古书业者，多集中在琉璃厂一带，隆福寺亦有几家，究竟是在少数。他们像猎户似的，派人向国内各处猎取珍本，待价而沽。很可惜的一件事，好而不多见的书籍，多半是被国外的收藏者以大价买走了。

北平几家较大的古书店，如琉璃厂的翰文斋、文友堂、藻玉堂、来薰阁、邃雅斋、富晋书社等字号，都是比较收藏较富的。其中尤以富晋书社、邃雅斋收藏更多。富晋书社所藏的原版《图书集成》，殿版《聚珍版丛书》都是难得之籍，索价亦甚可观，每种都要超过几万元。邃雅斋所藏殿版《古香斋十种》、《二十四史》和元明版的集部，每种数十元不算什么稀奇。松筠阁藏地方志书较富。这几家书店，多是年代久远，有的开市到现在已二三百年，翰文斋就是其中之一个，这个书店已经营数代了。

无事的时候到琉璃厂浏览浏览古籍，实在是一件很文雅的事。推开了各书店的门，古色古香、琳琅满目。北平的文人多半是各书店的长期主顾，有书癖的人，不买看看，亦足过了“书瘾”。书店的老板虽然不是学者，若谈一谈版本来源、收藏家历史，则津津有味、数日不倦。古书店的资本最初全是很少的，而今在琉璃厂的古书店，那一家不值个几万、几十万，大半全是各书店主人辛辛苦苦积蓄下来的。现在你若是想开古书店，即使有了资本，但那里去搜寻这样多的好货物呢？

（载《大美周报》1940 年第 45 期）

对于古籍应取的态度

高　梁

一

有人说，我国的古籍是我们的“国粹”，保存“国粹”就是延续“国脉”，要是“国粹”不存、“国脉”被替，国家就要灭亡。于是大人先生和志士仁人的遗老遗少们，深怕“国脉”之被替，而群起拱卫，从以前读经运动的提倡，和近来某些人的盲目拜古，都是实例。我国的古籍，是否值得这样重视和崇拜呢？史学家周予同先生说得好：“中国的古籍，是乱七八糟、乌烟瘴气。”但偏有那些自己毫无见解，而专事顺口接屁的家伙，硬要将它加上一套中山装，而自命内行地为它弁护，这么一来，满以为古书从此得救了！其实盲目者的痴愚，是不仅可笑，并且是可耻而可怜的！

曹聚仁先生誉盲目捧读古书者为“水落鬼”，随时随地在拉替身，这实在是一针见血之谈。我们试看多少纯正的青年，被“水落鬼”拉去做了替身，到今天“水落鬼”更是变本加厉地隐藏在岸边，等待机会，来残害现代的所有者我们这一代。今天是我们新生的时候，整部历史新生的时候，我们该挺直了腰来做一个现代人，决不容许白天鬼出现。

“水落鬼”的藏身处，就在这乱七八糟、乌烟瘴气的古书堆里。为杜患于永久起见，我们首先得将乌烟瘴气的古书，来一次清算。汰其腐而存其精，把优良的民族传统提炼出来，把被支解过的滓渣残余和一切病态与积垢，以及早已枯死及今犹存的骸骨骷髅，予以销毁，而来一个彻底的大扫除。

自然我们对于这已经植根好几千年而富有毒汁的大树，一下之要扫除净尽，的确还是不易办到的。但在有一分力出一分力和知道一分暴露一分的信念之下，贯彻着决勿软脚旦旦而伐之的精神，来施行摧毁和涤荡，先给某些“食古不化”泥古拜古的腐蠹份子一个正面答复却是必要的。同时愿和每个去毒有心的同志，以及爱护我们的现代而不甘被人葬送的同志，大家一块儿来努力。

二

中国在世界各国里，是一个发达最早的国家，已经有五千年的悠久历史。因此记载中国文化的书籍，也就“浩如烟海”，从三坟五典、八索九丘之类起一直到现代的《金书》、《集成》，多得来真是难以数计。

古人有所谓“叠床架屋”、“汗牛充栋”的说法，这是充分形容书的奇多，但没有指出具体的数字。在清朝乾隆时所编的《四库全书》一心要想用满洲的颜色，把全部中国的古籍实施涂改，结果费了很长的时间和费了很大的精力，别说没有能够做到全部涂改这一点，并且也没有能够把我国的古籍搜集完全，至多只能说一部分。而所编成的书，曾国藩说：“而其存目之书数十万卷尚不在此列。”这是足以看到全书数量的浩瀚，至于那些与满清统治阶级不利的书，被毁被禁而未曾收入的，又不知有多多少少。在《四库全书》完成以后，直到现在的二百余年中间，旧书的发现，更不知又是多多少少。还有那些被认为不登“大雅之堂”的，真就“虽生而是之，亦非一人腹所能尽领也（曾国藩语）”了，亦许是为了不忍货弃于地的缘故吧？却劳了富人们的设计，把《二十四史》装在直立的书柜里，富丽堂皇地做起屏风来，这自然是“功”在人世的。

古籍在量的方面是这样的浩瀚，但真能存古而不被支解或篡改的，尤其在两汉以前的作品，简直是百难获一。为了真伪或完散之弁、论争之作，又是多得难以数计，例如某某考某某释或某某正误之类的，触目皆是。在清季今文学派和古文学派的激烈争论，便够热闹了。我们既无法掘起残骨——亦许残骨都没有了的古人于地下，来问个清楚，更不愿在他们以叶障目的园子里翻筋斗，来作喻刘韵［刘歆］为第二个孔子的古文学派的尾巴，或作骂列韵［刘歆］为不孝不义的今文学派的应声虫。因为这中间无聊的争论笔墨，多过于言之有物的喧论，所以只有在这乱七八糟、乌烟瘴气里，别开一条新路，用科学的哲学眼光，来扬弃旧的以吸收新的，所以一切有关于他们论争的东西，在这里既不容于篇幅，也无此必要，就概不例引了。

三

到现在还存在着的好风雅之士，一心要脱尽人世间的烟火气，而置身于“羲皇之上”。为“无怀氏、葛天氏之民”的大教授们“力学好古生苦晚”，认为救中国者是惟有《古文辞类纂》之类，死信着“维盛清治迈逾前古千百”从而向朝气蓬勃的青年们“苦口婆心”地施散。“涵养性中天”，古文应该读到烂熟，要能背，大有非如是便不足以救中国之概。

可是某些人竟见不及此，而搬出来了一套公式，认为既是学校里选定的课本就应该读，并且要读得好，然后再读学校外面的书，其次才读［谈］到工作。高明诚属高明，青年人却实在有点不敢领教，这是否是叫人们来者不拒，是书就一齐吞下，根本用不着检点毒与不毒呢？此何异座价一角，售券讲学的江亢虎博士，曾经劝人只要是书，就把它读下去，如牛之吃草，装装装尽量装，在没有吃的时候，可以细细反胃。要是对的话，中国的教育制度，还是愈古愈好，咿语终日的冷板凳生涯，把四书五经之类读个烂熟，从头至尾，从尾至头，背个一字不遗，不就是饱学终身，取之不尽、用之不竭了吗？

脑子只有一个，尤其是纯洁的青年们，决不容许凡物乱装。凡是稍有常识的人，总会相信，头脑里装了毒汁的人，是会拒绝接受准确的理论或善意指导的。有人说青年的头脑，是一张白纸，不管染上或大或小的污点，就不易去掉，这句话是有相当理由的。我愿盲目信古者不要随意把食而不化的古董向人们头脑里乱塞，滥在白纸上画墨豚。同时希望同时代的青年朋友，宝贵我们这张白纸，拒绝“水落鬼”之流来乱涂。我们留着它是有着宝贵的用场——接受“放之四海而皆准的理论”来武装我们，朝着解放人类的目标迈进。因此，每个自爱的青年，在用善意去影响朋友的时候，当心无意地指导了人家走上了歧途。

四

我们要宝贵精力，肃清一切盲目信古、泥古、拜古的张眼瞎子，切戒囫囵吞枣般的滥吃，而自坏其肠胃。因此我们就得运用科学的发掘机，向面对着我们的乱七八糟、乌烟瘴气的堆里，去展开艰苦的整理工作。

但这是专家们的工作，在我们刚刚踏上学习道上的朋友，恐怕是难以胜任的，而一些部分地经过整理的作品，是值得我们读的，这里有着足供我们吸收的新的东西。然而这并非说我们青年朋友仅止乎此，就不能再去做发掘和整理的工作，原因是费时费力多而收效少，所谓得不偿失，例如体格不健全的人，走进了矿层里去的时候，会感到不适而会致疾病的。

同样，一切滋补品在消化力不够健全的人，是不进的好。例如牛奶鱼肝油之类，在体格健全的人吃了之后，是会更壮硕的；如其消化机能不良的人吃了的话，是可以成为病根的。因此我们说乌烟瘴气堆里是有着丰富的“遗产”而值得借镜的，但需要经过整理的，决不可盲目擅取。虽则“遗产”是帮助我们朝前进发的，不然的话，就是一种毒害。这遗产也可说与金钱遗产一样，要是用之正当，未始不可为事业发展的资本，反之就是养成一批纨绔子弟，好吃好着好玩的恶习。即使好一点的话，至多也不过是意气高傲、有己无人的少爷，于社会是毫无裨益的。

只有把握住准确的历史观，深入到社会层中间去，懂得做人的真道理，去认识悠长的中国文化，从乱七八糟、乌烟瘴气的堆里，做到扬弃旧的和吸收新的，才能推进现实帮助现实。

（载《学习》1940 年第 1 卷第 10 期）

读古书的态度

李融先生：

来信说，你读了《学》、《庸》、《老子》有年，并不能应付这多变复杂的现社会，关于这我们要特别提出来和你谈谈，因为这是有关读古书的问题。现在正有些人在提倡读古书，以挽世道人心，有很多青年被把古书往肚子里灌。要知道，各家学说、各种思想，是反映着一个历史阶段上的一定的社会生活的，所以各家的学说、各种思想，因社会不停的走着历史途径往前，就只有在历史上有着它的价值，而不是放之万世而皆准这么样绝对的。如果真是放之万世而皆准，那末人人必然会读，何致有式微之感，要人提倡，要人恢复？这是很明白的道理。记得在张之洞时代，因欧风美雨之时渐，有人大倡新学，于是他老夫子以卫道者自居，而力持“中学为体，西学为用”。可是终于徒然，新学等竟由那时起，到现在已冲破了纯粹的中学藩篱，而大行于中国社会了。这是因为古老的封建社会，受资本主义的侵蚀，急速殖民地化，必然要改变社会生活的，代表中国封建社会文化的“中学”，必然不能继续保持的。《学》、《庸》、《老子》是周代封建社会产物，离现在三四千年，虽说中国社会因有它特殊的条件停滞于封建阶段很久，但决不是不变，只是变得慢些。特别是鸦片战后，资本主义的大炮，打破了中国封建大门，中国社会急速殖民地化后，它的本质不会还是周代封建社会的本质。更特别是二十世纪的四十年代，中国自己是处在一个空前艰苦的进行争取独立、自由的民族解放革命斗争时代。国际间，帝国主义国家正在疯狂地在全世界进行他们的争霸战，而苏联坚守和平政策，反对着战争，同情与援助着弱小民族的反帝反资本主义的革命。这样中国目前的社会，岂但不会不是周代封建社会的本质，也不是抗战三年以前的本质了，虽然还没有变到由母亲肚子里产下的孩子那样的新质。这样一个社会，决不是《学》、《庸》、《老子》时代的人所能梦想到的，那末以《学》、《庸》、《老子》的作者的认识与方法，来应付这个决非《学》、《庸》、《老子》时代的人所能梦想的社会，岂能应付得了？如果说可能应付的话，那末木犁石斧也可和机器竞赛了。然而这并不是就说我们是反对读古书。我们跟那些"只有西洋好的"唯洋论者毫无相同之处。我们知道中国社会有着他自己的血和肉，把洋货搬过来生硬地吞，并没有多大益处。但是我们却反对复古论者以"古的都好"的那种态度去读古书。这跟把洋货生硬的吞，同样并没有多大益处。那末我们是折中论者，或者调和论者吗？也不是。不论"中学为体，西学为用"的调和也好，"中西平分天下"的折中也好，都是无知的胡闹。我们主张，从人类一切文化遗产里（不论中外），根据我们自己目前的需要，撷取其精华，也吸收现代进步国家的新文化，来创造民族新文化。换句话说，我们要以蚕吃桑叶吐丝为模范去吸收文化、创造文化。再换句话说，我们要以批判的态度吸收文化，于是才能创造文化。这也就是民族形式文化建立的基础。我们认为读古书的态度，这样才是正确的，才是合于科学方法的。这样才可以学以致用，而不是一个无用的学究。在现在，我们决不愿看见"子曰"与"之乎者也"摇头摆尾的复活。

（载《读书月报》1940 年第 2 卷第 9 期）

关于古书问题的声明

本周报前期答复几个小读者一封信里提到古书问题，原文是"倘若以为看到有些学者们正在大买古书读，内地某青年训练机关令学员读四书五经，便主张青年人应该读字典、经史子集等，这也是不合理的……"引起一位读者的责问，并且误会我们提倡废古书。我们的回答如下：

一、我们不是秦始皇，也不是独裁的魔王，无权禁人读书，也无权禁人读古书，更无权可以废任何书。

二、古书有它的当时社会价值，倘若强迫以今之人（尤其是今日的青年）行古之道，把那一套已不适合现在环境的理论，不加扬弃而要拿来束缚人心，这无异于硬把今日的社会拉到千百年以前去。所以我们不主张强迫今日青年人去沙里淘金，读那百无一用的古书。

三、古书既有它当时社会价值，所以为着研究古代社会问题及各种学术史上的问题，古书当然是研究材料之一。不过这仅仅是极少数学者对于某种问题有特别兴趣的研究工作，不是一般人都可以亦步亦趋模仿学者们的把戏。同时，学者们为着提倡某种学问而劝人读某种古书，这是研究指导，是应该做的。但是如果拿古书中陈义来做麻醉青年的工具，这是罪恶，无论他是什么学者。我们为着民族存亡起见，应该纠正他，并且要号召青年人群起而纠正之。

四、在一个民族危急存亡之日，我们以为学者们当前最大的任务是在以身作则，号召青年起来为民族独立生存而奋斗。指导青年读书，多用有关抗战的现实问题的书，比较对于青年有益。就是青年要读古书，在这个时代也还可以较缓一步。

五、本周报欢迎读者讨论，读者如有不明了本周报所发表言论处，尽可来函讨论，编辑同人从没有拒绝发表各项问题的讨论。这几点要请读者注意。

（载《上海周报》1940 年第 2 卷第 8 期）

古书可读

英

西贡方面的形势，这几天异常吃紧，看像暴日是将踏上它的南进政策之第二步了。我们关于暴日之动向，一点不以为意。反正它要自杀，听它自己去选择地点，投海可，投井可，投茅厕也可，只要它表示自愿。

我们所很痛心的是，像法兰西那样文化极高的民族，竟缺一部类似《左传》或《古文观止》的通俗读物。

要是贝当老将之流读过《宫之奇谏假道》便知“晋不可启，寇不可玩”，何至轻许暴日假道越北门侵滇。

假使我做顾少川大使，一定补译一篇《公之奇谏假道》送给维琪政府诸要人看看，使他们对越南方面早作准备，“以其族行”，因为“虞不腊矣，在此行也”！

（载《星期评论》1940 年第 3 期）

为什么不应该读古书

编者先生：

首先要声明的，我还只是一个初中学生，学识浅薄得很。

最近看到贵刊第七期长风先生的《论学习》上面有这一段：“……学习时会遇着一种‘僵尸’，它时常闹还魂的把戏，《古文辞类纂》被通常大学里采作教本，这就是一个现实的例子。”

先生，读古文是不是就是开倒车呢？既然如此，为什么中学国文教科书上也不乏这类文章呢？先生，在这里，我静待你的答复，更望长风先生也发表些意见，因为我也是古文读者之一啊！

祝你

健康

郁郁上　一月五日

郁郁先生：

中国的古书大部分是被专制魔王的统治阶级所纂改过的，多半失却了原有的意思，只是于他们——统治阶级有利的统治工具，利用他们来麻醉人民，慑服人民，使人民俯首帖耳地供他们奴役！

因此，这些东西就决不是我们今天所要的。虽则古书中含有着先民经验的积累，是值得宝贵的，但直到现在为止，这块混杂在沙里的碎金，在未经淘出来之前，是不能便认为他是金的。那末即使要读古书，至少就该由我们的专家用最科学的方法，加以整理之后，除去有毒的滓渣而保全其精华，使我们后学者得有所遵循，不然我们将无从取舍，尤其是我们初学的青年，故我是主张不读古书的。

退一步说，即使古书依然是未被篡改的古书，我们是否可读呢？我们的答案，是仍认为不可的。因为古书并不是从天上掉下来的，它是历史的产物，在封建社会里，当然跑不出忠君孝亲的这一套。那末在我们今天的社会里，当然就用不着，我们应该勇敢地把它踢开。

现在的人该学习现在，因为凡是吸着现在的空气的人，就应该说现代的话，不该再捧牢着骷髅，奉骸骨为无上的宝贝。假如要这样做的人，显然是别有用心。彻底地说一句，他是要我们隔离现在，忘记现在，而任由他们来处置现在，而为所欲为。《古文辞类纂》，就是把我们和现实隔离的一种。

曹聚仁先生曾说过，“因为读了一些古书，他就时时作祟，在我要向前走一步的时候，他总是把我拉后十步”（大意），这就是古书毒害人的一个例证。我们的头脑，是纯洁而新颖的，要是一开始就装进了这些乌烟瘴气的东西，必然就减少了我们接受新的知识的能力，使我们终身蒙受其害。

今天大学里采用《古文辞类纂》为课本，一言以蔽之说，他们是躲避现实，把现实和学生中间造起一座万里长城。这方便了什么人？聪明的读者们，是可以知道的，更何况他们还要学生背诵呢？这岂是宝贵如今天的时间所该有的举动吗？至于中学国文教科书上的这类文章，其用意也无二致，虽则其中亦有某些于我们解放任务有帮助的文章，但是极少。因此，我主张古书，至少在今天不应读，这一点我以为是不错的。

此祝

努力

长风

编者按：本刊第七期登载了一篇长风先生的《论学习》，我们接到读者郁郁先生的来信，对于读古书一点，有所质询。经转长风先生加以答复，我们大致是同意长风先生的意见的。我们以为古书并不是绝对不能读，但要选择的读。作一个现代青年，自然应该尽先接受新的，不然的话也许世界跑到前面去了，我们还是掉在后边。尤其是鉴别能力较差的青年，读古书很难免连毒素也吃了进去，那是有害的。至于中学国文教科书里也有古文，更是早就有人批评过的。有许多人常拿目前现象来作标准批评事物，意思说："既不合理，为什么今天还存在呢？"实际上我们这社会里不合理的地方正多着，故我以为不仅读书应该审慎，就是看社会也应该深入一点。

（载《学习》1940 年第 1 卷第 9 期）

妇女读物漫谈

衍　劳

过去和现在，妇女读物都全是荒芜，或仅是有像沙漠中的绿草，这是事实。我们有权要求文化界和妇运同志：检讨和接受以前的忽视，和规划实践今后的哺养。

要动员必先组织，求组织的深入和健全，教育工作就丝毫不能忽视，作为教育工具之一的妇女书籍刊物，有它必要的意义和作用。

无论是宣传广大的农村文盲妇女，及培养充实知识的妇女成为坚强的干部，在认识的启发、理论的发扬、工作的指导、妇女读物就配合着妇运任务上，是一件急切的工作。

随着而来的困难，首先就是妇女群里太多的文盲，我们将以什末的读物来供献她们？她们不识字，她们没有较多的学习时间。

有机的正确的利用旧形式，应是解决这困难的前提。一切流行在妇女群里的民间歌谣（出嫁、送郎、抚子女都有她们的歌曲及其他的山歌小调），我们都可以利用这些原有形式，装入抗战建国新内容。同时旧形式的新装我们将可使它发展，好的吸取，坏的扬弃，而创造一些崭新的妇女歌调，在这儿我们应该特别提出的，就妇女本身的爱好和展开工作的需要，应该是用一些易读易解的歌谣小调，为的是这些对于她们亲切、易记（特别是有韵脚的）。

其次，我们应该写作，供给乡村妇女教育的课本，我们应大量的刊印。在这里我也愿意提出：信札与故事，最为她们欢迎。

此外，我们还可以刊印妇女常识小丛书及通俗刊物、小壁报式的画报。

这些仅是就对启发及培养乡村姊妹的读物来说，对于知识份子的姊妹读物，我们应该或以更大的努力来干。

无疑，抗战三年来，妇女工作飞跃的进步。在这进步中，锻炼了不少的人们，但一般理论和工作研述的读物，数量上我们不觉其多，而在质上更觉成问题，这似乎应该要促起大家的注意。

有计划的分工，在三民主义这个中心和准绳下，我们考察中外妇运的古往今来，指出中国妇运具体的意义与任务、在抗战建国的具体情况和各阶段的理论与实施，妇女本身的修养与检讨。

这些，我们希望在妇女刊物、丛书、小册子里，普遍而深刻地实现。

最后，我们还须注意的，即是我们应顾及到：教育干部的读物应与启发农村姊妹的读物有机地联系起来，无论在内容上，在实践上。例如我们在通俗的农村姊妹读物中也可以把妇运的历史及任务或其他理论，技巧的渗入在其日渐进步的过程中；而供给干部的读物，我们也应该促起他们对通俗化读物的学习和研究。

文化界们！知识女同胞们！拿出我们的力量，尽尽对女同胞的教育责任！

（载《广东妇女》1940 年第 2 卷第 5 期）

战时青年读物论

张载人

这个题目含有两层意思：第一，在我们已经看到的战前战后的出版物中，我们应该向青年们推荐那一些呢？单就战时出版的书报杂志来说，堆积起来已经可以和大山脉相拮抗了。这是好现象吗？我想书报的盛筵和普通食物的盛筵一样，对青年诚然是一个大吃大喝的机会，但也常常坏了肚子。第二，我们现在应该编写一点什么给青年们读，其性质又应该着重什么，这是本文想用力讨论的一点。浅陋使我不敢畅谈第一层意思，即以我自己念过的书来举例，我也记不起什么来；但浅陋又使我觉得在目前出版物中找有益于青年的读物，实在太少，因此我想提供一点意见，给那些热望编写可以说是完善的战时青年读物的先生们。

先说书籍对于我们的作用和我们读书的态度。像诗、戏我们的全生命的；剧、演说那一类的书籍常常是感染或鼓舞一般文学作品之可贵，即在他们具有心灵渗透作用。换句话说，他们像音乐一样，在我们心里唤起最直接的反应。我们读完此类某一书的观感，即是书本的精神与读者的精神交流的结果。雄壮的史诗，以潮般泛溢的情绪，溶和普遍的真理与特殊的真理，奔流到我们心里，淹没我们柔弱的情绪，而与我们的壮志雄心相应和。这是鼓舞的一例，其中且含有启迪的作用，有些书籍则纯然是教训的、枯燥的。伦理教科书对于一个人道德上的影响决不能如一本小说，只不过小说容易招致坏影响而已。有些则其作用只能达到我们脑子里，帮助我们认识或了解某事某物。这一类批判的或是贩卖知识的书籍目前出产最夥，而且最受人欢迎，原因是——我们所处的时代正是信心薄弱的时代，读书人但以卖弄知识为体面，而一般人读书的态度也重于“求用”，即是说，于一己的实生活有所帮助，不在求心力之健全发展。至于青年们强烈的求知欲又当别论，且知识本身也自有其重大的价值，只是偏于求知的人容易麻痹道德的力量而已。另有一类书籍只作单纯的报道，为人收集资料，这给人以很多便利，但于心力脑力的磨砺，丝毫也没有贡献。

知的生活强于情志的生活，这偏倚是当前中国知识分子之大病；而支托我们这一争取自由的战争却全靠信仰、人格与生活力，三者都不是单纯的知识所能产生或培养的。我们研究怎样编写战时青年读物的重心也就在这一点上，且暂搁一边，先说一般人读书的几种态度。

为求知而读书的人占了青年学生的大多数，一般青年对书本的感情却决不如学校青年那样单纯：有为求赶功名而读书的，有为扶持自己某种偏见而读书的，也有仅为消磨时光而读书的。可嘉的态度只在少数人身上发现，即是，为心灵之枯涩空乏或为建立一己的人格而读书。近来青年们爱读社会科学书籍的趋势，在表面上看来似乎是一种好现象，其实骨子里却使青年的心灵的嫩芽遭受莫大的摧残，因为社会科学逼使心灵早熟，不让他有吸收充分精神的养料的机会。当然，我们不应该让青年们对于社会科学一无所知，但以中国出版界之混乱与书籍之粗滥，青年们胡乱吞嚼，其结果常常造就许多歪曲的头脑。在战时，青年生活表面上分裂为两大壁垒，不是恣纵颓唐即是激愤急进，其读书的态度当然也形成一个对照。以颓唐的情绪与社会科学知识相交结，必会产生圆滑腐化的行为；而以苦闷激愤的情绪与社会科学知识相交结，又必会产生行为的另一极端。比较起来，后者当然较有意义，但不幸的是，青年们现生活中有一严重的病态：不但知与情的生活不相胶合，即知与欲的生活也有互相抵触的地方。因而，我们有时发现书本的爱好者只是爱时髦，如猴儿般效人动作而已。

替青年们选择书本已经是不容易的事了，要改变青年们读书的态度当然更难。但出版界一时的风气确是有左右青年读书态度的力量，爱好社会科学的趋势实在也是出版界一时的风气造成的。所以我们祈望青年们读书态度的纯正，不得不呼吁于出版界。虽然，书籍的编著者若能出产理想的青年读物，也能渐渐改变青年们对于书籍的感情。理想的青年读物，和纯正的读书态度一样，在平时，是求知、情、意生活的平匀的发展与充实，即求心力之健全与全人格的开展；但在战时，培本固然更显得重要，尤应有善良的刺激，使精神发挥超常的效能。我们这一抗战，环境的艰苦是超乎寻常的，所恃乎精神力量的实在非常大，所以心的建设工作最为亟迫。何况我们知识分子在战前原有知的生活强于情意生活的偏颇之病。知识若脱离信仰与人格，对国家社会决不会产生若何效益，即有效益也可以片刻间变成祸害。我们应得以信仰与人格为容纳知识或运用知识的度量。战时出版物中，就个人所见，知识的贩卖者始终占首位。讨论国际问题是一般知识分子最感到兴味的事，国际关系愈来愈密切，我们当然对这类问题不能不求了解，但在本身（个人的责任与国家的历史）没有深切了解之前，乱谈国际问题是一种心智的浪费。现出版界虽尽力帮助我们认识国际关系、我们的敌人以及我们自身，但后一工作可以说是出版界工作最弱的一环。我们现在需要一种革命性的历史教育。所谓革命性，不过是指超常的意思而已。国家的情操与民族的自尊心有赖于历史教育者特重，有了国家的情操与民族的自尊心，再加上我们原来很坚强的生活力，抗战的最强固的壁垒就筑成了。历史知识的灌输若不能诱发历史的感情，这仍与一般教科书的功效无异。要使一个青年在自己的血流中感觉祖先血液与精神之澎湃，历史教育的工作者必须贡献自己的全生命于工作。青年们走近历史的伟大建筑物，其最大的阻碍在于文字——文字的枯燥与叙述的无血肉，是近时历史知识灌输者失败的关键之一。而历代文化遗产让青年们自己去鉴评又是时间与能力所不许，何况他们于文言文体反感很深，以为文体既经旧了，所包含的精神也一定旧了。因之编写历史读物，在目前第一要注意叙述的血肉性与文字的鞭挞性——即是文字的热力。话有远离讨论中心的危险了，且让我回到知的生活与情志生活在目前孰重孰轻这一问题上，且以此为轴心，申述我们应该怎样选择已有的出版物，怎样编写读物，以介绍贡献于战时的青年。

就国内事情说，一切成败系于民心。同样，民族精神也决定一国对外关系的命运。我们在平时已有一种错误：一切知识都不曾经过民族精神的消化，反而阻碍民族精神的发扬。诚然有人以为民族观念对学术是一种桎梏，因为它容易制造偏见。但为学术的自由而牺牲民族精神与国家情操，在这样一个无信义的横暴的时代实在是非常危险的事；何况真正的学术，都是有根脉的，而非商品般可以任意贩卖而成为一种新学术的，文学尤然，文学的土地性与世界性是一种性质的两面，这就是文学最可宝贵的地方。在平时，一个人在书本中自由汲取知的生活与情志生活的养料，最好的态度是无所偏颇。不幸的是学识的获得较人格的建立来得容易，且可以利一己生活。自然我们的求知热比血管中的民族血流热得多了，我们的脑子像一只火炉，而心灵却如幽谷。但在战时，我宁愿拥护民族的偏见，何况民族热诚与国家情操是个人人格在国家生活中表现的起点，决不是一种偏见。我不仅要求读书的人完全改变态度，把一切知识经人格的鉴评而熔化于民族意识的大熔炉中，并且要求出版界尽可能制造鼓舞精神、坚强品格、影响生活力的书本。民族道德是无敌的武器，在目前，书籍除了供给应用的、战时必需的知识外，应以培养民族道德为第一目的。所谓民族道德，即是表现个人人格在一个神圣目标之下。生活信仰与民族信仰原是我们平时所要求溶和为一的，不过在战时更觉得迫急，且需要以最高的精神上的刺激使这溶和的信仰发生力量。

选择已有的出版物，介绍于战时青年，我只能说应特别注意于具有感染和鼓舞作用的，以补救我们原来只重知识贩卖的缺点。我不一定仅推荐文学作品，文学作品也含有许多萎靡颓伤等等否极的感染性。我以为凡是能够激起民族自尊心、激发个人生活的积极精神的读物，都可以介绍给青年。本国历史上伟人的传记固然是影响读者人格最大的。即世界各国开国元勋及历代爱国志士的言行，又何尝不会震撼我们的精神，使之奋发。正如普通人说书籍之有硬性与软性，我们说书籍是有男性与女性的。在抗战中我们要求男性精神——即社会的英雄性、民族的英雄性之发扬，我们就要选择一般含有雄壮的情绪，积极的启示的书籍。诗也好，剧本也好，演说也好，小说也好，传记也好，语录也好，只要它们是鼓舞我们在民族的危难中更加勇敢迈进的，它们就是当前最有价值的读物。人格的建设是一切建设的基本，人格建设的基础原来要打在不屈不挠的精神上，一切奋斗的历史与故事是我们应赶快献给青年们的。战时出版物中记载我们当前各方面的奋斗的，最有价值，我们看这种记载，正如亲眼看到，那得不会感奋？我并不说有了鼓舞的书籍，就可以把其他供给知识的完全丢弃了，我们仍然有迫切了解国家现状与世界现状之必要。尤要的是各种实生活的知识，以应付战时的一切困难。但若一个人人格不立，国家情操淡薄，则一切知识又有什么用？知道国家的耻辱是不够的，必须全生命痛感国家的耻辱。而信仰也决不是一种可以在脑子里产生的东西。战时知识供应的范围首重国家战时生活的最高原则与一切法令章则，如何把这原则与法令章则的精神注入于人民生活中，这就涉及编写的问题了，因为现在还没一本书担负起这一任务。

编写战时青年读物可以分两方面说：文字与内容。文字原是一件外套，为什么我特地放在前面说？原因在上面已略略提及。青年们对于文字的反应最快，即使是一篇毫无内容的文章，只要文字的刺激性强，青年们就爱读；青年们又富于好奇心，爱变化，所以文体的新奇——甚至晦涩也认为新奇——也容易赢得他们的感情。但是社会科学不是文字很枯燥的吗？这是内容的问题了，毕竟，对于内容的感情在青年们认为是流行的读物中是强于对文字的感情的。从一般青年的写作中可以看到许多病象，其病根就在于读书时书本的不加精选。而出版界中一般粗制滥造的，“文化厂商”实在要负很大的责任。我看出拙劣译文感染青年写作最大，因为拙劣的译文，在胡乱吞嚼的青年们看来好像是新颖的文体，于是极力模拟，就这样把自己糟蹋掉。文字要赢得青年的感情，同时又不致加害他的读书与写作能力，第一需要热力，这热力主要的源流在作者自己的热情和运用字句的魄力。文体的活泼和叙述的生动也是主要条件，而这一样有赖于作者运用字句的本领。慷慨激昂的文字与轻松流利的文字原在拮抗着争取人心，对于青年们，应该以前者鼓舞他们，让他们像进军一样到书本中去。能够把文学作品中泛滥的热力与描摹的深刻性转移到一般书本上，则一般书本所给予的印象必远较深刻而永久。

文字本身的鼓舞性与内容的积极性结合在一起，这是理想青年读物的基本条件。我们目前切要的文字工作当然是方面很多的，惟主要的仍在积极建立青年的人格和信仰，培养国家的情操，而使他个人的生活目标与国家的生活目标合一，在国家的艰苦生活中开展自己的生命。平常的时候，一个青年可以有相当的时间来求知、情、意各方面生活的平匀发展与充实，凡是完善的人生所必需的理想、知识、兴味、能力，都是可以自由追逐或是自由表现的；但战争要求于国家的每一分子的是共同的信仰、坚强的人格与非常的生活力，要求我们作身心的非常的锻炼，而尤要的，要求我们作必要的牺牲。牺牲的精神是信仰力与意志力的最高表现。拿教训、指导的口吻来作心的建设工作是无所成就的，因为心像一只火炉，在他熔熔燃烧的时候，才达到了解的高度。必然地，只有借鼓舞的方法我们才能使一个人的全生命溶化于某种信念与情操。国家领袖人物及一般战场上将士的热烈真挚的呼声，是战时读物的好材料，把国家战时生活的最高原则与一切法令章则的精神和各地可歌可泣的事实结合起来，写成热烈的文字，这是战时国民教育的最有价值的课本。

在历代的典籍诗文和一切记载中，选取积极性的、建设性的、英雄性的、能强烈刺激民族自尊心的篇章，在文字上加一番烹调，也就是成了我们战时的心之刍秣。讨论青年本身问题的时候，灌注国家民族的传统的精神与美德，把他们心里原来垢积的一切紊乱的思想与病态的情绪扫除，诚然是一项不易着手的工作，但没有比这工作更切要的了。就必要的知识而论，当重在艰苦中创造生活与服务的知识。而国际知识的供给，我们不厌反复地说，应以国家的情操来作导引的管子。

编写青年读物，自己应有丰富的青年精神，把一颗火热的永久青年的心完全放到书本上去。一面还得从各方面研究青年的气质，好像研究敌人的阵地及军略一样。一个写作的人，若不拿自己的心去争求读者的心，其他的目标说起来大概都是不光荣的。鼓舞的文字，有时不是向读者的心灵作正面突击的，而是旁敲侧击，文学作品尤表现这种特性。

我颇有意思写一本给青年看的书，讨论人生中和青年最关切、最重要的问题，如生活与战争、英雄性与奴性、勤惰与人格、善恶与责任、爱与恨、知识与信仰、个人与社会、权利与义务、人与物、革命与创造、理想与现实、旧与新等等，而以家庭、国家、人类这三个范围来权衡这些问题的根本价值。我的主要目的，当然在帮助青年们建立纯正的生活观与人格；但我也想处处关顾战时生活所特别需要的精神，使永久的生活观与战时的生活精神相结合。我之所以不顾人家笑骂，拉杂在这里说些关于战时青年读物零星芜乱的话，实在也由于我早已有编写青年读物的愿望。不幸的是，愿望若和能力相距太远，是很难实现的。正当我怀着这样的一种苦闷的时候，编者先生要我说话，我自然会跑上讲台鲁莽地噜苏一番。至于我的噜苏给予人家怎样一个印象，我不想去追问了。

（载《浙江教育》1940 年第 3 卷第 5 期）

民众读物与国民教育

王冰洋

民众读物是推行国民教育的一种工具，由于国民教育的改进，它必须在体裁、内容、形式……各方面有个新的适礼，才能发挥较广大、较高强的效能。

一、民众读物的基本特质

民众读物的教育使命和民教课本补充读物没有多大的不同，但是，它实现其教育任务的路径，却有点特别，这种特别路径，也就是它的特质之所在。

民众读物大抵必须经过出售的手续，才能走到民众手里。就是说，民众要读读物，必须从肋条骨上抽下汗血钱来去购买，然而他们常常既没有余钱买书，又缺乏买书来读的习惯，再就他们的实际迫切需求观之，就更觉购读闲书为不急之务了，结果，民众读物走到民众里去的通路就横生障碍。设备民众图书馆，由政府无代价颁发，发动社会人士捐赠，或复兴农村经济增加民众收入，都不失为从旁下手而深治其本的良策。但就民众读物说民众读物，则铲除这种障碍的方法，主要的应该求之于它自身机构和品质的内部，而且只有从这种观点上提出的方策，才能算真正治本方策。这将怎么样呢？它的体裁和形式，必须无违民众读书的习惯，它的内容必须能够强烈的激动民众的心弦，使它成为一种民众司空见惯的、对他们有强烈诱惑性的东西，借此提高它的“流线”性，减少它在经济考算上所受的阻碍。

民众自由读书的时间，更和学生学者量上不同，质地也有异。他们一年到头、一天到晚少有读书的余闲；有之，如果不是在工作疲劳以后，就必定是阴雨风雪、晨午灯下工作暂辍的时候。当这时候，他们若要读书，其目的必多在于娱乐和消遣。既根据久已养成的习惰、个人平日的嗜好和一时偶然触发的兴趣，以为择取读物的标准，且其果读与否，亦仍任其自由，结果民众读物走到民众手里所通过的是一根自由无定的娱乐路线。民众读物要通过这根曲曲弯弯的路线，就必须灵活巧妙的适应这些条件。改善民众生活，提倡正当娱乐，固然是好方法，但就民众读物说民众读物，则仍应求之于它自身的机构和品质的内部。它的体裁形式必须能够适应民众们娱乐消遣的方式，它的内容必须能够巧妙运用他们一般的习惯、嗜好和偶然触发的兴趣。用这种方法加强它的柔软性，有如无孔不入的水银，以增加它走近民众的机会。

民众阅读读物的先决条件，是他们必须具备自动阅读的志趣和自力阅读的能力与对此能力的自信心，以便能够无须乎别人的督促、讲解和指导，自动自力的阅览。但是他们常常缺乏自力阅读的能力，即或有之，也常常不能自信，结果就很难培养成自动阅读的志趣。民众读物必须巧妙适应这些条件，力求打破这些难关，而主要的依据，还是在它自身的机构品质的内部。它的体裁形式、文字，务必不叫民众望洋兴叹，望而生畏，望望然而去之。它的内容，必须切合民众们的心理常态和日常的想像，使他们一见即不忍释手，一读即渴求终卷，一览即觉其正是从他们心坎里吼出来的呼声。这样，才可以诱导民众逐渐生出自动阅读的志趣，日益加强其能以自力阅读的自信。

针对以上种种特殊的条件，民众读物体裁，事实上应以文艺为主，而侧重于民间原有文艺形式之改造运用。它的内容，应该是自由伸缩、柔软多变、切合于娱乐消遣而又富有兴趣的，且必深入于民众自身的生活经验、感觉、情绪和想像的底层。一句话，民众读物的创作，必须由民众自身的立场及其文化生活传统状态出发。

这一切，都和民众课本补充读物不尽相同，也就是民众读物的基本特质。

二、民众读物的现状及其缺点

比较深切的考察一下，民众读物的前身，原有就是民间旧的读物。没有原有的民间读物作为诱因、作为原形质、作为标本，新出的民众读物是不可想象的；没有以文艺体例为主的特点，民众读物本身也是不可想象的。因为原有的民间读物大部分是文艺。但民众读物自开始到现在，却阅历了曲曲折折的历史路径。最初，由于民众课本补充读物的扩大，稍稍注意到原有民间读物的改造运用；其后，在八九年前，又有些文化工作者，开始有计划、有系统且大量的参酌原有民间读物之模型从事通俗读物的编制，开了民众读物的新路。直到抗战以后，且仅在最近，人们才在理论研求和实地经验中，把握到民众读物必须由民众自身的立场出发，必须认定其前身即系原有的民间读物，而又必须以文艺为主要的形式。这些原则的深刻细致的各部分，接着就把民众读物推上更新的阶段。现在民众读物创作的主要趋向，正是以原有民间读物为素材，采其形式和内容的精华优良之点，加以种种方式的改造运用，或直接改编，或依其模型而创新，以日益走向于名符其实的民众读物。

这是民众读物现状的基调，但并不十分令人满意。

一、迄至现在，他们仍把民众读物和民众课本等视同一律，不在发行上采取独妥的方法。分赠给高等人士固然无聊，无代价颁发给大众，貌似彻底而实非良策。因为民众多厌读无价而得的官发文章，出过血汗钱他们才能惊心置念而读之，而出钱购书，则又以具有自动阅读志趣为前提。单就发行上说，在不能配合着民众化而且深入的指导网、发行网的状况之下，以卖发为较好，于其普遍颁发而得者并不真读，勿以少卖几本确①能被读为良。同时，委托书店代售，如果是堆在由民众看来富有洋气的书店里，民众也仍裹足不前。可是这些民众读物却正还堆在这种书店里，未曾积极设法组织游乡穿街叫卖原有民间读物的书商，结果即使民众愿买而能买，也买不到手中。

二、民众读物的目的和主旨虽有种种，却总不外乎使民众知道应该

---

① 疑有误，原文如此。

做什么、怎样做和不该做什么，且即促之实行其所知这一点。要实现这种目的，有两种方法：一种是从民众的自身立场出发，无论什么目的主旨，总要在民众亲身生活经验里找到线索，寻得关联，觅取基础，用民众熟悉的具体事象，委曲婉转的引达到主旨上去，把主旨体现出来。这种方法做起来很麻烦困难，可是效果确实而深切。另一种方法是从编著人的主观企图，即从国势时局的一般要求出发，用所谓“发讲议”的方法，说一些空洞抽象的理论，叫民众来听取。这种方法做起来容易而便当，但往往言者谆谆，听者藐藐，毫无效果。现有的民众读物，大部分采用后一方法，他们以为这是迫切急需的；而前一种方法则琐碎支离，不容易将主旨完满的体现出来。结果，民众就不能够从他们自己的生活经验基础上，体会读物所含的教训，成为欲速而不达的局面。其实，只要运用得宜、技术巧妙，用前一种方法是一样可以实现编著所本的任何企图的。

三、现有的民众读物，几乎完全忽略地方性的材料，而专门取用全国共通的材料，以求其适用的地域较为广阔。可是，民众读物的读者，主要的是固定生活于一个地方的民众，对于全国性的材料和事状，他们能够推理而测知其概略，但是决不及恰是他们生活之地的地方性材料事状那样，可以亲切而具体的感觉体会到极深的程度；加之现在的民众读物既多非由书店编行，则其发行往往实际是在一个特定的地方上。他们专重全国性的材料，为的是适用地域之广阔，而结果适得其反，就是连发行之地的一块地方也不能确切的适合。同时，这些民众读物，为着配合抗战的迫切要求，多半轻视日常生活的材料事象，而特别置重战时的直接与抗战有关的材料和事象。这一点也有缺陷，因为以农民为本的民众，多数还过着日常生活，至少可以说日常生活的比重在他们身上比战时生活高。因此民众读物的材料，即使不侧重日常生活，也应该和战时生活材料同样重视，在后方尤其应如此。对于后方的民众，直接为抗战有事象，离他们的生活究竟还有较远的距离。而所谓日常生活材料者，亦决非完全与抗战无关。我们要知道抗战生活与日常生活是一种生活的两面，如果运用得法，在日常生活材料中实在可以更深刻、更完全的表现出抗战来。

四、目前民众读物的创作，虽已自然自发的走上以文艺形式为主的道路，可是还有许多为人不理解以文艺形式为主的合□与优点，更有许多人反对这一原则。他们通都以为，以文艺形式著作民众读物，其每册所能灌注的教训和道理，必极细微而琐碎，费字多而表现少；同时关于自然、卫生、社会、战时、时事、各种常识与生产技术等，皆万不能拿文艺文字表现出来。其实，以文艺文字灌注教训和道理，必极细微琐碎确系实情，然而，它基本上更投合民众的阅读习惯，而且表现得生动、真实、亲切、容易感人，并能在一个中核主旨上，综合其他有关的主旨，写出来是活的实物，而非枝分条解的空言。用说明论理的方法可以系统的灌注教训和道理也是实情，然而民众的胃口难以消化。两方比较起来，其实，在所收的效果，实以文艺形式的为大而深。至于说到各种的常识和技术，能否用文艺形式来表现的问题，也已经有过实验，除去极少极少的部分而外，较之一般的故事情节，并无更大的困难，也是不必忧虑的。要之，文艺形式是民众读物的主要形式。

五、以上几种缺陷，在基本上是由于不能深刻把握对于民众的文字教育的特殊原理，并不深刻了解民众读物的基本特质。同时，又因为工作散漫而缺乏缜密计划的缘故，在创作的客观准绳上，也并未适当的配合小学和民众学校的课程标准；在读物的推行上，亦未能严密的与民众教育的实施相配合；在使用生字词汇和配备材料与作业目标上，也多和一般民众教育脱节。进一步看，这些民众读物的编著方针，完全决定在国民教育施行以前，实际的创作亦多半在国民教育实施以前，因之它们就更不完全适合国民教育的新原理。这后一种缺陷，因为历史的关系，我们不必苛责，然而这是我们最注意的一点。

三、国民教育与民众读物

我们如此认真的寻求现有民众读物的缺陷，及其改善的对策，为的是什么呢？一句话：国民教育实施，造成了民众教育的新体制，使民众读物的需要激增，并使其可能发生的教育效果扩大，所应担负的教育任务加重，精确规定了民众读物的新准绳，并且提供了解决民众读物之一般缺陷的有利条件。为着彻底改善民众读物，使它配合国民教育的新原理，完成辅助国民教育的任务，理应较充分的研究。

国民教育的实施，对民众教育所加的刷新和调整，至少是小学部分同样重大。以前的民众教育不管法令怎样规定，就其实施状况观之，实不过把民众学校视为可有可无的、自由设置的、附带办理的教育事项，因之它的效果是无定性的。而民教历史证明，民众受教的数目实在并不多大。现在的国民教育，把民教部规定为每个中心学校保国民学校必有的一部，提到和小学部同等重要、一样必设的地位，以期实现扫除文盲全民受教育的目的。这使民教学生数目严格必然的激增，且其数目的激增必较之小学生更大，因为文盲的数目，原就比学龄儿童更多。这不仅增加了认字民众的数目，而且提高了民众读书的可能性和要求，书中之一种就是民众读物。以前民众读物之不能畅行于民间，因素之一，便是认字民众太少，其读书能力与要求同样微弱。国民教育实施以后，这些不良因素必将一扫而空，但是每个民众受教的时间仍然是很短的，为着在他们不正式受教的时间，仍然进行教育。民众读物实为一种最有效能的工具，于是民众读物的教育任务，由于国民教育的彻底性要求，就更重大了。

以前的民众读物不容易推行到真正的民间去，且又因此使它的创作不容易从实验中加以改善。其原因之一，就是缺少严密的民教组织使它附随着运行。现在国民教育把民众部规定为每个中心国民学校必有的一部，民教体系的纲目就随着小学教育广罩深入到民间的每一个村落，这种脉络完全是严格普及而且必然的，没有丝毫游移性。民众读物附着在这种纲目上，可以十全保证必能深入到民间，并且自然也更容易从实践中加以改善。以前的民众读物不容易推行到真正民间去，其另一个原因，就是缺少一个固定、广大而且缜密的指导网、劝读网，现在由于上述的事状，这种缺陷也一扫而空了；并且，社会教育规定每个中心国民学校的必办事项，强迫入学办法中又有在家自修的规定（关于这一项，我们不应仅视为一种消极的特许，而应积极的运用它，当作推行教育的一种有力方法），并又提倡小先生制度，这一些全是构成广大、缜密、深入的指导网、劝读网的优良条件。至于造产兴学办法则尤为一种最深刻的民众教育，它对于民众教育的优良影响，实比对于小学更深更大，它的组织、生产性和深彻的生活意义，能够使民众教育百倍的活跃起来，因而就为民教读物的推行造成优良的条件。此外，在国民教育实施中特别积极提倡的捐资兴学，也可以自由灵活的运用为解决民众购书问题的方法，就是说捐书、捐购民众读物，也可以算是捐资兴学。我们说，国民教育的实施，提供了解决民众读物的困难和缺陷的现实条件，就是因为以上所说的这些缘故。假若我们能深刻体现国民教育的本身要求，差不多关于民众读物创作事项以外的种种缺陷，都能够自然而然的得到解决。

国民教育之有效的实施自身，如能充分运用，必可使民众读物的创作很便利的在实验检讨中得到确实的改善。因为民众读物在一种严密而广大的教育组织中运行，旧的缺陷和新的要求、民众们自己所提供的意见以及基层施教人员的观察、研究之结果，必能适时而充分的反映到创作上来，这一点我在上边已经约略说过。其实，再据上述诸种条件加以观察，更可看到，国民教育还可以解开一些民众读物创作上重要而具体的问题。试如每个有民众读物编著经验的人，都曾感觉到，从编著人的主观企图出发直接灌注教训和道理，抑或从民众自身生活委婉地体现主旨和道理，这两种方法的冲突。但如果从国民教育所造成的条件看来，则这种冲突就比较微小了，因为它的究竟而深入的指导网、劝读网，可以减少许多民众对于说明性、理论性读物的困难。其次，民众读物究竟应以文艺形式为主或否，也是一个创作上的大问题。如再从国民教育所造成的条件看来，这问题也将减少其严重性，其原因亦如上述，这两个问题是一贯的。然而，我们觉得，从民众的亲身生活经验出发和以文艺形式为主的原则，仍是最切合于国民教育要求的民众读物的创作原理。

不消说，国民教育所要求的民众读物，也自有其新的标准。首先，国民教育的民众读物，在内容、材料、生字和词汇上，应该严格的和小学、短小、民教班各项课程标准之规定相配、相关联，使它成为真为民众所能读、愿读而应读的国民教育的民众读物。以前，因为工作漫无计划，未曾充分做到这一点；现在，我们只要遵循国民教育诸规定的意旨，便不难寻到这个正确的路径了。其次，关于现有民众读物太偏于全国性材料而极忽略地方性材料和偏重战时生活材料、轻视日常生活事象的二种缺乏，根据国民教育的要求，也必须加以有效的纠正。因为我们现在推行国民教育，是分头各在一定的省区、一定的特殊地方上，这个地方比如说，四川正是后方，而民众们多数还过着日常生活，如果太忽略了地方性的和日常性的生活事项，那读物就必定减少教育的意义。

总之，国民教育一方面提出民众读物的新标准，一方面又提供了补救旧缺陷、实现新标准的客观条件。只要我们能够深切体会国民教育的真谛，并善为运用它所造成的条件，就必能（而且必须）创作适合新的教育要求的新的民众读物来。

（载《国民教育》1940 年第 1 卷第 8 期）

谈民众科学读物

老　向

民众读物不止是民众文艺，还有民众科学。不过截至今日，民众文艺部分写作的人多，讨论的人也多；民众科学部分写作的人较少，讨论的人几乎没有。原因是文艺作家能写文艺，但对于科学往往仅具常识，不敢浪费笔墨；而科学专家现正从事于专题研究或专门事业，又无暇动笔。可是，想到大多数民众正闹着科学知识的饥荒，想到为了抗战建国的需要，必须为大多数民众解除这知识的恐慌，不得不请求科学家和教育家们对民众科学读物共同努力。我个人不是专学科学的，今愿站在民众的立场上，试说明民众读物的科学部分如何写作，供作专家参考。

一、民众科学读物的使命

总说民众读物的使命是教育民众，是“唤起民众”。分说则每一种读物应各有其特殊的使命。现代的科学民众读物，我以为应负起下列的使命：

（一）扫荡反科学的思想。许多神仙鬼魔，在民间兴妖作怪，风水命运仍旧支配着民众的信仰。这种种迷信，都是科学的劲敌，若不先将这些科学的障碍扫荡清除，科学下乡的道路便永远阻塞不通。例如你舌敝唇焦的给他讲治蝗的方法，他老认为蝗是神虫，火是劫数，他宁可不听你的话而不敢开罪神灵，我国最初建筑铁路，被民众的风水迷信，给了无限的阻碍。正太铁路原是由河北正定到山西太原，因为正定人民怕破了风水而竭力反对，便将起点移到当时甚是冷落的乡村石家庙去。你说苍蝇能够传染疾病，乡下人却相信一切食物均有毒气，只要苍蝇一餐，便把毒气餐去了。他们还流行着一句谚语是“不干不净，吃了没病”，恰恰和近代的卫生常识相反。抗战以来，流行的歌曲中有“敌人有枪炮，我们有血肉”，据说凡是有红枪会的地方，都对这句话特别欣赏，因为他们相信血肉可以抵抗枪炮。最近北碚一连发生三次火警，就有人挨家敛钱，打祈禳。一般民众也信火警是因为阴历元旦有太阳晴天的关系，祈禳也最有效。如果政府要敛钱买水龙置救火车、编消防队，却未必能得民众的同情。其他种种新的建设，往往有形无形之间，受到反科学精神的阻碍。所以，扫荡反科学的精神，清除科学下乡的道路，应是科学民众读物的使命之一。

（二）传授科学常识。所谓科学常识，并非漫无边际的，在质量上均应有相当的限度。依照我国教育部颁社会教育目标，应教民众“具备近代都市及农村生活之常识”。这“近代都市生活”及“近代农村生活”便是科学常识的范畴之一，有了“近代都市及农村生活之科学常识”方称为近代的人。一个近代人无论住城住乡，无论是否需要打电报，对于电报是什么，电报局是什么是应该知道的，虽然不一定要懂得电的原理。一见飞机应知这是交通的利器，也是战争的利器，虽然他不一定要知道飞机的构造和航空的原理。一般人不一定都要会修理钟表，可是必须知道谁会修理钟表。各种不同的科学好比各种不同的商店，科学常识应该告诉每种商店里有什么货物，或是告诉买那一种东西应到那一种科学商店。使一般民众认识科学、信仰科学，有研究科学的兴趣，有利用科学的欲望，也是传授科学常识的目的，也是民众科学读物的使命。

在社会教育的目标中，还有教民众具备“家庭经济改善之技能”一条，这几乎是民众科学读物的额外使命了。因为一切技能，重在“习”而不重在“读”。例如讲三天怎么制肥皂，不如有一天的实验。用几册讲义说明小麦怎样选种，不如乘小麦成熟时，亲自做给民众看一次。民众读物是社会教育的工具之一，而不是全体，所以民众科学读物的使命，也并不是无限制的。

二、民众科学读物的内容

给大多数民众写科学读物，不难于了解科学而难于了解民众科学的知识是呆的，而用什么态度处理这知识却是活动不定的。所以在决定一本读物的内容时，必须先行考虑下列的问题。

(一) 先要了解民众。在动笔之前，首先要知道，这读物的对象是大多数知识浅薄的民众。但是他们到底浅薄到什么程度呢？他们的心理，他们的需要，必须一一考察清楚，方能免闭门造车之讥。《庄子》上有个故事是：“宋人资章甫而适诸越，越人断发文身而无所用之。”这位宋人便是不曾明白越人的生活实况，贸然将越人用不着的货物送了去，结果是大亏其本。科学家们有的苦心孤诣的为民众写的东西，而民众往往因为不能知其用，或无所用之而不接受。有一位外国的汽车商人，沿着胶济路兜售汽车，许多乡民围着他看。他高兴极了，便将自乘汽车作货样，拆开来说明每一个机件的作用及质料的优良。说完，累了一头大汗，喘了一口气又问乡民说：“你们大家都明白我的话？”大家说：“你的话倒都明白，只不明白为什么没有牛拉，它也会走。”这位外国人不禁哑然失笑，原来乡民所急需要知道的一点，偏偏他没有讲出来。一位西医到乡下去宣传卫生，说：“鸡鸭鱼肉中含维他命若干，不能不吃。”乡民说：“俺半年也不吃一回肉，也还没有死。”那位西医的话便完全失败了。因这种实例，我们知道无论你有多大的学问，有多大的热心，你不知道如何与民众的实际生活扣合起来，写出来的读物，民众不会接受。知道民众迷信什么，我们才能想出破除迷信的方法，知道民众需要什么，我们才能予以适当的内容。

（二）须有教育意义。写科学民众读物，最容易“长他人志气，灭自己威风”。因为科学发明，多是外国人的长处，我们比较落后，一赞美科学，往往会连带的奉承外国人。其结果往往是“外国人一切都好，我们一切都不行”，这便毫无教育的意义了。我们必须随时暗示或明示以“彼人也，我亦人也”的自强精神，随时表扬我先民的伟大发明及研究精神，随时告以“迎头赶上去”的方法。中国一般人固有的观念有一点是“成事在天”，而科学教育恰与此相反，是要“人定胜天”或“人与天争”。所以讲到机器的利用，固然兴趣盎然，说明每种机器的如何研究，如何失败，如何成功，如何改良，积多少人之脑力，费若干年之时间，然后才能使世界人士蒙其福利，则更有教育的意义。与其说明飞机的构造，不如说明创造飞机的动机及其经过，示人以“即使想上天亦并不困难”，所谓“有志者事竟成”。还有“国家至上”这句真言，无论在何种读物中均应随时透露，民众科学读物更应该注意及此。例如讲述黄河铁桥，说明中国人力的雄厚，同时应说明政府计划的周详。讲到巴拿马运河，不使民众仅仅知道外国人钱多力大，且要随时说明中国的伟大工程以及我国的新建设，或建设的计划。至于怎样说明，那是关于技巧上的问题。当然，关于教育意义，不只这几点。这不过是说明，民众科学读物不仅是干巴巴说明道理、说明知识而已。

此外，还有一个使写作者感到为难的就是“就地取材”。科学家往往是取外国书上的现成材料，而不肯去搜集民间已有的材料。例如做豆腐这件事，乡间庸妇都会，但是在化学教科书上很少举以实例的。

三、民众科学读物的形式

“大匠能予人规矩不能使人巧”，在说明文章的形式时，往往是遗漏了“运用巧妙”这四字妙诀，而只剩下一个死的躯壳或呆的规矩。

（一）文字必须通俗。关于如何谓之通俗这一点，个人已经写过一点意见，在《怎样写民众读物》一文中（本刊二卷十八、二十一、二十二期），也曾说到，大意是：一、通俗是通于俗习，凡一般习闻习见的是通俗；二、通俗是教育问题，凡能由浅入深，循循善诱的便是通俗。如今所要补说的一点是“怎样才合乎通俗的方法”，只在一字一词之间讲求是不够的。韵文是合乎通俗的原则的，因为音节合叶，容易记诵，容易动听。不过受字数及韵脚的限制，在科学的民众读物利用起来不大容易。民间旧有的读物最习用的通俗方法是反来覆去的描写，例如写一个美人，从头到脚、由衣服裙带到内心生活，说了又说，写了又写，教读者无论从那一段听起，都会知道她是个美人。每一个小调往往是十番或几十番，而后番与前番几乎是相同的，进展很少。这都是为使读者或听者慢慢的刻在脑中。因为技巧高明，并不使人生厌。我看过翻译的几种科学读物，如《钟的故事》及《室内旅行》等，也都巧妙的利用这反来覆去的描写，这是写民众科学读物值得注意的通俗方法。通俗的科学读物，不能容纳外国字，数学式、化学式不便也轻于插入。最难避免的是术语，而术语又百分之九十九是欠通俗的。这种例子可以随手拾来，兹不复赘。

（二）体裁必须通俗。教科书式或讲义式的读物，由定义原理一套编法，民众最不喜欢。民众不喜欢呆板的硬性的体裁，喜欢活泼的软性的体裁。《三国演义》在民间的势力比《三国志》不知大多少倍，就因为演义这个体裁，宜于夸大描写，宜于故事穿插，比较活泼有趣。民众并不是不能接受教育，而是不愿接受板着面孔的说教。问答式和讲演式如果利用的巧妙，写民众科学读物是可以收效的。总理的《三民主义》便是讲演式，其中论科学者有多处，在《民生主义》第一讲中说明“用天然的汽力、火力、水力及电力来代替人的气力”一大段中，可作通俗讲演的模楷。将科学故事化，如吴稚晖先生的《上下古今谈》、孙毓修先生的《新说书》等，用故事体裁写科学常识，是大多数民众所最欢迎的。故事可使大化小，使小放大，使假变真，使抽象变具体，譬喻解说，可庄可谐。不过，利用故事写科学常识亦最难，不是文艺科学家或科学文艺家，恐难胜任愉快。

（载《教育通讯》1940 年第 3 卷第 11 期）

编辑民众学校课本的我见

陶稼邨

一、扫除文盲与民校课本的重要

文盲在中国，可说是一个最严重的问题。据第二次全国教育会议《实施成年补习教育计划》的报告，除去十五岁以下的少文盲及六十岁以上的老文盲不计外，十六岁以上六十岁以下的壮文盲数为二〇二，七八四，一五三人，几占全国人口数的半数。所以十余年来，中央对于扫除文盲的工作，是一向看得很重而下过不少努力的。论理，文盲是可比例的减少了，但事实告诉吾们，这理想是已失败了。中国，自举办民众学校以来，已有多年的历史。由于政府的提倡与努力，民众学校数年有增加，但一究其成绩，则不免令人失望。征实言之，我们知道，很有些民众学校，几个月的努力，是完全白费的。他所造就的学生，和他预先所期望的所谓四个月毕业、识字一千多，读书、看报、写信、记账，件件皆能，相差不知几许。同时，也很有不少的民众学校，在初办的时候，气象非常蓬勃，可是不到几天，学生便逐渐减少，到后来能够继续来校的学生，就和晨星一样的稀少了。于是大家都这样的揣想着，民众学校办了十多年，为什么总是办不出成绩？原因在什么地方呢？

我们知道，学校式教育中最重要的问题有三个：（一）课程问题；（二）教材问题；（三）教学问题。这三个问题，如有妥善的解决，那末一定会得到很好的效果；否则，不能得心应手，难见事功。与这三个问题，都有着密切关系的，自然就是优良实用的教科书了。教科书是推行课程标准的工具，我们要将国家所定的各种教育活动和具体方案，能够行之于事实，达到帮助被教者扩展经验，组织经验，改造经验的目的，如不靠教科书为之介绍，便没有其他较好的方法。同时教科书又是运行教材的汇集所，和施行教学时一种利器。他把各种教材，按照程度之需要，总汇起来，成功一个很有系统的东西，然后再实际运用，自然能够得到很多的方便。说到教科书是施行教学的利器，则可分两方说。就教者言，有了教科书，可以节省很多的精力去用到搜集材料和整理工夫的上面，而得抽出时间作因时因地及对个别的适应，以发挥教科书的效能。所以有人说，如果教科书编著得法，他直是教师的教师，这就可知道教科书对于教学上的帮助了。就学者说，有了教科书，可以慢慢的离师而独立，可以养成其自动求知的习惯。教科书的重要既然如此，那民众学校对教科书的采择，自然不能不更特别注意。何况民众学校又是在一个极短的时间内，要希望得到一种最经济的学问场所，那更非运用教科书不可。我们固然承认教科书是一种死的东西，他不能代替活的生活，但我们却不承认教科书不能运用活的生活。我们十分坚决的信仰，他能运用人类极有价值的知识经验，使被教者的生活更丰富，美满，有意义；只要我们编选得宜。

二、过去民众学校课本编辑上的缺陷

一部完整而无缺陷的民众学校教科书，是须能尽其效能，帮助被教者得到美满的，向上的，有意义的生活。但揆诸现实，不能不认为失望。现在所有的民校课本，大多数除了识几个常用字之外，便没有什么内容。问题在那里？毛病在何处？一言以蔽之，曰：是编辑方法的不得其当，详细分析，约有左列诸端。

（一）违反教育的理论

自简易识字学塾直到现在，所用民校课本，都注重识字方面，其他常识、公民、三民主义等都是附属的。所以民众学校课本，多称某某千字课，如《三民主义千字课》、《农民千字课》、《市民千字课》、《平民千字课》等是。那表面未标明千字课，而其内容亦包涵一千字者，如《识字课本》、《民众读本》、《妇女读本》、《民众识字课本》等是。教育家众口一辞的，“教育即生活”，在这里是完全被遗忘了。所以办理民众学校时，只说教育是识字；编辑民众学校课本时，只是斤斤较量于那几个是常用字。对于民众的生活，不加深切注意，结果，课本上所说与民众生活绝少关系。或许也会有人这样的想，常用字是代表生活的需要，以常用字编辑课本，不能说是违反教育的。殊不知一般的所谓常用字，完全从各种文件书报中统计出来，至多只能说是代表社会的需要，那里说得上是代表民众的现实生活呢？如何一般热心社会教育事业者，与研究社会教育专家，都以为民众之愚蠢由于不识字或少识字，如能使民众认识普通常用之字在一千左右，则必能阅报，看书，写应用文字，必能吸收现时代一切的新知识。乃不知编辑民众学校课本，单注重字数，忽略民众现实生活，不仅违反教育理论，且使被教者，因缺乏兴趣，而结果仍是茫然。只知注意常用字而不知有现实生活，这是一般民校教科书，普通都犯的一个重大错误。像傅葆琛先生所定编辑民众识字课本的第一原则，是民众识字教科书，必须教不识字的人，识得最实用、最常用、最低限度的字为主要目的，即是一例。中华平民教育促进会的《农民千字课》，即是依据傅先生的原则而编成的。其他各种教科书，差不多没有不这样的。拿最常用的字编课本，无形中已成了编辑民校课本的铁律了。

（二）内容空虚无意义

因着要注重用字，对于内容没法再加注意。于是课本内容形式空虚，而无多大意义了。例如《农民千字课》第二册第四课："我国华北几省的农民，种麦子的很多，麦子有好几种。大麦、小麦，都是平常的粮食。大麦可做糖，小麦可磨白面粉，还有荞麦，也是常见的。麦子的秆很有用，我们夏天用的帽子，就是麦秆做的，还可做别的东西。"像这一课对农民讲麦，已切合生活了。然而大麦小麦，做糖做面粉，那一个农民不知？这种课文，是小学教科书材料，以教成年农民，似嫌欠缺意义。再有《农民千字课》第三册第四课，讲选种，课文上说："选种是很容易的，先要立定标准，再选合于标准的种，如穗多的，穗大的，秆直的，秆高的，……"这几句话，可称切合生活了。只可惜编辑的人知文而不知农，说得有些错误了。以作者生长村野，体验所知，稻麦一秆只有一穗，说穗多，是没有的。说到秆直秆高，那更笑话，从来稻麦之秆，没有不直的，除非因结实而低头，才会弯曲。稻麦之秆，要取强壮，俾风吹雨打，不致倒伏；若秆高了，那就吃风容易吹倒，结果会使收成逊色。而教育部《三民主义千字课》丙种第三册第三课，更把这几句抄过去，真是以误传误，莫名其妙。可见编辑书本的人只会将单字联缀成文，而不会体验农民生活，写得更有意义而合理。

（三）缺乏兴趣是通例

各地民校课本，在措词造句的意义上，很少有兴趣而不单调生硬、干燥乏味的。所以不但读的人，感到没有兴趣而视读书识字为畏途，即教的人亦因无内容而感到意兴索然。试看教育部所编的乙种《三民主义千字课》暂行本，第一册第二课《党旗国旗》："这是什么？这是党旗。这是什么旗？这是国旗。国旗党旗，党旗国旗。我们大家都爱你。"第三课《中山先生》："中山先生！我们看见党旗，就要想起你，我们看见国旗，也要想起你。中山先生！我们大家爱你。我们大家敬你。我们常常纪念您。"第十课《鹅鸭牛羊》："东家有一群鹅，一群鸭。西家有三只牛，七只羊。东家的鸭在河里，鹅在河边上。西家的牛在田里，羊在荒山上。"第十四课《斗尺秤》："哥哥量米，二斗五升。弟弟称菜，五斤六两。姊姊量布，六尺四寸。妹妹年纪小，不识尺，不识寸，不会用斗，不会用升，也不知道多少是一两，更不知道多少是一斤。"在这几课的文里，我们很能看出编者的苦心，处处注意生字的反复练习，但因为过于注意这一点，所以行文方面，就受了拘束，而失之于单调和枯燥无味。并且在措辞里，误认成人为儿童的扩大，而漠视了他们的心理。

若再就生硬的一方面说，也可找出不少的例子，例如《三民主义千字课》暂行本甲种，第二十二课《中国国民党》："孙中山先生是中国国民党的总理，总理因为要救国救民，才创中国国民党。党的主义，就是总理发明的三民主义。三民主义，就是民族主义、民权主义、民生主义。我们要中国富强、人民安乐，便应该奉行三民主义，拥护中国国民党。"像这样的叙述，虽说很明白通畅，简明扼要，但易使刚来民众学校受教育的人，读了这种课文，感觉得生硬不易消化。

（四）常识经验不联系

编辑民校课本，只计较常用字，固然是错误，但注重常识，而不注意这种常识与民众经验有何联系，亦是错误。教育部的《三民主义千字课》和江苏省立教育学院甘导伯编的《党义常识字混合编制民众读本》，都犯着这种毛病。我们知道党义是代表时代的需要，常识也只代表教育者心目中的需要，这两者是都和民众的实际生活相脱节的。任你编辑者把文章做得怎样明白易晓，在学者终是觉得莫名其妙。例如《三民主义千字课》丙种第四册第二十三课、甘编《混合编制民众读本》第三册十七课，仅寥寥百数十字，即把三民主义说明了。但这种简明扼要的论述，是从许多事实、许多学理中归结起来而得的。在编辑者博学能文，自然容易心领神会，但草野农民一时又怎能领略治国安邦之宏论？所以我们要使农民懂得三民主义，则还须把三民主义中几个基本观念来与农民经验连接起来，使旧经验类化成新经验才行。其他公民、史地、自然、卫生等常识，自然亦须如是。

（五）阅读朗读少调剂

我们知道朗读的用处比阅读少，但所费的时间却多。况朗读习惯既成，阅读习惯不易养成，对于阅读的速力，阻碍很大。为欣赏起见，固然不妨偶有朗读，但此必须在阅读习惯养成以后，现在民校课本完全用朗读法教授，实是大错。所以结果往往受了四个月的民众学校的训练，仍旧是不会阅读普通的文件，自动去探求各种学问，更谈不到。这实在由于教科书上的阅读材料太少，所以阅读习惯无法养成。不但如此，被教育者的心理，觉得这种教科书，转来转去总是这两句话，未免太干燥无味，就是好容易全把他读完了，于实际上也没有多少帮助，反不如仍恢复以前自由自在的生活来得痛快舒适，于是民校的信仰，无形中便会消失。朗读的材料，在教材的支配上，自应占有一部分，但不能多，现在的民众学校教科书，却尽列些短篇的朗读材料，斤斤于识字上用功夫。这种朗读阅读少调剂，实在也是一种错误。

（六）地方需要不适合

我国幅员广大，各地的人情风俗以及日常生活，均不相同。要拿一种教科书通行全国，不是最好的办法。依作者的经验看，民众学校的教材，愈切当地的需要，愈受民众的欢迎，而愈能显其有效。如果不是这样，南方人编的，不期然的偏重南方的社会生活，而疏忽了北方的社会，北方人编的亦然。试如部编的《三民主义千字课》丙种及江苏教育学院的《民众读本》，内中关于种稻的叙述及养蚕的课文，在北方就很不适用。北方中华平民教育促进会所编的《市民千字课》和《农民千字课》，自然同样有偏重一方的毛病。这种不合地方需要的教材，在现行的民校课本中，是可以找出不少，因着这种教材的不合地方需要，所以教者虽言之谆谆，而仍不能引起被教育之兴趣，乃是一种极普遍的现象。

（七）职业需要不接近

民众学校的教科书，普通所流行的，一种是适用于城市民读本，一种是适用于乡村的农民读本，此外，还有许多地方出版的民众学校教科书，不分城市乡村，农、工、商、兵都可共用。共用的不必说，即那分用的教科书也终觉得离开民众职业的需要太远，太不接近。拿市民来说，市民中有商人，有工人。商人和工人的需要，我们知道绝不相同的，以不相同的职业，而授以同一的教材，当然不切适用。再谈到管理家事的女人，她的需要也是和其他职业的人不同，如果亦施以同一教材，也一定不能合乎她的需要。说到农民，虽职业相同，但南北也不一样。南方农民的需要，不同于北方；北方农民的需要，同样也不同于南方。现行民众学校教科书，就是普遍的现着这类缺陷，忽略和民众职业需要的接近。

三、今后编辑民众学校课本应行努力的途径

民众学校课本的重要缺点，已如上述。今后究应如何改革，始能获

得完好的效果，诚是值得我们研究的问题。兹就研究所及，试叙如左：

（一）课本编辑应分基本与补充

现行民众学校课本，普遍的都有一种缺点，就是我们在上面说过的，不适合地方的需要、不切合时令的需要、不接近职业的需要。如何才能补救这种缺点？无疑的，须要求其将今后课本的编辑分成为基本与补充两种，使之富有活动，以适合时代与受教育的需要。我们知道，在一个统一的国家内，教育的宗旨及目标，应当是一律，不容许有各自为政的事情。要达到这个目的，那自然只有施行中央集权，而予以统制。民众学校的创设，一方面固然是为的谋个人生活的改善，但在国家或民族的立场上来看，却为的要养成国家和民族的健全份子，使国家臻于强盛，民族日益伟大。因此，就应当将所期望于民众的基本知识，编为一种基本的课本，通令各地民校采用。这个里面的材料，全是由国家或民族的立场出发，既无时间性，更无空间性，庶几一个没有知识的民众，他受了几个月的民校训练以后，可以明了怎样做一个现代国家的国民，怎样做一个适应现代的民族的一份子。否则，适足养成他们个人主义的扩张，于国于民，均无裨益。简单的说，民众学校课本应分基本与补充二种。教育部应编辑一种以国家或民族为前提的民众基本课本，分发各省各地民校应用。这种基本课的材料，不受时间性和空间性的限制，而为全国人人所应具的知识，以适应时代的需要。除此外，另编补充民众课本，以适应受教者的需要。所谓补充民众课本，他的主旨是在谋地域、时间、职业、才智等问题的适应。我们相信，惟有在这方面去适应，才能更有力的发挥基本民众课本的效力，才能更有力的发挥其爱国家民族的观念。但是要谋多方面的适应，必须注意下列几点：

（1）应根据地域的不同，将民校课本，编成为广东民众读、河北民众读、江苏民众读等等。一般的说，地域的单位固以省为宜，但这也不是绝对的，在必要时，可根据地方民情风俗，把他缩小或扩大。例如江苏大江南北的情形，迥不相同，应分别编为江苏的江南民众读和江苏的江北民众读；河北、山东几省，人情风俗大致相同，就可编成共用本。

（2）应根据职业的不同，将民校课本，编成为农民读、工人读、商人读、士兵读等等。但亦有须注意者，所谓商人读、农民读，不是指全国一般商人农人而言，乃是指前节所谓地方民情风俗相同之一地域中的商人农人而言。所以在农民读、商人读等上，应再冠以地域之名字，如江苏农民读、江苏工人读等。

(3) 应根据时令的不同，将民校课本，分编成各种材料，以谋时间性的适应。惟关于国家各种的纪念，则应由教育部编辑。关于地方的纪念，及其他有关时令性的材料，则归于各省教育厅自行分别编入各种职业的读本中。关于乡土教材，则为一地方所特有，可由各校临时补入，作为补充教材。

(4) 应根据方智的优劣，将民校课本，于正编之外，附编各种补充读本，以谋才智的适应。

以上的各种补充课本，不论是为适应地域的、职业的或时令的与才智的，为顾及活动与利用方便计，应用活页的编制方法，使能得有伸缩的余地，在教学上得更妥善而适宜。

我们相信，如果课本能分基本与补充的方法来编制，则不但对于全国的统一性能面面顾到，同时又能适应各地的需要。无论在教者与学者，或国家与地方，必然的均能得到很多的便利，其效率所至，当远比现时的办法强而有力。

(二) 基本课本的编辑应注意基本知识之灌输

基本课本系全国通用之课本，所以其编辑的方法，应与补充课本不同。以作者的意见，认为：

(1) 在分量方面，只须将做人、做国民最重要的原理原则，选出约八十条，编成为八十课，作为基本课本，以供民众学校之采用。

(2) 在意义方面，包含必须丰富。举凡关于做人、做国民重要之知识，均须尽量编入课中，使民众读此课本后，不但个人道德得有进步，并且又能够知道中国是一个什么国家？个人与社会的关系如何？个人与国家的关系如何？国难严重的情形如何？如此，则对于国家庶能尽国民的职责，对于国难，庶能激发救国之热忱，似于个人，于国家，两有裨益。

(3) 在文字方面，字数可不必求多。惟对于笔画繁琐与不常用之字，则须力求避免。盖如此始能教一字，即能认识一字，且能永久记忆一字。较之勉强注入，而过后辄忘者，有益多矣。

(4) 在语句方面，长短可不必限定。只须从头至尾，均采用平易的韵语或成语，使读者不感困难，容易发生兴趣，而印象较深。纵过长久时间，亦能记忆。

(三) 补充课本的编辑应注意社会经验的联系

我们知道，民众课本的主旨，决不是仅在认识一些单字，他是需要由识字而增长其实际生活的经验。所谓“教育即生活”，就是这个意思。盖只单独识各个的字，不仅不合于社会经验，亦且不合于教学心理。要知由单字而简句而长文的老教法，即在儿童教育里，也早已废弃不用，教成人而再用这种方法，岂不更笨。从事于社会教育的同志们，千万不要以为这件事不关重要，小学教师错了，不过受一个“误人子弟”的罪名，社教先生错了，那简直可说“误尽苍生”。所以我们对于补充课本的编辑，应十分注意，不可只斤斤较量于字的认识，应注意于社会经验的联系。取用题材，应着重于民众实际生活方面的改进。如是则兴趣可以递增，收效亦可宏大。因此我对于编辑补充课本的方法，主张：

(1) 应从民众生活中找题材。如买卖、还租、纳税、婚嫁、饮食、起居、农作、迷信、合会等等。其课文内容应描写生活，而发现生活的缺点和优点，从而改进生活，以进于近代化的都市生活和农村生活，以合于社会的需要。

(2) 应从民众日常的活动中找题材。如当地民众之新闻趣事，一般民众的家计人事，一般民众的生活状况，富有意义之当地歌谣，饮水，谈饮水卫生，洗面，谈洗面卫生，稻的选种法，麦的选种法等等。说得越具体，越能使民众领会，而于生活亦越有关系。

(3) 应依行文之自然而用字。依一般人的意义看来，大概都认为教本的用字，应先用常用的字，而常用字中之最常用字，则又应尽先学习。其理论似未错误，但我们如果要求课文意义圆满而切合生活，则于用字上，自不能不依行文之自然而自由用字，不然，便将因字害义，失去原来面目。

（四）公民常识识字应采取混合的编制

因为我们知道，民众学校的时间，根本没有几个月。如再分科讲授，事实上为时间所不许，所以应当采取混合编制，使教学方面得有不少的便利。混合的编制的优点：一则可使被教者不感到各种科目的五花八门，及应付不了的现象；二则可使教材更加丰富，使被教者感到浓厚的兴趣；三则可使识字与公民及常识的关系打成一片，切合各科教材相互联络的原则；四则可使被教者的注意力集中而获得普通文字的运用方法。所以混合编制，要较分科编制为进步，那实是一件明显的事实，不过在此项原则之下，仍有应行注意的三点：

1. 材料的编制，须以单元为本位；

2. 基本课本的材料，应注意其统一性，对于公民知识，须尽量采纳；

3. 补充课本的材料，应特别表现地方性，对于职业常识，应加重分量。

如此，则混合编制，必能更切合实际的需要，而发挥其力量。

（五）阅读材料应特别添多以合现代生活的要求

我们已在前面说过，朗读的益处，比阅读少得多，徒然浪费时间。况朗读习惯既成，阅读习惯便不易养成，对于阅读的速率阻碍很大。为欣赏起见，固不妨偶有朗读，但必须在阅读习惯养成以后。现在民校课本，完全用朗读法教授实在是大错，一般课本的内容，尤不适宜于阅读。所以今后我们对于编辑民校课本，应特别注意于阅读材料的添多。因为人生活动的需要，乃在阅读，而绝不是仅仅在识字。朗读除欣赏音节外，似太偏重在识字，对于实际的生活，是仍旧无甚补益的。要知能读书自然能识字，但已识字的不一定便能阅读，能识字而不能阅读，非但与民校主旨相背，且无以适应人生活动的需要。至适应人生活动的需要是在阅读而不在识字的理由，在徐锡龄先生所著的《识字学校的谬误与其改进途径》一文中，说得透彻。他说："一个健全的公民，每天有报章要看，有函件要看，有时也会看些文告标语，有时也会看些杂志小说，那些都是现代生活对他的要求。可是那些都是要他阅看的，并不能要他逐字来识。在那些环境之下，他要能从文字得着思想，要能领悟意义，不要逐字逐句的看。反过来说，我们阅报时，不但常会遇到不识的字，并且常遇到虽识而却不理会的字。这样的读法，不但是阅读中偶遇的事情，且为阅读中必须的条件。必要这样读，然后算读得胜任、读得愉快。看报是一例，别种阅读，也无非如此。"由此可知阅读对于人生活动的需要，是何等的密切。照一般专家的研究，阅读尚有其他三种优点：

1. 从日常的应用来看，阅读的应用要较朗读为广。我们每天所接触的文字，不论是书写的或印刷的，总是需要阅读的，如路名、街名、字号、标语、文告、广告、报纸、发票、账单、游戏场中的节目单、各种物品的包纸说明以及来往书信等。一人一日的生活，费在阅读的时间颇多，应用既广，自当特别注重。

2. 从时间的经济来看，阅读要较朗读为经济。照匡恙（Quants）在五十个大学生中求得朗读、默读速度的比较，朗读时每秒由二点六字至三点九字，默读时每秒由三点五字至八点八字。这由于阅读只取眼球的转动，毋须像朗读由眼球之转动传达于发音器而发音，再由发音而刺戟于耳鼓。且阅读还可减少目力与读音的紧张。

3. 从实际的效率来看，朗读不及阅读之能有助于了解。阅读不但速度快，在了解上也比较便利，因注意集中字形及字义的解释。朗读则须注意呼吸和音调，凡是易读的材料，如用较快的速率，反可帮助了解，因阅读范围的单位增大，组织材料的能力随之而增，其了解自然容易。

阅读的重要如此，我们为何还在那识字和朗读的材料上去打滚。所以今后编辑民校课本，对于材料的选取，应特别注意，除少数短篇的供作朗读之用外，其余均应逐渐采用长篇的阅读材料，一面增加每课教材的分量，一面训练阅读的能力。我们相信，惟有如此，才能养成被教者阅读的习惯。

据徐锡龄先生的分析，一般民众学校所用的各种课本，成人在整个学程中所读过的总字数，不过从六千多字到二万一千字以下。我们即使将这全数的字，放进报章去，尚占不到一张的位置（上海各大报每张字数平均约在二万五千字以上），如果单将每课的总字数，从七〇至二一〇字，放进报章去，只等于一则小新闻的字数，何能够得上阅读的程度。但是有人说，加长篇幅，生字也要增加。初入学的民众，每天识八九个字，已不容易，生字过多，更难了解。这话自不能说没有理由，不过我们要知道，增加材料，加多分量，不一定就是增加生字，我们只须将那已读过的字联缀起来，不但新字不会增加，且可多得练习的机会，增进阅读的能力。材料既多，教师在阅读的方法上，再能指导得宜，必可收事半功倍的效果。

（六）课本选材应设法使民众感觉有趣和需要

学过教育心理学的，大概都会知道，学习之基本因素，第一是在于兴趣。因为有了兴趣，学习起来，才会感觉得格外容易。但如何才能使材料引起学者的兴趣呢？解决这一个问题，须注意下列三点：

1. 材料的组织须具有情节，使读者阅课本如同看戏一般，使他处处感到精神紧张，兴趣浓厚，发生再读的要求，由再读而再进于新要求的满足，如此，则阅读的能力自会大大的增进。我们知道，优伶演剧先要化装，把自己的本来面目，换成剧中人的面目。必如此才能使所演的戏剧更逼真的表现出来。民众学校的课本，亦必须仿照这个办法，把代表人生经验的教材，施以化装，使由抽象而变成具体，由理论的而变成实际，使读者乐于和他亲近。譬如地理常识，我们平常都是用纲目式的方法来叙述，往往列举出一大串的地名和物产，弄得读者感到累赘讨厌，如果我们用一篇游记的体裁来写，那一定能引人入胜。所以民众课本的材料，不但要具有情节，尤须能将它化装。

2. 材料的文字须求其通俗。我们知道，名伶演剧，往往能把极复杂高深的思想，用很平易的话说出来，名伶之所以能够博到观众欢迎，就在说话的能够深入浅出。我们编辑民众课本也应具有这种艺术，文字的表现，务须求其深入浅出，如此的编制，不但实质上的困难可以没有，在文字上也可减少受教者阅读时的种种窒碍。

3. 材料的编制须留学者思考的余地。名伶演剧，往往话不说完，使观众听了之后，自己去回味。编辑民众课本，也得要有这种艺术。普通的课本固然不应该简略得像一种纲目，但是把教材组织得太严密，发挥得太精致，一点不留读者自己的想象和思考的余地，也是错的。好的民众课本，应该毫不参加编者个人的成见和批评，让读者自己去想象思考，这样才能使读者对读本所示的材料，得到一番亲身体会的工夫，才能使教材呈现着助长读者心智发展的功用。

广州国立中山大学教育研究学所庄泽宣先生所编的《人人读》，在材料的兴趣上，对于这几点都能注意顾到，所以很能受各地的欢迎，曾一度为前南京市社会局通令市内民校一律采用。其初版万册，无多时即告销尽。由此可知，以趣味为中心的教材，是很容易博得大众欢迎的。

最后，我们要说的，民众学校课本，乃是民众学校教学上的重要工具。我们要希望他达到发挥民众学校的使命，其编制应分基本的和补充的两种。基本的应以全国为目标，可用固定的本子。补充的应多发挥地方性，自以用活页为宜。基本的应由教育部负责编辑，补充的应由教育厅负责编辑。在编制的内容上：第一，基本的应注意基本知识之灌输；第二，补充的应注意社会经验之联系；第三，公民常识识字应采取混合的编制；第四，阅读材料应特别添多，以适应现代生活的要求。同时还须随时实验，随时加以修正，以期适用而切合需要，务使成为尽善尽美且为大众所爱读之课本。全国社教同人，果能照此力行，“文盲”或可从此绝迹矣。

（载《江苏教育》1940 年第 5、6 期）

论通俗读物的散发

仲　济

在《关于通俗文艺下乡》中荆有麟君论到了通俗读物的“散发”

问题。“通俗读物编刊社以及教育部编订的通俗东西，内容固然通俗了，但印刷装订还是取了新形式，而且多半不是散发到小学校及军队，便是陈列在都市的书店里，使真正需要看通俗东西的乡农大众，还是不容易看到。”

荆君的意思以为，真正需要通俗东西的乡农大众不容易看到这些新编的通俗读物的原因，第一是“印刷装订还是取了新形式”，第二是“多半不是散到小学校及军队，便是陈列在都市的书店里”。“为了弥补这缺陷”，对于印刷和装订，荆君他们“都完全仿照流传乡间的唱词小调的样子，木刻起来”；对于散发，除了“批发给在街坊流转的书摊子，及在乡间赶场走集的书挑子”外，并在“考选委员会服务队新历年节下乡作各家访问时，还捐赠了二三百托他们代为宣传”。这样自然就可以“分给真正需要的乡农大众”了。

荆君说，这末的结果是成功了，包括旧剧、唱词、道词、小调、鼓词等的二三百本通俗读物，比“考选委员会所赠送老百姓的新年礼物，如春联、如四季歌等等，要受欢迎的多”。至于“在街坊流转的书摊”及“赶场走集的书挑”销售如何，荆君没提，我们不知道。但既然“受欢迎”，一定可以不坏了。

总之，荆君对于他们通俗文艺散发的方法认为很成功，实际上也真的成功了。

可是，对于这方法，我的意见略有出入。小学校及军队是不是也是通俗读物散发的对象，暂且不论，纯粹义务的散发反应如何，也可暂且不管。我们只从销路上来看怎样是最有效的散发方法，因为最可靠的测验是销路。

记得在一篇什么文章中曾看到记述通俗读物编刊社过去在北平散发通俗读物的经过，最初因为鉴于印年画及弹词小调之类的书庄，每一种都是百万千万的印，大批的装箱分销到各大埠，于是他们也每一种预备了八百［十］万或九十万，觉得内容并不减于旧有的，一定可以很快的销出去。意外的，这些东西却堆在那里老不见少。到后来发现了那些旧书庄有很周密的推销网，由他们大批发出，运到各大商埠，再转入各城市，再分散到各乡镇书摊书挑的手中，于是托他们销，结果效力很大，通俗读物马上分散到各穷乡僻壤中了。原文已记不很清楚，但大体的情形是如此。

从他们的推销经过证明什么呢？这证明“印刷装订还是取了新形式”并不妨碍通俗读物的推销。荆君他们木刻的弹词固然“很受欢迎”，通俗读物编刊社石印或铅印的读物不是也一样的销售各地么？对于形式，我觉得农民大众，并不那么顽固，非木刻本不读。所以现在还认定买木刻本是因为不知道辉煌的大书店中有给他们预备的东西。农民也知道胶版画比年画好，有许多东西，他们若不是为了价钱贵也都用洋货代替了土产。他们也并不因为糖果包上一层花纸就不买了，除非是纸贵。所以，对印刷和装订，采取新的形式并不妨散发，却是价目应当顾及。就形式说，农民大众既同样的喜欢价钱便宜而好看的。所以这个问题应决定于印刷费上，若铅石印和木版相差无几，还是采取美观的铅石印好些，不然，则宁是印便宜的木版。恐怕现在木版也不很便宜吧！

至于“陈列在都市的书店里”，确乎是通俗读物不能普及到乡间的原因。这不是因为书店太辉煌，泥腿泥脚的农民大众自惭形秽见而却步。他们不是常成群的挤在金字招牌的园艺店里么？是因为上文说过的，他们根本不知道这里面有为他们预备的东西。书店的广告，他们是看不到的，这种所谓新文化书店和他们的生活从来就没有发生过关系。他们的发行网自然也与农民大众无关，只有这些旧书庄，才会将这些读物运到各大埠、各城市、各乡镇，分散给每个小书摊、小书挑，借他们送到农民大众的手里。所以我觉得荆君他们将“陈列在都市的书店里”的方法，改为“批发给在街坊的书摊子，及在乡间赶场走集的书挑子”还不彻底，还较费力而功效少，应当找到那些有网□全国发行网，而自己居中心的好似蜘蛛的旧书庄，让他们负起散发的责任来。

二月廿日，巴中内。

（载《国讯》1940 年第 228 期）

论通俗读物的文艺化

向林冰

“旧瓶装新酒”的方法论的意义及其基本的发展动向——编辑的内在要求，便在于争取通俗读物的文艺化，便在于争取民间形式与现实主义的结合而创造大众化与通俗化合一的——以勤劳抗战大众为对象的通俗文艺。这一命题，自从第一期抗战起，就已经成了大多数作者共同努力的创作原理。这就是说，两年以来，我们的通俗化运动中的创作与批评，始终以展开抗战文艺上的两条战线的斗争为自己的本格的岗位所在；我们一方面和旧有民间文艺相斗争，要粉碎它的反动化的内容而夺取它的通俗化的形式以武装自己；另方面又和新兴欧化文艺相斗争，消除它的反通俗化——反民族化的纯移植性形式，企图通过了“旧瓶装新酒”的关节（这和六朝时代佛教思想中国化过程中的“格义”在方法论上为同一的范畴）而贯彻它的变革性的内容，促成它和中华民族文艺传统的接种关系。如果详细的统计一下，就可以明白，我们的通俗化运动两年来的活动，基本上就是文艺工作者的活动，在文艺以外无创作，在文艺以外无批评。

但是，我们的通俗化的努力，我们的通俗化的工作，却未曾得到文艺界的同情与声援。相反的，我们是碰见了怀疑与否定的回响。两年以来，除了陈伯达先生站在新启蒙运动的视角上，肯定了“旧瓶装新酒”的变革意义而外，在文艺的领域里，则很少听到同调者的积极性的批判与指导。我们很知道，这些怀疑论或否定论的形成，是由于他们对于所谓“旧瓶装新酒”这一拟语式的命题，只作咬文嚼字的纯形式主义的理解；是由于他们未曾深入通俗文艺作品的内部进行具体的分析；是由于他们胶住的说着“内容决定形式”的原理，而没有从历史主义的观点上来把握内容与形式的辩证法；是由于他们忽视了约瑟夫关于民族文化问题解决中所显示的内容与形式的辩证法范例的概括意义及其在中国抗战文艺建设上的具体的运用等等。然而，最主要的原因，则是由于我们自己主观方面的缺陷。这就是说，我们的文艺修养不够，我们的作品在文艺的角度上尚未能生长完成起来；我们的理论建设工作水准太低，尚不能阐明“旧瓶装新酒”的全面性的方法论的意义。凡此一切，都是使怀疑论或否定论繁殖滋长的现实性的基础。可是，我们在此期间，却一点也没有动摇自己的信念。我们的作品，我们的自我批判，始终以争取通俗读物的文艺化为努力的目标。由于革命的抗战建国的实践的发展，引起了大众对于通俗文艺的高度而普通的热烈要求，在这种大众的实践的批判之下，使每个怀疑论者或否定论者，都不得不重新考虑自己的命题的正确性。所以我们的作品，虽然尚未能被文艺批评家作为检讨的对象，而却已经听不到从方法论上来一般的怀疑或否定“旧瓶装新酒”的文艺性的本质的论调。换句话说，根据“内容决定形式”的原理来反对“旧瓶装新酒”的论者，到现在大体上已经趋于消沉。

不过，最近却又出现了新的怀疑论或否定论。它们和旧的怀疑论或否定论在论点上有着很大的不同：旧的怀疑论或否定论的论点，即以“内容决定形式”为依据，来反对“旧瓶装新酒”在大众化的通俗文艺创作上的可能性，其论据的基础是在方法论上，这是我们所熟知并且也批判过了的。而新的怀疑论或否定论的论点，则别有所在：第一，它们说，纯文艺性的作品，大众看不懂，纵令运用民间形式，也非采取说教主义的叙述方法不可，因为文艺是具象性的范畴，只通过了形象的具体的表现，而没有直接的理由的说明，这在文艺修养过低的大众，根本是不能理解的。第二，它们说，在抗战现阶段上，提倡一般的科学知识而肃清作为大众鸦片烟的宗教迷信思想，是大众文化运动上的火急课题，而传达一般科学知识的作品，却只能写成通俗读物，而绝对不可能创作成通俗文艺。前者的意见，是由认识论上断定了文艺性作品在大众鉴赏力中没有根据，也就是说通俗读物的文艺化在客观上没有必要性的存在；后者的意见，是由主题的性质上断定了通俗读物的文艺化在主观上没有可能性的存在。这两种新的怀疑论或否定论，是由于半年来通俗化运动的两次自我批判所引起的（一次是去年七月间我所作的《现阶段通俗文艺的缺陷及其克服》，在《抗战文艺》第四期第五六期合刊上发表，一次是去年十二月间我所作的《再论现阶段通俗文艺的缺陷及其克服》，在《大公报》《战线》副刊二十八年十二月二十七、二十八、三十三日连续发表)。它们是出现在旧的怀疑论或否定论销声匿迹的直后，是现在我们争取通俗读物的文艺化的新阶段上，是出现在我们的创作实践正在努力克服新的困难的紧要关头，因此，它们的严重性当较旧的怀疑论或否定论更加不容忽视。对于现阶段出现的新的怀疑论或否定论加以全面性的具体的分析，并以最近所见到的通俗文艺的若干作品为范例而指出其错误的所在，这就是本文的中心任务。

首先，我们来分析以认识论为基础的新的怀疑论或否定论。它的论点如前所述，它认定了作为具体范畴的纯文艺性作品，是文化水准低下的大众所不易理解的；大众的低下的鉴赏力，只能理解那些作为抽象范畴的论文化了的说教主义的作品。

不能理解具体，而能理解抽象。这在辩证法唯物论的认识论上看来，简直是一个神话性的命题。相反的，唯物辩证法的逻辑学——认识论告诉了我们：作为人类认识过程的起点或基础的，不是理性的概念，而是感性的感觉或经验。据此而论，正是因为大众鉴赏力的低下，才只能首先获得以文艺为代表的具体性的认识；通过了文艺性的感性认识的桥梁，然后才能够到达于作为抽象认识的概念——逻辑的概括的认识。我们不但看到过许多例证，我们自己在自学的过程中也已经充分的经验过文艺作品的欣赏是一个人认识发展的起点。青年人通常爱好文艺，历史上最初出现的文化形态是文艺性的作品。凡此一切，都确证了由具体到抽象的认识发展过程，是个体发生学、社会进化史及科学认识论的逻辑构造的三位一体的共同性真理，而且这一真理，自黑格尔一八〇七年发表其《精神现象学》以来，就已经成了认识论——认识历史上的一般常识。至于我们的新的怀疑论者或否定论者在目前所强调的命题，即抽象认识先行于具体认识而成立的理论，这显然是倒立着的唯心论的认识论的学舌，而为逻辑上的严重错误。

否定通俗文艺在大众鉴赏力上的根据的怀疑论或否定论，所以在逻辑上陷于错误，是因它颠倒了事实的本质。事实是怎样的呢？事实告诉了我们：只有文艺性的作品，才是大众所最易理解最喜欢阅读的读物。只要我们对于传统的民间读物客观的统计一下，就可以发现大众自动作为日常精神食粮而热烈爱好的，都是文艺性作品。至于那些近乎说教的或缺乏文艺性的读物——如像《三字经》、《百家姓》、《千字文》以及各种的《五言杂字》、《七言杂字》、《山西杂字》之类则除了师长强迫注入或迫于实用而偶尔字典式的查看一下而外，就很少有被大众自动阅读的机会，因而它们对于大众意识形态的生长或改造过程上所发生的作用，也远在各种文艺性作品之下。再就本社的经验而论，《抗日英雄苗可秀》、《小英雄张耀华》一类的作品，为什么在演奏上受到大众的热烈欣赏呢？因为它们是文艺。反之，凡是在文艺上不够格的作品，我们可曾遇见过广大大众的欢迎吗？不能引起大众热烈爱好的读物，它们还有教育大众、鼓舞大众、作为大众行动指针的可能性吗？在这里，已经证明了大众所惯看爱读的是文艺化的通俗读物；在这里，已经证明了我们所应当争取的是通俗读物的文艺化。难道这还不明白吗？难道这还有怀疑或否定的余地吗？

但是，我们在这里必须更进一步来阐明，大众从文艺性的具体认识起始而后才到达于理论性的抽象认识，这并不是由于大众的低能，而是存在于大众认识能力中的客观的辩证法，而是我们的“旧瓶装新酒”的创作方法的文艺化要求的存在的根据——保证它由可能性到现实性转化的客观条件。并且大众所欣赏的文艺化读物——如像前述的《抗日英雄苗可秀》与《小英雄张耀华》等等一类的作品，当我们自己阅读或演奏的时候，不是也和不识字的文盲大众一样受着感动的吗？这就证明了文艺不是纯粹低级的范畴，它在高级化的认识阶段上，也和它在低级形态上一样，同是基础的构成部分。这种道理，正是认识论上感性与理性的辩证法关系的具体的表现。所谓雅俗共赏的逻辑根源，实在于此。所以如果以大众鉴赏力为依据来立论，那我们分析的结论，就恰和怀疑论或否定论相反。只有彻底肃清说教主义的作风，完成通俗读物的文艺化，然后才能负起历史所课于我们的重大任务。

总之，我们认为：没有具体的认识，不能获得抽象的认识。文艺在本质上是通过了具体形象的连锁而成的感性的认识范畴，它应该是大众认识过程的起点。凡是不能理解该时代文艺的读者，一定就不能理解关于该时代的纯逻辑的概括性的理论作品，这是必然的归结。因此，我们主张：将《国民公约》的条文，加以多样化的大量的文艺化的表现，以便深入大众。不过另外要附带论到一个问题，这就是，我们虽然反对说教主义，但对于作品的结尾，一般所加上的简短的鼓动抗战的词句，却不顾一概作为说教主义而予以排除，因为它在许多场合，客观上是从典型发展中所抽出来的概括，它是在强调着主题，或使主题明朗化，在短型的作品中，有时候也必是要的。然而，如果是出于公式主义的照例文章，则完全“要不得”。

这是我们对于第一种怀疑论或否定论所要说的一切。但是，第二种的怀疑论者或否定论者，听到这里，便会跳了起来。他们说，所谓通俗读物文艺化的必要性，在大众鉴赏力上固然有其根据，但是，倘若我们的主题是在于传递自然科学的知识，这还有写成通俗文艺的可能性吗？这样的特殊性的主题，不要说我们的屡次试验皆归失败，纵令在一般文艺史上，我们可曾看见过这样主题的成功的作品吗？所以，主题一经移转到自然科学的领域中来，那我们也只有放弃了文艺化的要求，而甘安于通俗读物的写作了。并且，这是由于主题的本质超过了可能性的限度，在这种可能性限度以外，还会有现实的必要性存在吗？

现在我们来分析这种以主题的特殊性为依据的关于通俗读物文艺化的怀疑或否定的不成其为理由的论点。

这种的怀疑论或否定论，在形式上虽以主题的特殊性的把握而出现，而其陷于错误的最后根源，却是同样由于对认识论缺乏正确的把握所致。首先，他们不理解文艺与科学的辩证法的关联。在他们的认识中，此二者是形而上学的划分开了的，在文艺的表现中不能有科学知识的内容，在科学的活动场所不能有文艺存在的余地；在他们的认识中，作为抽象认识的科学与作为具体认识的文艺，不是同一认识发展过程的两个阶段，不是可能相互渗透相互转化的范畴，而是两种截然不同的相互绝缘、相互孤立的认识。其次，他们不理解自然科学与社会科学的辩证法的关联，他们忘记了自然的认识是通了社会关系中的人类的生活实践而来的产物，他们忘记了人类的社会形式是建筑在一定的自然认识上的历史范畴，他们因此只怀疑或否定关于自然科学主题的文艺化的可能性，而对于社会科学的主题，则绝不怀疑或否定其文艺化的可能性的存在。总之，不理解自然科学的社会生活的规定性及文艺与科学——具体认识与抽象认识的形而上学的分离，乃是此种怀疑论或否定论的认识根源的所在，而同时也是我们争取自然科学主题文艺化的障碍的核心的所在。他们错误在这里，克服我们的缺陷的关键也在这里。

但是，我们虽然强调了文艺与科学的统一性——同一性；而另方面，我们却还要在其统一性中来发现矛盾，在其同一性中来把握差别。这就是说，文艺虽然和科学一样是世界认识的表现形态之一，然而，它却是通过了感性的形象的连锁而表现出来的具体性的认识，在这一点上，它却和科学由于概念而表现的形态不同。也就是说，文艺上所需要的是典型发展过程中的事物动作和感觉，而科学上所需要的则是逻辑的论证或概念的连结及转化。但是，如一位朋友所说那样，文艺家眼中的羊是在山坡上吃草的舒适或失掉母亲的悲哀，而科学家眼中的羊，则是解剖学上或生物学上的知识的说明云云，我却不能同意。因为如果这样区分，则文艺便成了感情主义的范畴，而不属于世界认识的领域了，这是托尔斯太的文艺观，而不是与反映论相统一的现实主义的阐明。在我们看来，文艺不但给人以感情，而且给人以认识，但只是通过了形象使人来认识世界的本质。如像辛克莱在《屠场》中，通过了攸非斯而使读者认识到在独占资本主义的美国，无产者绝无变成资本家的可能而只有忍受剩余价值的剥削，并且也使读者认识到近代企业生产的技术过程(注意！这一点就是表现自然科学主题的范例)，又如鲁迅先生，则通过了阿Q、孔乙己、祥林嫂、范爱农等，而使读者认识到辛亥以降中国农村的建制剥削的本质，更如茅盾先生的《子夜》，也是以文艺的认识形态，将次殖民地民族布尔乔亚的不孕症的本质，告诉了读者大众的等等之类。这样，我们的欣赏过程，是由具体而到达于抽象，再由于典型发展的远景的展望，而又归结于具体性现实世界的批判的改造。而这一认识过程的完成——从具体到抽象更由抽象到具体，正是一个辩证法运动的周期。

不过，我们为要争取自然科学性主题的文艺化，还需要我们更进一步来理解自然认识的社会性的规定。这就是说，当我们写作自然科学性主题的时候，要想克服说教主义的缺陷，而使之完成文艺化的形态，左列的三个要点，似乎是应该遵守的规律：

第一，社会的人类的实践，是自然认识的源泉或标准。当特定的意识形态（例如宗教迷信等反科学的观念）和人类的实践要求发生分歧或背驰的场合，便是特定阶层开始其意识领域中的自我批判的革故鼎新过程的起点，因此，我们要在典型的旧有意识与实践利益的矛盾过程中，通过了感性的形象——主人公在实践利益斗争所作用到的行动的对象目标武器或敌人等等，而表现出他们从宗教迷信到自然的科学认识的过渡行程。这就是说，文艺的本性要求着我们，不要脱离了特定的社会的人类的实践任务及规律，从概念化的角度上说明自然科学的知识，而要把自然科学作为社会性范畴来把握，作为社会斗争中的武器或敌人来把握，不要把握自然科学的固定化了的原理或结论，而要把握它在社会变革基础上的充满着矛盾斗争的环状运动的生成发展过程。

第二，自然认识的发展，也是一个螺旋形的曲线运动，而且是以社会的斗争为基础的历史范畴。所以我们当写作自然科学性主题的时候，便不应该一次把科学知识的全部内容填进作品中来，而要选择特定科学的一个（至多不能超过三个）基本命题，把它和错误意识——在实践上成为发展桎梏的意识对立起来，通过了主人公的螺旋形实践的反复过程，通过了科学与反科学的斗争，通过了实践的变革性的检证或批判，然后导出前者的确立与后者的解体，并由此而推动实践向更高阶段的跃进。在这里，也和在一般的场合同样，需要我们牢牢的把握到辩证法的柔软性——曲线运动的战术与战略。如果我们过于心急，一味要想走笔直的路线，要将全部科学知识在一篇作品中一下子告诉了读者，则在文艺性被破坏的情形之下，内容越多，越富于对读者的排拒力量，结果便形成了自己的反对物：多内容等于无内容，宣传科学等于封锁科学，反对宗教迷信等于保留宗教迷信等等。所谓“欲速则不达”，正是这里应该牢记的格言。

第三，自然科学性主题的提出，应该和社会变革过程中的“紧要的一环”（列宁语）——特定时代的普遍化了的社会核心问题关联起来。质言之，前者应该从属于后者。如果把这个命题运用到当前的中国通俗文艺运动上，那就是说，我们必须以抗战建国现阶段的迫切需要为枢纽，在这个枢纽的周围，来选择自然科学性的主题。这意思就是说，凡与抗战建国有着直接的普遍性的紧密关系的自然科学部门的知识，凡是在抗战建国发展上成为真实的直接动力的自然科学部门，成为斗争实践的物质的源泉支柱或核心的自然科学部门，都是（而且只有通过了这个关节才能够是）通俗文艺创作的主题。反之，如果我们忽视了时代的特征，忽视了现实中大众在斗争上所普遍而迫切的火急需要，而从所谓个人主义的小天地——个别性的求知欲望或研究兴趣出发，来作为选择主题的标准，则不但由于和大众实践要求脱节而不易于铸造典型，纵令作者个人有着超越的修养与经验而写成了文艺，也会由于社会基础的薄弱，而不能够受到读者大众的欣赏与批判，不能够在大众中作为现实性的通俗文艺而发挥其应有的力量。

我们在写作自然科学性主题的场合，如果能够充分的把握着上述的三个要点，则无疑的就可能使自然科学的通俗读物上升为通俗文艺。然而，这却不能说我们的作者现在已经把握到了这三个要点；相反的，我们的作者现在尚没有对于它们施行目的意识性的把握，我们的作者现在尚没有充分认识到它们在争取自然科学性读物文艺化过程上的决定作用，我们的作者现在尚没有理解它们在争取通俗读物全盘文艺化过程上是三个相互融合而不能分割的决定契机。这是我们在创作自然科学性主题上流于说教主义的根源所在，同时这也就是新的怀疑论或否定论主张自然科学性主题不可能文艺化的最后症结。

在这里，首先就需要检阅我过去半年来所见到的关于自然科学方面的几种作品，以便拿它们为范例来实证上面说过的一切。王冰洋的《炸弹落在敌人头上》，主题在于传达防空知识，在主要的选择标准上，自然毫无问题（因为已经把握到了第三个要点），可是作为文艺来看的时候，却不得不说是失败了的作品。这里的失败原因，就是由于作者未能把握到第一、第二两个要点，因此，就使主人公黄鹰不作为陆军战士，而作为一个青年的空军战士而登场，在一次的谈话中，一口气说完了防空（避炸弹）知识的全部。既然是以讲书式的谈话代替了战斗实践中的螺旋形的反复过程，难道还能不陷于说教主义而保留作品的文艺形态吗？效厂的《一贯通》，系以暴露宗教迷信观念的汉奸性为主题，主人公王世昌在反复的实践经验中，确乎已经燃起了民族意识的烈火而转变成为抗战的战士，但是作者却没有把握第一个要点。这就是说，没有将民族意识的确立过程与宗教迷信的崩溃过程统一起来，结果，使主人公的参加抗战脱离了从宗教迷信的解放而发展，并且在发展的每一步骤上，变成了对于单纯的日本军阀及汉奸的斗争，而看不见敌人及汉奸和宗教迷信的三位一体关系，看不见反宗教迷信的斗争过程。这样一来，不但模糊了主题的自然科学性，而且也由于不真实的缘故，降低了它的文艺性。此外，尚有曦子的三篇：《王大捷抽风》，以二等兵王大捷抗战受伤患破伤风的治疗过程及特效注射为主题，而该病的病状却未能由患者的生理方面加以刻画的具体表现，所以遂不得不由医官的讲演作结束。《张二楞捉虱子》，以传达肃清虱子的卫生知识为主题，这在二百万战士前线浴血，千百万难民到处流亡的大时代中，以此为主题，确已比较符合于第三个要点，而且张二楞在患虱子的过程中，自发的施行了合致于医学规定的许多肃清方法，也颇合于第二个要点，惟其由军医官的演说结尾，而且该演说不但过于冗长，内容亦嫌过于繁多，未免违反第一个要点的具象性的规定，而陷于说教主义。《验毒洗冤》，在主题选择上，以新法医学的化学知识传达及其与旧法医学斗争为主题，显然不合于第三个要点的规定，客观上实难成为流行于大众中间的通俗文艺。所有这些作为文艺而表现出来的缺陷，都替新的怀疑论或否定论奠定了胎盘，他们正是抓住了这种过渡性的缺陷，而断定了自然科学性主题的文艺化，在本质上是不可能的——不但现阶段不可能，纵在永远的将来也同样不可能。

果然是绝对不可能的吗？否！这是夸张。

为什么说新的怀疑论或否定论的命题是出于夸张呢？因为在我们争取自然科学主题作品文艺化的场合，不但客观上有大众的鉴赏力充当着催生婆（历史是不会和大众的要求开玩笑的），而且在这里也和在一般的场合同样，“人类是以能够解决的问题为问题的”（马克思语）。这就是说，在我们所看到的作品中，已经显示出了问题解决的萌芽。我们所说的解决问题的萌芽存在于何处呢？它存在于璧明的近作《牛赶场》里。主人公刘来富（小农）因为耕牛是他家庭经济生活中的基本生产成员之一，爱牛如子。由于地方牛瘟盛行，惴惴不安。自己的耕牛得了病，求神仙求中医俱各无效，火热化的爱牛的心作为动力，推动了他离开求神仙求中医的传统信念，而移转到了投寻西医的治疗，结果牛病痊愈。他在实践的检证过后，相信了科学，并在西医的商请之下，牵牛赶场，用经验证实了事实，口头的宣讲于大众。

这样的作品，是不是宣传了科学，打击了反科学的迷信的思想呢？是不是对于大众提供了行动的指针及动力呢？并且这是不是文艺化了的自然科学性主题的作品呢？我想，在这里，我们谁也不能提出否定的答复。因为不把药物学、病理学的知识系统的告诉读者，并不能妨碍它成有自然科学性主题的作品。当然，《牛赶场》还包含着许多缺点（如像开头一段的主题说明，对农民爱牛的表现不够，等等），但是，它确已指出了自然科学性主题文艺化的可能到达的道标，在它的内部确已存在着文艺化的萌芽，而且正因为它是萌芽，我们才需要把握它、强调它、发扬它，这难道还有怀疑或否定的余地吗？这是我们对于第二种怀疑论或否定论所要说的一切。这一种的错误命题的形成，完全是由于他们形而上学的分离了文艺与科学——具体性认识与抽象性认识，完全是由于他们不理解自然科学性主题与社会科学性主题的统一关联，不理解唯物一元论的宇宙观。

总结起来讲，我们第一，从大众的鉴赏力上，证明了通俗读物文艺化的必要性；第二，从逻辑原理及创作实践上，证明了自然科学性主题文艺化的可能性；第三，从对于两种新的怀疑论或否定论的驳斥过程中，恢复了必要性与可能性的统一；第四，凡此一切，都证明了我们过去争取通俗读物文艺化的努力的正确性。

这四点结论告诉了我们："旧瓶装新酒"的旗帜，过去曾经战胜了所谓"运用民间形式不能创造抗战典型"的旧的怀疑论或否定论；在现在，在最近的将来，它一定也要战胜我们今天所批判的新的怀疑论或否定论。

一九四〇、一、四。

（载《文学月报》1940 年第 1 卷第 2 期）

大众读物的建议

吴丁谛

只要我们随便走到那一条马路上，随时都可以看见有许多书摊陈设在那里。顾客大多数是孩子，但成人也不少。书的名称，极其古怪，我们再也幻想不出她的玄虚和奥妙，通常这便是我们称为“小人书”的。据我时常在街头经过，留心调查的结果，这种书籍为数极多，大约因为销路颇旺，出版数目时有增加。究竟要确定这书籍已发行的数目，或每月的出版册数，实很困难，然而我敢武断的是，这种书籍普遍于全上海甚或销行于内地已无可置疑。我们只要看社会上轰动出一件甚么奇案，或是电影院开映了一部甚么新的电影，立刻这电影里的故事便会搬演到这类书籍里来。大概已有电影而没有同类书籍的很少。除电影以外，更有京剧地方剧，搬演到书上的也很多。其他自然更有许多杜撰故事，既非戏剧，又非根据旧小说书，纯粹是由于编者挖空脑筋想象出来的。

但不管那一种来源，它们的毒害毫无二致，首先我们不能不承认的就是这类书籍具有极大的魔力。因为这种书的编撰确实能把握大众的趣味和性格，文笔通俗，投读者所好，所以结果“洛阳纸贵”。我们在未讨论这种书籍的毒害以前，对他们的巧思，应该先虚心接受。

然而，我们再进一步问：投读者之所好果真是一件好事么？不错！读者的兴趣和嗜好当然要估量。倘使出版家不知道读者的趣味，则根本对象先失，欲求书籍畅销，岂不戛戛为难？可是我们要研究的是，读者的兴趣固须相投，但更有能不能使之相投的问题。这种趣味可以存在的，自可设法迎合；趣味是低级的，甚或本身蕴含着毒菌和缺陷的，那我们便不能推波助澜，帮助他滋长了。最好的出版方针是能建树一个最高人格的理想和智识水准，将读者的意识提高，一方面依着他们兴趣，但又不堕入他们窠臼（堕入低级意识的读者群中是一件极顶危险的事），引掖着他们走近自己的理想。读者的兴趣属于好的一方面，固不妨提倡。惟倘有缺陷，则断无迎合之理。我们既不能截然摆脱他们，又不能完全牵就他们，因为截然摆脱他们，就是完全割弃他们的兴趣；完全牵就他们，则读者的知识永远会处于缺陷之中，得不到任何校正。为折衷这二者，兼并顾计，我们对于这“小人书”一类书籍应抱的态度是：

（一）虚心研究它的趣味何在，是否有另一种较高意识的刊物使读者也能发生趣味？

（二）研究这种书籍所给予大众思想上的毒害何在，须用何法淘汰此种毒素，原则须仍不损害原书之趣味？

（三）研究这种书籍编制的特征、内容、文字、图画，它们何以受大众欢迎？又假使这种受人欢迎的特长（或优点）能够保存的话，则须用何法将它保存。

讲到这类书籍的内容，确是光怪陆离，全部能保存的自然极少。大多数须要加改编或淘汰。据我约略统计，目下流行的可粗分为下列若干种类：（一）侦探或神秘恐怖；（二）民间传说的故事、轶闻而并不秽亵的；（三）民间流传的秽闻淫史；（四）社会的暴露，如纪叙都市怪现状、黑幕或是新发生的奇闻、奇案等等；（五）神怪武侠；（六）香艳或爱情；（七）滑稽；（八）离奇古怪得莫知所云。综括一下，除第（三）（五）（六）（八）都值得淘汰外，（一）只要不过于荒唐，也还可以让它存在，（二）和（七）只要不过于低级化，或者也可保存，（四）不涉到秽亵和作恶的暗示，暴露一点黑暗则尚属无妨。目前这一类书籍大多数还是包含着毒菌的，其能无害于读者的已属难能可贵，再进一步求它能供给读者以丰富的知识、道德的修养、健全的意识和高尚的情操，则更是绝无仅有。这些书籍的出版人只是一味为利润着想，探求那些低级读者的兴趣，不问这情趣是否合理。而且他们本身也不知道什么合理，他们只希望一批批书籍印出来了，批卖给摊贩，赚来一笔盈利，他们不问有多少人看了他们的书在思想上就会种下了根深蒂固的毒素。我希望眼光远大的商人来举办一种大规模、为大众知识着想的出版事业。小朋友的读物我们知道已有很多了。但一般知识程度较低的群众，仍很缺少知识的食粮。这些群众也一样感到饥荒，他们在工作的余暇，确需要这一种文化享受。然而我们试一检查书局的出版物，能发见他们的食粮却有多少呢？他们没有可读的读物，便不得不去求教于儿童所看的“小人书”，这一来，“小人书”更不仅是儿童的恩物，也是大众嗜读的书籍了，他们实在也是“小人书”出版事业的支持者。

要真能做到提高读者知识的水准，单靠书商的觉悟是不够的。因为他们在起初做的时候，虽能兼顾到一般读者的兴趣，可是在技术上或者不能周到，以致销路也许不会旺盛。这对没有远见的或是力量不雄厚的商人，便是很大的困难。为了教育大众，袪除那一种精神食粮的毒菌，就不当以避免毒害为已足，而必更进一步从积极方面着手才对。

大众知识的食粮问题，范围甚广。自然我们讨论起来也极其困难。然而我觉得我们从事这一种出版物的改进的时候，就很可以利用目前所流行的“小人书”为参考资料。通俗的文笔，并没有毒害的。读者所需要的趣味，自是我们须要顾及的。应用那种形式和技巧，而提炼或改造其旨趣，或许是一个简便的，也是极其有效的方法。

最后谈到大众读物的编辑标准，我约略提供些意见如左：

编制不妨仍用图画辅助文字的方法，但成人读的书可以减少图画的分量。其性质原系偏重图画、文字为辅者例外。

文字宜浅显，通俗简明，尤应极力避免欧化。

内容的确定，我以为先应由国家慎重厘定。为集思广益起见，不妨召开一个通俗民众读物委员会，由社会教育专家、各科编辑人才、主管及有关系教育机关人员出席，共同讨论。这是一个最严重的问题，能收效果与否，标准的订定颇有极大的关系。

大众读物的编订，应该有一个系统的计划，它包括下列各个单元：

（一）以中国为单元——例如中国的政治、经济、宝藏、疆土等等，目的就是使中国人知道自己。

（二）以世界为单元——例如世界的空军、海军、伟人、植物、动物、农业、矿业，各国的大势、奇闻等等，目的是在使中国人知道自己以外的事物。

（三）以生活为单元——例如学生的生活、工人的生活、军人的生活、农人的生活以及怎样从事职业、怎样奋斗、怎样成功等等。

（四）以各科学术为单元——这和（一）（二）两种以地域为界限

的说明不同，它是以各科学术为出发点，绝对避免高深。即使比较高深的学科，亦须深入浅出，化繁为简，使知识较低的民众务能明了。尤应注意的是，技术一类的书更应多备，如汽车驾驶术、修理术、喷漆术、镀金术、修表术、照相术，或是农林园艺等等，不重学理的讨论而贵能明了实用。

（五）以文艺陶冶为单元——这一类文学艺术决不是前面一种以介绍学术为单元的文学和艺术，它不讲文学理论、艺术原理，主要的目的只是利用文艺为工具，给终日辛劳的民众们一点身心的调剂。它须是娱乐的、消遣的，同时仍不失去“为人生而文艺”的价值。不管是小说、故事、歌谣、画册、连环图画，总必须是建设的、健康的、纯洁的，能灌输丰富知识，提倡道德修养，揭示健全意识和培养高尚情操的。这一种是大众亟需的食粮，所以这一方面编订值得热心人士努力和注意。

最后，篇幅问题，页数不宜过多，订价应绝对便宜，否则，编得虽好，也还是不受人欢迎的。

（载《中美周刊》1940年第2卷第4期）

谈谈儿童读物

杨公怀

儿童读物，是儿童的精神食粮，实在是非常重要的。但可怜得很，目前蛰居在孤岛上的儿童们，对于这种精神食粮的营养，他们特别的感得缺乏。于是多数的儿童在旧小说、连环图画中去找寻安慰，希望满足他们求知的欲望。这种饥不择食的现象，实在是很危险的。我们应怎样去把孩子们从旧小说、连环图画中抢救出来呢？这倒实在是一个重要的问题，值得大家讨论的。

由于儿童有好奇、进取、喜新等各种本性，当然，单是学校中几本教科书，是不能餍足儿童的欲望的。课外的读物，正是他们所渴望的。上海自从形成孤岛后，儿童阅读的定期刊物和报纸，相继停止发行；单行本方面，各书坊也只把从前印好的，来敷衍门市，真肯再下资本印新书的，百不一见，就是间或有一些，数量也是很稀少的。这不能不说是儿童们精神食粮的大饥馑。我在课余，曾把三十二个高级儿童做过一次调查。想看课外读物的，占百分之一百；而现在因没有适当的读物索性不看的，有十三人；在看的十九人中，看连环图画的有十五人，看旧小说的有十二人，不看连环图画和旧小说而只读新出版的儿童读物的，有三人，但据说常在半饥半饱的状态中，不能满足。从上面这个统计看来，可知有十一个儿童，他们是同时沉浸在旧小说和连环图画中，把他们当做经常的精神食粮了，这是一种多少可怕的趋向。

儿童读物所以寥落的原因，当然是为了环境特殊和纸价飞涨。中间虽有一些热心儿童教育的人士，斥资办儿童期刊及出单行本，因人力物力的有限，所以往往如昙花一现，立即消灭；有的虽勉强在支持着，出书的数量也委实可怜得很，一年出不到薄薄的十数册。以这样少量的读物，怎能使儿童餍足呢？假使只消极的禁止儿童看旧小说和连环图画，而没有替代的读物，不但予儿童精神上以一种桎梏，而且所收的效果，一定也很式微的。怎样来解决儿童精神食粮的饥馑问题，我来聊供几点意见：

一、上海的各家大书坊，像商务、中华、开明、世界、大东、儿童等，在战前，对于儿童读物的出版，非常努力。战争，虽然给予了出版界一个致命的打击，但假使能由几家资力较为雄厚的书坊，划出少许的资金，来出版一二种定期的儿童刊物，不论周刊或旬刊、半月刊，谅来也不是绝对办不到的事。篇幅不妨较战前出的减少些，价目不妨比战前的提高些，以各书坊过去的声望和成绩，一定会得到广大的读者。有时，我们还发现儿童们在捧着《小朋友》和《儿童世界》在津津有味的读着，可知儿童对这些刊物爱好的一般了。

二、由几个规模较大的小学联合起来，办一二种定期刊物。经费不妨由各校平均分担，并以级为单位，鼓励儿童集团定阅，同时再向其他的学校推销。假使定费可以维持的话，那当然最好；假使不敷的话，由几个学校分担，数量一定很微，无损于大局的，即使每校每学期要担负几十元，也只当是学校方面的一种事业费好了。至于负责的人，可由各校推举爱好儿童文学而又富有经验的人，请他们担任。联合组织一出版委员会，共同负责，这也是很好的。我相信各校教师中有这种才能而又有这种意愿的人，一定很多，只要学校当局能发起领导好了。

三、战后，小型的书坊也多了不少，不过他们都着眼于成人的读物，而没有顾到儿童。假使他们能稍为出版些有价值的儿童读物，不论定期刊物或单行本，都是很适宜的。从他们营业的目的上看，也不一定是一条走不通的路，不过大家不去走吧了！

四、各报的儿童周刊，大多篇幅太小，有时给广告一挤，没有能够登多少作品了。因为报馆方面的未能重视，只是像聊资点缀的样子，所以对儿童方面，也引不起十分的注意。我以为，各报应在星期日，以一整版来出儿童周刊，当为各该报对儿童方面的一种贡献。并且，应规定三分之一的篇幅登儿童自己的作品，比较得能增加儿童的兴趣。我愿以此意见，提供给《申报》、《新闻报》、《中美报》、《正言报》、《大晚报》及《大美晚报》，希望各报馆当局能予采纳，亦儿童的一大幸福。

至于儿童读物的内容，我想在此也谈一谈。现在，先说单行本吧！

单行本的发行，在目前的环境中，比较来得方便些，只要内容不涉及某种嫌疑，可免得申请登记的手续。但选材的标准，我以为不论故事、小说、童话、游记、剧本等，都应不抵触部定的教育目标，并符合下列各点：

一、是儿童现实生活和现代社会生活所必需的；

二、能发展儿童思想、增加儿童研究兴趣的；

三、可以养成儿童分析、组织、判断、推理等能力的；

四、适合儿童心理及生理发展程序的；

五、要以儿童生活范围内的经验和环境做根据的；

六、要有改造的功用，可增进儿童适应生活的能力的；

七、要能指示进化的趋势、鼓舞儿童奋发的；

八、要多用心理的排列和注意从具体到抽象的；

九、要能引起儿童爱护国族的情绪和热忱的；

十、要有伸缩的余地，使能适应个性的。

定期刊物，普通有两种：一种是专门性的，像《科学杂志》等；

一种是一般性的，像《儿童世界》等。不过现在我们希望有的是一般性的儿童期刊，因较为适合儿童的需要。内容方面，我以为可以有下列各种材料：

一、谈话。不论儿童生活或思想上的问题，都可作简要的论述或指示。

二、通讯。不论国内外何地，只要材料丰富、文意显明的，都可采用。

三、故事。有积极性而又兴趣浓厚、意识正确的故事，每期有一二篇。

四、科学。介绍现代新兵器及各种科学新知识。

五、剧本。能在学校或家庭可以表演的，酌量采登，但不必每期有。

六、漫画。分儿童自由画或儿童生活漫画，如有故事画，亦可选刊。

七、特写。上海各阶层儿童的生活环境和发生的重要新闻，写成生动的特稿。

八、诗歌。音韵优美和意识正确的诗歌，每期酌刊一二篇。

九、知识讲座。不论时事、史地、艺术、音乐等，撰成有系统而浅明的文章。

十、儿童园地。选刊儿童的优良作品。

其他尚有关于儿童读物应注意之点，现附带略述如下，以供参考。

一、用字。儿童识字不多，如一篇文字中，生字过多，往往减杀儿童阅读兴趣，所以应注意：（1）要日常生活最多用的字；（2）避免古字和僻字；（3）生字的反复练习机会要多。

二、组句。辞句艰涩，儿童也不易明白，所以写给儿童看的作品，须：（1）要明显生动，有如图画；（2）要音节谐和，便于诵读；（3）要富于暗示，能吸引儿童的注意；（4）要语语中肯，亲切有味；（5）重要处要加重语气，予儿童以深刻印象。

三、封面。能用二色或三色最好，以引起儿童的美感。

四、纸张。以白而无光者为佳，质宜坚韧耐用。

五、字体。不可过小，恐伤儿童目力。

六、装订。须坚固、美观，翻阅便利。

七、其他。行间距离宜适当，标点要点好；如有插图，物像要画得确切；印刷要清晰等，都须加意注意。

拉杂写来，已经很长了。至于儿童读物的写作方法，容下次另文详论，这里不再赘述，就此暂告一段落。

十月一日于上海。

（载《时代教育》1940年第1卷第4期）

儿童的精神粮食

张　杰

提起来真使人遗憾得很，抗战了三年，儿童读物不论是杂志、报纸或书籍，简直少得像凤毛麟角。团体里的小朋友，把几本仅有的儿童读物已经看烂了。每当他们感到精神粮食极端缺乏的时候，能得到长者们叙述一些通俗的故事或解释一些问题，总算是幸运的了。不然，他们便只好让自己陷于“精神饥饿”的状态。

由于这个严重的事实，促使了我们不能不对儿童读物的供应上，提出几点意见，作为出版界，教育界，著作家，及全国的小朋友们的参考。

首先我们试把三年来全国的儿童杂志、报纸、书籍来检阅一下：

杂志方面：上海有《少年读物》（半月刊）、《小主人》（周刊）、《新儿童》（周刊）、《少年时事读本》（周刊）、《儿童读物》（周刊）、《好朋友》（周刊）；香港有《儿童阵线》（半月刊）、《战时儿童》（周刊）、《儿童世界》（半月刊）、《蚂蚁刊》（月刊）；武汉有《小战士》、《抗战儿童》、《少年先锋》（半月刊）；桂林有《少年战线》（半月刊）；重庆有《抗战儿童》（半月刊）、《儿童月刊》；广东有《广东儿童》（半月刊）、《战时儿童》（半月刊）、《中国儿童》（周刊）、《孩子纵队》（半月刊）；浙江有《东南儿童》（半月刊）；福建有《现代儿童》

(半月刊)。

报纸方面：有上海的《儿童日报》、浙江的《儿童报》（三日刊）、桂林的《西南儿童》（周刊），其他就是一般报纸上出版的儿童副刊，但这是极少看到的。

书籍方面：上海文化生活出版社出版过几本少年读物（书名忘记了），最近上海少年出版社也出版了好几本读物，如《野小鬼》、《小牛》、《凯旋门》、《安利》、《永不能忘记的一天》、《牛皮阿狼》、《祖国的儿女》、《小夏伯阳》、《真实的故事》、《新中国少年》、《少年文艺丛刊》、《小癞痢》。另外还有较浅的一套战时初级儿童读物：《一二一》、《日本兵》、《小小兵》、《小先生》、《躲飞机》、《小燕子找老家》、《蚂蚁斗蛇》、《牛大哥报仇》、《日本军阀》等九本。

概括起来，抗战中儿童读物的出版情形有下列几个缺点：第一，这些儿童读物在数量上固然少得可怜，而在质量上也不能满足小朋友们的需要。因为文字写的太生硬、太深奥，一般文化水平较低，而数量占绝对多数的中国儿童，大都不容易接受和理解，从内容上来说，又往往脱离了儿童的现实生活，或者是脱离了抗战。

第二，一般儿童杂志、报纸、书籍的出版，都是漫无计划的，如上海儿童读物出版得比较多，香港次之，但有些地方简直就没有。加上人力和经济的限制，儿童读物大都是寿命不长。在上面所列举的许多刊物和报纸中，就我们所知，现在硕果仅存的只有这么几个：桂林的《少年战线》、重庆的《抗战儿童》和《现代儿童》、广东的《广东儿童》、福建的《现代儿童》。报纸仅有浙江的《儿童报》及桂林的《西南儿童》。而且这些刊物报纸，也往往脱期。

第三，专门从事于儿童文化教育事业的人太少了，而且有许多愿意为儿童文化教育事业而努力的大先生们，往往由于生活和工作环境限制，不能有机会充分地发挥他们的力量。

第四，出版界纯粹的站在做生意的立场上，根本不愿意出版儿童读物。

由于儿童是人类的继承者，是创造新文化的生力军，同时中国儿童更有他们的特殊历史任务，这就是说，他们跟成人们一样，和世界最野蛮的日本帝国主义作殊死的斗争，要建设一个自由幸福的新中国。所以我们热烈地、积极地要求在抗战中给予他们更多丰饶的文化食粮。针对着上述的缺点，我们迫切的期待着：

（一）政府能专门发出一部分经费从事于抗战儿童读物的编辑和出版，或者政府奖励和协助儿童文化事业出版机关。今天只有以政府的经济力量和政治力量才能够把这个重大的工作做起来。

（二）全国的著作家们和专门从事于儿童文化工作的先生们，尽可能的多编写与译述些给小朋友看的作品，童话、故事、音乐、诗歌、寓言……多多的培养儿童文化教育干部，因为这对于将来的新文化运动继承和发展有着极大的关系。

（三）在内容上希望多多地和小朋友现实生活联系起来，同时注意到内容的积极性，能够培养起小朋友为真理、为正义而牺牲的革命精神。

（四）各小学校、教育机关、教养院、保育院、儿童团体的教育工作者们可以根据自己的实际情况来编著各种儿童读物（补充教科书、课外读物、报纸，杂志），供应自己学校小学生保育院等之需要。

（五）出版机关应该站在抗战建国的立场上，站在发展新文化的立场上，有计划的多出版些儿童读物。

（六）最后一点，我们儿童文化工作者，自己应该多多地学习，多多地创作，以自己的力量来为提高儿童文化水准而奋斗。

（载《浙江妇女》1940 年第 3 卷第 1 期）

怎样写儿童读物

承　训

一、标准

儿童读物，广义说来，包括教科书和补充读物。各科儿童读物的写作，第一要依据课程标准。关于读书教材，课程标准上附件二《读书教材编选的注意点》提示两大项八要目，已很详尽（文长不录）。关于社会读物，教学要点第九条说："社会科教科书或参考用书的编制，须内容充实，插图丰富，文字生动浅显（较同程度的国语教科书略浅），叙述具体周详而有文学趣味，并附有简单的地图历史等。"关于自然读物，教学要点第二条说到："参考的编辑，可每一问题编为一种，内容应该多插图、多表解、多指导做和学的方法；文字应该尽量浅显，注重应用；间及原理原则，少用学术用语，多用通俗的名词。"

最近教育部编辑战时补充教材，所订取材和写作标准，亦可以参考。关于取材方面，订定总纲十四条如下：

1. 有关战时需要之教材；

2. 关于民族英雄等历史故事之教材；

3. 关于战时各地人民罹难情况之教材；

4. 关于各地军民情况之教材；

5. 关于鼓励民众应服兵役之教材；

6. 关于各地人民应尊敬伤兵优待伤兵之教材；

7. 关于优待出征军人家族之教材；

8. 关于国防方面之教材；

9. 关于开发产业、增加生产之教材；

10. 关于组织与训练民众之教材；

11. 关于提高民族意识增强国家观念之教材；

12. 关于拥护政府与领袖之教材；

13. 关于增强科学信念与提高科学知识水准之教材；

14. 其他有关建国纲领之教材。

关于文字方面，提出四点：

1. 课文文字以简洁平畅之语体文为主；

2. 文字在述理论时，应如述事实者同，求其平直畅达，不必多事征引，反致迷惘。

3. 课文语气，以积极者为准，批评谩骂、佻佻浮夸之文字固不宜取，消极与反暗示者亦应避免。

4. 文必言之有物，述之成理，力避空泛邪曲。（详见《教育通讯》第二卷第卅五—卅八期）

二、体裁

写的体裁，大概可以分为间接语的叙述（即普通叙述文）、直接语的叙述（如动物自述等）、间接语的对话（假使甲乙两人对话某件事物）、直接语的对话（几种动物互相对话）以及“拟人”的描写等。写的便利，当推间接语的叙述和间接语的对话；可是儿童阅读起来，喜欢直接的叙述和直接语的对话。无论叙述对话，而用“拟人”的描写，尤见生动。

直接语的对话，即所谓物语，在低年级读物中最流行，例如《三只羊过桥和狼对话》便是。

直接语的叙述，在中高年级读物中，偶见一二。例如《人体旅行记》（黄重建译，儿童书局出版），借一粒石子报告旅行人体的经过。要是儿童阅读这书，不但明了人体的构造和作用，并且当它故事阅读饶有趣味。一般生理卫生的课文，以作者口吻用间接语的叙述，阅读时但觉干燥乏味。又如《小雨点一滴水》（叶之华编，新中国书局出版），亦是直接语的叙述。自然科读物，应该这样写作。试举数例，做一个对照。

（甲）

植物怎样能够生长？因为有吸收、同化、呼吸、发散等作用。怎叫吸收作用？叶部吸收空气中的养料，根部吸收土壤中养料，好比人类的饮食，这叫做吸收作用。怎叫同化作用？叶部吸收的碳酸气和根部上升的水分，受着日光，变成糖汁，好比人类的消化食物，这叫同化作用。怎叫呼吸作用？植物体全部，吸收氧气，呼出碳酸气，好比人类的呼吸，这叫呼吸作用。怎叫发散作用？根部吸收的水量，如嫌过多，由气孔、水孔等部发散于空气中，好比人类的排泄，这叫发散作用。

（乙）

（植物的生长）植物和动物一般，必须得到了适当的养料，才能渐渐的生长。

（根和水分）植物由根吸收泥土里的养料。但是这种养料，必须有了水分，才能吸收。所以没有水分的地方，植物不能生长。

（叶和阳光）植物由叶吸取空气里的养料。但是这种养料，必须日光才能利用。所以日光照不到的地方，植物往往不容易生长。

（养料的分送）植物的根和叶，取得了养料，就由茎里面分送到全身各部分去。

（丙）

一粒豆的自述——我怎样生长的？

我的老家是挂在豆萁上的豆荚，我正睡在老家的时候，忽然被人剥开两面的厚墙，把我摘出来。

一天，小孩子把我抛在泥土里。不久，我长出两个尖刺，又生了一条尾巴。两个尖刺跟着又白又胖的身体，向上钻出地面。（一条尾巴又尽向泥地里伸开去）

我跟你们一般，需要水分、热、空气。

水分，从那里吸取呢？我从泥土里吸取水分。泥土里的水分，就靠雨水来的。旱的时候，要靠农夫浇水。我怎样吸取水分呢？用我的长尾巴，作为吸水管；长尾巴上又有许多小尾巴，作为吸水的支管。人家把我的尾巴叫做根和根毛。

泥土里的水分，先由根吸上，送到全身。全身的水分，由下向上流动着，它的重量相当我全身重量的四分之三呢。最后，水分从叶子里散放到空气中。叶子好比人的肺和胃，把水分里的好的液汁变成养料，把没用的水分呼散出去。

热，可以使我温暖，生长得快。我从泥土里得到热，一种是地球公公内部的热，不过很少。一种是肥料里发生热。但是主要的热乃是光。日光照到地上，热就传到泥土里，灰白色的泥土不容易吸收日光的热，灰黑色的泥土容易吸收日光的热。我虽不需要过分的热，却喜欢住在灰白色的泥土里。

日光，可以帮助我的生长。会开玩笑的朋友，倘使把我种在花盆里，用厚纸罩着我，厚纸上开一小孔，让日光进来，我一定全身倾倒，向着日光。

空气，对于我的生长也要紧的。会开玩笑的人，倘使把我种在瓶里，塞住了瓶口，不让空气出入，那末我昏闷得很，不能生长了。我愿意生长在田野里，让我的叶子呼吸新鲜的空气。我所喜欢的新鲜空气，乃是含有炭质很多的空气。炭质和叶子里的水分化合起来，而成糖质和淀粉，糖质和淀粉是最好的养料。

根在土粒空隙中，也能够吸取空气。说来奇怪，泥土里有一种微生物（细菌），通常一克兰姆的肥土里的细菌数，约达五百万个之多。用肥料的泥土，每克兰姆土里竟有三万万个细菌，这些细菌攻破我的根皮，在根里繁殖得极快，我的根上生了许多小瘤，好像孩子手上生的疮痂。根瘤里的细菌又吸取根里的糖质，我就受到了极大的损失。但是他们有一种功劳，从土粒空隙的空气里，摄取氮气。氮气跟水分、糖质化合起来，变成蛋白质，蛋白质可以使我长得欣盛。

甲式是民国二十年左右通行的课文，满篇是抽象的术语和名词，并未详细解释，怎叫八九岁的儿童看得懂！乙式是现在通行的课文，比了甲式稍见进步，仍没有说明根和水分、叶和日光有什么关系，儿童依然莫名其妙。丙式不但是直接语的叙述，而且譬喻浅显，说理清楚，儿童自动阅读，儿童不需教者详加解释，也可以明白。

三、组织

试把社会自然常识教科书检阅一下，全部组织每嫌支离破碎。曾将中华、商务出版《高小社会》，依单元性质，归纳为十五个大单元。有些单元，见同一册内；有些单元，分散于各册。为什么要分散于各册，查课程标准并无根据，或许分量冗长的单元连续教学，减少儿童兴趣。但是课程标准上教学要点第十五条这样说："教学时，应常引用旧材料以和新材料比较研究，并把教学的材料综合整理，而得一完整的结果。”试问分散各册的单元，怎样比较综合呢？我虽不主张教材本位，可是教材应有组织系统，才便于儿童学习。

商务《复兴高小社会》教学单元

一、我国地理大要：一册之一、二、三、四、五。

二、黄河流域：一册之十三、十四、十五、十六、十七，三册之卅九、四十（油印可免连购三本）。

三、长江流域：一册之十八、十九、廿、卅八、廿一、廿二、廿三、廿四、廿五、廿六，二册之七。

四、粤江流域：二册之二十、十九、八、九。

五、边疆：三册之卅五、卅四、卅七、卅八，二册之廿三、廿二、廿一。

六、实业计划中的三大港：一册之卅五、卅六、卅七、卅九。

七、中华民族之发展：一册之六、七、八、九、十、十一、十二，二册之十、十一、十二、十三、十四、十五、十六、十七、十八，三册之十一、十二、十三、十四。

八、民族主义——复兴运动：二册之廿八、廿九、卅、卅一、卅二、卅三、卅四、卅五，三册之廿五、廿六、廿七、廿八、卅、卅一、卅二。

九、民生主义之发展：三册之十五、十六、十七、十八、十九、廿、廿一、廿二。

十、民权主义：二册之廿四、廿五、廿六、廿七、卅八、卅九、四十，三册之一、二、三、四、五、六、七、八、九、十。

十一、我国文化：一册之廿七、廿八、廿九，二册之一、二、三、四、廿九。

十二、西方文明：四册之一、二、三、四、五。

十三、殖民事业和民族独立运动：四册之六、七、十九、廿、廿四、廿五、卅一、廿二、廿三、卅四。

十四、民主运动：四册之十二、十三、十四、十五、廿一。

十五、国际情状：四册之廿八、廿九、廿六、卅二、廿七、卅。

中华新编《高小社会》教学单元

一、我国地理大要：一册之六、七、八。

二、黄河流域：一册之九、十、十一。

三、长江流域：二册之十、十一、十二。

四、粤江流域：三册之十六、十七。

五、边疆：一册之廿三、廿四，二册之十六，三册之十二。

六、实业计划中之三大港（缺）。

七、中华民族之发展：一册之十二、十七、十八、十九、廿二，二册之七、十三、十五、十七、十八、十九、二十、廿一、廿二、廿三、廿六、廿八、廿九，三册之十四、十五。

八、民族主义：三册之十八、十九、廿、廿一、廿四、廿五、廿六、廿七、廿八、廿九，四册之廿三、廿四、廿七。

九、民生主义：《生产建国》四册之三、四、五、六、七、八、廿八。

十、民权主义：三册之二、三、四，四册之十七、十八、十九、廿。

十一、我国文化：一册之十四、十五、廿五，二册之五、六、廿四、三十。

十二、西方文明（缺）。

十三、殖民事业与民族独立运动：三册之五、六、七、九、廿五、廿六。

十四、民主运动：三册之七、九、十一，四册之十。

十五、国际情状：四册之十一、十二、十三、十四、十五。

教者不应教死书，要活用书。我们无暇自编教材，本学期把四册混合教学，也许是一个方法。

《复兴社会》四册混合教学顺序

五上（用第一、二册）一、二、三、四——四个单元。

五下（用第一、二、三册）五、七、八——三个单元。

六上（用第一、二、三册）九、十、十一——三个单元

六下（用第四册）十二、十三、十四、十五——四个单元。

此后编辑教科书，可否每册只写四五个大单元？我会写一本《动荡中的太平洋》给五六年学生，从太平洋的发现、世界大战前的太平洋、世界大战后的太平洋，直到现在为止。我以为欧洲各国的斗争，可以上自工业革命始，下至这次欧战止，以资本主义的兴起、发达、崩溃为中心，写一本浅显畅达的书，五、六年学生也许可以看得懂。一个小学生读了这两本书，不必再去咀嚼各国兴衰存亡的缺少中心的课文了。自知并无编书经验，大胆提出此议，敢请编辑家指正尝试。

写儿童读物，先要依照标准选择材料，有了材料要作通盘计划地组织，而后下笔，多用直接语的体裁。

（载《小学教师》1940年第1卷第10期）

我们的儿童读物呢？

导　鸿

最近，本刊上对儿童的体罚问题，有一再的讨论，我认为这是一个很好的现象，我要为儿童们庆幸。儿童的体格固然值得我们注意，但儿童的精神食粮——儿童读物问题，却也是非常重要的。我想就这点说几句话。

我们不能否认，富有滋养料的儿童读物，一向是很少的。战前，即使有人不断的喊着增加儿童读物的口号，而成绩也不能令人满意。至于战后的情形，就如今日的上海言，儿童读物的贫乏，可说是到了空前绝后的地步——但愿是绝后。上海的文化界，战后虽不如战前那样的蓬勃，但目前报摊上可看的旧报杂志，还不算少。然而儿童读物呢？我们看到一本吗？从前的《小朋友》、《小学生》、《新少年》、《儿童杂志》、《儿童画报》是早已停刊了，而后起的一种也没有。我有一个亲戚，一向对儿童教育是很注意的。近来他因为买不到孩子们可读的读物，便将我家从前弟弟读的《小朋友》及《儿童画报》借去给孩子们看。如果有人说：儿童读物没有生意，所以没有出版家愿意出版，作为上海儿童读物贫乏的理由，恐也未必尽然吧。

目前，不但没有一本真正的儿童读物，连提倡的人也没有了。从前许多报章杂志上很热闹很认真地讨论过儿童读物的问题，但现在这个问题是不再提及，好像被人们忘记了。我应该说，儿童也随着国家走着厄运呢！

儿童读物的重要，是无须我说的。某外国教育家说，一个国家的教育发达与否，从它良好的儿童读物的多少上，是可以概见的。从这句话，我们可以想见儿童读物的重要了。

因为儿童读物的缺乏，结果是挤着儿童向旧书摊上跑。而书摊上的旧小说及连环图画，不但没有滋养料，而且含有毒质。儿童纯洁的脑筋里，染上了这些荒诞无稽的神怪思想，其为害实不堪设想。好像有人曾主张把这些书统统烧光，这办法我倒赞成；但我们不拿新的读物来代替补充，我想即使真的烧起来，恐怕也要有野草烧不尽之感呢。这些旧小说的势力，实大得可怕，据说从前苏州专门印旧小说的各书店，每年所印的数量，较商务、世界、中华合起来每年所印各书的数量还大。现在上海新的儿童读物既然没有，则更是旧小说扩充势力的机会了。

我恳切的希望上海的著作界、出版界，把一部分眼光移到儿童读物上面，替我们苦难的孩子造一点福。

（载《申报·春秋》1940年4月1日）

应该顾及儿童读物

伊

今日的出版界虽然有人说，贫弱而迟缓，可是由现在情形看，总算有几本东西能填补了出版的空白。此种情形固然不足自豪，但总是慰情聊胜无。

现在很有一些热情于文艺的人，有人想极力充实出版界，有人狠狠的攻击翻印章回体，这种精神固然是很可嘉许，但是另有一种问题，便永未为一些人所想到，这问题便是“儿童读物”。

这也许是偏见，我从来对于成年人的一切改革上都是抱着悲观。譬如以看书来说，虽然我们的力量能造成出版市场上尽是新文艺作品，而强抑止了翻版书的流行，可是结果不过是好新文艺的热闹热闹，嗜好张恨水东西的人，他还是嗜好，没有书他宁肯不读，也不会又转爱上新文艺作品，这原因不外他成见已深，性格难改了。

所以如果真正想振兴新文艺的领域，不妨把眼光放得远一点，便是灌输我们的第二代儿童。

同时我们再想一想，我们现在的儿童，除了学校的课本子以外究竟有什么读物呢？我们幼年的时候，虽然便是无书可读，可是那个时候，还勉强可以找一点《小朋友》、《儿童世界》、《少年杂志》等书籍，可是今日的儿童比当年不是更可怜了么？

假使我们的作者，真正是为了供给人们精神食粮的话，不是为了稿金的多寡，不是为了赏金的争夺，那么何妨往这条路上尝试一下！

如果幼年的时候，精神已经饿得干瘪，相信年长以后，也是不会消化成人精神食粮的。

兹以百二十分的热诚，盼待作者与出版者，均能顾及到第二代的读物！

（载《文最》1940年第1期）

怎样爱护儿童读物

永

那真巧得很，《小主人》创刊的时候，我正忙忙的要离开上海，那时编辑先生要我写一些文字，我就匆匆地写了《告留沪小主人们》一文，不知读者们还能记得吗？想不到辰光过得这样快，我在前几天回到上海，一遇到编辑先生，她又要叫我给第一百期的《小主人》周刊写稿了！

任何杂志，没有读者们的拥护，决不会出到五十期以上，《小主人》能够出到第一百期，虽说是编辑先生的决心，但我们对于《小主人》的读者们的拥护，也该有相当的敬佩！

话再回过来说，儿童读物不是可以大赚其钱的，办杂志只有儿童读物最容易亏本，一来因为卖不起大价钱，二来因为图版等都贵得很。今天读者们看到了《小主人》的第一百期，可是以后怎样，是谁也不能预料，说不定还是会受不住各方打击的！

所以，我很希望大家能爱护它。爱护儿童读物的方法不外乎尽量使它的内容改进，要是发现什么缺点，就写信去供献意见，或是多多投稿，让它一天天的进步。一个刊物能够一天上进一天，当然也不会停刊了。

再次，便是想法推广，刊物的销路大，成本也轻，基础就更坚固；但也不一定要强迫人家去订阅，自己把书看完了，也该常常拿出来给人家看看，使人家也能知道这刊物的内容，慢慢的这刊物的信用和名誉一天天会在无形中增加，读者也就会一天多一天了。

上面的话，很容易做到，愿读者都能照着实行。

（载《小主人》1940 年第 5 卷第 15 期）

仍须努力

公　怀

在四月一日的《春秋》栏内，读到导鸿君的《我们的儿童读物呢?》一文，语重心长，不胜钦佩。笔者亦深感得目前上海的儿童读物的确太少了，不够儿童精神上的营养。但儿童读物恐慌的程度，却尚不至于到“目前不但没有一本真正的儿童读物，连提倡的人也没有了”的地步。现在我来就我所知道优良儿童读物及儿童读物的出版消息，向读者报导一下。

关于儿童阅读的定期刊物，战前的确很多，而且多数是各大书坊出版的，战后这些刊物，相继停刊，曾有一个沉寂的时期。但后来，《上海儿童》、《新儿童》、《小主人》、《中国儿童》、《少年时事读本》等期刊，陆续刊行，共有十余种，不过多数是由几个人的力量创办的，人力财力均感不足，但在此时此地，也不容易了。并且，那时各大报上，像《申报》、《新闻报》、《新闻夜报》、《文汇报》、《大晚报》、《中美日报》等，也都有《儿童周刊》。迨至欧战爆发，外汇奇缩，纸价飞涨，于是为了经济力的薄弱，期刊纷纷停刊，报纸上的儿童附刊，也有的紧缩篇幅，甚至化为乌有，这不能不说是儿童读物的绝大困厄。到现在，期刊中只有《新儿童》和《小主人》照常出版，仍保持着固有的作风和态度，其他则完全消灭。听说，最近时代出版社将有《童年月刊》出版，不久即可和读者相见。这几种刊物，立场纯正，内容也还精彩，是值得介绍给孤岛儿童一读的。至于报纸上的儿童附刊，除《申报》、《新闻报》、《大晚报》外，其他都已停刊。

至于单行本，现在，少年出版社和时代出版社非常努力。少年出版社已出版的有《新西南游记》、《小三子》、《小夏伯阳》等十多种，颇有时代性。时代出版社出版的《小瘌痢》、《野小鬼》等十余种，内容非常精彩。在计划出版或印刷中的，少年有《新歌曲》、《报童生活》及《抗战小故事》等多种；时代有儿童戏剧、故事、小说等多数。其他，尚有新儿童社出版的《新儿童小丛书》及《木兰从军》（儿童剧）等。这几个出版社，都是热心提倡儿童读物的人所主持的，他们在艰苦的物质条件下，努力产生着优良的读物，这种精神，我们是不能一笔抹煞的。

虽然，以孤岛儿童数量的巨大，仅仅这一点读物，是不够的。但也许有很多儿童，连这一点读物，还没人介绍给他们哩。我希望在“救救儿童”的口号下，出版商、小出版社、作者，能共同努力！

（载《申报·春秋》1940年4月5日）

勿看连环图画

何　畏

在放夜学后，差不多在每条马路旁都可发现连环图画的书摊。许多小朋友，挟了书包，站在摊旁，出神的看着。

小朋友！你要知道，这种书的内容是很恶劣的，给你的印象是很坏，把你宝贵的金钱和更宝贵的光阴化在这种有害的书上，多么可惜呀！

课外的读物正多着呢！星期日你不妨到书局中去看，那里有使你长进知识的读物。还有图书馆，亦可给你去看图识字。你如能这样，那么，你的学问、智识、思想都能在你课余的时间中长进。

（载《申报（上海版）》1940 年 10 月 20 日）

废除几个不良的习惯

镛

小朋友们！现在孤岛上的各种物价都似飞般的高涨，你们都知道吗？我想凡是有智慧的各位小朋友，他们都在设法怎样来节约了。总之，在这个时候，是不应该再把你们父母的金钱任意的浪费才是。最低的限度，对于下列的几个不良的习惯，从今天起，应该有则除之，无则加勉。

一、吃闲食。吃闲食非但耗费金钱，并且有害身体。你看有许多小朋友，他们终日吃闲食，以致弄得面黄肌瘦，营养缺乏。适当有节制的饮食，这是获取健康的唯一秘诀，请各位能够把这句话牢记着。

二、看连环图画。小朋友们在空暇的时候，常常喜欢向父母讨了几分钱到街头巷弄里的小书摊上去租几部武侠神怪的连环图画来作消遣，这种书可以说与小朋友们是绝对无益的，所以亦是属于浪费之二。各位不妨把讨得的钱积储起来后，到书局里去拣几本实用而有意义的书，那是有益得多了。

三、乱涂纸张。小朋友中十之八九看到有一张雪白的纸张时，就喜欢拿来乱涂一阵，涂后就把它丢去。还有的是把整本的练习簿，不知道爱惜地来用，前撕一张，后撕一张，这种恶习亦不是一个好学生所应有的。损丧物力，这该属于最大的浪费呢！

以上三点，差不多是在小朋友间最容易发现的。如果有一位是二皆不患，那么是已够体谅了你们的家长，至于谈到怎样来减低家长们的负担及增加家庭间的收入这项问题，却不是你们的力量所能胜任。

（载《申报》1940年4月21日）

谈连环木刻

鲁迅先生曾替连环木刻辩护，认为是“艺术大众化”的一件重要工作。是的，单幅的木刻画，有的意义表现得确深长，但总不如连环的（数张或数十张连续）木刻画的作用来得大。看一张木刻画便能领悟到作者要表达的意识，这非受过相当教育的人不可。连环木刻就不同了，一张一张的连接着，表现它的内容和影戏一样，这可以使大众容易理解，容易感动。

木刻连环画的创作，有一点要注意的是，一般木刻家，往往把一个要表现的事件，如抗日英雄故事之类，用了西洋的刀法、线条，甚或把人物刻成高高的鼻子，全不像个中国人，一点也看不出中国的风味，变成了故事是中国的，而人物和气质是外国底。这样的作品，结果一定是吃力不讨好，更谈不到理想的对民众发生什么感召力了。

在今天，连环木刻画要多产，才能反映急变的现实，才能应付我们广大群众的需求！希望木刻工作同志努力制作吧。以笔者的见地，个人的制作不如集团的来得快。创作之前先来了一个会议，决定了连环图的中心意思后，每人负责刻一幅，这样，很快的在一天工作后就可完成了。照这样的实行集团创作方式，可以短少的时间，产生一个有意义的连环性木刻图了，拿来做街头或农村宣传品，极感便利。尤其是碰到有时间性的题材（如政府的命令、有意义的新闻等），须要老百姓晓得的，非用这种集体创作的办法，是感到困难的。

（载《大公报（香港版）》1940年12月13日）

编订适当教材

教材是以改变经验，增加适应生活能力的手段，生活环境各地互异，适应生活的教材也应该有相当的选择。南洋的环境与国内不同，侨校的教材自然也不能照国内一样，过去一般华侨把国内教科书搬运到南洋去教育华侨子弟，实在是莫大的错误。民国二十年教育部颁布《华侨中小学校规程》，第四章第十五条规定："华侨中小学教科书，应由该管领事，或当地主管华侨教育人员，会同当地华侨教育会，及华侨中小学教员代表，组织中小学校教科用书编选委员会，就教部审定之教科书中选定若干种任各校采用。为适合地方情形起见，并得由委员会加以修改，或另行编辑。前项修改或另行编辑之教科书，应呈送教育部审定之。"可见侨校教材之"变通"、"修改"、"另行编辑"，政府已认为重要的工作。所以目前华侨教育界应该迅速遵照上项办法组织中小学校教科用书编选委员会，订定编辑计划，搜集材料，从事编辑适当教材。教材的内容，第一须合实际生活和环境的需要，第二须着重祖国文化的传播。完成之后，先行分发各地著名侨校试用，限定相当时间，试用完毕，再呈送教育部审定后出版，这样的教材，自能切合实用。

（载《侨务季刊》1940年第2卷第2期）

教材不切实际需要

教材是教育的工具，教育效果的良否，率以工具为转移。而且教材是适应环境而存在的，怎样的环境便应该采用怎样的教材，不可一成不变，削足适履。南洋各地华侨学校采用教材是最大的难题，一般居留地政府，对此都有严厉的限止，许多含有民族意识的教材，一概不能采用。而各校当局，对于教材的选择，又不郑重将事，适用与否绝然不顾，多数采取国内各家书局所编的教科书。我们想，南洋的自然环境，如气候、物产、山川和社会环境，如风俗、习惯以及社会组织，几乎完全与国内不同，把国内的教材搬到南洋去，如何能适应南洋华侨学生的需要？削足适履的教材，试问学生有什么好处？有一般学校，竟采用《大学》、《中庸》、《三字经》一类的书籍做教材，他们根本不懂教育原理，淹没儿童求知的兴趣。试问以头脑幼稚的小孩子，如何懂得修身、齐家、治国、平天下的大道理？更有直接翻译他国的文字做教材的，他们完全不懂各国文化的不同，足以养成学生数典忘祖的习惯，这更是危险的事情。南洋侨校用这种不切实际需要的教材教授儿童，结果非但徒劳无功，而且反贻误儿童的前途。目前南洋学生往往读了七八年书，在社会上仍旧不能应付，便是一个明证。

（载《侨务季刊》1940 年第 2 卷第 2 期）

教科书荒

朱沛人

前些日子，教育部在重庆召集国民教育会议，据传对于今后普及国民教育问题，已经订有详明的方案。这是在抗战建国大业进程中一件值得欣慰事！方案的具体内容如何，尚不得知，无从加以评论。惟我们认为有一个基本的问题应该提出讨论。

我国文化事业的中心，向来是在上海，全国精神食粮的供给，差不多是以上海为唯一的基点。国军西撤后，淞沪成为孤岛，和内地交通隔绝，一切书报几乎都不能输入内地；内地的文化事业虽因需要而蓬勃发展，但基础毕竟脆弱，力量也嫌分散，并不能代替往日上海的地位。而最成问题的，即是各级学校的教科书籍：第一是根本供不应求，学校里的学生常常有买不到书的现象；第二是书价太高，运费加到十几成，有的学生买不起书。然而这仅是就现在的情形而言，学生的总数对人口总数的比率非常低微，就学者大多都是中等家庭的子弟，已经有这种现象发生。假如要实行国民普及教育，中国不识字的人数，一般估计有百分之八十，近年来各地教育均较发达，这个数字当可稍为减低。即以百分之七十计算，全国即有三万万人左右应受国民教育，浙江一省也有一千四五百万，就以每年消灭文盲百分之五或百分之十来讲，全国也有一千五百万至三千万，浙省应有七八十万至一百四五十万。这么大量的人口要来加以教育，其它问题且抛开，教科书从哪里来？这是量的问题。

就质的问题，现在一般教科书是不是合于社会的需要？翻开一本小学教科书来看，画的学生都是西发洋服，画的校舍也是高楼大厦，不知中国有几个如此校舍的小学，如此修饰的小学生？讲到自然科学，一定举出蒸汽机、电灯、汽车、电车来做教材，当然这些照教育家的眼光看来，是完毕国民教育应有的常识，但是这些常识如果单靠书本子可以教懂学生，我一万个不相信。或者有人说可以利用实物做教材，但是中国有多少如此的实物，就是有这种实物的地方，又有几种可以由你拿来当做教材。我是读过小学的人，我愿发誓那时候对于这些是一窍不通的，讲这些东西的先生也未必懂，即使他懂也没有法儿叫我们懂，如果不是后来进了中学，恐怕到如今也不会懂一点儿。但是在中学懂的一点儿，是另外一会事，和小学的基础无关。小学生有多少进中学的呢？不进中学他学这些东西完全是白废。编教科书先生们何不走到广大的落后的农村里去找一找他们每天可以看到的自然现象和科学的应用，采了来做教材，岂不对他们更有益处？这只是一端，亦可以概见其余了。

站在整个国家的立场讲，今日“教科书荒”的问题其严重情形正不下于“米荒”。我们针对上列两个问题，贡献两点意见：第一，教科书应由政府统筹编撰，务求适合国家实际的需求和社会实际情形，不必全国学校采用一律的教本，农村有农村的教材，工业都市有工业都市的教材；或者就现有的教科书加以审慎的改编。第二，为应目前之急，审定教科书应准各地教育机关自由翻印，以减轻运费的负担。如果说有碍版权，那也不成问题，今日一切人力财力都可以征发，难道书坊的版权不可由政府收归公有？而对于小学教科书籍和义教教本更应由政府印制免费发给学生，庶几不致大多数人因为买不起书而读不成书。这笔开支当然是很大，但是教育是建国的基础，建国的工作是不能考虑成本问题的。

（载《浙江战时教育文化》1940年第2卷第4期）

谈谈教科书缩小版本

锦　帆

在二十三日的《春秋》上，看到了季甫芳君的报导："听说各大书局，预备将小学教科书缩小版本，节省纸张，使书价不至昂贵。"我们暂且不问各书局是否有这样一个具体主张，愿就教育原理与实际情形上，来谈谈是否能够将教科书缩小版本。

（一）教科书上字体大小，不但影响于阅读，并且与儿童的健康也有重大关系。如果字体过小，儿童不易认识正确，且视力容易疲劳，以致近视或患其他目疾。

（二）教科书上的行距、行列，对于读书效率很有影响，大概低年级、中年级教科书须有二公分的行距和十八公分的行列为标准。

（三）插图能提高读书兴味，且能帮助儿童了解课文，尤其是低年级课本，必须要有很多容量的插图。

以上三点，都是教科书在形式方面必具的标准，可是缩小版本后，能否无损上项各标准呢？这固然是一个问题了，现在再拿实际情形来谈谈。

当一个儿童拿到了新书的时候，他们固然是非常珍惜的，然而不久书角卷了，接着书面脱落……甚至于遗失，我们试想把课本缩小之后，不是更容易促成这种情形吗？

拿世界各国的儿童读本来比较，中国的小学教科书已可怜得足够了：没有好的纸张，缺少美丽的插图，更无坚固的装订……儿童教育已经是公认为一桩立国大事，我们要改进尚觉不力，那能再在这上面

“挖打”呢!

不论从那方说，缩小小学教科书版本，是得不偿失的。

（载《申报》1940年2月28日）

小学教科书果然缩小版本

纳　逊

据我的一个在某大文化机关里服务的朋友对我说，因为原料的涨价，他们公司里预备把小学校教科书缩小版本，他正在担任这一部工作。

他们不单是缩小，而且还重新在剪贴，把插图剪去了，把每一行，每一排统统排得紧紧的不留空地，天地头也缩短了许多；但是，据预算或恐还须涨点价。

这，在书贾一方面，当然是可以有理由伸述的，他们可以说为了减轻学生家长们的负担。

但是，在学生方面是加重了负担了：因为插图不仅是可以引起读者兴趣，而且，还可以按图索骥，养成观察能力和加强推理作用；至于行列排得稀，是可以减省目力，使学生不会感觉沉闷、枯燥；只有天地头似乎没有什么大用处，有之，也不过是“美与不美”罢了，现在是被一视同仁地处理了。

我觉得，在现在全国各学校无力购置仪器和实物教具时，教科书不仅不应减少插图，而且应该增添，现在恰在相反着做。这事情，或许是他们同业公会已经大家商量好了才做的，他们当然也有着他们的苦衷，不过，我还希望他们能注意到教育方面的效率。

我希望大家严重地注意起来，无论如何，小学教科书不能这么做，但仅仅是缩小一点倒不妨。而且，我还希望别再加价!

（载《申报》1940年5月24日）

我对于编辑中小学教科书的意见

陈立夫

在国难严重抗战军事紧张的今日，我们来从事于中小学教科书的编辑工作，骤然看起来，好像事非迫切需要，但是我们知道，执行抗战的工作，不完全靠物质，还要靠精神，而况我们是物质条件欠缺的国家，若不是以精神胜过物质，如何能求抗战的胜利？若不为全国下一辈的儿童和青年打算，供给他们以适当的精神食粮，陶冶其完整的人格，培养其革命的精神，再由此精神产生出力量，创造出物质，就没有法子达到建国的成功，所以编辑中小学教科书是一番精神事业，是一种伟大的工作。这种工作，如果做得好，福利全国儿童青年，福利国家民族，实非浅鲜。

中小学教科书编辑工作既如此重要，其编辑方针，因之，尤当审慎决定，现在将我对于编辑教科书的意见，略述如次：

我以为今后编辑中小学教科书，首先要注意的就是要有一个中心思想，一个固定目标和一贯的系统。我们检讨我国近几十年来所倡行的"新教育"，都是无计划、无目的的教育；而适应这种教育的教科书，也就是无中心思想、无固定目标、无一贯系统的教科书。因此，尽管教科书内面各种材料，应有尽有，实际是东拼西凑而成。在编书的人，是漫无目的地编，在教书的人是漫无目的地教。在一般读教科书的学生，更是漫无目的地读，其结果，教出来的一般学生，大部分不知道怎样做人，也没有立志要做怎样一种人，更不知道做人的道理。至于说到一个人对家庭，对社会，对国家民族以及对于全人类应有的责任，和应尽的义务，当然是没有体会。

我以前在黄埔军校服务，后来到中央党部工作，这两年来又负全国教育行政的责任，每日接见的人不少，甚至一天接见五十人以上，其中不少国内外大学毕业的青年，每每询问了毕业于何校及学习何种学科以后，随即问他们："你以前为甚么要学习某种学科？你现在既然毕了业，打算怎样致用？你到底要立志做怎样的一个人，以及怎样的一种事业？”则多瞠目不能以对。他们毕业大学以前，难道还没有读过中小学的教科书吗？何以入大学时仍无志愿呢？这是不是所谓“新教育”的失败？是不是负有灌输青年知识、训练青年思想、陶冶青年性情的教科书没有编辑完善，不够指导他们怎样立志，怎样做人做事呢？

我们如果受过旧式教育的，当然还记得以前在私塾的时候，囫囵吞枣的诵读四书五经，但我们今日过细的将四书五经审查一下，其中有一个完整的思想系统，有一贯的道理，是今日的教科书所不能及的。即以《大学》一书而论，可以说是中国的一部伦理学，也可以说是中国的一部政治学，它的内容：以“明德”、“新民”、“止于至善”为纲领，以“格物”、“致知”、“诚意”、“正心”、“修身”、“齐家”、“治国”、“平天下”为条目，由己及人由内及外，由格物致知起推而至于治国平天下，真是纲举目张，体用兼备。试问还有甚么学问之体系比这更合乎科学呢？还有甚么教材之组织比这更完整、更有系统呢？再说我们以前做小孩子的时候所读的《三字经》吧，虽然其内容不能同经传相比，没有甚么深辞奥义，但它从人性谈起，渐进而教人怎样求学，怎样孝顺父母，怎样尊敬长上，怎样友爱兄弟，怎样待人，怎样接物，差不多关于做人的道理已有一个完整的轮廓，使小孩子读了以后，只要能够稍稍理解，毕生可以应用。就是做小孩子的时候，只能背诵，不能理解，可是一到了成年以后，回想起来，也觉得它字字可行，头头是道。不特如此，我们再看古人全部经传，虽然内容各个稍有不同——如诗以道志，书以道事，礼以道行，乐以道和，易以道阴阳，春秋以道名分；但是其中心思想——如阐扬忠、孝、仁、爱、信、义、和、平八德，张大礼、义、廉、耻四维，则是一贯的。以视我们今日坊间的教科书东鳞西爪，七拼八凑，其相去岂可以道里计吗？

我说这话，并不是开倒车不赞成中小学用教科书，而一律去读经传，我的意思是觉得我们今日编辑教科书人应该知道，我们久已废弃不用的经传，甚至蒙童所念的《三字经》，尚有完整的思想，一贯的系统，而我们今日的教科书反而来零碎空泛，无中心思想，无固定目标，这是我们所应该惭愧并宜深切反省的。

所以我们编辑教科书时，无论是中学方面或小学方面，必须切实注意应该怎样编辑，才能使学生读了以后得一个完整的思想，一贯的理论，终身应用无穷，万不可再蹈以前覆辙。现在全国的人民，大家都已接受三民主义为建国的信仰，管、教、养、卫为建国的工作，则我们当然应该以三民主义为教科书的中心思想，以“自治治事”、“自信信道”、“自育育人”、“自卫卫国”为教科书，所以教学生终身努力的共同目标，以发挥三民主义即管教养卫的真义为各科教科书一贯的系统。能够这样，则大体已备，只要再对于材料的分配，叙述的方法，稍加讲求，自成为很完整、很有意义、很有益于中小学学生进德修业的教科书。

关于编辑教科书的根本问题，已在上面将个人的意见说了出来，现在再谈各科的编辑方法。先就语文社会科方面来说。在中学有历史、地理、公民、国文四科，小学有国语、常识、社会三科。兹先从中学各科说起。

一、历史 历史是祖先功烈和国家民族文化发达之所由来的记录，不知道或不肯爱惜历史的人，失去了自信心和自尊心，这个人必然不能自立自强；不知道或不爱惜历史的民族，失去了民族自信力，这个民族必然渐趋于毁灭。这是丝毫不爽的。至于讲到中国的历史，无论那方面都是光芒万丈，荣耀无比。只可惜现在坊间出版的历史教科书，多不能很好。一般学生读了历史课本以后，只堆砌一些零星乱杂不成系统的材料在脑海中，无法贯通，自然倏尔即逝，既不知我民族过去的光荣，当然不能培养其民族的自尊心和自信力。这是教育上何等危险的事！今日担任编辑历史的人应知责任的重大，应想一想用甚么方法编辑一部完善的历史教科书。使学生读了以后，提高其国家民族的意识，增加其国民自觉的责任心，而发挥其能力为国家民族而奋斗。我最不明了的，有些人编辑历史教科书，对于我国过去的光荣史篇，对于千古公认的崇高伟大的人物。每于乱用怀疑的态度和考古的方法来否认它。其实我国历史上所以记载许多圣哲的史实，其目的在使后人读了以后，由认识而崇拜，由崇拜而模仿，由模仿而创造，决不是无意义的。比如我国上古历史所写的，构木为巢的有巢氏，钻木取火的燧人氏，作网罟，画八卦的伏羲氏，制耒耜尝百草的神农氏，以及树艺五谷的后稷。在草昧方开之后，民生所急需的衣食住行，各项问题当然是首先发明，首先纪载。一方面可见中华民族缔造的艰难，另一方面可见我中华民族创造的伟大。至于说到帝尧的道德，则纪其“钦明文思安安，允恭克让，光被四表，格于上下”、“巍巍乎唯天为大，唯亮则之，荡荡乎民无能名焉”。说到帝舜的大孝，说到大禹的治水与国而忘家，公而忘私的精神，则纪其“父顽，母嚚，象傲，克谐以孝，烝烝乂，不格奸”，“帝初耕于历山，往于田，日号泣于旻天，于父母，负罪行慝，只载见瞽瞍，夔夔齐栗，瞽瞍允若，至诚感神”，“八年于外，三过其门而不入”。说到文王代行四方，则纪其“三分天下而有其二”，“伯夷辟纣，居北海之滨，闻文王作兴，曰：‘盍归乎来！吾闻西伯善养老者。’太公辟纣，居东海之滨，闻文王作兴，曰：‘盍归乎来！吾闻西伯善养老者。’”说到汤伐桀，武王伐纣，则纪其“顺乎天而应乎人”。说到周公继文王的事业，于是纪其资质则多才多艺；勤政则“夜以继日”，“坐以待旦”；爱贤则“一饭三吐哺”，“ 一沐三握发”。说到孔子则称之为“集大成”。凡此种种，不是无聊的对古人作个人的颂扬，乃是欲借尧舜禹汤文武周公的史绩，表现中华民族民族模范的民族道德与崇高的民族精神。如果后世读历史的人能尚友古人，希贤希圣，则影响于民族的光大繁荣，何可限量？所以今后编辑历史教科书切不可再沿用过去的错误方法，不应怀疑的偏偏要怀疑，不当否认的拼命的要否认。考证于万语千言，其所得只是一个疑问，依然没有肯定的结论。徒然消耗精力时间于无用之地，同时要根据民族主义的精义将我国固有的道德知识能力与特性，溶化于历史教科书中，则一般青年读了以后，爱国爱民的精神，自然会极蓬勃的发扬起来，民族的自信心也一定会恢复起来，而坚定不移。

二、地理　历史是纵的方面的知识，地理是横的方面的知识。一个人不知道国家的历史，在纵的方面认不清国家的来历和光荣。不知道国家的地理，在横的方面看不到国家的范围和伟大。不知道本国的历史地理，便不知道本国的真实存在。一个青年连本国的真实存在都不知道，怎样能激发其爱国的热忱。怎样能够使之为国家民族的利益而牺牲而奋斗。所以对于青年仅仅灌输以历史的知识还不够，必须于历史的知识以外还要特别告诉他们以地理的知识，让他们能够明明白白的认识，我们的民族不仅有悠久光荣的历史，还有广大的土地，温和的气候，藩庶的人口，丰富的物产，与取之不尽用之不竭的成千上万的宝藏，借以鼓起其建设国家的情绪。来保卫我国完整无缺的锦绣山河。这一段话，不过是说地理教学对于青年的重要，至于应该怎样的编辑地理教科书，依我的意思，宜着重于军事与经济两方面，主要以民生主义为根据，以实业计划为重要的资料，来编一部完整的地理教科书。因为我们知道，中国是以农立国的国家，但要中国达到富强康乐的境地，非由农业向工业化的道路前进不可，世界上第一个富强的国家是美国，美国是农业工业并进的国家。其次是苏联，原来也是一个农业国，近二十年来，经历过一次、二次、三次的五年计划，于是也由农业国而成为工业化的国家了。中国地面上和地底下的资源，较之美苏两国有过之无不及，如果中国诚能根据民生主义发展国家资本，实行计划经济，同时照着总理手订的实业计划一步一步的做去，使中国变为一个工业化、科学化、机械化的国家并非难事。况且我们今日看看实业计划中之六部计划，如北方、东方、南方大港的建筑，全国十万英里铁路百万英里的公路的扩张，运河的开溶，黄河、扬子江、珠江等水路的整治，北方制铁炼钢工厂，中部大士敏十厂。南方造船厂，以及机关车客货车制造厂，冶硫机厂的设立，粮食、衣服、居室、印刷、行动各种工业的举办。铁矿、煤矿、油矿、铜矿、特种矿的开发，完全是一部远大理想的经济地理学。我们编辑地理教科书时，如能将此种宝贵的材料融会贯通于教科书中，则不独使青年学生读了以后知道本国的伟大，民族前途的希望无穷，也可进一步认识中国今后经济建设应走的途径。实行民生主义的具体方法，自不期然而然的愿意为建国而努力，为主义而奋斗。

三、公民　公民训练的目的，就是要一般青年具备公民的知识和公民的道德，成为一个健全的公民。因此公民教材中对于教国的道德，建国的信仰，人生的认识，群己的关系，新生活运动，国民经济建设，劳动服务等等，莫不面面俱到。甚至在高中课本里面，有社会问题，有政治概要，有经济概要，有法律大意，更有伦理大意，几包括社会科学之全部。有人说，中学公民科是杂货摊，教公民的人是杂货摊上的贩卖者。虽属虚言，亦有相当的根据。其实在我看来，公民训练，虽不能不顾及公民各方面的必需的知识，但最应着重者，还是关于政治教育方面。换言之：公民教育应负起政治教育的任务。中国过去对于政治教育方面向不注意，关于政治、国家、人民、主权、政绩、治权、自由、平等、权利、义务、责任等名词的正确意义，一般青年尚弄不清楚，还谈甚么公民教育？所以要使公民教育能收相当的效果，就要今后编辑公民教科书的人，根据民权主义，民权初步，地方自治开始实行等，将政治的意义，自由平等的真谛，权利义务的关系，政权治权的区分，五权立法的运用，民权初步的实施，地方自治的实行，以及国民政府建国大纲，中国国民党政网，抗战建国纲领，均可扼要的编入教科书中，使青年学生读了以后，确实能够明了政治，运用政权，牺牲小我，保护国家，以完成其公民的使命。

四、国文　我在前面已说过，历史是民族主义的，地理是民生主义的，公民是民权主义的。如果承认我所说的不错，则国文一科就要贯通这历史、地理、公民三方面的知识，也可说它应当根据整个三民主义为选择教材的标准的。古人说“文以载道”，三民主义正是我们今日全国人民共信共行的大道，则国文教材书应选择有关三民主义的文学是无问题了。古人又说：“诗以言志。”实现三民主义正是我们今日全国人民共信共行的大道，则国文教科书选择教材必须不违反三民主义又是无问题了。所以编辑国文教科书时，对于文学作品，价值的估计。凡内容与技术都好的，是上等作品。技术虽差，内容尚好者次之。只有文学技术而没有内容的则是下等作品了。至于选择国民教材时，自然是应从多方面去选择上等作品。万一遇着内容甚好，确有益于青年求学做人之道与直接或间接阐扬三民主义者，就是技术稍差一点，也可录入。如果内容不佳，或含有毒素，就是文字的技术如何高明，我们也不应当选入教科书内，以免贻误青年，流毒社会。万不可用过去编《古文观止》那种无完整思想无一贯系统地，顺着时代先后，兼容并包，但讲做法的办法。

关于中学语文社会各科编辑方法，我已说明了一个大概。至于小学各科的编辑，其内容与中学大概差不多，不过评略不同而已，过去有人以为小学、中学、大学教材的区别，是全部与局部的问题。小学教材是最小的一部分，中学教材另增加一部分，到了大学，更增加一部分，这种支离破碎的处理教材，无一贯的系统，是最要不得的。我的意见，小学、中学、大学教材的不同，好像照片的大小一样，小学教材有如两寸的大的照片，中学教材，有如四寸大的照片，大学教材有如八寸大的照片。照片的大小尽管不同，所摄的影确是一样。不过照片愈大者，其所照的影子，细微毕现。照片愈小者，所能见到的则为最显著的部分的大要罢了。故小学、中学、大学的教材，关于最重要的部分几乎没有甚么不同。惟大学教材最详，中学则提纲扼要，小学则为纲要中之纲要。非多少而不同，而是详略的有别而已。可是我们现在审查坊间出版的小学教科书，关于小学生的基本知识略而不谈，反而许多荒诞之辞。如猫狗对话等涂满篇幅，真是浪费儿童许多可宝贵的光阴，我有一个孩子在小学念书，大约读了一篇关于甚么煤的种类之属的教材，有一次拿一块煤来问我是烟煤还是白煤，假使我不是学采矿的那就没有法子答复他。即使是学采矿的关于这类的问题，要确实辨别一块煤是烟煤还是白煤，有时非得用科学的方法将它化验不可，非肉眼所能辨别的。一般小学教师能辨别得出吗？一般儿童能辨别得出吗？试问这种高深的问题，为什么硬要编入小学生教科书中呢？而且假使教师给予一种解答而不合科学方法，是否与学生有害呢？所以编辑小学教科书，应多取历史故事，借以激发儿童的民族意识，应充分发扬吾国固有之道德知能，借以培养儿童的德性，应采取关于人生衣食居行最重要最普通的材料，借以训练儿童生活的技能。虽然在这儿方面，材料也有广泛的，问题也有复杂的，意义也有艰深的，不妨留在中学或大学教材中继续研究，而小学课文中，只取其精华，弃其枝叶，用“摘由”的方法汇集起来，用浅显的文字亦达出来，使儿童读了以后，对于人生的基本观念，有一个相当的认识。对于做人的道理，得一整个的概念，即已终身受用无穷。

复次，关于小学教材用字问题，也有提出讨论之必要。因为过去编小学教科书的人，对于用字，采取极端机械的办法，编辑各年级的教材，须应用字汇上各相当年级所编列之字，甚至每一字必已见于前面者，始得用之于后，于是使编辑教科书的人，备受约束，关于为用字而编课本，不是为编课本而用字，须知中国的文字虽甚复杂，但不出“形”、“声”、“义”三个原则。能通一字而百字可通，并不是每一个字皆须同样的工夫才能认识和记忆。也不是笔画多的字较笔画少的字难认。所以过于机械之选字办法除增加复习次数以免遗忘外，是否于教学效率上却有更大益处，现在教育心理学者也未必即能言之确切，徒增编辑教材之困难，加以障碍而已。推求这种办法的由来，则因但认每一汉字为一个体，而忘却其自有构成的系统之故。所以今后编辑小学课本时，还是多注意内容方面，不必太拘泥于用字的选择，举例说：与其重复使用一字，不如引用同偏旁或有结构关联的字。尤其是高年级方面，如此，一面免得减少儿童识字的速率，一面对于编辑工作也可得不少的解放，至于自然科学方面的教科书应如何编辑，容日后再论之。

（载《学生之友》1940年第1卷第4期）

国语教材的选择标准

陈　侠

国语教材，有精读和略读两种。无论是精读教材还是略读教材，均应以儿童文学为主体。因为国语教学，钦赏文学重于灌输知识，倘若一篇篇的精读教材，都是些没有情感没有艺术之美的文字，怎能与我们的教学目标相符呢？将何由指导儿童欣赏呢？至于略读的材料，是指导儿童自学的，更要有文学的意味，否则，即使是成人，在没有特殊需要时，也不会自动来阅读的，何况是儿童呢？所谓儿童文学，是表演儿童生活，有思想、有情感、有想象，并用艺术手腕描写的文字，国语教材既须儿童文学化，所以要有高远而正确的思想、浓厚的情感与丰富的想象。

国语教师一定要具有选择教材的眼光和本领，然后才能选择适当的教科书或编撰适当的教材来教学。国语教材应具有的主要条件即是上面所说的有儿童文学的特质，至于精读教材和略读教材，其间不同之点是前者无论是实质或形式，总应该异常精审，才能使儿童体味欣赏，或激起思想和情感。后者可按年龄和程度编选，内容要根据精读的教材再作大量的搜集创作，扩充字句的组织不妨较同年级精读的教材浅些，但内容必须更富有兴味。

以上是把国语教材的一般性质略加说明，现在更把国语教材的选择标准，列为数点，解释如次：

（一）国语教材应该是发挥三民主义的——三民主义是革命建国的最高目标，所以国语教材须以不违背三民主义为重要的原则，选择是以振奋民族精神、启发民权思想、养成民生观念的材料给儿童阅读。教材更须尽量富有牺牲、互助、奋发、图强的精神，并含有积极、前进、乐观、创造的思想，凡含有自私、自利、浪漫、消极、退缩、悲观、封建思想、贵族化及他种主义色彩的教材，要一律避免。

（二）国语教材应该是纯粹儿童本位的——国语教材是给儿童阅读或欣赏的，所以应该依据儿童心理以及增长儿童阅读能力与兴趣的原则来选择。教材的内容，必须以儿童为主体，并切合儿童的环境和经验，凡以成人做主体的抽象事实以及文字很深的教材，须尽量摒除。在增长儿童阅读能力的原则之下，所有想象性的教材和现实性的教材，如童话、寓言与自然故事、生活故事等，应调和而平均，但可怕而无寓意的纯粹神话应尽量避免。为了要培养儿童阅读兴趣，所以教材要具有儿童文艺的色彩，凡庞杂、浅薄、枯燥、呆板、平凡……的教材，都不应选给儿童阅读。

（三）国语教材应该是适应社会需要的——一切的教材总应该适应社会的需要，国语教材自不能例外。如常用的字汇和日常应用颇广的实用文，应该用心的组织，介绍给儿童阅读；并且我国乡村的面积大于城市不知若干倍，所以一般的读书教材，与其以城市儿童生活经验为背景，不如以乡村儿童生活做中心。我们选择教材时，固应充分顾及它本身的实用价值，倘若是创作和编选，尤其不能忽略。

（四）国语教材应该是富有艺术价值的——一般坊间出版的国语教科书，常因为顾及成本的低廉，或因编辑时间的仓促，大都临时杂凑些简单的材料，不是斩头去尾的尸骸，便是剥皮去肉的枯骨，毫没有生动活跃的情趣。合理的国语教材应该是富有艺术价值的，低级的教材，文字须配合新奇，反复而多变化；高级的教材，须敷畅曲折富有描写性；诗歌教材的内容，更须异常优美。这在培养阅读能力与兴趣两方面讲来，都很重要的。

（五）国语教材应该是合乎科学法则的——神仙故事，在读书教材里虽占一席地位，但完全是文学的描写而非鬼神的记述。读书教材须有正确的思想，不能模糊笼统，免使儿童发生错误的的观念。描写自然现象与科学事物的故事和诗歌，在读书教材里应占有较多的成分，但这种教材应该是文艺的描写而非学理的说明，否则便没有文学的价值了。其他如破除迷信思想和矫正对于自然界错误观念的文字，也可以选给儿童阅读。

（六）国语教材应该是培养做人态度的——能发挥三民主义精神的读书教材，已足可培植儿童的道德观念，涵养儿童高尚的情操，但那些仅是理想的培育，如果要能直接对于儿童做人的正当态度有所指示，还应该选择含有人类同情、亲爱、互助等美德，和正直、自信、独立、平等等观念的材料。但是国语教材不宜直接教训，应该间接的暗示，使儿童从故事的欣赏里知道残忍、惨酷、苛薄等行为的谬误，和自卑、自傲、欺骗、畏强、凌弱等态度的可耻，使能逐渐养成做人的正当态度。

（七）国语教材应该是表现地方特色的——记述一地方先贤的事迹、名胜和古迹的文章，都是最好的读书教材，推而广之，相关一乡一县以至一省一县的教材都宜采用。异国情调较浓的，除了有特殊的需要外，还以少用为是。但是我国固有的材料，每多传统的观念和封建的思想，不合时代的需要，应竭力避免或删除。乡土教材能表现地方特色的，各地方也可以普遍的采用。

（八）国语教材应该是依据标准语法的——以上标准七条，虽是选择国语教材的重要原则，但不一定是每种教材都要有的，这一条却是普遍的限制着各种各类的材料。因为指导儿童运用标准语、学习语体文是国语教学的目标之一，所以国语教材的文字组织，都应该适合标准语法。诗歌协韵，也要以标准音韵为依据。一切的教材里总要避免土语方言，使统一全国语言的远大目标，得以逐渐完成。依据标准语法是国语教材应具有的条件，不但选择时应该注意，在教学时亦应该采用标准音才对。

（载《甘肃教育》1940 年第 2 卷第 19—20 期）